"十四五"时期国家重点出版物
出版专项规划项目

广西壮族自治区党委宣传部
当代文学艺术创作工程扶持项目

M "马克思主义与当代中国"
&
C 系列研究丛书

中国特色社会主义发展规律新探

桁林 等 著

ZHONGGUO TESE SHEHUI ZHUYI
FAZHAN GUILÜ XINTAN

GUANGXI NORMAL UNIVERSITY PRESS
广西师范大学出版社
·桂林·

图书在版编目（CIP）数据

中国特色社会主义与当代中国 / 布林等著. —
桂林 : 广西师范大学出版社, 2021.6（2022.4重印）
（"马克思主义与当代中国"系列研究丛书）
ISBN 978-7-5598-3427-0

Ⅰ. ①中… Ⅱ. ①布… Ⅲ. ①有中国特色社会主义—
理论研究 Ⅳ. ①D616

中国版本图书馆 CIP 数据核字（2020）第 233876 号

广西师范大学出版社出版发行

（广西桂林市五里店路 9 号　邮政编码：541004

网址：http://www.bbtpress.com

出版人：黄轩庄

全国新华书店经销

广西广大印务有限责任公司印刷

（桂林市临桂区秧塘工业园西城大道北侧广西师范大学出版社
集团有限公司创意产业园内　邮政编码：541199）

开本：880 mm × 1 240 mm　1/32

印张：16.625　　　字数：360 千

2021 年 6 月第 1 版　　2022 年 4 月第 2 次印刷

定价：64.00 元

如发现印装质量问题，影响阅读，请与出版社发行部门联系调换。

导　言

　　伟大的中国共产党自成立以来,带领中国人民攻坚克难,朝着中华民族伟大复兴的中国梦砥砺前行,信心满满,斗志昂扬。这份自信是对马克思主义指导思想的坚定信心,是对中国特色社会主义道路的坚定信心。新时代如何坚定中国特色社会主义的"四个自信",进一步发展与创新中国特色社会主义,是摆在我们面前一项神圣而艰巨的历史任务。

一、理论自信首先要求理论彻底性

　　中国特色社会主义既是理论的,又是实践的,是在改革开放实践基础上探索出来的一条社会主义道路。习近平总书记在 2016 年 6 月 28 日中央政治局第三十三次集体学习时第一次明确提出"四个自信",这是对 2012 年党的十八大提出的"三个自信"的丰富和发展。在庆祝中国共产党成立 95 周年大会的讲话中,习近平总书记进一步深入阐述了"四个自信"的内涵及其内在关系,2017 年

"7·26"讲话更集中、更明确地宣示了我们党将举什么旗、走什么路、以什么样的精神状态、担负什么样的历史使命、实现什么样的奋斗目标,他强调:"中国特色社会主义是改革开放以来党的全部理论和实践的主题,全党必须高举中国特色社会主义伟大旗帜,牢固树立中国特色社会主义道路自信、理论自信、制度自信、文化自信,确保党和国家事业始终沿着正确方向胜利前进。"

如果说中国特色社会主义是改革开放以来党的全部理论和实践的主题,那么,"四个自信"就是当代中国共产党人的精神状态和精神风貌。

"四个自信"首先要求理论彻底性。彻底性是马克思主义的理论品质,中国特色社会主义本质就是科学社会主义,彻底性是中国特色社会主义的理论品质,同时也是中国特色社会主义实践的根本要求。实践要求理论要有彻底性,理论不彻底就无法说服人,又怎能转化为亿万人民的自觉行动,从而为中国特色社会主义注入新的生机与活力?

彻底性和实践性是中国特色社会主义的力量源泉。理论只有彻底了,"四个自信"才能转化成"四个自觉"。正是理论的彻底性引导和决定了我们有什么样的理论、走什么样的道路、实行什么样的制度、形成什么样的文化价值。中国特色社会主义越是向前发展,对理论彻底性的要求就会越高。

二、理论要彻底必须方法先彻底

先进的理论离不开先进的研究方法,理论要彻底,方法首先要彻底,这就是马克思所讲的"武器的批判"。它要求我们在对待马克思主义的思想武器——辩证唯物主义和历史唯物主义方法论时,同样要在坚持中发展、在发展中创新,方法论上也要做到与时俱进。时代已提出了这样的要求,工欲善其事,必先利其器,第二个百年奋斗目标和全面现代化要求的重中之重的内容也是这方面。

文化和意识形态不是独立存在的,而是社会存在的反映。中国特色社会主义道路自信、理论自信、制度自信必然反映为文化自信、转化为文化自信,其关键在于我们如何从活生生的社会生活中发掘这样的自信。

意识形态是区别于社会存在而被社会存在所决定的一切意识要素和观念形态。要改变人的精神状态,首先要改变社会存在方式,尤其是生产方式,说教和灌输是第二位的。行更重于知,身教重于言教,这才是教育的根本,不可本末倒置。社会存在决定社会意识,有什么样的存在方式就会有什么样的意识形态,意识形态脱离不了社会存在的方式。一切社会存在皆有意识形态属性,也必然反映为意识形态。因此义正词严地批判物质享乐主义但不铲除享乐主义的物质基础,批判就显得苍白无力。教育只有内化为自身的价值,才能成为自觉的行动,这种教育才是到位的。

文化是包容的,海纳百川有容乃大,人类精神滋养为什么不能汇集八方?有人讲马克思主义是外来的,不是本土的思想文化,言下之意是文化自信还得从传统的"化石"或"竹简"中寻找。试想,一种文化或一种思想最能解决中国的实际问题,这本身就意味着它是内在的,只不过自己浑然不觉罢了。

马克思主义所提出的历史任务、所要解决的问题,都源于中国的实际需要,它们所面对的是现代化的同样问题。这就是为什么马克思主义会与中国实践相结合从而产生两次历史性飞跃并结晶出两大理论成果的深刻原因。现在正在从量变到质变、产生第三次历史性飞跃的历史性进程当中。

三、理论要推动历史发展必须要为广大人民群众所接受和掌握

在加强马克思主义理论研究之外,让广大人民群众掌握理论武器也是十分重要的,里外兼备才是真功夫。马克思在《〈黑格尔法哲学批判〉导言》除了讲批判的武器不能代替武器的批判之外,还讲到要用理论掌握群众,将它变成物质力量。可见,在哲学社会科学领域,理论研究和掌握群众不是两个问题,而是一个问题的两面,理论的客体就是实践的主体,都是广大的人民群众。真理的品质不是脱离群众、束之高阁秘不示人,或只听得楼梯响不见人下楼、搞神秘主义,也不是搞小圈子的宗派主义,它是开放的体系,足以容得下整个世界,真理只有为广大人民群众所接受并在实践中广泛运用,才成其为真理,发挥出应有的指导实践作用。理论要飞入寻常百姓家,转化为强大的物质力量,这才是理论彻底性的最高境界,也是理论价值的终极体现。

推动历史发展要靠所有人形成的合力。改革开放需要调动所有人的积极性,而不是只针对少数人或某一部分特殊人群,既然财富要靠广大人民群众创造,最后分配也应回馈广大人民,形成良性

互动的循环过程,做到习近平总书记所强调的"不断增强人民群众的获得感、幸福感"。群众在巨大的物质财富创造中有没有参与、参与了多少、是如何维护自身利益的,是维护改革稳定发展的根本力量,要坚持以人民为中心、为广大人民群众谋福利的宗旨,把人民对美好生活的向往作为共产党人的奋斗目标。

当前中国正处在实现第二个百年奋斗目标的加速发展阶段,哲学社会科学要为此提供强大的思想动力和理论支撑,为实现全面现代化强国保驾护航。

四、中国特色社会主义理论自信源自改革开放实践的彻底性

中国特色社会主义理论自信不仅来自马克思主义理论本身的彻底性,还在于依靠实践中取得的丰硕成果和巨大成就,走出了一条既不同于资本主义国家也不同于其他社会主义国家的现代化道路。改革开放40年的实践证明,中国特色社会主义这条道路已经初步走通了、走实了、走稳了,正是在这个"从站起来、富起来到强起来"的伟大历史征程中,不断强化着我们的自信心。

"实践"这一尺度是在1978年重新确立起来的。一条道路能不能在实践中行得通、能不能形成持续发展的合力、有没有制度优势,这是检验理论彻底性最有力的证明,也是理论的归宿。中国特色社会主义这条道路越走越宽广,无论从经济总量赶超世界前列的速度来看,还是从有条不紊地逐步推进全面建成小康社会"三步走"战略的实际进程来看,抑或从人民实际富裕程度和广度来看,

从制度效率、形成的合力和调动的积极性、创造性来看，都堪称世纪伟业，达到了前所未有的高度，具备了良性循环和可持续发展条件，有充分的财力、物力、人力保证，正向第二个百年奋斗目标迈进。这是走向未来发展、向着第二个百年奋斗目标迈进的底气和信心所在。

这条道路是不是真的走顺了，最重要的是看有没有建立一套高效、可持续发展的制度，即形成激励相容的一整套制度，有效地调动一切积极因素，形成良性互动的社会协作关系，自发地形成"合力"，这是中国特色社会主义制度自信的坚实基础。体制改革和机制创新的目的在于调动一切资源、要素积极参与到分工合作的生产关系中去，充分发挥出各自的潜力，尤其是技术创新的潜力。

制度自信来源于日常生活，建立在点点滴滴、方方面面的制度改善的基础上。供给侧结构改革就是要破除各种障碍，让物畅其流，人尽其才，群英荟萃，共谋发展。我们看到，正是共产党的领导和社会主义制度彻底改变了中国旧貌，扭转了四分五裂、被动挨打的局面，同样，能够取得改革开放这么大的成就，其背后没有好的制度作为基础，也是难以想象的。

当然，也不能因此就回避问题，只讲一面光，否则就不需要改革了。直面问题不失为制度自信的另一种表现，应在解决暴露出来的问题、改革与现实不相适应的陈规旧律中逐步完善制度。

五、中国特色社会主义实现了发展理论的新发展

改革开放 40 年,对中国来说是难得的和平与发展的重要战略机遇期,创造了繁荣与发展的大时代,切实将潜在的生产力充分发挥出来,转化成为让人看得见、摸得着、眼见为实的现实生产力。如此巨大而深刻的改变,让整个世界为之侧目。

事实胜于雄辩,中国现已成为促进全球发展的一个新兴增长极,是稳定全球经济、推动全球发展的重要力量。尤其是在最近 20 年时间里,中国经济总量先后超过意、法、英、德、日等主要发达国家,已跃上一个新台阶,是当今世界货物(无论是现货还是期货)交换、资本流向最密集的区域之一。资源要素密集流向的地方,就是未来经济增长最快的地方。

回顾过去,世界上很多发展中国家,无论国家大小、实力强弱,也无论国家性质、发展条件、发展程度如何,都没能持之以恒地保持长期发展,只有昙花一现,短短几年高潮之后便烟消云散,可谓其兴也勃,其衰也忽。守不住已经得来的成果,让已起步上道的发展中国家折戟沉沙。发展是动态变化的过程,要与时俱进,不同的阶段要解决不同的难题。没有发展时,有没发展的困境;发展起来之后,有发展起来之后的瓶颈和陷阱。一步登天是天方夜谭,不可能做到,让所有人同步富裕也做不到,总有先后,即一部分人先富,一部分人后富。允许一部分先富起来,总比大家一起守着苦日子强得多;没有一部分人先富,就没有共同富裕,这是实现共同富裕的必要条件,因此,"先富"既是不得已所采取的策略,也是共同富

裕的第一步。"三步走"战略的前两步主要是下决心将党和国家的工作重心转移到经济建设上来,集中资源和政策优势营造小气候,用来对冲旧的体制机制造成的障碍,从而让一部分人先富了起来。这个阶段,就像飞机还没有跃上万米高空达到巡航高度以前,速度决定一切,必须争分夺秒。有了高度之后,才能不再强调速度,这时候平稳发展、和谐发展、内部结构稳定和安全反而成了头等大事。

资源和要素总是有限的,单靠要素投入也只能让一部分人先富起来,不可能达到共同富裕。而且,其效果是递减的,维持不了很长时间。中国40年来的发展利用了从南到北、从东到西的广阔空间争取到了宝贵的发展时间。先是四个经济特区,紧接着扩大到14个沿海开放城市,然后继续向纵深推进沿江、沿边经济带,再配合以各地大大小小的开发区,最后连成像珠三角、长三角、京津冀这种超大规模的城市群。当城市化达到一定规模之后,单靠投入推动的发展方式就走到了尽头,需要及时转型,释放出二次发展的动能。

着眼于让占人口大多数的中间层这部分人口发挥出他们的主动性、创造性,相比于有限的要素投入数量而言,它的潜力是无限的。有效解决中间层动力机制,不仅使得这部分人口获得新的发展机会,也使得未来发展获得长期动能。推动新时代社会主要矛盾转化的巨大压力和根本动力就在于此,只有做到工业化、市场化、城市化(或如现在所说的信息化、全球化、都市化)三者良性互动,才能实现稳定、持久的发展。这是发展方式的根本性变革,意味着供给侧结构性改革。1995年十四届五中全会提出的"两个根本性转变"在经过 15 年发酵之后,另一只靴子终于落地有声。2020 年十九届五中全会在部署"十四五"规划和未来 15 年远景目标任务时,基于国内外条件的深刻变化,提出了国际国内双循环,以国内大市场为主,深化改革和科技创新两轮驱动,追求高质量发展的新格局。

改革开放是全面建成小康社会、推进中国特色社会主义事业发展的发动机。所谓让市场在资源配置中处于基础性地位、起决定性作用,首先,市场要有确定的规则,能预见得到行为的后果;其次,经济主体要有独立意志,能独立承担经济责任,可见,市场经济就是合意的契约经济和法治经济,市场经济只有穿上法治的"铠甲"才能立得住,不至于成为扶不起来的阿斗。

党的十八届四中全会制定了党史上第一个关于加强法治建设的专门决定,意义非凡。法治建设的意义远不只是经济方面,它是现代社会生活最基本的行为规范之一,是国家治理体系和治理能力现代化的基石。只有完善制度,健全秩序,才能形成各方面有效参与的合力。

六、沿着中国特色社会主义道路坚定地走下去

每个时代都有自己的使命和肩负的历史重任,这些任务和要求都是从现实当中突出的矛盾和迫切需要解决的根本问题中提炼出来的,同时也产生了解决矛盾和问题的战略指导思想、谋划布局以及实施和推进的方法。由此铺陈开来,中国特色社会主义的思想理路、恢宏进程、历史脉络及其来龙去脉也就全面地展现出来

了。它有如浩瀚江河奔腾不息,虽历经百转千回,跌宕起伏,仍显示出中国特色社会主义发展史与时俱进的品质,满足了不断变化的现实要求,引领了时代进步的潮流。

"两岸猿声啼不住,轻舟已过万重山。"把发展作为解决一切问题的金钥匙,着眼中华民族伟大复兴战略全局,以全面协调可持续发展为准绳统筹国际国内两个大局,不断以新的伟大实践主动回应发展这个世界性难题,中国特色社会主义给发展理论注入了生机与活力。它为世界上那些既希望加快发展又希望保持自身独立的国家和民族带来了更多的选择机会,拓展了发展中国家实现现代化的路径,为广大发展中国家实现民族振兴、国家富强、人民幸福提供了中国样本和中国经验,中国特色社会主义道路自信、理论自信、制度自信、文化自信已成为发展理论最鲜活、最丰富的养料。

目 录

第一章 绪论

中国特色社会主义 40 年发展史,见证了改革开放发生、发展以及社会主要矛盾转化的全过程,跳出了之前长期走不出来的贫困陷阱,正在克服发展了之后逐渐暴露出来的中等收入陷阱,不断突破自身限制,实现更大程度、更高层次上的发展。中国特色社会主义这一崭新的发展史,给世界上那些既希望加快发展又希望保持自身独立的国家和民族提供了更多选择机会和广阔的视野,为广大发展中国家实现民族振兴、国家富强、人民幸福提供了中国样本和中国经验,拓展了发展中国家实现代化的路径,实现了发展理论的新发展。

中国特色社会主义道路自信、理论自信、制度自信、文化自信已经成为发展理论的沃土,是继 20 世纪 50 年代之后发展理论再度兴盛的最大源泉。

第一节　简要回顾传统的发展理论

回顾一个世纪以来风起云涌的民族解放运动,世界上很多发展中国家,无论国家大小、实力强弱,也无论国家性质、发展条件、发展程度如何,都没能做到持之以恒保持长期发展——无论是20世纪50年代东南欧的大推进模式,还是60—70年代拉美的进口替代模式,或是70—80年代东亚出口导向模式,都如昙花一现,其兴也勃,其衰也忽,短的5年,长的10年20年,之后便烟消云散。可见,发展并非其表面呈现的那样花团锦簇,更像是筚路蓝缕,逢山开道,到处是荆棘和陷阱。

最突出的是两大陷阱。一是发展之初怎么突破“贫困陷阱”?短缺是常态,制约发展的瓶颈普遍存在,因此发展很难迈得开步。有的刚迈开步,就不幸背上了数不清的债务。二是发展了之后能否守得住?由于守不住得来不易的成果,纷纷折戟沉沙、半途而废。这就是所谓“中等收入陷阱”。

传统的发展理论并没有克服这些障碍,从而沦为“不发展理论”的代名词。

一、强力干预的“大推进”模式

在普遍不发展的状况下,发展非得有规模才能见声响。十个指头张开来,不如收回来握紧拳头再打出去来得有力。同样道理,投资必须大手笔,开发要连片成规模,集结上中下游、前后向关联产业,形成关联、联动的产业集群,这就是规模效应。相形之下,单项投资就像张开的指头一样,很难达到预期效果。单个企业、单笔投资缺乏配套,有如泥牛入海,淹没在传统生产方式的汪洋大海之中。

有鉴于此,从罗森斯坦-罗丹的开创性论文(1943)①到赫尔希曼的著作《经济发展战略》(1958)②都极力鼓吹大规模投资计划。非大规模投资不足以突破传统的低水平均衡(贫困陷阱),并一步拉高到具有现代意义的高水平均衡。这个过程不是市场自发力量所能完成的,需要政府作为总协调人,借助市场内外的力量形成合力。

突破低水平均衡必须要有强有力的政府干预,好比沙漠之中造绿洲,造的是小气候,小打小闹不解决问题。这是 20 世纪 50 年代东南欧国家提出的工业化方案。它的投资规模大,涉及面广,故谓之大推进。这是 20 世纪 50 年代东南欧国家提出的工业化方案。所有计划经济都有"大推进"的影子,投入产出计划就是现代化高水平均衡的表现形式。

中国招商引资也局部地采用大推进模式,依托"开发区"搞集中连片开发,形成上下游关联产业群,突出地独立于传统部门,自成体系,鹤立鸡群。开发区的独特功能就在于,不受传统生产关系、传统产业体系、传统管理模式的制约,成为推动产业发展的一块高地。

---

① Paul Rosenstein-Rodan, "Problems of Industrialization of Eastern and South-Eastern Europe," *Economic Journal*, 1943, vol. 53, pp.202-211.

② 赫尔希曼:《经济发展战略》,曹征海、潘照东译,经济科学出版社 1991 年版。

二、"双缺口"压力下实行进口替代的拉美模式

落后国家的共性是出口创汇能力不足。借了外债之后无力偿还,只得借更多外债,结果外债越借越多,形成恶性循环。由于还不起债,国家信用受损,借债成本更高,更不容易借到钱,严重时就会爆发债务危机。

为避免落入这个陷阱,最好的办法就是将用汇和创汇挂钩,举债要以偿债能力和创汇能力为条件,从而将外汇引导到购买外来技术和设备上,起到一箭双雕作用,既弥补外汇短缺,又弥补储蓄缺口。

由于落后国家产业不配套,机制不健全,单项投资很难见效。因此,在"双缺口"压力下只好退而求其次,实施进口替代。那么,进口替代的效果又如何呢?

刚开始时替代效果非常显著,国内商品供给能力大增。但是,由于创汇能力不足,外债始终是高悬头上的达摩克利斯之剑。由于所借外债主要用于增加国内供给、满足内需,并没有提高创汇能力,外债还得靠传统产业出口来偿还。这就导致双重不利的后果,使得紧缺的外汇被用在缺乏竞争力的劣势产业、非生产性消费上,更没有追赶的后劲。这种混搭模式造成的错位和错觉到了匪夷所思的地步,用汇的部门不考虑创汇、还汇能力,导致内外缺口都被人为扩大。其次是汇率风险,举债过多,还款期过于集中,外汇需求量大,外汇缺口也大,汇率就会上升,国家信用等级下降,融资成本因而提高,连借新债还旧债的路子都越走越窄。换汇越来越难,

意味着债务风险敞口变大，这时就离债务危机不远了。不要说发展中国家借债难，欧盟内部不也爆发欧债危机吗？举债过多，还债不力，债务期限结构安排不当，都会导致债务危机。债务危机是除难民问题之外对欧盟兴废存亡威胁最大的因素。

导致进口替代的另一个基本因素，就是市场失灵。进口替代意味着不让市场起作用，既然市场不起作用，那么政府就得当仁不让，如此一来，市场更是靠边站。这个时候，就是政府在唱独角戏，除了它之外还有谁能担当得了呢？

20 世纪初叶，全球迎来国家独立、民族复兴的曙光，自立自强成了时代主旋律，在 30—40 年代时进入高潮，二战之后迎来更大的高潮，拉美国家赶上了这两个好时候，尤其是拜战后重建的勃勃生机和石油美元走强所赐，拉美国家大举借债引进设备生产替代进口的产品，"拉美模式"由是形成，50—60 年代达到全盛时期，足以与欧美老牌资本主义国家相抗衡。

"进口替代"是 20 世纪 50—60 年代由普雷维什和辛格提出的。普雷维什曾任阿根廷副财长、央行行长、国家统计局局长，还是墨西哥、巴拉圭和委内瑞拉等国央行顾问；辛格则是德国经济学家，联合国经济部创始人之一，两人都有丰富的实践经验。① 进口

---

① 贸易条件就是出口和进口的交换比例，与过去相比如果能够换到更多数量，说明贸易条件改善了，反之则是恶化。若用价格表示，则是一国所有出口商品价格与所有进口商品价格之比。1949 年 5 月劳尔·普雷维什向联合国拉丁美洲经济委员会提交的报告《拉丁美洲的经济发展及其主要问题》所持的观点就是贸易条件恶化论（deteriorating trade terms theory），其依据是 1929 年大危机之后拉丁美洲国家初级产品的贸易条件趋于恶化的事实。该论调一经提出便得到广泛共鸣，之后经过辛格进一步完善，成为发展中国家共识。

替代正是基于在这一百多年里发展中国家的贸易条件趋于恶化这一事实采取的对策。这就是著名的"普雷维什 - 辛格假说",它反映了当时人们对发展中国家贸易条件不利性的普遍同情。

进口替代就是要结束发展中国家贸易条件长期不利的屈辱史。进口替代用意良苦,试图建立自我配套的生产体系和生产能力,先从资本投入较少的轻纺加工业入手,逐步渗透到家电制造,再到制造机器的机器,进而全面替代进口品,建立独立自主的整个工业化体系。但从实现的效果看,显然不尽如人意,都是虎头蛇尾,最后债台高筑,竟然无人负责,国家信用成问题。

进口替代需要三个外加保护条件,如果不加以保护,幼稚的国内工业体系是无法与进口品竞争的,无论就其质量还是价格都没有优势。一是提供关税保护,对外(进口品)征收惩罚性高关税;二是设置种种准入门槛,实施进口配额,目的是限制进口量,强制购买国货;三是本币升值,尽量少用外汇。

三、规模经济与外溢效应

认为一个国家或一个地区的产业结构必须自成体系,才能不受制于他人,显然是看到了发展中国家贸易条件恶化趋势,才会有如此观点,以阻止这种趋势。然而,这种理由不够充分。自成体系,跟外界隔离,会由于缺乏竞争导致效率不高,客观效果并不好,如进口替代。况且,不是每个国家或地区的产业都有能力自成体系的。如果产业体系是开放的,就不存在所谓的自成体系,而取决于贸易条件。贸易条件恶化的原因在于贸易条件本身,并非因为产业不能自成体系。无论从横向还是纵向看,分工交换关系仍然是发展的主流,世界自由贸易体系不断扩展的事实似乎也证实了这一点。

显然,"大推进"强力干预的理由并不在此,而是在于贸易条件是否恶化,既然贸易条件恶化是结果而不是原因,贫穷的原因在于其他方面,那么,"大推进"的理由也在于别的方面,如规模效应。产业集中连片开发具有规模效应,如果上下游产业都是传统企业,那么,单个现代化企业有如孤岛,依然面对传统市场的需求面,现代企业的高效率就无从发挥。"大推进"的小气候解决了这个难题。同时,外来资本扎堆投资,就像抱团取暖一样,能够极大提高资源综合利用能力。单项投资不成体系,没有形成产业综合配套能力,资源利用上的浪费现象、强制替代就会很严重。这才是强力实施"大推进"的充分条件。

事实上,一个厂商决策投资时,不光看资源、成本、税率的有利条件,更要看当地已有投资及其经营状况、综合配套能力,也就是通常讲的投资环境。如果投资环境差,再优惠的引资政策都弥补不了,往往是"货到地头死",投资也就沦为"沉没成本"。

基于分工基础上交换关系的发展,本身也有规模效应,这就是市场综合配套能力。虽然单个企业不成规模,但整个市场成气候,从产品设计到加工、从设备供应到原材料采购,还有专业技术人才,一应俱全,应有尽有,给投资带来便利。对投资有吸引力的市场,就有规模效应。

城市化本身也是规模效应的产物。因为有了共同的需求和供求而聚集在一起,降低了交易成本和信息搜寻成本,包括运输成本,后者在工业化时代占大头,降低运输成本极大地提高了产出效率。规模效应集中反映在城市轨道交通上,轨道交通将城市内部联结得更紧密了。由于有了地铁,造成沿途地段的土地溢价,颠覆了房价的计算方式和计价模式。如果哪一天地铁从家门口经过,坐地涨价是自然而然的现象,它所实现的价值就是城市规模效益。

所有房地产开发商和购房者都知道规模效应是经济增长点和增值点,规模本身就是效益。它在城市化进程中起到领头作用,丝毫不逊于技术创新。

四、外向型经济的东亚模式

20世纪70—80年代,贸易保护主义藩篱被拆除之后,人们猛然发现,进口替代的产品价高质次,既没有质量优势也没有价格优势,缺乏竞争力,不如自由竞争有效。行政干预(垄断)或准行政垄断使得整个生产体系和市场都被内部人控制,政府提供保护伞、限制竞争之后,国内工业失去的是改进质量、提高效率的动力,生产出来的产品价高质次,服务态度差。

通过考察巴西、印度、墨西哥、巴基斯坦、菲律宾等国,不难得出这样的结论:进口替代同时是在腐蚀国内生产体系,抑制出口,加剧失业,导致国际收支恶化。主要原因就在于非竞争条件下信息不透明,自上而下都被蒙蔽了。再加上石油价格暴跌,拉美国家的信用水平和还款能力一下子见底,出现了债务危机,自信心备受打击。

阿根廷曾是世界上最富有的国家,号称打工者天堂,是南美白人比例最高的国家,1913 年人均 GDP 排名世界第十位,直到一战前都比美国要强大。如果夸人富有,说他像个老阿根廷人就足够了。但那都是曾经的辉煌,很快被人遗忘。俗话说,只有退潮的时候,才知道谁在裸泳。拉美模式的阿喀琉斯之踵(Achilles' heel)被油价暴跌砍中,债务只增不减,意味着系统性风险,面对断崖式衰退,再无生还可能。

国家举债还是开放(本国)市场,是给本国企业提供保护(伞)还是让企业竞相选择,一直是发展中国家的两难选择。好在对外开放不是单个因素在起作用,而是多种因素共同在促进,这时,压力就变成了动力,打开封闭体系意味着给自己提供更多选择。

外向型经济最初来自"东亚奇迹"的经验。国际分工合作和产业迁移在其中起到了重要的推动作用。二战之后,加工制造业重心从发达国家转移到了发展中国家;2000 年之后,研发中心也开始向外转移,互联网技术应用以及整体教育水平的提高,都有利于产业、技术、研发中心的世界性转移。全球化是逐级提升的,初级是贸易,中级是直接投资,高级是技术和资本市场。

外向型经济充分利用了两个市场、两种资源,借助于交换关系的规模优势和低成本优势,实现自身快速发展。外向型经济以外部需求(国际市场)为导向,以出口换汇为目的,因此,外向型经济又被称作出口导向型经济。无论是建港口码头、机场,还是设立开发区,都是服从和服务于加工出口这个目的,以此(代工模式)为导向。它不受国内需求制约,也不受传统部门限制,甚至连原材料都是进口的,供求两头朝外,形成一个相对独立的现代化部门(有人称之为"飞地",跟当地不发生经济联系)。

两头在外的外向型经济最初是应对外汇短缺的产物。与进口替代相比,让企业自行解决外汇,不需要国家信用担保,所以备受青睐。与国家举债相比,招商引资的汇率风险分散,而且国家不再是债务主体,因而没有系统性的还款压力。

外向型经济与传统部门再怎么分离,与其配套的原料、能源、动力等都得当地供应,劳动力也得就地解决,因此多少还会冲击到当地市场,造成一定竞争压力。所谓竞争,就是争原料、争劳力、争市场,由此看来,外向型经济与国内传统部门的竞争是全面的,同时也带来示范作用,推动传统部门提高效率。到了最后阶段,出现外销产品转内销,连再生产关系的最后一个环节也出现了竞争,形成对国际传统部门的全面包围,此时市场的大门即便不打开也已形同虚设。

五、二元结构、人口红利与模仿

城乡差别(落差)是对二元结构的最好注解。比较城乡物价水平和生活费,或是比较城乡之间房价,就不难发现,在农村,即便产出能力低,仍可勉强维持生存,但在寸土寸金的大都市,除非有垄断特权,否则就不能懈怠。因而农村成了隐蔽性失业的庇护所。

如果能为这部分剩余人口提供最起码的工资,他们就会从农村源源不断地被释放出来,意味着具有无限劳动力供给的前景。[1]人口红利的实质就在这里。看来推力不成问题,人人都想往高处

---

[1] Lewis A., "Economic Development with Unlimited Supplies of Labor," *The Manchester School*, 1954, vol. 22, pp.139-191.

走。那么拉力何在？这就得靠外来资本投资。外来资本的动力来自利用本地(国)廉价劳动力，直至吸纳传统部门的全部剩余劳力。只有当剩余劳力被吸收完毕后，传统部门劳动生产率才会提高，传统部门的就业者的收入才会有所改善。而在这个拐点到来之前，剩余劳力还是挤在传统部门这口锅里分饭吃。

世界银行曾预测中国大约在 1995 年完成农村剩余劳动力转移，而实际完成时间是在 2005 年，那个时候沿海地区第一次大面积出现"民工荒"的信号。

经济发展的实质就在于现代部门的不断扩张和传统部门的不断萎缩。传统部门为现代部门源源不断地输送剩余劳动力，并以廉价劳动力为现代部门创造超额利润。现代部门的利润不仅来自高效率的产出，而且来自低成本。现代部门从传统部门大量吸收劳动力，工资水平仍可保持下限。这是该理论的核心内容。

如法炮制的模仿，省去了大量研发投入。但仿品就是仿品，它成不了真品，尽管有时真假难辨。同样，代工就是代工，自己贴不了牌，否则就是侵权。但是，不可否认，模仿现象大量存在，一件产品不可能自始至终都来源于创新。人类是在继承和模仿中学会生存和发展的，创新也是建立在已有产品和产业基础之上的。工业生产的优势就在于大规模复制，这是工业成熟的标志。在工业领域，依样画瓢、照猫画虎不见得是劣势，相反地，它还是成功的标志。

模仿、复制本身没有多高的知识、技术含量，却可以形成大量的生产力，而且节省了大量研发成本。后进国家处于技术创新的劣势地位，因而最保守、同时也是最有效的技术进步方式就是模仿。不管是市场营销模式还是技术工艺，模仿发达国家已经尝试成功了的经验就是发展的捷径。依样画瓢照着来,既无风险又可少走弯路,投入少见效快,可迅速获得发展能力。后进国家在跟队随从的过程中,还获得了另一项重要能力,那就是增长了见识,了解到外部世界不同的生产技术工艺,开拓了营销网络。①

第二节　中国特色社会主义实现了发展理论的新发展

中国特色社会主义40年的发展史见证了改革开放发生、发展以及社会主要矛盾转化的全过程。这40年对中国来说是难得的和平与发展的重要战略机遇期,创造了繁荣与发展的大时代,切实地将潜在的生产力充分发挥出来,转化为看得见、摸得着、眼见为实的巨大社会财富,人民的物质生活和文化生活总体上的满足程度是前所未有的。

一、中国特色社会主义的路径选择

发展是一个动态变化的过程,发展理论具有显著的阶段性特征。没有发展时,有没有发展的问题,发展起来之后,有发展起来

---

① 另一种极端说法曾经广为流布,如"如今许多假货的质量比正品还好"。这样的观点利令智昏,经不起推敲,而且居心叵测。第一,就事实判断而言,因为改进质量或工艺需要大量研发投入,仿品质量不可能比真货还好,最多跟真货齐平,如果仿品真能做到更高质量,那就不是仿品而是创新。第二,就价值判断而言,这种说法无异于为假货"站台"、鼓励侵权,放任山寨商品的网购并坐收渔利,是对现代商业规则的极大破坏,只会让更多人的努力和投入付诸东流。假货仿冒只能处于地下和半地下的守势,无法堂而皇之地公行于天下,它不用鼓励都能泛滥成灾,若再为其正名,那么,三聚氰胺、地沟油岂不有恃无恐?

之后的问题。没有发展起来和发展起来之后的理念大不相同,需要因地制宜、与时俱进地解决不同阶段的不同难题。

(一)改革开放之初基于普遍贫困的战略选择

没有发展起来时,主要面临如何脱贫问题。贫困原因千万条,但造成全面贫困的原因就一条,那就是平均主义。既然不允许任何人先富起来,那就只有守望贫困,共同向贫困看齐。

显然,让一部分人先富起来是走向共同富裕的必要条件,而且是必须首先迈出的一步。"先富"未必走向"共富",但是,不允许一部分人先富起来,怎么可能走向"共富"?就像走路迈步一样,总得分前后脚,双脚跳着走,非跌倒不可。"大跃进"、人民公社制度本意是要集体奔向共产主义,结果成了"大呼隆"。说大话、撑开肚皮吃饭的人多了,甩开膀子干活的人就会自动减少,这种逆向淘汰机制很难长久维持。此时即便背后有再多的公共财政支持,也有坐吃山空的时候。没有增产增收的能力,可分配的财源也会枯竭。总之,先得有人干活,说大话、放空炮并不能增加产出。然而,要没有相应的动力机制,没有应有的激励机制,怎能做到增产增收、提高效率呢?试想,如果一个人连增产增收的愿望都没有,又怎会付诸行动、加倍努力呢?

早在1975年,邓小平就对当时批判"唯生产力论"和"资产阶级法权"运动提出质疑:第一,生产该不该抓,不抓生产老百姓吃什么?第二,抓生产要用什么办法,按劳分配有什么错?按劳分配是马克思晚年在《哥达纲领批判》中加以肯定了的社会主义原则,"四人帮"一批唯生产力论、二批资产阶级法权,谁还敢抓生产,谁还敢提按劳分配?[1]

在普遍的、无所不在的计划经济体制和平均主义分配格局下,邓小平认定没有"先富"就一定不会有"共富",据此提出了正确处理"先富"和"共富"关系的基本原则。

改革的出发点是提高生产力,当务之急是让人民填饱肚子,"大锅饭"是造成贫穷的制度根源,是改革的对象。"贫穷不是社会主义","要建设(相)对资本主义具有优越性的社会主义,首先必须摆脱贫穷"。[2] 归根到底,还得让一部分人先富,不能搞平均主义。邓小平将这一认识提高到对社会主义本质认识的政治高度,认为社会主义的本质是解放生产力、发展生产力、消灭剥削、消除两极分化,最终达到共同富裕。[3] 而且,首先是解放和发展生产力。不允许任何人先富,干好干坏一个样、干多干少一个样,使人失去了发展动力,所谓共同富裕也就成了无源之水,成了水中月、镜中花,可望而不可及。"过去,只讲在社会主义条件下发展生产力,没讲还要通过改革解放生产力,不完全,应该把解放生产力和发展生产力两个讲全了。"[4]

评价任何一项政策的效果,都不能离开具体的历史环境,否则便失去了依据。所有政策都是针对当前(当时)主要矛盾有重点地解决问题,"要我们所制定的每项政策都能照顾到各个方面,是不

---

[1] 《邓小平年谱(1975—1997)》(上),中央文献出版社 2004 年版,第 56 页。
[2] 《邓小平文选》第 3 卷,人民出版社 1993 年版,第 225 页。
[3] 《邓小平文选》第 3 卷,人民出版社 1993 年版,第 373 页。
[4] 《邓小平文选》第 3 卷,人民出版社 1993 年版,第 370 页。

可能的"①,但有一条准绳,那就是"我们的政策(方针)应该是既不能鼓励懒汉,又不能造成打'内仗'"②,这样的政策才是可持续的,也只有这样的现实才是可持续的。高度集中的计划经济不能提供有效的激励机制,造成干多干少一个样、干好干坏一个样、领导在和不在不一个样,这种"大锅饭"局面塑造了逆向淘汰机制,导致僧多粥少,普遍贫困,这种局面维持不了多久都得改变。

邓小平的这些话,即便在今天听起来也如醍醐灌顶,振聋发聩。"三步走"的前两步,着重克服平均主义,强调要允许一部分人先富起来。束缚在旧的生产关系中只有死路一条,必须要有闯劲干劲,杀开一条血路,集中优势资源和优势政策让一部分人先富起来。走不出这一步,旧的生产关系永远突破不了,也不可能有共同富裕。

正是建设小康社会"三步走"战略和"先富"政策,铲除了"大锅饭"的根基,分化瓦解了平均主义的顽固势力。首先是一部分人摆脱了贫困,然后有更多人摆脱贫困。新旧生产关系就是这样在你进我退过程中完成新陈代谢功能。③ 有效的激励机制是摆脱贫困、提高产出的根本办法。

改革开放是决定当代中华民族前途命运的关键一招,是推进全面建成小康社会历史进程的策源地和发动机,改革开放给中国

---

① 《邓小平年谱(1975—1997)》(下),中央文献出版社 2004 年版,第 1266 页。
② 《邓小平年谱(1975—1997)》(下),中央文献出版社 2004 年版,第 1357 页。
③ 借用柏拉图的洞穴故事说明这个道理。当所有人抱团取暖时,一个人告诉其他同伴说外面的世界很精彩,会被认为很不合时宜,但是当一个接一个伙伴走出洞穴认清真相后,原有的利益共同体也就被拆散了。

特色社会主义事业注入了生机和活力,是中国特色社会主义理论自信、道路自信、制度自信、文化自信的不竭源泉。

(二)如何造就一个现代部门,迅速占据发展的制高点

发展只能在原有的经济基础上做文章。对于落后国家来说,由于是普遍地处于贫穷状态,摆脱贫困的最有效办法就是另外造就一个现代部门迅速占领发展的制高点,在局部区域集中优势资源形成产业高地和现代部门,再以点带面推动发展,而不是撒胡椒面似的分散投资。这就是 20 世纪 50—60 年代盛行一时的"大推进"理论,转化为现实和实践就是广大落后国家所采取的追赶型的工业化道路,将所有资本和技术首先集中于关联度最高的紧要产业。

毋庸置疑,计划经济也是为摆脱贫困而设计的制度,而且被证明短期内成效显著。尤其是有外援资本和技术时,成效就更加显著。中国的"一五"计划奉行的就是这种发展战略,走的也是这条技术路线,156 个大项目成了新中国工业化的奠基之作。

但是,这种政策性、橱窗式的现代部门具有两重性。就产业而言,它们(重化工产业)是现代部门,是现代工业不可或缺的顶梁柱,但就效率而言,这些部门完全没有自主性,严格受到计划调配(统配),久而久之,丧失了对需求和价格的敏感性。一旦脱离了市场行情和市场需求,计划调配的合理性依据又在哪里呢?这时平均主义和"大锅饭"就会乘虚而入,占据绝对统治地位,再言及发展后劲就是多余的了。

　　造就现代部门本来是要突破平均主义和"大锅饭"占绝对统治地位的传统状态，现在自身反倒陷入这潭死水不能自拔，不仅老问题没解决，自己反而成了传统势力最坚固的堡垒，进入不发展的恶性循环当中，还怎么摆脱贫困？因此，改革面临着双重任务，不仅要发展生产力，还要改革生产关系，而首当其冲的，就是扭转生产关系中的平均主义和吃"大锅饭"局面，调动激励机制，提高资源配置效率。唯一出路在于发展市场经济。市场之所以会自发地产生，不是觉悟到位，而是有着切身利益，是效益和效率这根弦拨动着每个人的神经，指挥着整个社会这台戏。《邓小平文选》三次提及安徽"傻子瓜子"，强调公安机关不要动它，要保护发展的动力和积极性。毛泽东在 1959 年也曾说过，价值规律是一个伟大的学校，我们要在里面学会游泳。① 但是，当所有资源都经由计划配额供应、定产定销，从供货源头到最终消费都控制得死死的时候，哪还有市场生存的余地？1956 年的经验就是，只要做到了"四定"，即定产、定销、定成本、定价格，资本主义工商户就只有合营一条路。"文革"中把那些在边缘夹缝中生存的个体工商户也当作"资本主义尾巴"，毫不留情地割除，当作"投机倒把"的犯罪分子加以专政，硬是做到了市场经济寸草不生的地步。改革之初实行减政放权、放权让利，就是在完全受计划控制的大盘里搞例外，容许一小部分计划外产品（或原料）存在，作为对企业（当时还不是独立的经济实体和法人）提高产出和效率的奖励和激励。这是国家计划体系内的重大制度创新，开口子给市场注入活水，最终这些机动指标（计

----

① 毛泽东：《价值法则是一个伟大的学校》，载《毛泽东文集》第 8 卷，人民出版社 1999 年版，第 34—37 页。

划外配额)都流向了市场,出现计划内和计划外两种产品、两种价格(后来进一步规范为指令性计划和指导性计划)。同样一种产品,出现了相差悬殊的两种价格,市场价格明显高于计划价格,自然就会有更多资源和产品流向市场。

与此同时,为鼓励多渠道投入资金,拓展除国家财政投入以外的其他投资(包括利用外资)渠道,各地争相出台产业扶持、优惠政策。在"双缺口"(储蓄缺口和外汇缺口)条件下,除了借债(外债)就是引进外资。借债需要偿还,而且存在汇率风险,以及借期和还期错位的债务结构风险,国家很难控制,如果借债人不考虑还债能力而拼命借债以显示政绩,也不考虑换汇能力和汇率风险,所有债务风险最后都会推到国家身上。相比之下,引进外资就不存在债务集中于国家的风险,所有投资风险都由各个投资主体自己负责。

桃李不言,下自成蹊。市场就是这么汇流成河、发展壮大起来的。从资源配置效率的角度来看,这当然是一件好事,但是,从计划经济角度看,俨然已经失控,甚至出现了监守自盗现象。"倒爷"和"黄牛"是内引外联的寻租产物,首先得有计划配额才能倒卖。事实证明,只要有"设租"的权力,只要有租可寻,就会防不胜防,无孔不入,最后泛滥成灾。而一旦完全放开市场和价格,让价值主体归位,寻租这类腐败行为也就不复存在。①

当然,光有优惠政策,未必吸引得了投资。产业投资首先不是冲着优惠政策来的,除非是"钓鱼"或套利投机。产业投资更看重

---

① 不是说只有双轨制才有"倒爷"和"黄牛",而是市场让其现出原形。计划经济针对城市居民的各种供给票证,都有黑市价格,只不过是"地下经济",没有任其公开流通而已,视而不见并不证明它们不存在。

投资环境,投资环境的优劣,就看那些已有投资的经营状况和综合配套能力。这跟购房行为是一个道理,不是价格越便宜就越好,更要看升值空间与潜力。正是为了吸引投资,需要在传统生产关系之外另辟开发区,形成相对高效的、有利于现代部门成长的小环境。开发区模式无疑为现代部门成长创造了这样的条件。

开发区模式为现代部门提供了一个集约化、规模化发展的高平台,"四通一平"让平地起高楼,筑巢引凤使得上下游产业相对集中关联,"三减两免"提供了足够的税费减免优惠,由此聚集起相当一部分资源和政策优势。就连企业报批和报关都有特设窗口和专门办事机构,即所谓特事特办、特事快办,一改低效率和官僚主义习气。有了这个平台,地方政府招商引资更有作为。

从整个国家来看,先是开辟挨近港台的四个经济特区,最开始时特区还只占每个城市的一部分地区,但很快就倒过来了,涵盖了城市的全部区域。接着开放了 14 个沿海中心城市,形成沿海经济开放带,如同朝向太平洋的弯弓。再往后,沿江、沿边向内陆纵深地带延伸,将沿江的港口城市、沿边境的关口城市连成一带或一片,渐进式地形成全国开放、全面开放的新格局。不仅重点区域有开发区,全国所有地方,上至国家级开放城市、下至每个乡镇都建有开发区,只是规模大小、等级不同而已,其作用都是在传统体制之外打造一块政策飞地,迅速占据发展的制高点。

最后集结成为具有集约化规模的城市群,最有代表性的是珠三角、长三角和京津冀。当上海被纳入开放体系、建立浦东新区时,整个长三角和沿江开放带就迅速地融入整个世界贸易体系。它有如离弦的弓箭射向太平洋,此后全国对外贸易增长量也一发不可收,成为推动经济发展最重要的力量。占全国 1/6 人口的长三角,国土面积却不到全国的 4%,但坐拥 1/4 全国经济总量、1/4 财政税收、1/3 进出口贸易和近 2/3 外资利用率,是经济最活跃、体量最大、综合竞争力最强的区域。

实践证明,在改革的初始阶段,着眼于解放和发展生产力的"先富"政策,非但方向正确,而且效果也很显著。

从计划经济转向市场经济有两大显著标志:

一是 1994 年党的十四大提出的社会主义市场经济,市场从补充、辅助地位强化为基础性地位,成了资源配置的最基本的方式。没有改革开放这个关键一着,就不会造就以后社会财富的极大丰富;没有市场经济这个基础,要实现任何其他目标都缺乏现实可行的条件。一旦资本、劳动等生产力要素都进了市场,计划经济的基础也就不复存在,计划功能将全面转为服务市场经济。

二是 2001 年加入世界贸易组织。世界贸易组织成员国的贸易总量占到整个世界贸易额的 97%,拥有世贸组织成员这种身份地位,对于外向型经济或是出口引擎带动的国内经济是至关重要的,解决了需求瓶颈,获得持续发展的空间。让往来贸易的各成员国承认自己的市场经济地位,广泛地开展贸易和投资活动,这就是最好的证据。1992 年邓小平的南方谈话再次对建设小康社会"三步走"战略前两步所取得的成就加以肯定,使得整个国家更加坚定了改革开放的信心和决心。

（三）持续赶超世界先进国家的现象何时呈现

早在 20 世纪 20—30 年代，兰格和哈耶克就有过计划经济与市场经济孰优孰劣的争论，当时因为有苏联作为强大后盾，计划经济还略占上风。差不多半个世纪之后，等到"冷战"这根弦松弛下来，世界贸易开始兴盛，形势悄然发生逆转。

如果说日、韩模式借助"冷战"得以成功，还有某种偶然性，那么，之后"亚洲四小龙"的崛起则充分证明，外向型经济不失为行之有效的办法。中国在 1978 年开始改革开放，也是借着全球化这股势头。与之形成鲜明对比的是，拉美模式由盛转衰，开始走下坡路。拉美国家实行国家的强势干预，为发展进口替代品工业大量举债，本质上是计划经济的变种，尽管它是资本主义国家行为。

进口替代这种发展模式在 20 世纪 30—40 年代异军突起，成为发展中国家一道靓丽的风景线，50—60 年代达到巅峰，有的国家甚至挤进了中等发达国家前列。然而，好景不长，之后深受外债和腐败困扰，雄风不再。

弗朗西斯·福山（Francis Fukuyama）的"历史终结论"写于苏东剧变前夜，自从有了苏联解体这个铁证，似乎坐实了他的结论，计划经济确实不如市场经济更经得起时间的考验。然而，2008 年爆发了全球性金融危机，使得福山的预言也成泡影。此前的 1998 年就曾局部爆发过这类金融危机，已有征兆。更早的时候，日本一度大规模投资海外，甚至要"并购"美国，但 1985 年广场协议让他们泄了气，逐渐失去往昔的霸气。可见，外向型经济和自由贸易不仅缺乏抵御外来风险的能力,自身也有金融监管漏洞,导致发展后劲乏力、难以为继的窘境。

苏联解体是否意味着历史将终结于西方、终结于市场,回归所谓的自由秩序呢?在中国崛起之前,这一结论似乎成了不可更改、无法超越的铁律。但是,中国持续 40 年的跨越式发展这一事实,打破了福山所断言的"历史终结论"魔咒。

中国改革开放 40 年来一直处于持续发展和赶超状态,如果算上改革开放之前的 30 年,其发展势头已经持续了半个世纪以上,这在世界发展史上都是罕见的。中国的城镇化率至今尚未达到60%,还有相当大的发展空间,强劲的内需是可持续发展的最大保证。中国的崛起这一事实本身,就是对历史终结论最有力的驳斥。中国在发挥市场经济基础性地位和决定性作用的同时,并没有完全放弃计划,而是结合了计划和市场各自的优势。面对这样的事实,福山不得不承认政府在市场经济中的作用与作为,承认中国的全球影响力。布莱尔甚至不无羡慕地说,中国的成功(完全)在于它的体制。①

如果说 1956 年前后毛泽东提出"超英赶美"目标还是局限于粗钢产量,其表现还起伏不定的话,那么,改革开放之后,中国真正具有了稳步"超英赶美"的实力,进入 2000 年之后有了卓越的表现。以经济总量规模为例,接连超过意大利(2002 年)、法国(分别

---

① 2014 年 11 月 5 日,法国国家电视台最重量级的 20 小时新闻节目邀请英国前首相托尼·布莱尔就低迷的法国经济建言献策,不可避免地谈到了中国,他坦承"中国今天取得的成功就是因为它的体制"。引自复旦大学中国研究院研究员宋鲁郑《2015 年中国模式能否继续焕发活力》一文,https://www.guancha.cn/SongLuZheng/2015_01_01_305007.shtml。

在 2002 年和 2005 年有两次反复）、英国（2005 年）、德国（2007 年）和日本（2010 年）等主要发达国家；按购买力平价计算，2017 年的经济总量已经超过美国（2017 年世界银行报告《购买力平价与世界经济规模》）。当然，购买力平价算不得真金白银，就按实际汇率计算，2020 年之后取代美国成为全球第一大经济体。显然，一个新的更加年轻的世界增长极俨然已经崛起。如果说 1872 年美国取代英国成为全球最大经济体，此后成就了"美国世纪"，那么，是否意味着届时也会有"中国世纪"的到来呢？英国前首相布莱尔的回答出人意料，他说谁也阻挡不住这一历史进程。①

二、发展起来之后社会主要矛盾已发生深刻转化

有人讲，中等收入陷阱是个莫须有的伪命题，中国发展前程似锦，怎么可能会阴沟里翻船。是不是陷阱，有没有构成陷阱（不管是现实的还是潜在的隐忧），主要看有没有持续发展的足够动力。第一，原有动力是否依然存在，有无减弱乃至消失之虞？第二，新的动力在哪里，有没有得到及时必要的补充？应当重视和强调的是，技术创新以及在互联网技术、人工智能推动下的产品创新、组织创新（包括市场创新）、能源原材料创新已经成为发展不竭的源

---

① 引自 2006 年 8 月 3 日《中国新闻网》转述的美国《侨报》报道。英国前首相托尼·布莱尔 8 月 1 日在洛杉矶发表演讲，表示英国外交"天平"要向崛起的中国和印度倾斜。他说，许多的新兴国家将走向强盛，未来 20—30 年中国将成为新的超级强国，英国和美国必须调整政策。另见中国驻英国科技参赞王葆青：《英国外交"天平"向中国倾斜》，http://www.china.com.cn/policy/zhuanti/cr57/txt/2006-09/28/content_7201741.htm。

泉,而其内核,就是激励相容的制度与机制,这才是开启发展的一把金钥匙。

(一)发展起来之后面临的问题并不比原来少

为什么强调共同富裕,防止它的反面现象(两极分化)扩大?

比较两个国家,同样都达到小康水平,总量和人均指标大致相当,其中那个结构匀称的小康社会,其社会稳定性就好,抗风险能力强;另外一个两极分化的小康社会,其稳定性能就差,容易起纷争,穷于应对,哪还有发展后劲? 只有多数人都达到小康而不是只有少数人富有多数人贫穷,才是高质量的小康社会。少数人极度富裕而多数人贫穷的小康社会,虽然其总量指标、人均指标风光一时,但它是沙漏型收入分配结构,两极分化严重对立,大部分人都生活在平均水平以下,这样的小康社会徒有其表,名不符实,而且后果很严重。虽然生活在同一屋檐下,但彼此处于仇视和敌视乃至恐惧的氛围中,争资源、争利益、争福利,各式各样的矛盾和斗争层出不穷,形成连锁反应,乃至于内乱。

维稳(安全)的需要,涉及经济稳定、社会稳定、政治稳定。经济总量失衡的背后是收入分配极端化、两极分化,少数人占有绝大部分财富,引起消费不足,再生产关系趋于萎缩。如果财富分配趋于集中,少部分人获得越来越多的财富,大多数人财富越来越少,不管是相对的还是绝对的比例,这样发展下去迟早都会出大问题,导致系统性风险,难以自我矫正,此一发展方式势必不可持续。从维护社会稳定这一大局看,"中国有十一亿人口,如果十分之一富裕,就是一亿多人富裕,相应地有九亿多人摆脱不了贫困,就不能不革命啊!"①从政治上讲,"如果仅仅是少数人富有,那就会落到资本主义去了"②,"如果导致两极分化,改革就算失败了"③。

"社会主义不是少数人富起来、大多数人穷,不是那个样子。社会主义最大的优越性就是共同富裕,这是体现社会主义本质的一个东西。"④可见,社会主义的本质有两条,一是着眼于生产力,二是着眼于共同富裕。着眼于发展生产力,必须调动人的积极性,吸引各种要素投入,同时要防止走向另一极端,防止两极分化现象滋生扩大;而着眼于共同富裕,就起到矫枉过正的作用。

可见,"十二亿人口怎样实现富裕,富裕起来以后财富怎样分配,这都是大问题。题目已经出来了,解决这个问题比解决发展起来的问题还困难。分配的问题大得很。我们讲要防止两极分化,实际上两极分化自然出现。要利用各种手段、各种方法、各种方案来解决这些问题。中国人能干,但是问题也会越来越多,越来越复杂,随时都会出现新问题。少部分人获得那么多财富,大多数人没有,这样发展下去总有一天会出问题。分配不公,会导致两极分化,到一定时候问题就会出来。这个问题要解决。过去我们讲先发展起来。现在看,发展起来以后的问题不比不发展时少。"⑤

如何平衡二者关系呢? 邓小平认为需要分阶段分步骤采取不

---

① 《邓小平年谱(1975—1997)》(下),中央文献出版社 2004 年版,第 1317 页。

② 《邓小平年谱(1975—1997)》(下),中央文献出版社 2004 年版,第 1356—1357 页。

③ 《邓小平文选》第 3 卷,人民出版社 1993 年版,第 139 页。

④ 《邓小平文选》第 3 卷,人民出版社 1993 年版,第 364 页。

⑤ 《邓小平年谱(1975—1997)》(下),中央文献出版社 2004 年版,第 1364 页。

同策略,"中国发展到一定的程度后,一定要考虑分配问题"①,"在本世纪末②达到小康水平的时候,就要突出地提出和解决这个问题"③。全面建成小康社会是在总量与人均达标的同时还要满足结构性条件,方能反映它的全面性、稳定性。小康社会是否稳定、是否可持续,关键在于结构是否稳定,是否惠及大多数人。十八大提出全面建成小康社会,其"全面性"正体现在这里。

十九大报告 12 次提到"公平",与国内发展有关的主要涉及两个方面。一是竞争公平,废除妨碍统一市场和公平竞争的各种规定和做法,实现产权有效激励、要素自由流动、价格反应灵活、企业优胜劣汰,其中就包括司法公正。二是社会公平,在"幼有所育、学有所教、劳有所得、病有所医、老有所养、住有所居、弱有所扶"上下功夫,不断取得新进展;在全面建成小康社会的冲刺阶段要发扬啃硬骨头、钉钉子精神,一步一个脚印扎扎实实深入开展脱贫攻坚,保证全体人民在"共建共享"发展中有更多获得感,进一步促进人的全面发展、全体人民共同富裕,从而实现更高质量、更有效率、更加公平、更可持续的发展。

(二)"共富"不是无条件的,它有自身逻辑与先决条件

让一部分人先富起来到共同富裕,既是中国特色社会主义发展理论的内在逻辑,也是历史发展的必然。"先富"政策着眼于克

---

① 《邓小平年谱(1975—1997)》(下),中央文献出版社 2004 年版,第 1356 页。
② 即 20 世纪末。
③ 《邓小平文选》第 3 卷,人民出版社 1993 年版,第 374 页。

服平均主义，打破"大锅饭"，解放和发展生产力。没有"先富"一定不会有共同富裕，反而陷于共同贫困状态而难以自拔。当然，"先富"也并不必然导致"共富"，"共富"有着自己的逻辑和先决条件，其前提是不能损害效率。

第一，"共富"政策在初次分配和再分配过程中的影响是有限的，超过一定限度，不仅有损效率，影响产出，还会导致逆向选择、资源闲置，甚至撤资、跑路等现象。计划经济最终让位给市场经济的根本原因就在这里。计划能够规定每种产品的产量和价格，但不能解决定价机制，即便能从供需关系倒逼影子价格，仍然触及不到生产者的灵魂。由于缺乏应有的动机和动力，也就失去了活力。任何措施都不如价格机制来得简单、直接和管用。促使创造财富的源泉充分涌流的最有效办法，也是唯一的途径，就是回归常态，赋予它们正常合理的价格和回报。达不到这个要求，不可能促使其竞相迸发出来。

一般来讲，提高税率时，税收总额也会相应增加，但增长幅度不如税率提高得快，呈递减性，超过一定限度，税收反而会减少。供给侧的拉弗曲线揭示的就是这个道理，要用最终结果去衡量什么是最优税率——企业到底是愿意增加还是减少产出。毕竟三十六计走为上策，所谓"苛政（税）猛于虎"就是指老百姓无法承受政府的横征暴敛，宁可冒着被虎吃掉的危险也要躲进深山老林。现代方式则多了撤资、跑路等。

第二，市场竞争性和资本流动性有碍于"共富"政策的实现。由于地区之间、国家之间对国际投资竞相拉拢，导致招商引资政策的优惠力度一个赛过一个，如在"三减两免"之外实行土地"零作价"。不要说限制资本,就是让惠少一点都会导致资本净外流。地区间资本流入和流出,就成了未来经济实力和竞争力的风向标。显然,撤资、跑路是对"共富"政策的极大钳制。

可见,见汤见底的"大锅饭"非但不是共享,而且恰恰是改革的对象。党的十九大报告与十八大报告相比,在阐述共享原则时用词上有一个明显变化,不再单提共享,而是将共建共享紧密地联系起来。这恰好说明了共享不是单纯的社会财富再分配,而是首先着眼于未来发展,满足社会化生产的要求。

共建是共享的前提条件,没有共建就没有共享之源。共建是为了更好地共享,而共建之所以成为可能,也是社会再生产的需要,过去不需要和做不到的,在现代技术和分工条件下成为需要和可能。只有建立在共建共享基础上的相互合作关系才能不断做大,这在处理国际国内经济关系时已成为一项重要的原则,是新发展理念不可或缺的重要组成部分。强调共享的上述特征非常重要,就是要纠正人们认识上和工作中的误区,以为富起来之后就可以全面实现社会财富的再分配,无视社会主义初级阶段这个最大的国情。

(三)核心在于转变发展方式

如何兼顾"先富"和"共富"、效率和公平,不让天平倒向任何一边,维持稳定发展的基本格局,实现又好又快的发展目标,核心在于转变发展方式。

首先看外向型经济持续发展的动力来自何方。一是靠大量廉价的农村剩余劳动力,源源不断地从农业流向加工业、从农村流向城市,使得外向型加工业投资能够获得稳定的高额利润;二是有足够广大的外销市场,整个再生产关系跟外需对接,不受国内购买力和消费市场限制。由此几十年下来,导致收入分配结构"厚尾"现象,并抑制了收入分配结构有任何改善的可能性。

由于农村剩余劳动力存量大,存在所谓农村剩余劳动力无限供给现象,因此,生产规模再怎么扩大,工资都会维持在较低水平,不会有所提高。再者,生产规模大小和价格高低都不受国内市场的消费水平和消费能力限制,生产和国内消费脱钩,后者起不到平衡和制约作用。这种供给结构和需求结构意味着总量规模扩大,并不能带来大部分人收入的增加,看到的只是农民工就业人数不断增加,因此总体表现出收入分配差距日益扩大的趋势。

当然,这种类型收入分化并非无节制、无限度。在2005年沿海地区出现"民工荒"之后,劳动力成本就随之上升了,而当2008年爆发全球性金融危机之后,外需受挫,也得转而正视国内消费能力这块短板。正是成本和需求的双重压力,外在强制地改善收入分配结构。当然,被动应对、硬性提高消费率不可能彻底,真正要彻底,就得从内在的激励机制入手,使得占人口大多数的中间层有增加人力资本投资的意愿。因此,发展方式的转变更具根本性,相比之下,供给政策、需求政策、收入分配政策等只能起有限的调节作用。

没有发展时,有没有发展的问题;发展起来之后,有发展起来之后的问题。发展并不能一劳永逸地解决所有问题,旧的问题解决了,如脱贫致富,新的问题又层出不穷,如雾霾问题、贫富分化问题、资源分配不均问题等,可见,发展起来之后的问题并不比没有发展时少。有的是过去积攒下来没有暴露的(存量问题),终于浮出了水面;有的是新出现的(增量问题),总之,都在促使和推动走向更高层次的发展。

20世纪80年代中期,罗马俱乐部的研究报告《增长的极限》指出了发展之后普遍遭遇的问题,如资源枯竭、生态破坏、环境恶化,受此威胁,地球已到了无法承载的地步。从那个时候起,国际社会普遍关注碳排放等指标。中国的发展也面临同样的挑战。靠高投入维持的粗放型发展方式受到资源不足、污染(水污染、大气污染、土壤污染)和劳动力成本上升等因素的制约,不腾笼换鸟就没有进一步发展的空间。产业转型势所必然,技术创新(如互联网技术、人工智能技术)带动产品创新、组织创新(包括市场创新)、能源原材料创新,已经成为发展的新源泉。事实上,当整个华北地区被层层雾霾笼罩的时候,就已经表明旧的发展方式走到了尽头,不可能再维系下去。党的十八届五中全会提出"创新、协调、绿色、开放、共享"五大发展理念,在科技研发、分工合作、规模经济、环保等环节上做足功夫,这就是在给未来产业规划重新定调制图。

旧的发展方式经常表现出经济过热难以根治的"常态",宏观调控的效果也因此大打折扣。有时热度还没降下来又接着升温,宏观调控非但没有遏制通货膨胀,反而助长了通货膨胀。如果长期处于经济过热、市场供不应求状态,根本不会有转变发展方式的压力与动力。有鉴于此,1995年党的十四届五中全会提出具有全局意义的"两个根本性转变",就是要从根本上转变发展机制和发展方式。

从提出"两个根本性转变"至今已逾25年,但另一只靴子(新常态)始终没有落地。为什么会有速度换档期、结构调整期、前期政策消化期三期叠加？在一个经济周期里同步发生而不是交叉出现，由此产生了共振现象。

究其根源，在于没有触及政府与市场关系的关键部位，使得三者具有共线性。旧的发展方式还在作怪，政商关系拉拉扯扯，勾肩搭背，桌底下进行权钱交易、权权交易，朋比为奸，互相利用，已经形成紧密的利益共同体，具有稳定的利益输送关系，反映在党内就是拉帮结派，团团伙伙，立山头找靠山，培植私人势力，搞门客、门附、门宦、家臣等人身依附那一套。① 这个时候再怎么调控，不管是宏观层面的调控还是微观层面的结构性改革，都动不了基本盘。

有鉴于此，党的十八大以后直面主要矛盾，是什么问题就解决什么问题，直来直去，不拐弯抹角，直接从"反腐抓虎"、严肃党纪国法入手，不患得患失，紧盯发展方式转变的关键部位，抓住关键少数，一举达到宏观调控所难以企及的效果，发展方式难以转变的种种托词统统烟消云散。

可见，新常态不仅是经济新常态，同时也是政治新常态。"反腐抓虎"只是手段和铺垫，目的是把法律和纪律挺在所有行为的前面，伸手必被捉，严明党纪国法，让制度从此确立起来。只有在此前提之下，市场才能在资源配置中真正独立发挥出应有的作用。如果"反腐抓虎"能够源源不断地得到发展壮大了的市场经济的侧应，二者实现良性互动，那么转变发展方式就会日增其效，而走出三期叠加的谷底也就指日可待。

———————————

① "党内决不能搞封建依附那一套，决不能搞小山头、小圈子、小团伙那一套，决不能搞门客、门宦、门附那一套。"见中共中央文献研究室编：《十八大以来重要文献选编》上册，中央文献出版社 2014 年版，第 770 页。

(四)根本在于发挥大多数人的主动性和创造性

在中国特色社会主义由富起来到强起来的历史进程中,社会主要矛盾已经转化成了人民日益增长的美好生活需要和不平衡不充分的发展之间的矛盾,全面建成小康社会第三步发展战略重在"共富""共享"。党的十九大提出共建共享美好生活的愿望,共享型发展方式必然成为新时代的主题,这是新发展理念不可或缺的重要组成部分。

什么是真正共享,如何才能真正做到？不能只在公共财政、福利经济上做文章,必须落脚到社会生产和财富创造,着眼于创造社会财富的主力军,即占人口绝大多数的中间层收入者,这些人的利益有没有得到充分保障,他们的主动性和创造性有没有得到充分发挥,这才是共享型经济的根本所在,也是最大的共享。离开了这个根本,一切都是子虚乌有。

与此对照,两极分化就存有歧义。要说收入差距拉大就是两极分化,显然名不符实。正常的收入分布状况,有其常态的结构,就像十个指头不一般齐,并不能整齐划一。合理的收入分配结构是正态分布,中间分布密度大,高收入和低收入两头所占人数少,呈纺锤型。只有中间层大量破产,沦为低收入阶层,才能说明收入分配结构恶化。这才是两极分化的本义,在整个收入分配结构中,真正筑底的是占人口绝大多数的中间层。它有如压舱石,如果中间层收入是趋于提高的,收入分化并不什么坏事,而是整体向善的第一步;反过来,收入分配状态整体趋恶,也是从中间层收入分化开始的。这个群体若形成了收入分配的洼地，就不断地会有返贫人口析出，这才是收入分配结构恶化的开始。

毫无疑问，收入分配结构恶化是导致中等收入陷阱的元凶。收入结构恶化主要是由初始资源分配不公造成的。初始资源分配不公会扭曲竞争规则，让大部分人输在起跑线上，由此产生一系列后续的连锁反应和马太效应，越是发展，收入分配结构越是恶化。

分化是中间层的分化，重点不在两极，讲"两极"分化是在转移重点。两极分化只是浮现出来的表面现象，看到的只是冰山一角，因此，不能只讲两极，而应更多关注中间层的结构变化，至少要讲全，到底是整个收入分配结构恶化，还是两极的分化，不能笼统地概而论之。

正是中间层的动向，决定了历史的走势。例如，（历次）农民运动的主体当然是下层的农民，但是，如果不是有破落的中小地主和中农不断地加入进来，瓦解统治集团的基础，大规模的农民运动也发动不起来。想从外部推翻旧秩序，更不可能。中间层的动向预示着系统性变化，关注两极分化是为了聚焦和预测中间层的动向。只有中间层大多数人有了新的更好的发展机会，整个收入分配结构才得以不断改善，缩小两极分化才有了源泉。

这是全面建成小康社会的瓶颈制约和关键所在，消除两极分化主要是消除中间层的分化，关涉后续（可持续）发展的动力与潜力。消除两极分化应着眼于让占人口大多数的中间层有新的发展机会，占人口大多数的中间层有更好的发展机会，这是最大生产力，意味着在释放"先富"的少数生产力之后，具有了可持续发展的二级动力。这是克服两极分化、巩固社会主义市场经济基础的根本所在,是全面建成小康社会第三步发展战略的灵魂。

社会主义市场经济基础是否能够不断巩固、能不能发挥出应有作用、发挥多大作用,这是全面建成小康社会决胜阶段整个战略布局决胜的关键。所谓让市场在资源配置中起决定性作用,首先是经济主体能有独立意志,市场有确定的规则,能够预见到行为的后果。只有完善市场制度,健全市场秩序,才能促进各方面的资源和要素的有效投入,如果不依法办事,没有稳定的预期,就不可能有更多资源和要素的投入。可见,市场经济就是法治经济,这是一个铜板的两面,市场经济只有穿上法治的铠甲才能立得起来,抵御侵蚀,起到自我保护的作用。当然,法制建设的意义绝不仅限于经济方面,它是现代社会生活最基本的行为规范之一,是国家治理体系和治理能力现代化的基础。党的十八届四中全会制定了全面依法治国的纲领性文件,由中央全会来专门讨论和落实法治建设,在中共党史上还是第一次,是第一个关于加强法治建设的专门决定,可见其受重视和关注的程度。

党的十八届三中全会制定了全面深化改革的纲领性文件,围绕"完善和发展中国特色社会主义制度,推进国家治理体系和治理能力现代化"这个议题(总目标)制定(并启动)了60条、300多项改革举措,目的是进一步解放生产力,实现充满生机和活力的市场经济,做到"三让",即让一切劳动、知识、技术、管理、资本的活力竞相迸发,让一切创造社会财富的源泉充分涌流,让发展成果更多更公平地惠及全体人民,打开了中间层发展的大门,为中国特色社会主义发展续航。

第三节　开启全面建设社会主义现代化国家新征程

　　周虽旧邦,其命维新。改革就是革除阻碍发展的不合理制度,为更好更快发展创造条件;创新就是创造更加合理的制度。制度改革是发展的首要条件,制度好,聚沙成塔、形成合力,财聚人齐、万邦来朝;制度不好,人心涣散,难民如潮。让老实人吃亏将导致逆向选择,使得众叛亲离,久而久之,生产力的源泉都被堵塞。俗话说,人心齐泰山移。如何吸引人财物形成合力,产生更大的生产力,这就是制度所要解决的问题。

　　最根本的发展,不是在各种硬件设施上,而在制度现代化上。现代科技、设备及其他硬件设施,如道路交通、机场码头、高铁、飞机以及 5G 网络通信等,固然是发展和现代化的重要标志,但它们都是现代化的外衣,是人在研发、操控和驾驭这些技术设备,只有在激励相容机制下,它们才能活灵活现,即便缺少资本、技术和劳力,都有办法和渠道解决。配置这些资源的内核不是别的,而是制度现代化,它起着灵魂和枢纽的作用。阿马蒂亚·森(1998 年诺贝尔经济学奖获得者)总结道:历史上所有饥荒很大程度上是人为的,完全由自然灾害造成的从未发生过。三分天灾、七分人祸是不争的事实。

　　制度成型是改革事业取得成功的显著标志。早在 1992 年,邓小平就曾设想,三十年之后,即全面建成小康社会时,应该形成一整套更加成熟、更加定型的制度。① 对于制度顶层设计要达到什么样的目标,党的十九大报告有着明确的指向,那就是"国家治理体系和治理能力现代化",从而为实现中华民族伟大复兴的中国梦提供一整套更完备、更稳定、更管用的制度体系。这是党的文献中从来没有出现过的新提法,是我党对于现代化理论的创新。

从产品、技术和装备现代化到制度现代化,是改革开放以来对社会发展规律认识的一次质的飞跃,现代化不仅仅体现为物质文明,还体现为制度文明,制度起到了调节人与人之间(生产)关系的作用,本身就是更为重要的现代化,制度现代化起到了巩固物质文明成果的重要作用。制度是现代化最集中的表现,所有改革成果最终都有制度刻度,代表现代化的水平。现代化最终体现在制度上,体现为制度现代化。制度现代化既是改革的成果,也是巩固改革成果的根本保证。

一、未来 30 年发展的新格局

党的十九大基于新中国 70 年来生产力和生产关系两方面巨大变化这个事实,以此为依据将现时代社会主要矛盾概括为"人民日益增长的美好生活需要和不平衡不充分的发展之间的矛盾"。这一重大的历史性判断决定了未来十几年、几十年的路线和政策走向,涉及一系列重大战略决策,围绕新目标展开的战略任务、战

---

① 1992 年,邓小平同志在南方谈话中指出,"再有三十年的时间,我们才会在各方面形成一整套更加成熟、更加定型的制度。在这个制度下的方针、政策,也将更加定型化"。

略布局等都将与时俱进。如需求层面,由过去的温饱型、小康型的基本需要上升到更高层次的对美好生活的向往;发展的不平衡不充分也不再是普遍落后的生产力下的三大差别(城乡差别、工农差别、地区差别),尽管这些差别仍然存在,但要着眼于工业化、市场化、城市化充分发展了之后的新表现、新动向,进而考虑如何避免落入中等收入陷阱。党的十九届五中全会构建出了未来 30 年发展的新格局。

(一)新阶段

建设社会主义现代化强国是中国共产党人的历史宏愿。早在 1945 年,毛泽东《论联合政府》(党的七大政治报告)就提出工业化的战略目标。解放前夕召开的党的七届二中全会,明确提出"使中国稳步地由农业国转变为工业国,把中国建设成一个伟大的社会主义国家"的战略构想。新中国成立不久又提出"社会主义工业化"的口号和"在一个不太长的历史时期内,把我国建设成为一个社会主义的现代化的强国"的宏伟目标。周恩来在 1964 年《政府工作报告》中正式提出具有四个现代化标志的社会主义强国这一战略目标和"两步走"战略。"四个现代化"就是在此基础上形成

的,改革开放之后"四个现代化"继续成为党和国家各项事业的
指引。①

与此同时,社会主义现代化强国的内涵也在不断深化。最初
时以钢为纲,突出重点,一化(工业化)就代表了现代化,20世纪60
年代之后逐渐形成"四化",但仍然着眼于物质和装备。改革开放
之后,邓小平把现代化引向小康社会,提出物质和精神"两个文
明",现代化的内涵更加全面和综合,同时提出"三步走"战略,时间
上从20世纪末延伸到21世纪中叶。党的十三大将内涵拓展到经
济、政治和文化三大领域,提出"富强、民主、文明",之后相继出现
了"三位一体""四位一体",党的十六届六中全会增加"和谐",把
构建和谐社会也纳入目标,把民生等社会建设问题摆在更加突出
的位置。党的十八大进一步拓展到"五位一体",党的十八届三中
全会提出"国家治理体系和治理能力现代化",极大地丰富了社会
主义现代化的内涵。

党的十九大在全面建成小康社会基础上着眼未来,提出"新两

---

① 1954年全国人大一届一次会议通过的《政府工作报告》讲的是工业、农业、交通运
输业和国防现代化,1956年党的八大修改《党章》吸收了这一思想。由于交通运输
业归入工业大类,实际涉及的只有工业、农业和国防三大领域,看重的是物质资料
生产。最初提出现代化指的就是机械化,以后延伸到自动化、智能化、信息化,逐
步升级换代。1964年全国人大三届一次会议通过的《政府工作报告》强调科学技
术,将科技现代化跟其他"三化"摆在同等重要位置,从而将"四化"形式固定下来,
还提出实现"四化"的"两步走"战略。这段时期,毛泽东曾提出"现代化科学文
化"(见1957年《正确处理人民内部矛盾》讲话和同年在中共全国宣传工作会议上
的讲话)、"科学文化现代化"(见1959年12月至1960年2月读苏联《政治经济学
教科书》的谈话),但都没有继续深化,最终归入了科学技术现代化。即使在阶级
斗争压倒一切这样严重不利的政治氛围中,1975年全国人大四届一次会议通过的
《政府工作报告》仍然重申了"四化"和实现"四化"的两步走战略。

步走"战略,在2020年全面建成小康社会之后,再奋斗15年,基本实现社会主义现代化,达到中等发达国家水平,之后再奋斗15年,建成社会主义现代化强国。党的十九届五中全会高度评价决胜全面建成小康社会所取得的决定性成就,开启全面建设社会主义现代化国家新征程,对"十四五"时期中国经济社会发展和未来15年远景目标系统谋划和战略部署。习近平总书记在省部级主要领导干部学习贯彻党的十九届五中全会精神专题研讨班开班式上庄重宣告第一个百年目标已经实现,并发出向第二个百年奋斗目标进军的号召,对全面建设社会主义现代化国家伟大实践进行总动员。

未来30年是实现历史性跨越、兑现社会主义现代化强国这一历史宏愿的新发展阶段。当然,未来30年中国仍将处在社会主义初级阶段,这个中国特色社会主义的最大国情和最大实际并没有变,作为世界上最大的发展中国家的国际地位没有变。对社会主要矛盾性质的判断,揭示了社会主义社会生产关系内在本质的规定性,决定了社会主义初级阶段的根本任务不在别的方面,而在于发展生产力,协调好生产力和生产关系之间以及生产关系内部的非对抗性矛盾。但是,社会主义初级阶段不是静止不变的,也不是自发自然的,而是量变积累已经达到发生质变的关键时期。

俗话说,行百里者半九十,这是99℃和再加1℃的关系,是社会主义发展进程中极为重要的一个阶段,是更加奋发有为的30年。解决社会主要矛盾的办法,离不开国家治理体系和治理能力现代化,即通过有效的制度设计,全面协调整个生产关系,从而促进生产力更好更快地发展,让各种生产要素的活力竞相迸发,让一切创造财富的源泉充分涌流,让更多发展成果惠及全体人民,充分实现共建共享美好家园这一美好愿望。这就是我们积 40 年中国特色社会主义历史经验得出的结论。

(二)新发展理念的引领作用

改革开放 40 年带来的最大变化,就国内而言,是中国社会主要矛盾发生了深刻转化,由原来的落后社会生产力造成的矛盾转化为不平衡、不充分发展的结构性矛盾,需求层次也上升为人民对美好生活的需要。

就外部条件而言,中国日新月异的发展进步,推动世界格局发生结构性深刻变化,其影响力是前所未有的,出现了百年未有之大变局。新兴市场国家和发展中国家占全球经济总量的比重已接近 40%,对世界经济增长的贡献率已经达到 80%,其中,中国所占分量和贡献率都接近一半。中国已前所未有地走近世界舞台中心,前所未有地接近实现中华民族伟大复兴的目标,前所未有地具有实现民族复兴的能力和信心。

内外因都迫使发展方式转变,从原来的追求规模和速度,转化为追求高质量发展,并进行相应的供给侧结构性改革,这是势之所趋,势所必然,不得不为,而且必须有所作为。

面对国际国内形势的深刻变化,面对新情况、新问题、新矛盾,理念是先导,新的发展理念系统回答了发展的目的、动力、方式、路径等一系列理论和实践问题,阐明了发展的政治立场、价值导向、发展模式、发展道路等重大政治问题,对于实现什么样的发展,怎样实现更高质量的发展起到了引领思想作用,引导经济社会发展取得历史性成就、发生历史性变革。

　　知向何处,不惑于方向;明所从来,不竭于动力。正确认识历史方位和阶段是制定一切政策的根本依据,也是领导全面建成小康社会和社会主义现代化不断取得胜利的重要经验。把以人民为中心,为人民谋幸福,为民族谋复兴作为发展的根本宗旨,要明确人民至上的信念是做出正确抉择的根本前提,也是发展的不竭源泉。共同富裕不仅是经济问题,而且是关系执政基础的重大政治问题。以满足人民日益增长的美好生活需要为根本目的,切实解决发展不平衡、不充分,实现更高质量的发展,是现代化的出发点和落脚点,是新发展理念的根和魂。要切实解决地区差距、城乡差距、收入差距,增强人民群众的获得感、幸福感、安全感,实现政治安全、人民安全、国家利益至上三者有机统一。

(三)内外双循环、两轮双驱动的新发展格局

　　站在全面建成小康社会这一新的历史起点上谋划未来,要着眼中华民族伟大复兴战略全局和百年未有之大变局,统筹国际国内两个大局,以国内大循环为主体,国际国内双循环互相促进的新格局,这是关系全局的重大战略任务。

　　立足国内大市场,办好自己的事,稳固基本盘,这是底气所在。中国有 14 亿人口,城镇化率不到 60%,距离"天花板"还有一段距离,就以过去 10 年平均以一个百分点递增计算,达到发达国家的平均水平(80%)也要 20 年时间,城镇化率每提高一个百分点,意味着将有1400 万人进城,居民消费需求提高 1.6 个百分点,增加1.2

万亿元的消费和投资,带动房地产、基建、公共卫生、教育、医疗、环保等诸多行业,再考虑从小城市到大城市的空间腾挪,远不止这些数目,因而中国有着超大规模的市场潜力和增长空间。中国每年新生人口就有1500万人,相当于一个中等规模国家的人口,现有劳动力数量超过8亿人,超过所有发达国家劳动力之和,每年毕业大学生800多万,这是劳动力当中最有文化、有智慧的生力军。作为制造业大国,每年增加值达到4万亿美元,是美、德、日三国之和。工业产品门类齐全,拥有全产业链的制造业体系。在220多项工业产品当中,多项产量世界第一。因此又有着超强的供给能力。在当前外部世界需求疲软、增长乏力的情况下,国内的需求和供给潜力不竭,更显示出独特的发展优势。因此,时势在我,这是定力所在,信心所在,决心所在。

国内大循环以深化供给侧结构性改革为主线,着眼于提高生存力、竞争力、发展力,简政放权,减少行政垄断,强化政府管理的自我革命,降低市场供给的门槛,降低物流、人才流动的交易费用,消除其中阻隔,实现内循环的畅通无阻。构建新发展格局的最本质特征在于实现高水平自立自强,做到坚如磐石,不能一有风吹草动就手足失措,压不住阵脚。只有全面做强自己,才能"任凭风浪起,稳坐钓鱼台"。

产业结构全面优化升级、向高质量发展方式转型是供给侧结构性改革的关键所在,提升创新力、竞争力、综合实力,增强供给体系的韧劲。为此,要靠深化改革和科技创新两轮驱动,两个方面相互促进,全面加强对科技创新的部署,集合优势资源,有序推进创新攻关"揭榜挂帅"体制机制,加强创新链和产业链对接。

需求管理要加快培育完整内需体系,建立扩大内需的有效制度,释放内需潜力,实现更高效率、更高质量的投入产出关系,实现经济高水平的动态平衡。

以强大的国内经济循环体系做后盾,在稳固基本盘基础上继续全面对外开放,利用国际循环提升国内循环的效率和水平,提高生产要素的质量和配置水平。

(四)加强党对社会主义现代化建设的全面领导

中国共产党的领导是中国特色社会主义最本质的特征,中国特色社会主义取得历史性成就、发生历史性变革,根本在于党的坚强领导发挥了决定性作用。加强党对社会主义现代化建设的全面领导,是中国特色社会主义发展必须遵循的首要原则。

打铁还需自身硬,必须健全党的领导体系,职能配置、体制机制、运行管理做到更科学、更完备、更高效,提高治理能力、政治能力、战略眼光和专业水平。

把党的领导落实到国家治理各领域各方面各环节,总揽全局、协调各方,是中国特色社会主义制度最大的优势。要不断推进国家治理体系和治理能力现代化,提高党科学执政、民主执政、依法执政水平。

二、作为发展最高表现形式的制度文明

制度现代化不是要不要的问题,而是实现什么样的制度现代

化的问题。制度现代化被赋予什么样的内容,才是实质问题。十八届三中全会对此没有含糊其词,明确回答制度现代化所要实现的目标,不在于别的方面,而是要"让一切劳动、知识、技术、管理、资本的活力竞相迸发,让一切创造社会财富的源泉充分涌流,让发展成果更多更公平惠及全体人民"。包括上层建筑在内的所有制度设计,都要围绕"三让"来实现,各个环节都以此为中心展开。这是点睛之笔,制度所要达到的目标,就是制度现代化的准绳,制度所达到程度,就是制度现代化实现的程度。

改革开放是决定当代中国命运的关键一招,目的就是要让一切劳动、知识、技术、管理、资本的活力竞相迸发,让一切创造社会财富的源泉充分涌流,让发展成果更多更公平惠及全体人民,这既是经济发展的动力,也是推动政治发展的根本力量。制度现代化着眼于人,充分挖掘并发挥每个人创造社会财富的潜力,现代化发展的根本方向就是人的现代化实质所在。

1992 年邓小平南方谈话为改革确立了"三个有利于"原则,具体化了"实事求是"和"实践是检验真理的唯一标准"的思想,从而摆脱了长期纠缠不休的姓"资"姓"社"之争,为以后提出社会主义市场经济破了题。1994 年党的十四大正式确立了社会主义市场经济,与之相应,资源要素配置效率和资本等范畴也都提出来了。2002 年党的十六大,正式提出"三让"中的前"两让",体现了一心一意谋发展的求真务实作风。2008 年纪念改革开放三十周年大会重申了"两让",而且将它看作是改革开放三十年实践的根本经验,并强调指出,我们党提出把社会主义市场经济体制确立为我国经济体制改革的目标模式,正确解决了关系整个社会主义现代化建设全局的一个重大问题。这个关涉全局的问题,就是实现什么样的制度现代化。到2013年十八届三中全会时,有了更全面的说法,那就是"三让",即让一切劳动、知识、技术、管理、资本的活力竞相迸发,让一切创造社会财富的源泉充分涌流,让发展成果更多更公平惠及全体人民。"三让"体现了制度目标的现代性,蕴含着合作共赢、共同发展的现代化理论。

第一,围绕着社会财富创造这条主线做大文章,意味着整个的社会实践转向了以经济建设和创造财富为中心。十一届三中全会之后,党的工作重心发生了重大转移,彻底放弃了阶级斗争而转向了经济建设这个中心环节,全神贯注抓建设,一心一意谋发展。

尽管每个社会都以经济为基础,但它从来没有像今天这样处于中心地位,起决定作用,把物质财富创造提到如此高度,这是过去任何时代都不曾有过的现象,也是唯物史观当代性的表现。

第二,生产方式的重心下移到普遍个人的层面,尽可能地调动一切生产要素投入和创造财富的积极性,触及之广、之深也是过去任何一个时代所没有过的。生产要素价值实现的背后,是人的价值实现,归根结底是在调动人的积极性、主动性和创造性。这就需要更加注重普遍的正向激励(机制),才能做到各尽所能(力),各得其所,使得整个社会形成最大的合力。

"三让"反映了以经济建设和创造财富为中心且具有包容性的制度特征,这是唯物史观在当代的具体体现,只有这样的制度才会带来更广大的社会合作秩序,而这样的合力生产力才是最大的,能够容纳以前社会所容纳不了的生产力和社会财富,社会财富是自动地、源源不断地涌现出来,不需要外力强制推动。

这是一条历史发展的大道，人类社会正在不断地逼近这条大道。无论我们的起点离它多远，都始终朝着这个方向。除了这条大道，历史上还没有其他道路能使得人类社会发展左右逢源、越走越宽广。

人类社会有理由对这条大道表示乐观向上的期许，无论发展路径多么曲折，这条大道就在那儿，任何路径的依赖，都不能有悖于它，顺之则昌，逆之则亡。只有走这条正道才是良性的、可持续的，才能使越来越多的人获得自由发展的机会，施展个人的抱负，提升人的价值，实现对人的普遍尊重。

人类社会不断地趋向于每个人的自由发展，而每个人的自由发展又跟整个社会财富的创造息息相关，并且相关性越来越强。《共产党宣言》讲得很清楚，（未来社会将是这样一个共同体：）每个人的自由发展是一切人自由发展的条件。也就是说，一切人的自由发展要以每个人的自由发展为条件。离开了每个人的自由发展，哪有社会的自由发展？个人不在社会之外，社会不是独立于个人之外的"外在存在"，它是内生的。不尊重个人价值，很难使社会价值再有一个大的提升，

第三，着眼于人的现代化。让发展成果更多更公平地惠及全体人民，通过对发展结果（分配）的强制规范，达到充分挖掘并发挥每个人创造社会财富的潜力这一根本目的，体现了中国特色社会主义的本质特征，后者正是人的现代化实质所在。唯物史观立足于社会财富创造，既不能离开社会财富的创造来谈每个人的自由发展，也不能离开社会财富创造来谈公平分配，否则就不是唯物史观而是唯心史观了。不能首先着眼于分配（结果）而不以生产为前

提,否则必然导致逆向选择,刺激不劳而获的机会主义动机。其结果也就可想而知,可分配之物只会越来越少,最后是限额供应、凭票供应。改革开放之前的这种教训还嫌少、还不够深刻吗?

总之,制度现代化以"三让"为准绳,不存在制度现代化和社会主义制度先进性之间的根本对立;它们间不仅没有冲突,制度现代化还是社会主义制度先进性的应有品质。

从制度现代化到人的现代化,是认识上的又一次重大飞跃。制度现代化要着眼于人,不仅要实现包括人在内的一切生产要素的价值,还要充分发挥人的潜能。制度现代化如果不能最终实现人的现代化,那就是不彻底的现代化。人的现代化是制度现代化的根本目的,因而它就是制度现代化的最终尺度。

人的现代化与生产方式现代化相向而行,人的现代化不是观念现代化,扯着头发也飞不上天;人的现代化是建立在一定生产方式基础上的,生产方式不改变,人的现代化就是空中楼阁。人的现代化程度取决于生产方式的现代化程度。人的现代化不可能一步到位,它取决于生产方式现代化实现程度,从生产要素的价值实现到人的价值全面实现,还有一个漫长的过程。脱离了现实生产方式的所谓人的现代化,是"左派幼稚病"的幻想,必然会在现实中跌得头破血流。生产方式现代化不以人的现代化为目的,它的发展空间必然会越来越少,这就必须进行制度改革。可见,生产方式现代化和人的现代化构成了现代历史发展的辩证法,也是迄今为止最为宏大的历史辩证法,在这条发展路径的每个节点上,制度都起着巩固作用。其中,制度现代化的方向会越来越明晰,那就是服从和服务于人的现代化。

第二章　从历史进程看社会主义发展规律

第一节　社会主义发展的三大规律

　　社会主义代替资本主义是不以人们意志为转移的必然趋势。这个过程是长期的、复杂的、曲折的,存在着社会发展内在的客观规律。辩证法的三大规律是事物发展的普遍规律,是社会主义发展的一般规律,也是中国特色社会主义发展的客观规律。

　　对立统一规律表现为社会主义与资本主义共存共处的规律、社会主义共同历史趋势与不同发展道路相统一的规律、社会主义共同本质与不同特色相统一的规律、社会主义社会必然在矛盾运动中发展的规律。质量互变规律表现为经过渐进量变到一定关节点会发生质变或部分质变,质变又会促成新的量变的规律,也表现为经济社会发展的一系列数量指标与社会主义本质实现程度相统一的规律。否定之否定规律表现为社会主义的发展不是直线,而是螺旋式上升的曲线,是前进性和曲折性相统一的规律。

　　社会主义是一种旨在否定资本主义、实现高于资本主义的社会形态的理论思潮、社会运动和社会制度。从 1516 年莫尔著《乌托邦》一书算起,至今已有 500 多年历史;从 1848 年马克思恩格斯《共产党宣言》发表,实现社会主义从空想到科学的发展算起,也有 170 多年历史;从 1917 年列宁领导俄国十月革命胜利,社会主义从理论到实践的发展算起,也有 100 多年历史。近百年来,世界上涌现出几十个社会主义国家,也遭受了种种挫折,例如世界上第一个社会主义国家苏联夭折了,而以中国为主要代表的社会主义国家坚持社会主义道路,正在奋力拼搏,进行伟大斗争、建设伟大工程、推进伟大事业、实现伟大梦想,取得了中国特色社会主义新胜利。社会主义理论、运动和制度,经过近百年的实践探索,已经显示出社会主义发展的一系列客观规律。其中,唯物辩证法的三大规律——对立统一规律、质量互变规律、否定之否定规律在社会主义发展过程中都有明显表现。

一、社会主义发展的对立统一规律

　　马克思肯定了黑格尔的"自然界的基本奥秘之一,就是他所说的对立统一规律"①。对立统一规律是自然发展的普遍规律,也是社会发展的普遍规律。社会主义发展的对立统一规律主要表现为四个具体规律,即社会主义与资本主义对立统一、共存共处的规律,社会主义共同历史趋势与不同发展道路相统一的规律,社会主

---

① 《马克思恩格斯选集》第 2 卷,人民出版社 1972 年版,第 1 页。

义共同本质与不同特色相统一的规律,社会主义社会必然在矛盾运动中发展的规律。

(一)社会主义与资本主义的对立统一

社会主义是在资本主义社会中批判资本主义的弊端而产生的,是作为资本主义的对立面出现的。社会主义与资本主义的对立是与生俱来的。同时社会主义是伴随资本主义的产生而产生,伴随资本主义的发展而发展的,二者必然共存共处于人类社会这个统一体中。社会主义代替资本主义是一个长期历史过程。在这个过程中,社会主义与资本主义必然要长期共存、和平共处。从全世界来看,社会主义社会脱胎于资本主义社会甚至是前资本主义社会。20世纪的社会主义苏联,当代的社会主义中国,与众多资本主义国家同时存在于这个地球上,社会主义和资本主义两种制度长期共存的基本格局短期内不会改变,社会主义与资本主义之间存在着对立统一、共存共处的规律。中国社会科学院在21世纪初分析了《共产党宣言》发表以来世界发生的主要变化后得出结论说:"150年来,世界局势和人类社会发生了很大变化,但我们仍然处于由资本主义向社会主义过渡的时代。在未来相当长的历史时期内,我们仍将处于'一球两制',即资本主义和社会主义斗争、合作、相互影响的共处时期。"①

从社会主义国家内部来看,建立社会主义制度后,也还会继续

---

① 中国社会科学院研究室:《世界沧桑150年——〈共产党宣言〉发表以来世界发生的主要变化》,社会科学文献出版社2002年版,第29页。

存在或多或少的资本主义因素,甚至存在或多或少的封建主义因素。中国在 20 世纪 50 年代到 70 年代,也曾尝试建立和发展单一的社会主义公有制经济,但是实践证明,那种"一大二公"的单一公有制并不适应中国生产力的发展。正因为如此,才在 70 年代末实行了改革,建立了以公有制经济为主体、多种所有制经济共同发展的基本经济制度,既"毫不动摇巩固和发展公有制经济",又"毫不动摇鼓励、支持、引导非公有制经济发展"。中国现阶段的社会主义不是高级形态的社会主义,而是初级阶段的社会主义。

再看资本主义国家,由于社会生产力的发展,生产关系和上层建筑都发生了相应变化,职工参与持股、参与管理、参与分红,社会保障制度逐步完善,现代资本主义国家已经出现了日益增多的社会主义因素。中国人民大学高放教授在分析了现代资本主义的基本特征之后认为,自 20 世纪 80 年代以来,资本主义已经进入社会资本主义阶段。社会资本主义就是社会化程度更高、国家政府社会职能更强、社会主义因素逐步增多的资本主义。① 之所以称之为社会主义因素而不是社会主义性质,一方面说明走向社会主义有了量的积累,并为此提供了物质基础;另一方面也说明它们还不是社会主义,正如列宁说的,只有"电气化加苏维埃"才是社会主义。

社会现象极其复杂,任何社会都不是纯而又纯的单一社会。正如列宁所说:"无论在自然界或社会中,'纯粹的'现象是没有而且也不可能有的,……世界上没有而且也不可能有'纯粹的'资本

---

① 高放:《马克思主义与社会主义新论》,黑龙江人民出版社 2012 年版,第 195、247—248 页。

主义,而总是有封建主义的、小市民的或其他的东西掺杂其间。"①
也正如高放教授所说:"当今的世界是多样化、多元化、多极化异彩纷呈的世界。把马克思主义与当今世界现实相联系,应该看到,资本主义、社会主义、共产主义这三种意识形态和社会制度,从总体和主体上看是有原则区别的,然而在现实生活中却是你中有我,我中有你,兼容并包,浑然一体,互相交错,彼此渗透,难以截然分开,无法断然割裂。……我们深信,资本主义经过社会资本主义、资本社会主义,必然会逐步发展到社会主义、共产主义。"②

(二)社会主义共同历史趋势与不同发展道路相统一的规律

"社会主义的本质,是解放生产力,发展生产力,消灭剥削,消除两极分化,最终达到共同富裕。"③由于生产力是不断发展的,特别是科学技术这个第一生产力总是不断发展乃至加速发展的,而生产关系和上层建筑归根到底是由生产力决定的,是要随着生产力的发展而发展的,消灭阶级、消灭剥削、消除两极分化、最终达到共同富裕是必然要实现的,也就是社会主义取代资本主义是必然要实现的。因此,社会主义取代资本主义是世界各国共同的历史趋势。

同时由于各国国情不同,生产力发展水平和社会发展阶段不同,国际国内环境不同,所以各国走向社会主义的道路也会不同。

---

① 《列宁选集》第 2 卷,人民出版社 1995 年版,第 483 页。
② 高放:《马克思主义与社会主义新论》,黑龙江人民出版社 2012 年版,第 326—327 页。
③ 《邓小平文选》第 3 卷,人民出版社 1993 年版,第 260 页。

站在 21 世纪,回眸过去两个世纪,展望未来人类前程,可以看出:世界各国走向社会主义这个历史趋势是共同的,但各国走向社会主义的道路是不同的。因此,各国社会主义的实现,将呈现出共同历史趋势与不同发展道路相统一的规律。大体说来,可以有以下两条不同的道路:

一条是自觉的革命的社会主义道路。其基本特点是先质变后量变,先进行上层建筑、生产关系的革命,后发展生产力,最终达到共同富裕。其基本过程是:由于历史原因,生产力落后——贫困普遍化,阶级矛盾尖锐化,出现革命形势——接受社会主义思想,进行社会主义革命——建立并逐步完善社会主义政权——建立并逐步完善社会主义生产关系——解放和发展生产力——消灭剥削,消除两极分化——最终达到共同富裕,建成社会主义,走向共产主义。中国基本上就是走的这一条道路。

另一条是自发的渐进的社会主义道路。其基本特点是先量变后质变,先发展生产力,后进行生产关系和上层建筑的渐进的改革,最终达到共同富裕。其基本过程是:由于生产力状况和工人阶级状况,出现革命形势,产生社会主义思想——经过历次科技革命,大大解放和发展生产力——逐步进行社会改革,渐进调整生产关系和上层建筑,缓解社会矛盾和社会革命,增加社会主义因素——由量变到质变走向社会主义——消灭剥削,消除两极分化——最终达到共同富裕,建成社会主义,走向共产主义。不少国家有可能走这条道路。

现代社会存在着两条并行的不同发展道路。"按照一般规律,每一个国家都要通过工业革命和资产阶级民主革命,从封建社会转变为资本主义社会,再在资本主义创造的物质文明和精神文明的基础上,通过无产阶级社会主义革命转变为共产主义社会。这是一般的发展道路。但实践证明,在特殊的历史条件下……如果后发展国家不甘心做发达国家……的附庸,就有可能适当偏离一般的发展轨道,走一条特殊的发展道路。因此,如果以后封建社会的结束作为起点,继续向前发展的道路有两条:一条是一般发展道路,即资本主义道路;另一条是特殊发展道路,即非资本主义道路或社会主义道路。中国就是如此。""实践告诉我们,一部分后发展国家所走的社会主义道路很不平坦。""传统社会主义道路力图以马克思主义创始人关于科学社会主义的设想为蓝图,建立以两种公有制、计划经济和按劳分配为主要架构的制度形式。"但是,这种制度形式同现阶段的生产力是不相适应的,变革这种制度形式和发展道路是历史必然。"对传统道路的变革是从改良开始的,但无济于事并归于失败,根本性的变革不可避免。但从根本上变革传统社会主义道路的方向和路径选择大不相同:中国毅然转向'第二次革命',但仍然坚持走社会主义道路;苏联和东欧等大多数社会主义国家则重新走上了资本主义道路。从此,中国由传统社会主义道路转向'中国特色社会主义道路'———一种新型的社会主义道路。"[1]

---

[1] 陈文通:《关于中国特色社会主义的几个理论问题》,载《中国延安干部学院学报》2012年第1期。

（三）社会主义共同本质与不同特色相统一的规律

由于社会主义是不以人们意志为转移的历史发展规律,随着社会生产力、特别是科学技术的发展,无论是在主观上还是在客观上,各国都必然要逐步解放生产力,发展生产力,消灭剥削,消除两极分化,最终达到共同富裕,逐步走向社会主义。同时由于各国各种主客观条件的不同,各国走向社会主义的道路和具体过程不同,各国社会主义因素的产生和发展,又会呈现出多姿多彩的不同特色。因此,各国社会主义的实现,将呈现出共同本质与不同特色相统一的规律。同样走社会主义道路的国家,在具体发展过程中会有不同模式和不同特色;同样走资本主义道路的国家也会有不同模式和不同特色。

列宁说过,马克思的理论"所提供的只是总的指导原理,而这些原理的应用具体地说,在英国不同于法国,在法国不同于德国,在德国又不同于俄国"①。列宁还说过:"共产主义者的任务,像在任何时候一样,也是要善于针对各个阶级和各政党相互关系的特点,针对共产主义客观发展的特点来运用共产主义普遍的和基本的原则;要看到这种特点每个国家各不相同,应该善于弄清、找到和揣摩出这种特点。"②邓小平强调指出:"我们的现代化建设,必须从中国的实际出发。无论是革命还是建设,都要学习和借鉴外国经验。但是,照搬照抄别国经验、别国模式,从来不能得到成功。

---

① 《列宁选集》第 1 卷,人民出版社 1995 年版,第 274—275 页。
② 《列宁选集》第 4 卷,人民出版社 1995 年版,第 197—198 页。

这方面我们有过不少教训。把马克思主义的普遍真理同我国的具体实际结合起来,走自己的道路,建设有中国特色的社会主义,这就是我们总结长期历史经验得出的基本结论。"①习近平精辟指出:"中国特色社会主义特就特在其道路、理论体系、制度上,特就特在其实现途径、行动指南、根本保障的内存联系上,特就特在这三者统一于中国特色社会主义伟大实践上。在当代中国,坚持和发展中国特色社会主义,就是真正坚持社会主义。""中国特色社会主义,是科学社会主义理论逻辑和中国社会发展历史逻辑的辩证统一,是植根于中国大地、反映中国人民意愿、适应中国和时代发展进步要求的科学社会主义,是全面建成小康社会、加快推进社会主义现代化、实现中华民族伟大复兴的必由之路。"②

社会主义国家的出现,以及资本主义国家的社会主义因素增多,都充分证明"两个必然"和"两个决不会"的辩证关系,资本主义充分发展为其过渡到社会主义社会准备好了一切物质条件。正如高放教授所说:"世界是多元的,全球有众多国家、民族和社会集团,不可能强求一元化。世界一体,全球一村,未来的社会主义将是一元为主,多元互补,主调鲜明,异曲同工。"③社会主义和资本主义"两种制度在当代和平与发展成为世界主题、时代主题的新历史条件下,完全可能通过长期的和平共处、协作与竞争,达到共荣双赢,当然还会有一定的斗争才能磨合,但是最终各自通过不同的道

---

① 《邓小平文选》第 3 卷,人民出版社 1993 年版,第 2—3 页。
② 《习近平谈治国理政》,外文出版社 2014 年版,第 9、21 页。
③ 高放:《马克思主义与社会主义新论》,黑龙江人民出版社 2012 年版,第 314 页。

路,殊途同归,实现全球一体化、世界大同"①。

(四)社会主义社会必然在矛盾运动中发展的规律

社会主义社会,包括当代中国社会,与其他社会一样,是充满矛盾的社会,必然在矛盾运动中发展。我们的任务就是要正确认识和解决各个时期的社会主要矛盾,并根据社会主要矛盾制定正确的路线方针政策,推进中国特色社会主义事业不断发展。1949—1956年,新中国成立之初,我们党正确判断,当时国内的主要矛盾是工人阶级与资产阶级之间、社会主义道路和资本主义道路之间的矛盾,由此制定了过渡时期的总路线:要在一个相当长的时期内,逐步实现国家的社会主义工业化,并逐步实现国家对农业、手工业、资本主义工商业的社会主义改造。结果"一化三改"提前顺利完成。1956年党的"八大"正确判断,国内主要矛盾已经不再是工人阶级和资产阶级的矛盾,而是人民对于经济文化发展的需要同当前经济文化不能满足人民需要的状况之间的矛盾;全国人民的主要任务是集中力量发展社会生产力,实现国家工业化,逐步满足人民日益增长的物质和文化需要。1957年2月,毛泽东在《关于正确处理人民内部矛盾的问题》的报告中指出,我国当时的社会主要矛盾是长期存在的社会生产和社会需要之间的矛盾,是人民内部矛盾,当时的主要任务是向自然开战,发展我们的经济和文化。1978年党的十一届三中全会重新确立了实事求是的思想路

---

① 高放:《马克思主义与社会主义新论》,黑龙江人民出版社2012年版,第302页。

线,正确地判断中国社会的主要矛盾已经不是两个阶级、两条道路的矛盾,而是人民日益增长的物质文化需要同落后的社会生产之间的矛盾,果断地停止使用"以阶级斗争为纲"的口号,把党和人民事业的工作重心转移到社会主义现代化建设上来,开启了改革开放和中国特色社会主义的历史征程。

经过40年改革开放和经济高速发展,中国特色社会主义进入了新时代,这是我国发展新的历史方位。"中国特色社会主义进入新时代,我国社会主要矛盾已经转化为人民日益增长的美好生活需要和不平衡不充分的发展之间的矛盾。我国稳定解决了十几亿人的温饱问题,总体上已经实现小康,2020年全面建成小康社会,人民美好生活需要日益广泛,不仅对物质文化生活提出了更高要求,而且在民主、法治、公平、正义、安全、环境等方面的要求日益增长。同时,社会生产力水平总体上显著提高,社会生产能力在很多方面进入世界前列,更加突出的问题是发展不平衡不充分,成为满足人民日益增长的美好生活需要的主要制约因素。

"社会主要矛盾的变化是关系全局的历史性变化,对党和国家工作提出了新要求,要在继续推动发展的基础上着力解决好发展不平衡不充分问题,大力提升发展质量和效益,更好满足人民在经济、政治、文化、社会、生态等方面日益增长的需要,更好推动人的全面发展、社会全面进步。"[1]

由此可见,中国特色社会主义是在矛盾运动中发展的。正确认识和解决不同时期不同的社会主要矛盾,社会主义事业就能顺

---

[1]《党的十九大报告辅导读本》,人民出版社2017年版,第10—12页。

利向前发展,这是经过了数十年的实践探索、付出了巨大代价而取得的宝贵经验和深刻教训,是不以人的意志为转移的社会主义发展的客观规律。

二、社会主义发展的质量互变规律

在社会主义社会发展过程中,质量互变规律表现为经过渐进量变到一定关节点会发生质变或部分质变,质变又会促成新的量变的规律,也表现为经济社会发展的一系列数量指标与社会主义本质实现程度相统一的规律。恩格斯指出,辩证法的规律是从自然界和人类社会的历史中抽象出来的,辩证法可归结为下面三个规律:量变转化为质变和质变转化为量变的规律、对立统一相互渗透的规律、否定之否定规律。①《反杜林论》和《自然辩证法》专门阐述了质量互变规律。

(一)质量互变规律是事物发展的普遍规律,也是社会主义发展的客观规律

建设社会主义首先要搞清楚"什么是社会主义、怎样建设社会主义"这个根本问题,这是邓小平总结新中国成立以来的历史经验和改革开放以来的经验得出的科学结论。邓小平强调:"我们的经验教训有许多条,最重要的一条,就是要搞清楚这个问题。"②社会

---

① 《马克思恩格斯选集》第 4 卷,人民出版社 1995 年版,第 310 页。
② 《邓小平文选》第 3 卷,人民出版社 1993 年版,第 116 页。

主义在改革开放前经历的曲折,在改革开放后遇到的一些波折,归根到底都在于没有完全搞清楚这个问题。在总结以往经验、纠正错误认识基础上,邓小平科学地揭示了社会主义的本质,"是解放生产力,发展生产力,消灭剥削,消除两极分化,最终达到共同富裕",把对社会主义的认识和实践提高到一个新的层次。[1]

邓小平对社会主义本质的科学概括,是对科学社会主义理论的深化和发展,是中国特色社会主义理论的核心内容,是社会主义的根本属性,它最集中最突出地体现了社会主义本质的规定性。

全世界人民都期盼过上幸福生活,期盼解放生产力,发展生产力,消灭剥削,消除两极分化,最终达到共同富裕,总结起来是,都期盼实现真正科学的社会主义。但是生产力的解放和发展,剥削的消灭,两极分化的消除,共同富裕的实现,是长期的历史过程,不可能一蹴而就,这是一项极其艰巨复杂的社会系统工程。在这项工程中,必然要经过一个渐进量变——部分质变——总体质变的历史过程。由量变到质变、再由质变到量变,是社会主义发展的一条客观规律。历史证明,实现社会主义不是任何人主观意志的产物,而是社会生产力发展的必然结果。阶级的存在,剥削的存在,两极分化的存在,与生产力发展的一定历史阶段相联系,过去以生产力的不足为依据,将来会为生产力的高度发展所消灭。社会主义不是靠政治运动、通过"灵魂深处闹革命"来推动的,变革生产关系是为了更好地发展生产力。生产力从落后到先进、再到高度发达,人民生活从贫困到富裕、再到共同富裕,是一个长期积累、渐进

---

[1] 孙英:《邓小平科学总结历史经验的光辉典范》,载《人民日报》2004年8月19日。

式量变的过程。

随着生产力的发展,生产关系和上层建筑也要相应变革,社会主义要素在成长,共同富裕程度也要提高,如果生产关系不能满足这样的客观要求,那么,当生产力的量变达到一定关节点又会引发质变,从而为新的量变开辟广阔道路,进一步促进量变和质变。量变和质变达到一定程度,共同富裕的社会主义社会必然到来。因此,质量互变规律是社会主义发展的又一重要规律。

(二)社会主义发展表现为量变和质变过程

唯物辩证法认为,任何事物都同时具有质和量这两种规定性。社会主义本质的数量表现就是经济社会发展的一系列指标。邓小平对社会主义本质概括出来的五个方面内容,都有相应的经济和社会发展指标,可以做定量分析,这就进一步充实了社会主义本质理论。

社会主义发展是解放生产力、发展生产力的过程,70年经济社会发展表现出长期的渐进的量变过程。如下列经济社会发展指标统计表所示,不同历史时期所表现出来的波动性很大。新中国成立后头三年实现了恢复性增长,1952年底全国工农业生产创下历史新高。1953—1957年完成第一个五年计划,国民经济迅速发展,人民生活显著改善。1978年党的十一届三中全会开启了改革开放的历史新时期,一系列统计数据表明,改革开放之后的40年,是中国历史上生产力发展最快、综合国力增强最快、人民生活水平提高最快的40年。

61

1952—2016 年中国主要经济社会发展指标统计表

指标	单位	1952①	1957①	1978①	2008②	2016③	1957—1978 年增长率%	1978—2008 年增长率%
人口	亿人	5.75	6.47	9.63	13.28	13.83	1.9	1.1
城镇人口比重	%	12.5	15.4	17.9	45.7	57.35	0.7	3.2
GDP	亿元	679	1068	3624	300670	744127	5.4	9.8④
人均 GDP	元	119	168	379	22698	53980	3.4	8.6④
农村人均纯收入	元		73	133.6	4761	12363	2.9	6.7④
城镇人均可支配收入	元		254	343.4	15781	33616	1.4	6.9④
农村人均消费水平	元	62	79	138	3661	10130	2.7	5.4④
城镇人均消费水平	元	148	205	405	11243	23079	3.3	6.0④
农村人均住房面积	m²			8.1	33.6⑤	37.1⑥		7.0
城市人均住房面积	m²			3.6	31.3⑤	32.9⑥		10.8
每万人口在校大学生数	人	3.3	6.8	8.9	204.2	209.3	1.3	11.0
全国人口平均预期寿命	岁		57⑦	68⑦	73.066	76.3⑧		
年末民用汽车保有量	万辆				136	5100	19440	12.8

资料来源:①《中国统计年鉴 1998》;②《中国统计年鉴 2009》;③《中华人民共和国 2016 年国民经济和社会发展统计公报》;④按可比价计算;⑤2009 年数据,《中国统计年鉴 2011》;⑥2012 年数据,《中国统计年鉴 2013》;⑦《中国统计年鉴 1984》;⑧《中华人民共和国 2016 年国民经济和社会发展统计公报》。

要深刻认识社会主义社会发展的质量互变规律,从质变和量变的辩证统一中把握社会主义的历史阶段和历史方位。中国社会主义建设的历史轨迹充分体现在统计数据中,统计数据的波动(量变)反映党的路线方针政策的调整,反映社会主义本质的实现程度,反映社会主义所达到阶段和实现的程度。

不同历史阶段质的差别反映在经济社会发展主要指标量的变化上。新中国成立后头 8 年反映的是我国尚处于向社会主义社会过渡的新民主主义阶段;中间 20 年反映的是社会主义建设的初步探索阶段;1978 年以后的 40 年是改革开放的历史新阶段,也是自觉建设中国特色社会主义的历史新阶段。

党的十九大报告从质和量的统一中把握中国特色社会主义新时代和新的历史方位,提出"中国特色社会主义进入新时代,意味着近代以来久经磨难的中华民族迎来了从站起来、富起来到强起来的伟大飞跃,迎来了实现中华民族伟大复兴的光明前景;意味着科学社会主义在 21 世纪的中国焕发出强大生机活力,在世界上高高举起了中国特色社会主义伟大旗帜;意味着中国特色社会主义道路、理论、制度、文化不断发展,拓展了发展中国家走向现代化的途径,给世界上那些既希望加快发展又希望保持自身独立性的国家和民族提供了全新选择,为解决人类问题贡献了中国智慧和中国方案"[1]。

所有质变都是长期量变的结果,新时代的到来又为新的量变创造条件,开辟了实现全面小康、基本现代化、全面现代化、民族伟大复兴的前景。

---

[1]《党的十九大报告辅导读本》,人民出版社 2017 年版,第 10—11 页。

三、社会主义发展的否定之否定规律

20 世纪人类历史发生了巨变,社会主义是其中主角。在 20 世纪前半程,社会主义制度以其在世界广大领域取得的伟大胜利而震惊了世界;在它的后半期,社会主义又因其遭受挫折再次震动了世界。沧桑巨变引出了如何认识社会主义发展历史进程和客观规律的世纪之问。

历史已经证明,并且将反复地证明,否定之否定规律是社会主义发展的又一客观规律。社会主义的发展不是直线式,而是螺旋式上升的曲线,是前进性和曲折性相统一的过程,社会主义的发展具有长期性、艰巨性、复杂性、曲折性。

(一) 否定之否定规律是事物发展的普遍规律,也是社会主义发展的客观规律

为什么社会主义的历程一波三折,跌宕起伏? 由于社会现象极其复杂,社会主义社会发展不可能一帆风顺。列宁指出:"历史的发展是迂回曲折的。"[1]"历史通常都是循着曲折的道路发展的,马克思主义者必须善于重视历史的极其复杂奇特的曲折道路,这是无可争辩的。"[2]

否定之否定规律是事物发展的普遍规律,也是社会主义发展

---

[1] 《列宁选集》第 3 卷,人民出版社 1995 年版,第 473 页。
[2] 《列宁选集》第 1 卷,人民出版社 1995 年版,第 734 页。

的客观规律。认识到历史发展规律的这个特点,我们就不会在挫折面前气馁,不会因为动荡而惊慌失措。苏联解体、东欧剧变之后,邓小平冷静地指出:"我们搞社会主义才几十年,还处在初级阶段。巩固和发展社会主义制度,还需要一个很长的历史阶段,需要我们几代人、十几代人,甚至几十代人坚持不懈地努力奋斗,决不能掉以轻心。"①

尽管社会主义的目标是共同富裕、普遍幸福,但在不同国家、不同地区、不同领域,许多社会政策和措施对不同阶级、阶层、群体、利益集团会有不同的利害关系,会引起各种各样的冲突、斗争、曲折和意外。社会主义不可能点到点直线式发展,难免会经历各种风险,像 2007 年由美国次贷危机引发的"灰犀牛事件",2020 年新冠疫情造成的"黑天鹅事件",都是史无前例的,以后世界还会不时经受这类意外事件冲击。最令人遗憾的事件莫过于世界上第一个社会主义国家苏联的解体,从 1917 年到 1991 年实行了 70 多年的社会主义制度,最终以失败告终。中国的社会主义建设,也走过曲折的道路,经历了长期艰辛探索和不懈努力之后,才迎来改革开放的春天,进入中国特色社会主义的新时代。

(二)世界上第一个社会主义国家的兴衰成败

1917 年,列宁领导俄国十月革命成功,建立了世界上第一个社会主义国家,实现了科学社会主义从理论到实践的飞跃。十月革

---

① 《邓小平文选》第 3 卷,人民出版社 1993 年版,第 379—380 页。

命成功后,在列宁、斯大林领导下,苏联人民建设社会主义取得了一系列重大成就,推动了世界民族解放运动蓬勃发展。到 20 世纪中叶时,苏联与美国不分高下,二者成为了世界两极。当然,苏联也为高度集中统一的领导体制付出沉重的代价:官僚主义盛行,赫鲁晓夫等几届领导人刚愎自用,民主法治缺失,导致生产力挫败——成本高、效率低,竞争力不足,在与资本主义列强长期竞争的"冷战"角力中力不从心,最终在各种矛盾冲突中被迫解体。由苏联帮助建立起来的东欧社会主义国家也随着这种世界格局的变化发生剧变,资本主义制度死灰复燃。

十月革命是对俄国资本主义的否定,苏联解体则是对第一个社会主义国家的否定,恰好证明了违背马克思主义和科学社会主义的理论、制度和做法的失败。苏联解体并不意味着马克思主义和科学社会主义的失败,反而促使人们深入思考什么是真正的社会主义、社会主义的本质是什么、怎样建设社会主义等重大问题,促进马克思主义和科学社会主义进一步发展和完善,实现新的历史性飞跃。世界上第一个社会主义国家的兴衰成败警示人们,社会主义事业绝不是一帆风顺的,中华民族伟大复兴事业绝不是轻轻松松、敲锣打鼓就能实现的,仍然要有曲折前行的心理准备,不断总结成功与失败的经验。

列宁说过:"辩证法的特征和本质的东西并不是单纯的否定,并不是任意的否定,并不是怀疑的否定、动摇、疑惑(当然,辩证法自身包含着否定因素,并且这是它的最重要的因素),并不是这些,而是作为联系环节、作为发展环节的否定,是保持肯定的东西的,即没有动摇、没有任何折衷的否定。"①苏联解体、东欧剧变,是苏联模式的社会主义遭受的挫折,并不改变社会主义终究要取代资本主义的历史规律。邓小平在关键时刻坚定地指出:"我坚信,世界上赞成马克思主义的人会多起来的,因为马克思主义是科学。它运用历史唯物主义揭示了人类社会发展的规律。封建社会代替奴隶社会,资本主义代替封建主义,社会主义经历一个长过程发展后必然代替资本主义。这是社会历史发展不可逆转的总趋势,但道路是曲折的。资本主义代替封建主义的几百年间,发生过多少次王朝复辟?所以从一定意义上说,某种暂时复辟也是难以完全避免的规律性现象。一些国家出现严重曲折,社会主义好像被削弱了,但人民经受锻炼,从中吸取教训,将促使社会主义向着更加健康的方向发展。因此,不要惊慌失措,不要认为马克思主义就消失了,没用了,失败了,哪有这回事!"②苏联解体、东欧剧变并没有动摇我们对社会主义的信念和信心,反而使我们更坚定地走中国特色社会主义道路。

(三)中国特色社会主义经过艰难曲折开始进入实现民族伟大复兴的新时代

沉舟侧畔千帆过,病树前头万木春。在苏联解体、东欧剧变,世界社会主义事业受到巨大挫折的时候,中国特色社会主义成为中流砥柱,坚强地屹立在世界东方,信心满满地决胜全面建成小康

① 《列宁全集》第 38 卷,人民出版社 1959 年版,第 244 页。
② 《邓小平文选》第 3 卷,人民出版社 1993 年版,第 382—383 页。

社会,夺取新时代中国特色社会主义伟大胜利,奋力实现中华民族伟大复兴,日益走近世界舞台中央。

中国特色社会主义事业走到今天,绝不是轻而易举、一帆风顺的,而是经过长期努力、克服艰难曲折的过程。社会主义的发展是矛盾运动的过程、量变质变的过程、否定之否定的过程,具有长期性、艰巨性、复杂性、曲折性特点。在此过程中有矛盾、有转化,有量变质变的关节点,也有否定之否定的转折点,社会主义的发展因而呈现阶段性特征。不同阶段面对不同的社会主要矛盾,担负的历史任务也不同。1988年邓小平曾评价:"我们建国三十九年,头八年好,后十年也好,当中那些年受到'左'的干扰,情况不大好。"①这里说的"好"与"不好",反映了社会主义事业所经历的曲折性,表明了社会主义发展的三个不同阶段。

自1949年新中国成立到1957年的头8年里,先是用了3年时间,在战争废墟上重新恢复国民经济的活力;从1953年开始,进行大规模经济建设,第一个五年计划成就辉煌,由此奠定新中国的工业基础。这是邓小平所说的"好"的第一阶段。

自1957年下半年之后的20年里,应该充分肯定其对社会主义初步探索所取得的成就,但也要客观看到,它错误地估计了形势,误判了社会主要矛盾,由此导致经济发展迟缓,人民生活艰苦,温饱问题始终没有解决。这是邓小平所说的"不大好"的第二个阶段。

1978年党的十一届三中全会实现了具有历史性意义的伟大转

①《邓小平文选》第3卷,人民出版社1993年版,第260页。

折。正如邓小平所说的，"'文化大革命'十年浩劫，中国吃了苦头。中国吃苦头不只这十年，这以前，从一九五七年下半年开始，我们犯了'左'的错误。总的来说，就是对外封闭，对内以阶级斗争为纲，忽视发展生产力，制定的政策超越了社会主义的初级阶段。一九七八年我们党的十一届三中全会对过去作了系统的总结，提出了一系列新的方针政策。中心点是从以阶级斗争为纲转到以发展生产力为中心，从封闭转到开放，从固守成规转到各方面的改革"①。改革开放之后 40 年持续高速发展，经济发展水平和人民生活水平连续上了几个大台阶，解决了人民吃饭穿衣的温饱问题，基本消除贫困现象，总体上达到了小康。中国特色社会主义处在历史新时期，这就是邓小平所说的"也好"的第三个阶段。

　　党的十八大以来，在以习近平同志为核心的党中央的坚强领导下，面对全球性问题加剧的外部环境和我国经济发展进入新常态等国际国内条件的深刻变化，坚持稳中求进、稳扎稳打的工作思路，迎难而上，开拓进取，全面深化改革取得重大突破，民主法治建设迈出重大步伐，思想文化建设取得重大进展，人民生活品质不断改善，生态文明建设成效显著，强军兴军开创新局面，港澳台工作取得新进展，全方位外交布局深入展开，全面从严治党成效卓著。经过长期不懈的努力，中国特色社会主义事业取得了举世瞩目的辉煌成就，社会主要矛盾已经转化为人民日益增长的美好生活需要和不平衡不充分的发展之间的矛盾。党的十九大根据我国已经进入中国特色社会主义新时代的特点，审时度势，积极做出科学规

---

① 《邓小平文选》第 3 卷，人民出版社 1993 年版，第 269 页。

划和战略部署,明确提出到 2020 年全面建成小康社会,到 2035 年基本实现社会主义现代化,到 2050 年把我国建设成富强民主文明和谐美丽的社会主义现代化强国,最终完成第二个百年奋斗目标。

中国特色社会主义新时代开启了中华民族伟大复兴的建设社会主义现代化强国的新征程,我国当前和今后一段时期都处于中国特色社会主义新时代这个"更好"的阶段。

历史表明,新中国的 70 多年是前进、波折、再前进的 70 多年,是成功、失败、更成功的 70 多年,是"好""不大好""也好""更好"的 70 多年。新中国成立初期建立的制度和执行的政策是对旧中国的制度和政策的否定;改革开放摒弃了以阶级斗争为纲的错误路线,是否定之否定;新时代是从发展的高速度到高质量、从腐败蔓延到政治清明、从富起来到强起来的历史性转变,是一种更高层次的否定之否定。历史证明,社会的发展,包括社会主义社会的发展,都是一个否定之否定的过程,都是前进性和曲折性的统一。同样,全世界走向社会主义的道路也不会平坦而笔直,也必然是一个否定之否定的过程,必然是前进性和曲折性的统一。但是,不管有怎样的坎坷曲折,全世界终究要解放生产力,发展生产力,终究要消灭剥削,消除两极分化,达到共同富裕,终究要走向社会主义,实现共产主义。这是历史发展的总的客观规律。

党的十九大报告满怀豪情地宣告:"今天,我们比历史上任何时期都更接近、更有信心和能力实现中华民族伟大复兴的目标。"同时又十分清醒地指出:"行百里者半九十。中华民族伟大复兴,绝不是轻轻松松、敲锣打鼓就能实现的。全党必须准备付出更为艰巨、更为艰苦的努力。"①在党的十九大精神指引下,我们应该遵循社会主义社会发展规律,准确把握中国特色社会主义新时代、新方位、新矛盾、新任务,付出更艰巨、更艰苦的努力,为决胜全面建成小康社会、夺取新时代中国特色社会主义伟大胜利、实现中华民族伟大复兴的中国梦、实现人民对美好生活的向往继续奋斗!

第二节　改革开放以唯物史观为根本遵循

我们在总结社会主义建设经验教训的前提下提出改革,又在不断总结改革经验的基础上向前推进改革。实行改革开放,建设中国特色社会主义,就是遵循规律。遵循规律,是改革取得成功的根本经验。改革成功的根本经验,深刻体现在中国特色社会主义理论体系之中。

一、唯物史观揭示了人类社会发展的普遍规律

唯物史观是马克思主义"科学思想中的最大成果",马克思把辩证唯物主义贯彻到社会历史领域,发现了唯物史观,从社会存在和社会意识辩证关系出发,揭示了生产力与生产关系、经济基础与上层建筑的矛盾运动规律,揭示了人类社会从低级到高级不断更替发展的一般规律。马克思依据这一规律,又具体解剖了资本主义发展的"典型"英国,发现了剩余价值理论,得出了资本主义必然

---

① 《党的十九大报告辅导读本》,人民出版社 2017 年版,第 15 页。

灭亡、社会主义必然胜利的"两个必然"。唯物史观和剩余价值理论,使社会主义从空想变成了科学,进一步揭示了社会主义建设的一般规律。可见,没有唯物史观,就不可能得出"两个必然"的结论,更总结不出科学社会主义的基本原则(规律)。列宁认为,唯物史观"是科学思想中的最大成果"①,"是马克思一生最伟大的理论贡献,是马克思思想体系的理论基石"②,是人类社会从必然王国走向自由王国必须遵循的规律。

邓小平说,马克思主义是科学。它运用历史唯物主义揭示了人类社会发展的规律。唯物史观反映人类社会历史更迭的规律,更是人类社会发展的规律,坚持马克思主义,用唯物史观分析和解决一切社会问题,就是顺应历史潮流,遵循人类社会发展规律。否则,就是违背规律,就是逆历史潮流而动。

唯物史观还是促进社会生产力发展的规律。新的社会制度代替旧的社会制度,要遵循唯物史观,解放和发展生产力;新的社会制度确立之后,仍要遵循唯物史观,在新的生产关系中继续解放和发展生产力。只有遵循这一普遍规律,才能不断促进社会生产力的发展。"马克思主义的世界观和方法论,从一定意义上可以说,就是认识发展规律、把握发展规律、运用发展规律的世界观和方法论。"③无论革命还是建设,遵循了唯物史观,都能取得成功;违背了唯物史观,就会遭受挫折和失败。

---

① 《列宁专题文集论马克思主义》,人民出版社 2009 年版,第 68 页。
② 靳辉明:《要正确理解和把握马克思的五种社会形态理论》,载《思想理论教育导刊》2011 年第 7 期。
③ 《十七大以来重要文献选编》(上),中央文献出版社 2013 年版,第 256 页。

但是,并不是任何时候都能做到遵循唯物史观的。统治者由于受自身阶级的限制,并不以社会整体利益为重。"如果从明朝中期算起,到鸦片战争,有三百多年的闭关自守,如果从康熙算起,也有近两百年。长期闭关自守,把中国搞的贫穷落后,愚昧无知。"①从康熙即位到乾隆去世,资产阶级革命、工业革命和科技革命使西方国家的生产力迅速发展起来。与此同时,中国却快速地落后了。落后的根本原因是闭关锁国,违背历史潮流,违背社会发展规律,本质上是违背唯物史观。

"历史反复证明,违背历史规律和人民要求,不紧跟社会经济文化和科技进步发展的潮流,一个国家、一个民族不论曾经多么强大,最终也要落伍的。"②鸦片战争失败后,太平天国运动、洋务运动、戊戌变法、义和团运动、清末新政、辛亥革命等探索救国救民的道路,都没有摆脱失败的命运,原因就在于脱离了中国社会实际,违背了历史发展规律,就必然会失败,而且也只能以失败为唯一的历史结论。

二、遵循唯物史观,实行改革开放和建设中国特色社会主义

中国近代史是不断探索中国社会发展规律的历史,也是唯物史观的实现史。遵循唯物史观,实现新旧社会制度更迭,建立社会主义制度,是唯一正确的答案。没有对半殖民地半封建社会的充分认识,就不可能认识中国社会发展的客观规律,不能找到民族独

①《邓小平文选》第 3 卷,人民出版社 1993 年版,第 90 页。
②《江泽民文选》第 3 卷,人民出版社 2006 年版,第 12 页。

立的正确道路。

中国人民、中国历史选择了马克思主义,选择了中国共产党,意味着开始自觉遵循唯物史观,遵循人类社会发展规律。也正因为如此,才找到实现中国革命胜利和实现民族独立的道路,开启了中华民族不断发展壮大、走向伟大复兴的历史进程。

新中国成立后,我们党遵循唯物史观,创造性地提出了社会主义改造的方案,实现了对农业、手工业、资本主义工商业的社会主义改造。邓小平说,"我们最成功的是社会主义改造"[1],几乎没有发生曲折。社会主义制度从此建立,实现了新旧社会制度的更迭,是中国现代社会运动发展的必然。

社会主义的建立,极大地解放和促进了生产力的发展,这种解放是实现社会更迭的"制度"解放。在新的制度内仍然要从社会存在出发,把人类社会发展规律具体化为社会主义建设规律、共产党执政规律,对生产力进行持续性的解放,以适应新的生产力的发展要求。

但是,在新的制度条件下如何继续解放生产力,我们没有现成的经验可以遵循,认识社会主义建设规律还需要很长的一段时间,而违背唯物史观,社会主义建设同样会遭受挫折。江泽民总结说:"十一届三中全会前我们在建设社会主义中出现失误的根本原因之一,就在于提出的一些任务和政策超越了社会主义初级阶段。"[2]也就是,生产关系不切实际地超越了生产力的水平和发展要求,结果只能受到规律的惩罚,社会主义建设遭到严重挫折。

---

[1]《邓小平文选》第 2 卷,人民出版社 1994 年版,第 313 页。
[2]《江泽民文选》第 2 卷,人民出版社 2006 年版,第 13、251 页。

　　总结社会主义建设的教训,按规律办事,实行改革开放。十一届三中全会后,在总结社会主义建设的经验教训的基础上,制定新的路线方针政策。邓小平说:"历史上成功的经验是宝贵的财富,错误的经验、失败的经验也是宝贵财富。"①没有"大跃进"、人民公社化运动的教训,尤其是"没有'文化大革命'的教训,就不可能制定十一届三中全会以来的思想、政治、组织路线和一系列政策"。②是社会主义建设的经验教训,"迫使"我们"进行改革"。③

　　1982 年,在党的十二大上邓小平说,"现在我们党对我国社会主义建设规律的认识深刻得多了"④,关起门来搞建设不行,必须进行改革。"不改革就没有出路,旧的那一套经过几十年的实践证明是不能成功的。"⑤不实行改革,只能是死路一条。"总之,我们现在强调要按经济规律办事。"⑥改革,我们"遵循一个原则,就是实事求是"⑦。"实事求是,就是不断地深化对中国国情的认识,研究和把握社会发展的客观规律,找出适合中国情况的革命和建设道路。"⑧

---

① 《邓小平文选》第 3 卷,人民出版社 1993 年版,第 234—235 页。
② 《邓小平文选》第 3 卷,人民出版社 1993 年版,第 272 页。
③ 《邓小平文选》第 3 卷,人民出版社 1993 年版,第 134 页。
④ 《邓小平文选》第 3 卷,人民出版社 1993 年版,第 2 页。
⑤ 《邓小平文选》第 3 卷,人民出版社 1993 年版,第 237 页。
⑥ 《邓小平文选》第 2 卷,人民出版社 1994 年版,第 314 页。
⑦ 《邓小平文选》第 3 卷,人民出版社 1993 年版,第 78 页。
⑧ 《江泽民文选》第 1 卷,人民出版社 2006 年版,第 344 页。

三、历代领导核心对改革成功根本经验的有关论述

邓小平、江泽民、胡锦涛、习近平非常重视总结改革成功的经验,改革的成功经验是中国特色社会主义理论体系的核心内容。

(一)邓小平关于改革成功的根本经验

改革成功的经验既是从社会主义建设失败的教训中总结出来的,又是从改革的现实伟大实践中总结出来的。

第一,改革要取得成功,必须坚持四项基本原则。邓小平说:"十一届三中全会决定进行改革,就是要选择好的政策。"创造条件,发展生产力,"我们总的原则是四个坚持"①。

第二,改革要取得成功,必须建设中国特色社会主义。邓小平说,十一届三中全会以来,我们制定的一系列正确的路线、方针和政策,"根本内容就是建设具有中国特色的社会主义"②。又说,走自己的路,建设有中国特色的社会主义,这是我们总结长期历史经验得出的基本结论。③

第三,改革要取得成功,必须实事求是。1984 年 10 月,邓小平对改革成功的经验进行了初步总结,他说:"我们取得的成就,如果有一点经验的话,那就是几年来重申的毛泽东同志提倡的实事求

① 《邓小平文选》第 3 卷,人民出版社 1993 年版,第 134—135 页。
② 《邓小平文选》第 3 卷,人民出版社 1993 年版,第 264 页。
③ 《邓小平文选》第 3 卷,人民出版社 1993 年版,第 3 页。

是的原则。"1992 年春,邓小平再次总结说:"我们改革开放的成功,不是靠本本,而是靠实践,靠实事求是。"①改革开放的成功,就是实事求是的成功。

四项基本原则的核心是党的领导和社会主义制度,与中国特色社会主义、实事求是的本质要求都是遵循人类社会发展规律。党以马克思主义为指导思想,是以遵循规律为中心的。社会主义取代资本主义是遵循人类社会发展规律的结果。建设中国特色社会主义是理论逻辑和历史逻辑的统一。实事求是的科学含义也是认识和遵循规律。邓小平指出,改革取得成功的根本原因,就在于遵循人类社会发展规律。

(二)江泽民关于改革成功的根本经验

第一,建设中国特色社会主义,改革才能取得成功。1998 年 12 月,江泽民把改革成功的经验总结了"十一条"②,并且说这些经验"归结到一点",就是把马克思主义基本原理同中国具体实际相结

---

① 《邓小平文选》第 3 卷,人民出版社 1993 年版,第 382 页。

② 必须坚持党的马克思主义思想路线;必须全面、正确、积极地贯彻执行党在社会主义初级阶段的基本路线;必须把集中力量发展社会生产力摆在首要地位;必须坚定不移地推进改革开放;必须建立和完善适应生产力发展要求的经济制度和经济体制;必须坚持建设有中国特色社会主义民主政治;必须坚持物质文明和精神文明的共同进步;必须维护和保持安定团结的社会政治局面;必须为我国改革开放和社会主义现代化建设争取一个长期的和平国际环境;必须把实现和维护最广大人民群众的利益作为改革和建设的根本出发点;必须坚持、加强和改善党的领导。摘录自《江泽民文选》第 2 卷,人民出版社 2006 年版,第 250—264 页。

合,建设中国特色社会主义。①

第二,坚持马克思主义的指导,改革才能取得成功。江泽民说,我们党领导人民取得了革命、建设、改革的伟大成就,"很重要的一条历史经验",就是始终坚持马克思主义的指导。② 这是总结我们党的历史得出的"最基本的经验"③。

第三,坚持邓小平理论的指导,是改革成功的根本原因。江泽民说,我们取得改革开放的成功,"根本原因"在于我们"逐步形成和发展了建设有中国特色社会主义的理论"④,即邓小平理论。又说,这些年改革,"我们积累了一条重要的经验",就是坚持邓小平理论。⑤

第四,坚持社会主义制度,是改革成功的根本原因。江泽民说,社会主义制度"符合人类历史发展的趋势和时代潮流"。"改革开放和现代化建设取得成功的根本原因之一,就是克服了那些超越阶段的错误观念和政策,又抵制了抛弃社会主义基本制度的错误主张。"⑥

第五,坚持党的基本路线,是改革成功的重要经验。江泽民说,在改革中,"我们积累了一条重要的经验",就是坚持党的基本路线。⑦ "把以经济建设为中心同四项基本原则、改革开放这两个

---

① 《江泽民文选》第 2 卷,人民出版社 2006 年版,第 263—264 页。
② 《江泽民文选》第 2 卷,人民出版社 2006 年版,第 358 页。
③ 《江泽民文选》第 3 卷,人民出版社 2006 年版,第 270 页。
④ 《江泽民文选》第 1 卷,人民出版社 2006 年版,第 218 页。
⑤ 《江泽民文选》第 3 卷,人民出版社 2006 年版,第 45 页。
⑥ 《江泽民文选》第 2 卷,人民出版社 2006 年版,第 13、251 页。
⑦ 《江泽民文选》第 3 卷,人民出版社 2006 年版,第 45 页。

基本点统一于建设有中国特色社会主义的伟大实践。这是二十多年来我们党最可宝贵的经验。"①

第六，坚持实事求是，改革才能取得成功。"实事求是，就是不断地深化对中国国情的认识，研究和把握社会发展的客观规律，找出适合中国情况的革命和建设道路。"②"改革开放的历史进程，就是一个不断解放思想、实事求是的过程。要说改革开放二十多年的成功经验，这是很基本的一条。"③

第七，改革成功的基本经验是，坚持"三个代表"重要思想。党的十六大把改革成功的基本经验概括为"十条"④。与此同时，强调"十三年的基本经验，归结起来，就是要始终做到我们党一贯坚持的'三个代表'。"⑤

江泽民对改革取得成功的根本原因的论述与邓小平是一脉相承的。邓小平理论、"三个代表"重要思想是人类社会发展规律在改革过程中的具体化和认识深化的成果。党的基本路线强调的以经济建设为中心，反映的是以经济基础为中心，以发展生产力为中心，这也是历史唯物主义的观点。四项基本原则和改革开放这"两

---

① 《江泽民文选》第 3 卷，人民出版社 2006 年版，第 214—215 页。

② 《江泽民文选》第 1 卷，人民出版社 2006 年版，第 344 页。

③ 《江泽民文选》第 3 卷，人民出版社 2006 年版，第 336 页。

④ 坚持以邓小平理论为指导，不断推进理论创新；坚持以经济建设为中心，用发展的办法解决前进中的问题；坚持改革开放，不断完善社会主义市场经济体制；坚持四项基本原则，发展社会主义民主政治；坚持党对军队的绝对领导，走中国特色的精兵之路；坚持团结一切可以团结的力量，不断增强中华民族的凝聚力；坚持独立自主的和平外交政策，维护世界和平与促进共同发展；坚持加强和改善党的领导，全面推进党的建设新的伟大工程。摘录自《江泽民文选》第 3 卷，人民出版社 2006 年版，第 533—536 页。

⑤ 《江泽民文选》第 3 卷，人民出版社 2006 年版，第 515 页。

个基本点"都是顺应和遵循规律的必然要求。江泽民关于改革成功根本经验的基本观点,也在于强调遵循人类社会发展规律。

(三)胡锦涛关于改革成功的根本经验

第一,建设中国特色社会主义,改革才能取得成功。2007年12月在总结改革开放成功经验时,胡锦涛说,改革开放三十年的经验归结到一点就是建设中国特色社会主义①。

第二,坚持求真务实,改革才能取得成功。胡锦涛提出,弘扬求真务实精神,关键是"求社会主义建设和人类社会发展规律之真","求共产党执政规律之真"②。在改革的实践中,我们"取得了重大成果"。这些成果深刻体现在"邓小平理论和'三个代表'重要思想之中,体现在党的基本路线、基本纲领和基本经验之中,体现在十一届三中全会以来党和国家的一系列方针政策之中"③,从而使我们的改革取得成功,这是求真务实的成功。

第三,科学发展观,是改革成功的经验。胡锦涛说,科学发展观,是中国改革开放的成功经验总结,"把我们对中国特色社会主义规律的认识提高到新的水平"④。邓小平理论指引改革"阔步前进","三个代表"重要思想引领改革"破浪前进",科学发展观把改革开放"继续推向前进"⑤。

---

① 《十七大以来重要文献选编》(上),中央文献出版社2013年版,第809页。
② 《十六大以来重要文献选编》(上),中央文献出版社2011年版,第728—729页。
③ 《十六大以来重要文献选编》(上),中央文献出版社2011年版,第730页。
④ 《十六八以来重要文献选编》(上),中央文献出版社2014年版,第6页。
⑤ 《十七大以来重要文献选编》(上),中央文献出版社2013年版,第6、7页。

第四,改革成功,是辩证唯物主义和历史唯物主义的胜利。在党的十七大和纪念党的十一届三中全会召开 30 周年大会上,胡锦涛把改革开放的经验总结出"十个结合"①,并进行了详细阐述。但是,从根本上说,改革开放"是辩证唯物主义和历史唯物主义的胜利"②。

第五,中国特色社会主义理论体系,是改革成功的关键。胡锦涛说:"我国改革开放取得伟大成功关键是我们既坚持马克思主义基本原理、又根据当代中国实践和时代发展不断推进马克思主义中国化,形成和发展了邓小平理论、'三个代表'重要思想以及科学发展观等重大战略思想在内的中国特色社会主义理论体系,赋予当代中国马克思主义勃勃生机。"③

科学发展观是对人类社会发展规律、社会主义建设规律认识深化的结果,它与邓小平理论、"三个代表"重要思想构成中国特色社会主义理论体系,本质上是一致的,都是对中国特色社会主义规律性的总结。辩证唯物主义是历史唯物主义的基础,历史唯物主义是社会科学的"最大成果",揭示的是人类社会发展规律。历史

---

① 把马克思主义基本原理同推进马克思主义中国化结合起来,把坚持四项基本原则同坚持改革开放结合起来,把尊重人民群众首创精神同加强和改善党的领导结合起来,把坚持社会主义基本制度同发展市场经济结合起来,把推动经济基础变革同推动上层建筑改革结合起来,把发展社会生产力同提高全民族文明素质结合起来,把提高效率同促进社会公平结合起来,把坚持独立自主同参与经济全球化结合起来,把促进改革发展同保持社会稳定结合起来,把推进中国特色社会主义伟大事业同推进党的建设伟大工程结合起来。摘录自《十七大以来重要文献选编》(上),中央文献出版社 2013 年版,第 8、796—809 页。

② 《十七以来重要文献选编》(上),中央文献出版社 2013 年版,第 808 页。

③ 《十七以来重要文献选编》(上),中央文献出版社 2013 年版,第 796 页。

唯物主义的所有具体原理,都体现为遵循规律。不难看出,胡锦涛关于改革成功根本原因的观点与邓小平、江泽民同样是一脉相承的。

(四)习近平关于改革成功的根本经验

习近平非常重视总结和运用改革成功的经验,他还提出五点意见。① 纵观习近平关于改革成功的论述,其基本点包括:

第一,坚持历史唯物主义,按规律办事,改革才能取得成功。习近平说:"只有按历史规律办事,我们才能无往而不胜。"②正因为像邓小平说的那样"把握住(了)中国发展的历史规律",才能开启改革开放新时期,并取得巨大成功。③

第二,坚持社会存在决定社会意识,才能制定正确的方针政策,确保改革到位并取得成功。恩格斯说过:"一切社会变迁和政治变革的终极原因,不应当到人们的头脑中,到人们对永恒的真理和正义的日益增进的认识中去寻找,而应当到生产方式和交换方式的变更中去寻找。"习近平说:"社会存在决定社会意识。我们党现阶段提出和实施的理论和方针政策,之所以正确,就是因为它们

---

① 改革必须坚持正确的方向,坚定不移地走中国特色社会主义道路;改革必须坚持摸着石头过河的正确方法论,摸着石头过河就是摸规律,坚持摸着石头过河和顶层设计的统一;改革必须全面改革,协同推进;改革必须坚持改革发展稳定的统一;改革必须坚持人民群众的首创精神。参见《人民日报》2013 年 1 月 2 日。

② 《十八大以来重要文献选编》(上),中央文献出版社 2014 年版,第 697 页。

③ 习近平:《在纪念邓小平同志诞辰 110 周年座谈会上的讲话》,《人民日报》2014 年 8 月 20 日。

都是以我国现时代的社会存在为基础的。"①这个社会最大的存在,主体就是人民,人民是历史的创造者,是决定党和国家前途命运的根本力量。坚持人民主体地位,以人民为中心,把党的群众路线贯彻到治国理政全部活动之中,实现人民对美好生活的向往是中国共产党人的最大职责。必须以最广大人民根本利益为党的工作的根本出发点和落脚点,坚持把人民拥护不拥护、赞成不赞成、高兴不高兴作为制定政策的依据,顺应民心、尊重民意、关注民情、致力民生,既通过提出并贯彻正确的理论和路线方针政策带领人民前进,又从人民实践创造和发展要求中获得前进动力,让人民共享改革开放成果,激励人民更加自觉地投身改革开放和社会主义现代化建设事业。②

　　第三,马克思主义和中国特色社会主义理论体系,是我们的"看家本领"。马克思主义是用来指导实践、解决实际问题的,它是回答时代之问、人民之问,廓清束缚实践发展的思想迷雾的一把金钥匙,不断推进实践基础上的理论创新是马克思主义的生命线。紧密跟踪亿万人民的创造性实践,发展21世纪马克思主义、当代中国马克思主义,是当代中国共产党人责无旁贷的历史责任。③

　　第四,要坚持走中国特色社会主义道路,增强"四个自信",牢牢把握改革开放的前进方向。一方面强调改革,没有改革开放就

---

① 习近平:《推动全党学习和掌握历史唯物主义,更好认识规律更加能动地推进工作》,载《人民日报》2013年12月5日。

② 习近平:《在庆祝改革开放40周年大会上的讲话》,http://www.xinhuanet.com/politics/leaders/2018-12/18/c_1123872025.htm。

③ 习近平:《在庆祝改革开放40周年大会上的讲话》,http://www.xinhuanet.com/politics/leaders/2018-12/18/c_1123872025.htm。

不会有中国特色社会主义,改革开放 40 年来,我们党全部理论和实践的主题是坚持和发展中国特色社会主义。[1] 在改革中产生了中国特色社会主义,又在坚持中国特色社会主义中促进改革。另一方面强调只有走中国特色社会主义道路,改革才能取得成功。"中国特色社会主义是适合中国国情、符合中国特点、顺应时代发展要求的理论和实践,才能取得成功,并将继续取得成功。"[2]改革要以我为主,改什么、怎么改必须以是否符合完善和发展中国特色社会主义制度、推进国家治理体系和治理能力现代化的总目标为根本尺度,该改的、能改的我们坚决改,不该改的、不能改的坚决不改。[3]

第五,要运用唯物辩证法指导一切方面的工作。

1.抓主要矛盾

围绕解决好人民日益增长的美好生活需要和不平衡不充分的发展之间的矛盾,贯彻落实创新、协调、绿色、开放、共享的发展理念,统筹推进"五位一体"总体布局、协调推进"四个全面"战略布局,推动高质量发展,推动新型工业化、信息化、城镇化、农业现代化同步发展,加快建设现代化经济体系,实现更高质量、更有效率、更加公平、更可持续的发展。以供给侧结构性改革为主线,转变发展方式、优化经济结构、转换增长动力,积极扩大内需,实施区域协

---

[1] 习近平:《在庆祝改革开放 40 周年大会上的讲话》,http://www.xinhuanet.com/politics/leaders/2018-12/18/c_1123872025.htm。

[2] 习近平:《在纪念邓小平同志诞辰 110 周年座谈会上的讲话》,载《人民日报》2014 年 8 月 20 日。

[3] 习近平:《在庆祝改革开放 40 周年大会上的讲话》,http://www.xinhuanet.com/politics/leaders/2018-12/18/c_1123872025.htm。

调发展战略,实施乡村振兴战略,坚决打赢防范化解重大风险、精准脱贫、污染防治的攻坚战。坚持创新是第一动力、人才是第一资源的理念,实施创新驱动发展战略,完善国家创新体系,加快关键核心技术自主创新,为经济社会发展打造新引擎。加强生态文明建设,形成绿色发展方式和生活方式,让人民生活在天更蓝、山更绿、水更清的优美环境之中。[①]

2.抓关键环节

扭住完善和发展中国特色社会主义制度这个关键,为解放和发展社会生产力、解放和增强社会活力、永葆党和国家生机活力提供了有力保证,为保持社会大局稳定、保证人民安居乐业、保障国家安全提供了有力保证,为放手让一切劳动、知识、技术、管理、资本等要素的活力竞相迸发,让一切创造社会财富的源泉充分涌流,不断建立充满活力的体制机制。[②]

3.坚持以发展为第一要务

发展是解决我国一切问题的基础和关键,牢牢抓住经济建设这个中心,解放和发展社会生产力,毫不动摇坚持发展是硬道理、发展应该是科学发展和高质量发展的战略思想,推动经济社会持续健康发展,全面增强经济实力、科技实力、国防实力、综合国力,为坚持和发展中国特色社会主义、实现中华民族伟大复兴奠定雄

---

① 习近平:《在庆祝改革开放 40 周年大会上的讲话》,http://www.xinhuanet.com/politics/leaders/2018-12/18/c_1123872025.htm。

② 习近平:《在庆祝改革开放 40 周年大会上的讲话》,http://www.xinhuanet.com/politics/leaders/2018-12/18/c_1123872025.htm。

厚物质基础。[1]

4.坚持全面的观点

协调各方关系,正确处理改革发展稳定关系,防止在根本性问题上出现颠覆性错误。[2] 发展必须是科学发展,要坚定不移贯彻创新、协调、绿色、开放、共享的发展理念。坚持稳中求进工作总基调,统筹推进"五位一体"总体布局,协调推进"四个全面"战略布局,提高党把方向、谋大局、定政策、促改革的能力和定力,确保党始终总揽全局、协调各方。完善社会主义基本经济制度和分配制度,毫不动摇巩固和发展公有制经济,毫不动摇鼓励、支持、引导非公有制经济发展,使市场在资源配置中起决定性作用,更好发挥政府作用。[3]

5.办好中国的事情,关键在党

第一层含义,坚持党对一切工作的领导,不断加强和改善党的领导。正因为始终坚持党的集中统一领导,总揽全局、协调各方,我们才能实现伟大历史转折、开启改革开放新时期和中华民族伟大复兴新征程。中国共产党领导是中国特色社会主义最本质特征,是中国特色社会主义制度的最大优势。要增强"四个意识"、坚定"四个自信",坚决维护党中央权威和集中统一领导,把党的领导贯彻到各个领域。第二层含义,要加强党的自身建设,坚持全面从

严治党,坚定不移地推进党的伟大自我革命,勇于清除一切侵蚀党的健康肌体的病毒,使党不断自我净化、自我完善、自我革新、自我提高,增强党的政治领导力、思想引领力、群众组织力、社会号召力,确保党始终保持同人民群众的血肉联系。[①]

6.坚持对外开放的基本国策

高举和平、发展、合作、共赢的旗帜,恪守维护世界和平、促进共同发展的外交政策宗旨,建立相互尊重、公平正义、合作共赢的新型国际关系,不断推动人类命运共同体建设。中国的发展离不开世界,世界的繁荣也需要中国。统筹国内国际两个大局,形成全方位、多层次、宽领域的全面开放新格局,要积极主动地开放,创造良好的国际环境、开拓广阔的发展空间。[②]

习近平关于改革成功根本原因的论述,同样强调对人类社会发展规律的遵循,提出不断深化对规律的认识,提高把握规律的能力。

四、结语

改革成功的根本经验,在于我们不仅遵循了人类社会发展规律,而且深化了对规律的认识,并把它具体化为社会主义建设规律和共产党执政规律。

[①] 习近平:《在庆祝改革开放 40 周年大会上的讲话》,http://www.xinhuanet.com/politics/leaders/2018-12/18/c_1123872025.htm。

[②] 习近平:《在庆祝改革开放 40 周年大会上的讲话》,http://www.xinhuanet.com/politics/leaders/2018-12/18/c_1123872025.htm。

改革开放和建设中国特色社会主义的过程,是遵循规律、深化认识规律、再遵循规律、再深化认识规律的过程;是不断深化对人类社会发展规律、社会主义建设规律、共产党执政规律认识的过程;是在社会主义生产关系内不断调整生产关系遵循唯物史观的过程。这个过程中产生了邓小平理论、"三个代表"重要思想、科学发展观和习近平新时代中国特色社会主义思想,形成了中国特色社会主义理论体系。坚持习近平新时代中国特色社会主义,就是坚持马克思主义、发展 21 世纪马克思主义。无论改革的实践,还是中国特色社会主义理论创新,都要遵循规律,与客观规律相一致。

党在历次全会和其他重要会议上反复强调的"坚持",就是改革成功的根本经验,如坚持四项基本原则,马克思主义,唯物史观,实事求是,按规律办事,十一届三中全会以来的路线、方针、政策,党的基本路线,社会主义制度,党的领导,中国特色社会主义,邓小平理论,"三个代表"重要思想,科学发展观,中国特色社会主义理论体系,辩证唯物主义和历史唯物主义,社会存在,习近平系列重要讲话精神等,本质都是要遵循规律。所谓"坚持"就是要遵循规律。改革开放 40 年正是坚决贯彻执行了这些"坚持",中国才能取得如此巨大的成就,有了今天这样的国际地位。

中国改革成功的根本经验是,遵循了人类社会发展规律——这是从正反两方面得来的经验,在全面深化改革、实现中华民族伟大复兴的征程中,必须牢牢把握,须臾不可忘记的这些根本经验。

第三节　改革开放新理念及其精神实质

立足于当今改革开放的实际情况,回顾 40 年来改革开放所取得的成就,比较习近平与邓小平关于改革开放的重要思想,对于更好地认识改革开放的本质,有着重要的意义。①

改革开放,是中国历史发展的重大转变,而且是一项持续的工程。为了冲破长期"左"的错误的严重束缚,邓小平严肃地指出:"如果现在再不实行改革,我们的现代化事业和社会主义事业就会被葬送。""我们要赶上时代,这是改革要达到的目的。"1985 年 7 月11 日,邓小平谈到改革的决心时指出:"改革的意义,是为下一个十年和下世纪的前五十年奠定良好的持续发展的基础。没有改革就没有今后的持续发展。所以,改革不只是看三年五年,而是要看二十年,要看下世纪的前五十年。这件事必须坚决干下去。"②邓小平认为改革不可能一蹴而就,它是一项长期工程,需要持续进行下去,因此要有长远的规划。

邓小平改革开放思想,是习近平改革开放思想的重要基础。2012 年 11 月 17 日,习近平在主持十八届中央政治局第一次集体

---

① 相关研究(1)包心鉴:《从邓小平改革思想到习近平改革论述》,载《光明日报》2014 年 8 月 20 日;(2)田启波:《习近平对邓小平改革思想的继承与创新》,载《马克思主义哲学论丛》2015 年第 1 期;(3)谢卓芝:《论习近平对邓小平改革思想的继承与发展》,载《邓小平研究》2016 年第 2 期;(4)姚东:《论习近平对邓小平改革思想的继承和发展》,载《社会主义研究》2016 年第 4 期。

② 邓小平:《抓住时机推进改革》,载《邓小平文选》第 3 卷,人民出版社 1993 年版,第131 页。

学习时指出:"改革开放是坚持和发展中国特色社会主义的必由之路,所以必须始终把改革创新精神贯彻到治国理政各个环节,不断推进我国社会主义制度自我完善和发展。"①习近平将改革开放与社会主义制度的完善、发展联系起来,与坚持和发展中国特色社会主义联系起来,与我国治国理政的各个环节联系起来,体现出习近平对改革开放的高度重视。

2018 年习近平在庆祝改革开放 40 周年大会上的讲话中对改革开放给予高度评价,"改革开放是我们党的一次伟大觉醒,正是这个伟大觉醒孕育了我们党从理论到实践的伟大创造。改革开放是中国人民和中华民族发展史上一次伟大革命,正是这个伟大革命推动了中国特色社会主义事业的伟大飞跃!"坚持改革开放的方针不动摇,正是中国特色社会主义能够不断发展,中国能够取得重要国际地位的重要保障。中国特色社会主义是改革开放以来党的全部理论和实践的主题,我们党全部理论和实践的主题是坚持和发展中国特色社会主义。②

一、坚持实事求是的精神

追根溯源,实事求是是马克思主义的精髓,也是中国共产党人的精神品质。1984 年 10 月 26 日,邓小平指出:"我们取得的成就,

---

① 习近平:《紧紧围绕坚持和发展中国特色社会主义学习宣传贯彻党的十八大精神》,载《习近平谈治国理政》,外文出版社 2014 年版,第 13 页。
② 习近平:《决胜全面建成小康社会夺取新时代中国特色社会主义伟大胜利》,人民出版社 2017 年版,第 5 页。

如果有一点经验的话,那就是这几年来重申了毛泽东同志提倡的实事求是的原则。中国革命的成功,是毛泽东同志把马克思列宁主义同中国的实际相结合,走自己的路。现在中国搞建设,也要把马克思列宁主义同中国的实际相结合,走自己的路。"①1985年4月15日,邓小平指出:"二十年的历史教训告诉我们一条最重要的原则:搞社会主义一定要遵循马克思主义的辩证唯物主义和历史唯物主义,也就是毛泽东同志概括的实事求是,或者说一切从实际出发。"②实事求是精神,其中很重要的一点就是,将马克思主义的基本原理与中国的具体实际相结合,一切从中国的实际情况出发。

实事求是,是邓小平改革开放思想的精髓所在。1978年12月13日,邓小平在党的十一届三中全会召开前夕,就强调了实事求是精神的重要性,"实事求是,是无产阶级世界观的基础,是马克思主义的思想基础。过去我们搞革命所取得的一切胜利,是靠实事求是;现在我们要实现四个现代化,同样要靠实事求是"③。中国革命能够取得成功,靠的是实事求是;中国要进行现代化建设,也要靠实事求是;之后进行改革开放的实践,还是要坚持实事求是的精神。1984年10月6日,邓小平在论及城市改革时指出:"由于城市改革的复杂性,可能会出些差错。但这影响不了大局,我们是走一步看一步,有不妥当的地方,改过来就是了。总之,遵循一个原则,

---

① 邓小平:《革命和建设都要走自己的路》,载《邓小平文选》第3卷,人民出版社1993年版,第95页。

② 邓小平:《政治上发展民主,经济上实行改革》,载《邓小平文选》第3卷,人民出版社1993年版,第118页。

③ 邓小平:《解放思想,实事求是,团结一致向前看》,载《邓小平文选(1975—1982)》,人民出版社1983年版,第133页。

就是实事求是。"①在改革开放具体的实践中,并没有太多经验,邓小平所言"摸石头过河",必须尊重的前提便是实事求是的精神。

实事求是,就是要坚持从中国的国情出发。1980年1月16日,邓小平指出:"我们在发展经济方面,正在寻求一条合乎中国实际的、能够快一点、省一点的道路,其中包括扩大企业自主权和民主管理,发展专业化和协作,在计划经济指导下发挥市场调节的辅助作用,先进技术和中等技术相结合,合理地利用外国基金、外国技术等等。"②1988年,邓小平进一步提出:"改革开放必须从各国自己的条件出发。每个国家的基础不同,历史不同,所处的环境不同,左邻右舍不同,还有其他许多不同。别人的经验可以参考,但是不能照搬。过去我们中国照搬别人的,吃了很大苦头。中国只能搞自己的社会主义。"③推进改革开放的发展,要学习、借鉴国外的先进经验,然而由于各国历史、国情不同,所以不能照抄、照搬他国的经验,要从中国的实际出发,坚持实事求是的精神。

1992年,邓小平更是明确提出:"实事求是是马克思主义的精髓。要提倡这个,不要提倡本本。我们改革开放的成功,不是靠本本,而是靠实践,靠实事求是。农村搞家庭联产承包,这个发明权是农民的。农村改革中的好多东西,都是基层创造出来,我们把它拿来加工提高作为全国的指导。实践是检验真理的唯一标准。我

---

① 邓小平:《我们的宏伟目标和根本政策》,载《邓小平文选》第3卷,1993年版,第78页。

② 邓小平:《目前的形势和任务》,载《邓小平文选(1975—1982)》,人民出版社1983年版,第210—211页。

③ 邓小平:《思想更解放一些,改革的步子更快一些》,载《邓小平文选》第3卷,人民出版社1993年版,第264页。

读的书并不多,就是一条,相信毛主席讲的实事求是。过去我们打仗靠这个,现在搞建设、搞改革也靠这个。我们讲了一辈子马克思主义,其实马克思主义并不玄奥。马克思主义是很朴实的东西,很朴实的道理。"①邓小平认为,改革开放的开展需要坚持实事求是的精神,这正是马克思主义实践性精神的具体要求。习近平对此指出,"正是因为具有这种彻底的求真务实精神,邓小平同志果断从容处理了党和国家面对的一系列重大问题,指导党和人民劈波斩浪开创了党和国家事业的新局面"②。在习近平看来,邓小平能够成功领导全党全国人民进行社会主义现代化建设,也正是坚持了实事求是的精神。

习近平总书记一再强调:实事求是是马克思主义的精髓,是我们共产党人的重要思想方法。2013 年 12 月,在纪念毛泽东诞辰 120 周年座谈会上的讲话中,他指出:"实事求是,是马克思主义的根本观点,是中国共产党人认识世界、改造世界的根本要求,是我们党的基本思想方法、工作方法、领导方法。"2014 年 8 月,在纪念邓小平同志诞辰 110 周年座谈会上,他强调,实事求是,是邓小平同志一生最重要的思想特点,也永远是中国共产党人应该遵循的思想方法。可以说,在习近平治国理政思想中,始终体现着实事求是的马克思主义品质。

习近平高度重视在改革开放中坚持实事求是的精神,坚持马

---

① 邓小平:《在武昌、深圳、珠海、上海等地的谈话要点》,载《邓小平文选》第 3 卷,人民出版社 1993 年版,第 382 页。

② 习近平:《努力开创中国特色社会主义事业更加广阔的前景》,载《习近平谈治国理政》第 2 卷,外文出版社 2017 年版,第 7 页。

克思主义与中国实际相结合。2012 年 5 月 16 日,习近平在中央党校春季学期第二批入学学员开学典礼上讲到:"我国已进入全面建设小康社会的关键时期和深化改革开放、加快转变经济发展方式的攻坚时期,我们面临的国内外形势更加复杂多变,新情况新问题新矛盾层出不穷。这些都对我们坚持和更好地贯彻实事求是的思想路线提出了新的要求。各级党员干部特别是领导干部要更加清醒地认识所面临的形势和任务,自觉坚持实事求是,不断提高自己的思想水平、工作水平和领导水平。"并指出实事求是与解放思想之间的关系:"只有解放思想,才能真正做到实事求是;只有实事求是,才是真正解放思想。改革开放 40 年来的伟大实践充分证明,只有把二者有机统一起来,不唯书、不唯上、只唯实,才能冲破教条主义和经验主义的禁锢,才能纠正僵化的形而上学的思维方式,正确认识和把握客观事物的内在联系、本质和规律,也才能制定正确的政策,作出正确的决策。客观实际是不断发展变化的,我们对客观事物及其规律的认识是不断深化的,实事求是永无止境,解放思想也永无止境。当前,世情、国情、党情继续发生深刻变化,前进中还会遇到各种可以预见和难以预见的矛盾和问题。各级领导干部要继续解放思想、坚持实事求是,以科学态度对待马克思主义,用发展着的马克思主义指导新的实践,始终坚持真理、修正错误,勇于变革、勇于创新,永不僵化、永不停滞,不为任何风险所惧,不被任何干扰所惑,在深入研究新情况、不断解决新问题的实践中努力开创各项工作新局面。"①习近平从改革开放的具体实践出发,提出

---

① 习近平:《坚持实事求是的思想路线》,载《学习时报》2012 年 5 月 28 日。

不唯书、不唯上、只唯实，坚持实事求是的精神，并辩证地论述了解放思想与实事求是的关系。在改革开放的实践过程中，只有坚持实事求是的精神，才是坚持马克思主义，才能实现马克思主义与中国实际很好地结合起来。

2012 年 11 月 17 日，习近平在主持十八届中央政治局第一次集体学习时指出："我们一定要以我国改革开放和现代化建设的实际问题、以我们正在做的事情为中心，着眼于马克思主义理论的运用，着眼于对实际问题的理论思考，着眼于新的实践和新的发展。在当代中国，坚持中国特色社会主义理论体系，就是真正坚持马克思主义。"①如何在当代中国坚持马克思主义？在习近平看来，就应该从改革开放中遇到的实际问题出发，运用马克思主义的理论来进行分析、思考，也就是坚持实事求是的精神。

马克思主义理论不仅在于认识世界，更在于改造世界。2013 年 11 月 9 日，习近平在中共十八届三中全会上指出："高举改革开放的旗帜，光有立场和态度还不行，必须有实实在在的举措。行动最有说服力。"②改革开放，要从中国的实际出发，更必须要落到实处，不能停留在理论层面，这是实事求是精神的进一步推进。

二、维护人民的利益，维护社会公平正义

社会主义制度的优越性之一，即在于更有利于维护人民的利

---

① 习近平:《紧紧围绕坚持和发展中国特色社会主义学习宣传贯彻党的十八大精神》，载《习近平谈治国理政》，外文出版社 2014 年版，第 9 页。

② 习近平:《关于〈中共中央关于全面深化改革若干重大问题的决定〉的说明》，载《习近平谈治国理政》，外文出版社 2014 年版，第 87 页。

益,更有利于维护社会的公平正义。1985 年 4 月 15 日,邓小平在会见坦桑尼亚联合共和国副总统姆维尼时指出:"社会主义的首要任务是发展生产力,逐步提高人民的物质和文化生活水平。从一九五八年到一九七八年这二十年的经验告诉我们:贫穷不是社会主义,社会主义要消灭贫穷。不发展生产力,不提高人民的生活水平,不能说是符合社会主义要求的。"①把发展生产力、提高人民的物质文化生活水平作为首要任务,是邓小平总结历史经验得来的结论,也是其在改革开放以来所一直坚持的信念。习近平认为:"邓小平同志孜孜以求的是增进人民福祉……他领导改革开放和社会主义现代化建设,心中想着的就是最广大人民。"正如习近平所言,邓小平在改革开放进程中,一以贯之的思想就是为了人民。②

邓小平最重视和强调的是人民的利益。1985 年 9 月 23 日,邓小平曾指出:"我相信,凡是符合最大多数人的根本利益,受到广大人民拥护的事情,不论前进的道路上还有多少困难,一定会得到成功。"③邓小平认为是否维护人民的利益,是社会主义建设的重中之重。改革开放是否能够成功,其原因亦在于是否能够维护人民的利益。邓小平于 1992 年又指出:"改革开放迈不开步子,不敢闯,说来说去就是怕资本主义的东西多了,走了资本主义道路。要害是姓'资'还是姓'社'的问题。判断的标准,应该主要看是否有利

---

① 邓小平:《政治上发展民主,经济上实行改革》,载《邓小平文选》第 3 卷,人民出版社 1993 年版,第 116 页。

② 习近平:《努力开创中国特色社会主义事业更加广阔的前景》,载《习近平谈治国理政》第 2 卷,外文出版社 2014 年版,第 5 页。

③ 邓小平:《在中国共产党全国会议上的讲话》,载《邓小平文选》第 3 卷,人民出版社 1993 年版,第 142 页。

于发展社会主义社会的生产力,是否有利于增强社会主义国家的综合国力,是否有利于提高人民的生活水平。"①对于中国的发展道路问题,邓小平非常重视人民的利益。

在习近平改革开放思想中,维护人民的利益是其核心内容。2012 年 11 月 17 日,习近平在主持十八届中央政治局第一次集体学习时指出:"我们党在不同的历史时期,总是根据人民意愿和事业发展需要,提出富有感召力的奋斗目标,团结带领人民为之奋斗。党的十八大根据国内外形势新变化,顺应经济社会新发展和广大人民群众新期待,对全面建设小康社会目标进行了充实和完善,提出了更具明确政策导向、更加针对发展难题、更好顺应人民意愿的新要求……全党全国要同心同德、埋头苦干、锐意创新、开拓进取,共同为实现党的十八大提出的全面建成小康社会和全面深化改革开放的目标而奋斗。"②类似于邓小平上述观点,习近平很重视"人民的意愿""人民的期待",并将其与深化改革开放联系起来。

维护人民的利益,也要维护社会的公平正义。2013 年 11 月 12 日,习近平在中共十八届三中全会第二次全体会议上指出:"改革开放以来,我国经济社会发展取得巨大成就,为促进社会公平正义提供了坚实物质基础和有利条件。同时,在我国现有发展水平上,社会上还存在大量有违公平正义的现象。特别是随着我国经济社

---

① 邓小平:《在武昌、深圳、珠海、上海等地的谈话要点》,载《邓小平文选》第 3 卷,人民出版社 1993 年版,第 372 页。

② 习近平:《紧紧围绕坚持和发展中国特色社会主义学习宣传贯彻党的十八大精神》,载《习近平谈治国理政》,外文出版社 2014 年版,第 12 页。

会发展水平和人民生活水平不断提高，人民群众的公平意识、民主意识、权利意识不断增强，对社会不公问题反映越来越强烈。"①改革开放以来，经济不断发展，物质基础逐渐丰富起来，然而伴随而来的社会不公的现象也频频出现，这就必须要加以重视。2013 年11 月 12 日，习近平在中共十八届三中全会第二次全体会议上指出："不论处在什么发展水平上，制度都是社会公平正义的重要保证。我们要通过创新制度安排，努力克服人为因素造成的有违公平正义的现象，保证人民平等参与、平等发展权利。要把促进社会公平、增进人民福祉作为一面镜子，审视我们各方面体制机制和政策规定，哪里有不符合促进社会公平正义的问题，哪里就需要改革；哪个领域哪个环节问题突出，哪个领域哪个环节就是改革的重点。对由于制度安排不健全造成的有违公平正义的问题要抓紧解决，使我们的制度安排更好体现社会主义公平正义原则，更加有利于实现好、维护好、发展好最广大人民根本利益。"②习近平从制度，从体制，从政策制定等角度，来强调社会公平正义的保障问题，因为这从根本上关系着人民的根本利益。

2016 年 4 月 18 日，习近平在中央全面深化改革领导小组第二十三次会议上进一步明确指出："改革既要往有利于增添发展新动力方向前进，也要往有利于维护社会公平正义方向前进，注重从体制机制创新上推进供给侧结构性改革，着力解决制约经济社会发

---

① 习近平：《切实把思想统一到党的十八届三中全会精神上来》，载《习近平谈治国理政》，外文出版社 2014 年版，第 95 页。
② 习近平：《切实把思想统一到党的十八届三中全会精神上来》，载《习近平谈治国理政》，外文出版社 2014 年版，第 97 页。

展的体制机制问题;把以人民为中心的发展思想体现在经济社会发展各个环节,做到老百姓关心什么、期盼什么,改革就要抓住什么、推进什么,通过改革给人民群众带来更多获得感。"①2016 年 12月 5 日,习近平在中央全面深化改革领导小组第三十次会议上又指出:"总结谋划好改革工作,对做好明年和今后改革工作具有重要意义,要总结经验、完善思路、突出重点,提高改革整体效能,扩大改革受益面,发挥好改革先导性作用,多推有利于增添经济发展动力的改革,多推有利于促进社会公平公正的改革,多推有利于增强人民群众获得感的改革,多推有利于调动广大干部群众积极性的改革。"②改革要以人民的利益为中心,把有利于促进社会公平正义、给人民带来更多获得感作为改革的方向,这就是习近平对改革的定位。

三、强调改革开放的全面性

改革,并不是单一方面的改革,而是全面的系统性的改革。1985 年 4 月 15 日,邓小平指出:"改革是全面的改革,不仅经济、政治,还包括科技、教育等各行各业。"③1986 年 6 月 10 日,邓小平在听取中央负责同志汇报当前经济情况时指出:"现在看,不搞政治

---

① 习近平:《让人民群众有更多获得感》,载《习近平谈治国理政》第 2 卷,外文出版社2017 年版,第 103 页。

② 习近平:《让人民群众有更多获得感》,载《习近平谈治国理政》第 2 卷,外文出版社2017 年版,第 103 页。

③ 邓小平:《政治上发展民主,经济上实行改革》,载《邓小平文选》第 3 卷,人民出版社 1993 年版,第 117 页。

体制改革不能适应形势。改革,应该包括政治体制的改革,而且应该把它作为改革向前推进的一个标志。我们要精兵简政,真正下放权力,扩大社会主义民主,把人民群众和基层组织的积极性调动起来。"①邓小平不但指出改革要注意全面性,而且强调了政治体制改革的重要性。

政治体制中,党的权利范围问题尤为重要。1986 年 6 月 28 日,邓小平在中央政治局常委会上,就"打击犯罪活动"问题提到:"党要管党内纪律的问题,法律范围的问题应该由国家和政府管。党干预太多,不利于在全体人民中树立法制观念。这是一个党和政府的关系的问题,是一个政治体制问题。"②1986 年 9 月,邓小平进一步提出:"不搞政治体制改革,经济体制改革难于贯彻。党政要分开,这涉及政治体制改革。党委如何领导?应该只管大事,不能管小事。"③处理党和政府的关系,也就是党政分开,这涉及政治体制改革,涉及全社会法制观念的树立,同时也是经济体制改革的重要保障。除此之外,邓小平还论及"政企分开"问题,如其在 1986 年 12 月 19 日提出:"企业下放,政企分开,是经济体制改革,也是政治体制改革。"④推进"政企分开"的改革,也就涉及正确处理政府与市场的关系问题。

---

① 邓小平:《听取经济情况汇报时的谈话》,载《邓小平文选》第 3 卷,人民出版社 1993 年版,第 160 页。
② 邓小平:《在全体人民中树立法制观念》,载《邓小平文选》第 3 卷,人民出版社 1993 年版,第 163 页。
③ 邓小平:《关于政治体制改革的问题》,载《邓小平文选》第 3 卷,人民出版社 1993 年版,第 177 页。
④ 邓小平:《企业改革和金融改革》,载《邓小平文选》第 3 卷,人民出版社 1993 年版,第 192 页。

对于改革的全面性问题,习近平也有精辟的论述。2012 年 12 月 31 日,习近平在主持十八届中央政治局第二次集体学习时指出:"改革开放是一个系统工程,必须坚持全面改革,在各项改革协同配合中推进。改革开放是一场深刻而全面的社会变革,每一项改革都会对其他改革产生重要影响,每一项改革又都需要其他改革协同配合。要更加注重各项改革的相互促进、良性互动,整体推进,重点突破,形成推进改革开放的强大合力。"①习近平不但强调改革开放的全面性,而且辩证地论述了各项改革之间的关系。

对于政府与市场之间的关系问题,2013 年 11 月 9 日,习近平在中共十八届三中全会上提到:"进一步处理好政府和市场关系,实际上就是要处理好在资源配置中市场起决定性作用还是政府起决定性作用这个问题……理论和实践都证明,市场配置资源是最有效率的形式……作出'使市场在资源配置中起决定性作用'的定位,有利于在全党全社会树立关于政府和市场关系的正确观念,有利于转变经济发展方式,有利于转变政府职能,有利于抑制消极腐败现象。"②确定市场在资源配置中的决定性作用,这就不但有利于经济体制的改革,而且涉及政治体制改革的问题。2014 年 5 月 26 日,习近平在主持十八届中央政治局第十五次集体学习时进一步指出:"准确定位和把握使市场在资源配置中起决定性作用和更好发挥政府作用,必须正确认识市场作用和政府作用的关系。政府

---

① 习近平:《改革开放只有进行时没有完成时》,载《习近平谈治国理政》,外文出版社 2014 年版,第 68 页。

② 习近平:《关于〈中共中央关于全面深化改革若干重大问题的决定〉的说明》,载《习近平谈治国理政》,外文出版社 2014 年版,第 77 页。

和市场的关系是经济体制改革的核心问题。党的十八届三中全会将市场在资源配置中起基础性作用修改为起决定性作用,虽然只有两字之差,但对市场作用是一个全新的定位,'决定性作用'和'基础性作用'这两个定位是前后衔接、继承发展的。使市场在资源配置中起决定性作用和更好发挥政府作用,二者是有机统一的,不是相互否定的,不能把二者割裂开来、对立起来,既不能用市场在资源配置中的决定性作用取代甚至否定政府作用,也不能用更好发挥政府作用取代甚至否定使市场在资源配置中起决定性作用。"[1]这是前述邓小平"政企分开"理论在新时代的发展。

2017 年 6 月 26 日,习近平在中央全面深化改革领导小组第三十六次会议上指出:"注重系统性、整体性、协同性是全面深化改革的内在要求,也是推进改革的重要方法。改革越深入,越是要注意协同,既抓改革方案协同,也抓改革落实协同,更抓改革效果协同,促进各项改革举措在政策取向上互相配合、在实施过程中相互促进、在改革成效上相得益彰,朝着全面深化改革总目标聚焦发力。"[2]从整体着眼,注重系统性、全面性,使各方面改革协同配合,改革才会有成效。

四、扩大对外开放

改革与开放关系密切,二者是都是现代化建设必不可少的环

---

[1] 习近平:《"看不见的手"和"看得见的手"都要用好》,载《习近平谈治国理政》第一卷,外文出版社 2014 年版,第 117 页。

[2] 习近平:《注重全面深化改革的系统性整体性协同性》,载《习近平谈治国理政》第 2 卷,外文出版社 2017 年版,第 109 页。

节,需要互相配合,相互促进。① 邓小平在 1992 年谈到:"社会主义要赢得与资本主义相比较的优势,就必须大胆吸收和借鉴人类社会创造的一切文明成果,吸收和借鉴当今世界各国包括资本主义发达国家的一切反映现代社会化生产规律的先进经营方式、管理方法。"②改革不能在封闭环境下改革,因此,开放是势在必行的发展道路,中国要持续地进行改革,就必须持续地坚持对外开放。

1983 年 7 月 8 日,邓小平指出:"要利用外国智力,请一些外国人来参加我们的重点建设以及各方面的建设。对这个问题,我们认识不足,决心不大。搞现代化建设,我们既缺少经验,又缺少知识……要扩大对外开放,现在开放得不够。要抓住西欧国家经济困难的时机,同他们搞技术合作,使我们的技术改造能够快一些搞上去。同东欧国家合作,也有文章可做,他们有一些技术比我们好,我们的一些东西他们也需要。中国是一个大的市场,许多国家都想同我们搞点合作,做点买卖,我们要很好地利用。这是一个战略问题。"③邓小平对中国与欧洲的优势和需求分别做了客观的分析,认为需要加大对外开放的力度,引进、学习西欧的先进技术,并把扩大对外开放上升到战略的高度。

1987 年 1 月 20 日,邓小平在会见津巴布韦总理穆加贝时指

---

① 对于改革和开放的关系,邓小平曾提到:"对外开放也是改革的内容之一,总的来说,都叫改革。"邓小平:《我们干的事业是全新的事业》,载《邓小平文选》第 3 卷,人民出版社 1993 年版,第 257 页。

② 邓小平:《在武昌、深圳、珠海、上海等地的谈话要点》,《邓小平文选》第 3 卷,人民出版社 1993 年版,第 373 页。

③ 邓小平:《利用外国智力和扩大对完开放》,载《邓小平文选》第 3 卷,人民出版社 1993 年版,第 32 页。

出:"一个国家要取得真正的政治独立,必须努力摆脱贫困,而要摆脱贫困,在经济政策和对外政策上都要立足于自己的实际,不要给自己设置障碍,不要孤立于世界之外。根据中国的经验,把自己孤立于世界之外是不利的。要得到发展,必须坚持对外开放、对内改革,包括上层建筑领域的政治体制的改革。中国执行的开放政策是正确的,得到了很大的好处。如果说有什么不足之处,就是开放得还不够。我们要继续开放,更加开放。"①在邓小平看来,要摆脱贫困,使中国能够真正屹立于世界民族之林,就必须坚持并扩大对外开放,突破封闭的观念与思维。

1988年6月3日,邓小平指出:"我们搞建设有三十九年,有成功的经验,也有失败的教训。光凭自己的经验和教训还解决不了问题,要谋求发展,摆脱贫穷和落后,就必须开放。开放不仅是发展国际间的交往,吸收国际经验。"②邓小平认为,中国要发展,要进行现代化建设,就一定得坚持对外开放,学习他国的经验。

新时代继续扩大对外开放,有不少有价值的论断。如2012年11月17日,习近平在主持十八届中央政治局第一次集体学习时指出:"和平发展是中国特色社会主义的必然选择,所以必须坚持改革开放的发展、合作的发展、共赢的发展,扩大同各方利益汇合点,推动建设持久和平、共同繁荣的和谐世界。"③习近平着眼于国际社

---

① 邓小平:《加强四项基本原则教育,坚持改革开放政策》,载《邓小平文选》第3卷,人民出版社1993年版,第202页。
② 邓小平:《要吸收国际的经验》,载《邓小平文选》第3卷,人民出版社1993年版,第266页。
③ 习近平:《紧紧围绕坚持和发展中国特色社会主义学习宣传贯彻党的十八大精神》,载《习近平谈治国理政》,外文出版社2014年版,第13页。

会的发展格局,将中国的改革开放置于世界发展的背景下,如此更见坚持对外开放之可贵。

2014 年 3 月 27 日,习近平在联合国教科文组织总部的演讲中,论及了对不同文明的态度:"对待不同文明,我们需要比天空更宽阔的胸怀。文明如水,润物无声。我们应该推动不同文明相互尊重、和谐共处,让文明交流互鉴成为增进各国人民友谊的桥梁、推动人类社会进步的动力、维护世界和平的纽带。我们应该从不同文明中寻求智慧、汲取营养,为人们提供精神支撑和心灵慰藉,携手解决人类共同面临的各种挑战。"①世界上的各种文明,都有着自己的优点,都值得我们借鉴、学习。更进一步言,只有文明间展开合作,才能共同推进整个人类文明的进步。

2013 年 4 月 8 日,习近平在同出席博鳌亚洲论坛 2013 年年会的中外企业家代表座谈时指出:"中国开放的大门不会关上。过去 10 年,中国全面履行入世承诺,商业环境更加开放和规范。中国将在更大范围、更宽领域、更深层次上提高开放型经济水平。中国的大门将继续对各国投资者开放,希望外国的大门也对中国投资者进一步敞开。我们坚决反对任何形式的保护主义,愿通过协商妥善解决同有关国家的经贸分歧,积极推动建立均衡、共赢、关注发展的多边经贸体制。"②在国际贸易领域,中国坚持开放型经济模式,反对保护主义,扩大对外贸易,这是坚持对外开放在实践领域

① 习近平:《文明因交流而多彩,文明因互鉴而丰富》,载《习近平谈治国理政》,外文出版社 2014 年版,第 262 页。
② 习近平:《提高开放型经济水平》,载《习近平谈治国理政》,外文出版社 2014 年版,第 114 页。

的表现。

2015 年 12 月 18 日,习近平在中央经济工作会议上指出:"扩大对外开放,要更加注重推进高水平双向开放。要奉行互利共赢的开放战略,坚持内外需协调、进出口平衡、引进来走出去并重、引资引技引智并举,积极参与全球经济治理和公共产品供给,提高我国在全球治理中的制度性话语权。"①只有坚持对外开放,并且注重"高水平双向开放",提高对外开放的水平,才能不断提高自身的国际地位。2016 年 8 月 17 日,习近平在推进"一带一路"建设工作座谈会上指出:"一个国家强盛才能充满信心开放,而开放促进一个国家强盛。党的十一届三中全会以来我国改革开放的成就充分证明,对外开放是推动我国经济社会发展的重要动力。随着我国经济总量跃居世界第二,随着我国经济社会发展进入新常态,我们要保持经济持续健康发展,就必须树立全球视野,更加自觉地统筹国内国际两个大局,全面谋划全方位对外开放大战略,以更加积极主动的姿态走向世界。"②在习近平看来,国内的改革与对外开放的战略相互促进,才能共同推进我国经济社会的进步,我国的国际地位也会得到显著提高。

五、结语

中国改革开放思想在坚持实事求是精神、维护人民利益与社

---

① 习近平:《对新常态怎么看,新常态怎么干》,载《习近平谈治国理政》第 2 卷,外文出版社 2017 年版,第 244 页。

② 习近平:《让"一带一路"建设造福沿线各国人民》,载《习近平谈治国理政》第 2 卷,外文出版社 2017 年版,第 504 页。

会公平正义、强调改革开放的全面性以及扩大对外开放等多个方面取得新进展。

邓小平曾言:"改革开放胆子要大一些,敢于试验,不能像小脚女人一样。看准了的,就大胆尝试,大胆地闯……没有一点闯的精神,没有一点'冒'的精神,没有一股气呀、劲呀,就走不出一条好路,走不出一条新路,就干不出新的事业。"①习近平对此评价说:"邓小平同志第一次比较系统地初步回答了在中国这样经济文化比较落后的国家如何建设社会主义、如何巩固和发展社会主义的一系列基本问题,深刻揭示了社会主义的本质。实现了马克思主义同中国实际相结合的又一次历史性飞跃。邓小平同志的南方谈话,从理论上深刻回答了长期困扰和束缚人们思想的许多重大问题,推动改革开放和社会主义现代化建设进入新阶段",并表示"中国特色社会主义是前无古人的伟大事业,改革开放和社会主义现代化建设还有很长的路要走……我们要学习邓小平同志敢于开拓创新的政治勇气,细心观察新的实践和新的发展,尊重地方、基层、群众首创精神,果断作出决策,把开拓创新作为一种常态,不断用发展着的马克思主义指导新的实践,又从实践中作出新的理论概括,敢破敢立、敢闯敢试,义无反顾把改革开放不断向前推进"。②习近平此论,正是从邓小平的改革开放思想出发,总结其宝贵的经验与意义,提出了新的看法。以马克思主义理论为指导,进行改革

---

① 邓小平:《在武昌、深圳、珠海、上海等地的谈话要点》,载《邓小平文选》第 3 卷,人民出版社 1993 年版,第 372 页。

② 习近平:《努力开创中国特色社会主义事业更加广阔的前景》,载《习近平谈治国理政》第 2 卷,外文出版社 2017 年版,第 8—9 页。

开放的具体实践,在实践中不断地丰富发展理论,这就是中国改革开放的历程所要坚持的思想路线,也即是马克思主义中国化重要的发展阶段。

第四节 中国特色社会主义发展道路的世界意义

中国特色社会主义道路是中国共产党领导人民经过 40 年改革开放的实践找到的既切合国情又能实现和平发展的正确发展道路,不仅中国自身因这条道路指引而在改革开放中取得了巨大的成就,并且在当代中国,只有坚定不移地坚持下去,才能实现前进道路上的每一个目标。同时,中国特色社会主义道路的成功发展对整个世界社会的发展——对拓宽发展中国家合宜时代的发展模式、丰富社会主义发展的道路模式、正向引导世界社会发展的前进方向也具有极其重要的理论和现实鉴戒意义。

中国走上社会主义道路是历史和人民的选择,中国特色社会主义在新时代中国的鼎定,同样是历史和人民的选择。这条以马克思主义为指导的、符合国情的发展道路,更是中国共产党领导人民经过千辛万苦探索找到的能够指引新时代中国社会持续、健康、稳定发展的正确道路。在新时代,对我们国家自身而言,只有坚定不移地坚持中国特色社会主义道路,才能在纷繁复杂的国内外形势中,拨开发展道路上的重重迷雾,实现决胜全面建成小康社会的近期目标和中华民族复兴的伟大目标。由于事物的发展总是在辩证的相互作用中前进的,中国开辟并坚持中国特色社会主义道路的成功,同时对世界其他国家社会的发展也具有极为重要的历史意义。

一、拓宽了发展中国家的发展模式

世界历史发展自 16 世纪前后新航路开辟、商业革命和宗教改革以来,整个人类社会究竟处于什么样的历史大时代,一直是中外学术界关注的重大理论问题。有不少学者把当今所处历史大时代归之于资本主义向社会主义过渡的时代,譬如山东大学的臧秀玲教授在新近出版的《社会主义与资本主义两制关系研究》中即是采用这种观点;[1]也有人把时代主题理解为世界历史发展的大时代;[2]更多的学者注意到了近现代世界历史发展的社会主义与资本主义两制并存的时代特征,也给以相应的理论解读,譬如赵明义和陈文通认为社会主义实际上有两个,一个是与资本主义同时并存的社会主义,另一个是在人类社会发展序列中处于资本主义之后的那个社会主义社会。[3]

那么,近现代世界究竟处于一个怎样的历史大时代呢？我们在马克思、恩格斯的著作,尤其是他们的经济学著作中,就可以知道他们对这一历史发展阶段的准确定位和详尽分析:自近现代世界以来,我们正迈向或已经处于商品经济形态阶段——从人的发展与社会生产力的历史发展的内在联系来看,这是以物的依赖性

---

① 臧秀玲:《社会主义与资本主义两制关系研究》,山东大学出版社 2010 年版,第 11 页。

② 王昌英:《马克思主义时代观研究综述》,载《安阳师范学院学报》2009 年第 1 期。

③ 赵明义:《马克思主义时代观和当前我们所处何时代问题研究》,载《中共石家庄市委党校学报》2009 年第 2 期;陈文通:《科学社会主义与中国特色社会主义(下)》,载《改革与理论》1997 年第 6 期。

为基础的人的独立性阶段。① 这一阶段的总体特征是:相对于被扬弃的在孤立、狭隘的地点上发展的自然经济形态阶段,它是一个逐步打破狭隘的社会格局而使社会日益形成普遍的物质交换、全面的关系、多方面的要求以及整体的能力体系的阶段。② 既然商品经济形态阶段的社会发展建立在对物的依赖关系基础上,而这种物的依赖关系又是通过商品拜物教的形式呈现的,③即人类劳动的等同性,取得了劳动产品的等同的价值对象性这种物的形式;用劳动的持续时间来计量的人类劳动力的耗费,取得了劳动产品的价值量的形式;最后,生产者劳动的那些社会规定借以实现的生产关系,取得了劳动产品的社会关系形式。④ 资本由于自身的特殊属性——能够不断实现价值增值——成为推动商品经济形态阶段社会生产发展的内在动力。⑤ 这就是说,任何相应于商品经济形态阶段的发展模式都必须把自身引领生产力发展的社会有机体系转化为资本的生产力有机体系。合宜商品经济形态阶段的占有资本文明或能够把社会生产力转化为资本生产力的发展模式有哪些呢?是否就像有些学者认识的那样,只有资本主义一种驾驭占有资本文明的发展道路呢? 答案是否定的。如果固化地认为驾驭资本推动生产力发展只有资本主义一种模式,这就是一种典型的形而上学论。马克思向来反对唯物主义的这种教条的认识。他提出,在

---

① 《马克思恩格斯全集》第 30 卷,人民出版社 1995 年版,第 107 页。
② 《马克思恩格斯全集》第 30 卷,人民出版社 1995 年版,第 107 页。
③ 《马克思恩格斯文集》第 5 卷,人民出版社 2009 年版,第 90 页。
④ 《马克思恩格斯文集》第 5 卷,人民出版社 2009 年版,第 89 页。
⑤ 《马克思恩格斯文集》第 5 卷,人民出版社 2009 年版,第 286 页。

商品经济形态阶段,劳动产品的分配当然取决于劳动的生产方式,不停运转的资本是这一阶段劳动再生产的动力或组织形式。资本组织生产,可以以私人的方式,也可以采用集体或国有等方式,"一旦人们以某种方式彼此为对方劳动,他们的劳动也就取得社会的形式"①。可见,组合资本的商品经济形态阶段发展道路可以有多种类型,资本和资产阶级上层建筑结合的方式即资本主义模式是其中的一种典型,资本和无产阶级上层建筑结合的方式即社会主义模式则是另一种类型。社会主义是与资本主义并行、共存于商品经济形态阶段的两种经典模式,而不是一定居于资本主义之后的社会模式,或者社会主义有两种不同的概念。当然,资本主义作为人类历史发展长河中的一个发展阶段中的一种社会模式是必将被取代的,但扬弃它的首先是更高的历史发展阶段,是共产主义,而不是现行和资本主义并存的社会主义。

俄国十月革命取得胜利以后,不少研究者认为人类开始了由资本主义向社会主义过渡的新纪元。而东欧剧变、苏联解体以后,又有不少研究者认为社会主义发展模式覆灭了。伴随着中国社会主义革命、社会主义建设以及向中国特色社会主义发展道路的转进,不仅坚实地粉碎了传统对社会主义简单、机械的形而上学式认知,更因中国特色社会主义建设实践的持续快速和谐发展,而极大地丰富了近现代世界历史发展的商品经济形态阶段,出现了不同于资本主义社会发展模式的多样化的社会发展模式。中国特色社会主义发展道路排除了传统的高度集中的社会主义发展模式,排

①《马克思恩格斯文集》第 5 卷,人民出版社 2009 年版,第 89 页。

除了计划经济主导的社会主义发展模式,使科学社会主义发展模式恢复到适宜商品经济形态阶段社会发展的社会生产关系模式轨道上来,明确地宣告了社会主义东欧国家、苏联社会主义的失败不是真正的社会主义发展模式的失败,而仅是丰富多样的社会主义发展模式中的一种社会主义发展模式的失败,而且仅是探索真正社会主义发展道路规律过程上初步把握的社会主义发展模式的一种实践反馈的失败。中国特色社会主义发展道路把自身的社会生产关系转向适应商品经济形态阶段社会生产力发展的轨道上来,即逐步建立和不断地更新完善社会主义市场经济体制,使不同于资本主义社会发展模式的社会发展道路不断完善,甚至在与资本主义社会发展模式的竞争中逐步取得更优的成效,这就极大地鼎新和丰富了人们对近现代世界历史发展的商品经济形态阶段不同社会发展模式的认识。

二、丰富了社会主义道路的发展模式

科学社会主义从空想变为科学以来,在指导现实国家的社会主义实践中,经历了两次大的飞跃。第一次飞跃就是以俄国十月革命的胜利为代表,一系列社会主义国家的相继建立,从而打破了资本主义社会发展模式一统天下的局面,使社会主义成为了由理想变为现实的商品经济形态阶段的社会发展模式。在科学社会主义第一次飞跃后形成的并长期实施的社会主义发展道路具有如下明显的共性特点:社会生产关系上,领导权力实行党委领导下的分工负责制与党委一元化领导相结合;分配制度实行"一大二公三纯四统",法制不健全;社会生产形式上,首先通过行政化手段,使劳动者与生产资料粘合于高度集中的国家所有制或集体所有制的经济组织中,其次,在集中计划经济体制的结构和运行体系中,通过高度集中行政化管理,面对集中的生产资料,集中生产,以实现集中计划经济的目标。这种社会主义生产模式虽然能极大程度的调动全国的人力、物力、财力办大事,但由于是在封闭的经济格局中的社会再生产,并且这种再生产不能使劳动者通过正常固定的渠道或方式自由地实现与公有资产的壮大有机结合,因而极大地降低了它的生产效率和劳动者的积极性。而在商品经济形态阶段,这种高度集中的社会政治管理模式,也与马克思探究的现代国家社会管理特征明显相异。①

　　第二次飞跃就是以中国特色社会主义道路的探索和转向为代表,中国探索和构建的适宜商品经济形态阶段生产方式的发展道路。改革开放以来,中国一边持续地推进对经济基础和上层建筑的改革开放实践,一边注意把顶层设计和基层实践有机地结合起来。以改革实践促进发展道路的理论总结、概括,以理论化的顶层设计进一步推进改革实践的走向深入。经过 40 年的实践与理论双向互动的螺旋式上升发展,不仅成功地探索出了一条既符合国情、又与时俱进的顺应商品经济态势的社会发展模式,更通过改革开放以来中国特色社会主义实践取得的政治、经济、文化、社会、生态等各领域的巨大成就,坚实地佐证了这条社会发展道路的正确性。在新时代,坚持中国特色社会主义道路,就是真正坚持马克思

---

① 《马克思恩格斯文集》第 1 卷,人民出版社 2009 年版,第 44—46 页。

主义的科学社会主义发展道路,也就能保持经济社会的持续、快速、健康、和谐发展。中国继续和深入推进中国特色社会主义道路,就必然会逐步地实现它预定的诸多社会发展目标。中国特色社会主义道路能持续、快速、健康、和谐发展,一个接一个预定目标就能按时实现,对其他社会主义国家发展也能具有启发和借鉴意义。

三、引导世界社会发展的前进方向

在商品经济形态阶段,资本主义社会发展模式是较早在现实国家被才普遍采用的社会发展模式。甚至可以说,正是一些国家以资本主义模式为推动社会发展的生产方式,并由此通过与世界其他国家的文明交往,客观上引起了整个世界向商品经济形态阶段的过渡。但是,尽管如此,我们却不能因此简单的、直观的在商品经济形态阶段与资本主义社会发展模式之间划等号。资本主义模式绝不是商品经济形态阶段社会发展的唯一模式,未采用资本主义模式却使国家在商品经济形态阶段持续、健康、和谐发展的其他社会发展模式同样是商品经济形态阶段社会发展的模式之一,譬如中国特色社会主义发展道路使社会发展始终保持持续、健康、快速、和谐,就完全没必要退回到重走传统资本主义发展模式的旧路的状态。不仅如此,资本主义模式虽然是商品经济形态阶段社会发展最早被采用和极其重要的社会发展模式,不过这一模式在其形成起始以及贯穿整个发展过程的始终,不论在对外文明交往,还是在引领社会内部发展上,负向引导或负能量淤积是其挥之不去的主要缺陷和明显特征。资本原始积累是资本主义发展的起点，①那些率先选择资本主义的国家，不论在对内还是对外展开发展上，都是用暴力掠夺、用血与火为再生产提供非常规前提。② 而在一国资本主义发展模式步入正轨以后，它的对内对外发展同样带着明显的负能量淤积特征。这是为什么呢？因为资本主义发展模式是完全以资本做动力系统轴心组建起来的。而资本本质上要不竭的追求剩余价值生产的再生产，因而资本主义发展模式从其诞生的那一刻起就处在一种追求剩余价值的永不停息的运动中。从资本榨取剩余价值的对象或来源上看，由于资本对剩余价值的敛取建立在对产业工人的劳动力的剥削和对其他资本的竞争上，因而它是在明显的对立性关系中竭尽一切手段追逐剩余价值的，③因此这种社会发展模式造成了整个世界社会和生态发展的大失衡。④

中国特色社会主义发展道路是商品经济形态阶段社会主义发展模式中的其中一种，它的发展，不论是在其形成伊始还是在整个发展过程中，不论在对外文明交往，还是在引领社会内部发展上，正向引导或正能量汇聚是其自身附带的重要优点和明显特征。

一方面，中国特色社会主义道路在其对内对外实践探索伊始，就一直强调和谐发展、生态发展、共同发展。在和谐发展上，中国特色社会主义特别注重东中西不同地区之间、城乡之间、部门之间

---

① 《马克思恩格斯文集》第 5 卷，人民出版社 2009 年版，第 820 页。
② 《马克思恩格斯文集》第 5 卷，人民出版社 2009 年版，第 822 页。
③ 列克斯·卡利尼克斯：《反资本主义宣言》，上海世纪出版集团 2005 年版，第 13 页。
④ 列克斯·卡利尼克斯：《反资本主义宣言》，上海世纪出版集团 2005 年版，第 5—6 页。

和行业之间发展的相对协调性、均衡性。在生态发展上,中国特色社会主义通过改革开放以来的摸索实践日渐认识到,国家的发展决不能走"先污染后治理"的老路,及时地摒弃了那种"宁要金山银山不要绿水青山"的落后思想,勇敢地担起探索"不唯经济脸色更重山水气色"的发展之路,①甚至更精准地闯出"绿水青山就是金山银山"的发展新路。② 在共同发展上,改革开放以来,我们不仅走过了让一部分人、一部分地区先富起来的发展时刻,更开始了向先富带动后富、决胜全面建成"一个都不能少"的小康社会目标迈进的步伐。并且在全面小康社会目标实现之时启动"共同富裕路上,一个不能掉队"③的全面现代化建设新征程。

另一方面,中国特色社会主义道路在对外实践上,推动了国际关系实践、世界道路发展、全球治理理念的创新。在国际关系上,中国特色社会主义道路反对充斥着冷战思维、单极思维、霸权思维的国际关系发展老路,积极推动了"相互尊重、公平正义、合作共赢的新型国际关系"建构。④ 在世界道路发展上,殖民式发展、不平等的剪刀差发展等损人利己式的发展,是全球化发展初期世界道路的主要特征。改革开放以来,随着世界各国彼此利益日益荣损与俱,中国逐步探索出了文明互鉴、共同发展的世界发展新路,譬如

---

① 列克斯·卡利尼克斯:《反资本主义宣言》,上海世纪出版集团 2005 年版,第 5—6、13 页。

②《习近平总书记系列重要讲话读本》,学习出版社 2017 年版,第 230 页。

③《习近平总书记在十九届中共中央政治局常委同中外记者见面时的讲话》,《人民日报》2016 年 10 月 26 日。

④ 习近平:《决胜全面建成小康社会夺取新时代中国特色社会主义伟大胜利》,《人民日报》2017 年 10 月 28 日。

探索推出了"一带一路"的国际合作新平台,倡议沿线各国通过政策沟通、设施联通、贸易畅通、资金融通、民心相通,实现共同发展。在全球治理观念上,中国特色社会主义一方面反对"各人自扫门前雪,勿管他人瓦上霜"的逆全球化的治理理念,一方面应势而为,勇敢地承担起自身应负的责任,譬如积极倡议人类命运共同体的全球发展理念;先后通过主持杭州 G20 峰会和全球政党对话、主导成立亚洲基础设施投资银行等活动,推动南北的互补共赢发展、南南合作共赢发展,从而实现全球各方在全球治理中的共同发展。

第三章　深刻认识中国特色社会主义本质

第一节　习近平新时代中国特色社会主义思想的"三大逻辑"

习近平新时代中国特色社会主义思想的理论逻辑、历史逻辑和实践逻辑是什么？这"三大逻辑"是怎样形成的？这"三大逻辑"的基本内涵是什么？这"三大逻辑"在习近平新时代中国特色社会主义思想的形成和发展中有何历史地位和重要意义？准确把握这"三大逻辑"对认真学习和深刻领会习近平新时代中国特色社会主义思想具有十分重要的理论意义和现实意义。

党的十九大指出，新时代中国特色社会主义思想"是近代以来中国人民长期奋斗历史逻辑、理论逻辑、实践逻辑的必然结果"①。习近平新时代中国特色社会主义思想是坚持马克思主义基本原理与中国特色社会主义现代化建设实践相结合的产物,是以科学社会主义基本原则为理论逻辑、以中国特色社会主义建设历史经验为历史逻辑、以实现"为中国人民谋幸福,为中华民族谋复兴"而不懈努力为实践逻辑而组成的科学理论体系。因此,弄清楚它的理论逻辑、历史逻辑和实践逻辑,对于我们认真学习和深刻领会习近平新时代中国特色社会主义思想具有十分重要的理论意义和现实意义。

一、习近平新时代中国特色社会主义思想的理论逻辑

任何科学理论体系的形成和发展都是一定社会条件和现实生活的产物,都是其特定研究对象发生发展历史过程的内在必然性和历史必然性的理论呈现和理性总结,是当时特定生产方式的改造物,这就决定了某个时期的理论体系的形成一定有其特定的基本原则和理论逻辑,否则就形不成科学的理论体系。

(一)理论逻辑是从研究对象中抽象出来的内在必然性

所谓理论逻辑是指研究对象本身内在要素之间的必然性联系和内在特质规定性,它是不以主体的主观意志为转移的客观必然。理论逻辑是构成研究对象的内在要素彼此之间能保证是该对象而

---

① 习近平:《决胜全面建成小康社会夺取新时代中国特色社会主义伟大胜利》,人民出版社 2017 年版,第 36 页。

非他物所特有的必然性联系,一旦这种内在必然性联系改变了,这个研究对象就变成了他物,其性质也就改变了。这种内在必然性联系和内在特质规定性决定了对象的根本属性和发展方向,决定对象产生、形成和发展的速度和轨迹。例如人活着就必须保证其身体的各个系统正常运转,是它本身存在的必然性前提条件和自身存在的内在特质规定,这就是活着的人的理论逻辑;例如人类社会的进步发展就必然是特定社会的生产关系一定要适合相应的生产力发展的要求、特定社会的上层建筑一定要适应相应的经济基础发展的需要一样,有人类社会发展本身的内在必然性和内在特质规定性。习近平新时代中国特色社会主义思想的理论逻辑就是作为社会主义制度或社会运动本身内在的一系列必然联系和内在特质规定,是无产阶级领袖们在长期的无产阶级革命和社会主义建设实践中,总结和凝练出来的科学社会主义的基本原理和基本原则,是决定社会主义内在特质的规定性原则。

当然,社会主义基本制度和社会形态有一系列基本的规定性原则:

(1)社会主义是人类最美好的社会制度和社会运动形式,是一个客观的、自然历史过程,必须经过广大人民群众的长期不懈的奋斗才能实现。"无论历史的结局如何,人们总是同每一个人追求他自己的、自觉预期的目的来创造他们的历史,而这许多按不同方向活动的愿望及其对外部世界的各种各样作用的合力,就是历史。"① 这个"合力"作用的过程就是社会发展的"自然历史过程"。

---

① 《马克思恩格斯选集》第 4 卷,人民出版社 1995 年版,第 248 页。

（2）推进社会主义伟大事业向前发展的内在动力是历史唯物主义的基本矛盾运动规律和生产方式决定论,阶级社会的发展动因是与那个社会主要的阶级矛盾直接联系在一起的。"社会的物质生产力发展到一定阶段,便同它们一直在其中运动的现存生产关系或财产关系(这只是生产关系的法律用语)发生矛盾。于是这些关系便由生产力的发展形式变成生产力发展的桎梏。那时社会革命的时代就到来了。随着经济基础的变更,全部庞大的上层建筑也或慢或快地发生变革。"①用历史唯物主义基本原理来表述就是"一切重要历史事件的终极原因和伟大动力是社会的经济发展,是生产方式和交换方式的改变,是由此产生的社会之划分为不同的阶级,是这些阶级彼此之间的斗争"②。

（3）社会主义制度之所以比人类历史上其他社会制度更优越,就在于生产资料公有制是最适合社会生产力发展要求的组织形式;社会主义制度之所以最能激发人的劳动潜能,就在于真正实现了人民群众当家作主,克服了资本主义生产方式本身难以克服的"顽疾","资产阶级再不能做社会的统治阶级了,再不能把自己阶级的生存条件当作支配一切的规律强加于社会了","随着大工业的发展,资产阶级赖以生产和占有产品的基础本身也就从它的脚下被挖掉了"。③

（4）社会主义本身就是一个不断发展和不断完善的过程,只有通过深刻认知和熟练把握人与自然关系的规律、社会主义本身发

---

① 《马克思恩格斯选集》第 2 卷,人民出版社 2012 年版,第 2—3 页。
② 《马克思恩格斯选集》第 3 卷,人民出版社 2012 年版,第 760 页。
③ 《马克思恩格斯选集》第 1 卷,人民出版社 2012 年版,第 412 页。

展规律、无产阶级政党的执政规律和人类社会发展规律等"四大规律",才能制定出科学合理的路线方针政策来;只有在不断调整生产关系的各个环节和各个方面以适应生产力发展的要求,才能发展和完善社会主义的制度体系。改革是社会进步的动力源泉,正如恩格斯说的,"我认为,所谓社会主义社会不是一种一成不变的东西,而应当和任何其他社会制度一样,把它看成是经常变化和改革的社会"①。

(5)无产阶级夺取政权以后必须大力发展生产力以便壮大自己的经济基础,必须坚持人民民主专政,必须坚持无产阶级政党的领导以便更好地为人民谋利益,等等,因为"在无产阶级和资产阶级的斗争所经历的各个发展阶段上,共产党人始终代表整个运动的利益"②。"无产阶级将利用自己的政治统治,一步一步地夺取资产阶级的全部资本,把一切生产工具集中在国家即组织成为统治阶级的无产阶级手里,并且尽可能快地增加生产力的总量"③,来巩固自己政权的经济基础,以更好地满足人民群众日益增长的美好生活需要。

(6)社会主义的生产资料公有制、人民群众当家作主的政治制度和按劳分配原则是人类社会最好的组织形式,也是实现人民幸福的最优制度设计。正如列宁总结道:"只有社会主义才可能广泛推行和真正支配根据科学原则进行的产品的社会生产和分配,以

---

① 《马克思恩格斯选集》第 4 卷,人民出版社 1995 年版,第 601 页。
② 《马克思恩格斯选集》第 1 卷,人民出版社 2012 年版,第 413 页。
③ 《马克思恩格斯选集》第 1 卷,人民出版社 2012 年版,第 421 页。

便使所有劳动者过最美好的、最幸福的生活。"①

（7）无产阶级的革命事业和社会主义建设事业要想取得最后的伟大胜利，就必须依靠无产阶级人民群众的积极参与，必须有科学理论武装起来的先进政党来组织和领导。正如列宁指出："在通常情况下，在多数场合，至少在现代的文明国家内，阶级是由政党来领导的；政党通常是由最有威信、最有影响、最有经验、被选出来担任最重要职务而称为领袖的人们所组成的比较稳定的集团来主持的。"②在这里，列宁不仅阐明了无产阶级政党在人民的革命事业中的重要地位和重要作用，而且还论述了无产阶级政党的领袖和"关键少数"是怎样组成的，为何必须具有以往任何阶级的杰出代表所不可比拟的优秀品质和杰出能力。

上述基本原则揭示了社会主义的基本性质和内在必然联系，是社会主义之所以是社会主义的内在规定性，是社会主义的真理性原则；是习近平新时代中国特色社会主义思想形成的理论渊源，也是其产生形成的理论逻辑；是中国特色社会主义之所以是社会主义的内在规定性原则和根本特质，离开这些特质就不是社会主义了。正如习近平总书记所说的，"中国特色社会主义，是科学社会主义理论逻辑和中国社会发展历史逻辑的辩证统一"，"科学社会主义基本原则不能丢，丢了就不是社会主义"。③ 党的十八大以来，我们党之所以能够战胜国内外复杂多变而又极其严峻的挑战，让中国特色社会主义伟大事业从胜利走向胜利，其根本原因就在

---

① 《列宁选集》第 3 卷，人民出版社 2012 年版，第 546 页。
② 《列宁选集》第 4 卷，人民出版社 1995 年版，第 151 页。
③ 《习近平谈治国理政》，外文出版社 2014 年版，第 21—22 页。

于坚持了科学社会主义的理论逻辑、中国社会发展进步的历史逻辑和中国社会现代化建设的实践逻辑,并且在这"三大逻辑"基础上系统回答了诸如"新时代坚持和发展什么样的中国特色社会主义、怎样坚持和发展中国特色社会主义"等一系列的时代问题和现实难题。

(二)历史唯物主义世界观层面的理论逻辑

新时代中国特色社会主义的现实存在和生产方式决定了习近平新时代中国特色社会主义思想的产生、形成和发展,这是习近平新时代中国特色社会主义思想形成的之第一的理论逻辑——历史唯物主义世界观层面的理论逻辑。马克思指出:"现在的社会不是坚实的结晶体,而是一个能够变化并且经常处于变化过程中的有机体。"[①]马克思的这个关于社会发展的思想,是我们正确认识人类社会历史进步的基本态度和总的观点,是历史唯物主义的世界观和历史发展观,不仅深刻揭示了资本主义的全部社会生活及其内在联系,而且为习近平新时代中国特色社会主义思想的产生和发展奠定了深厚的理论基础和方法论基础,也为当今中国迈向现代化建设伟大事业和伟大梦想的实现提供了思维模式和基本路径:"由生产关系本身产生的经济制度的全部结构,以及它的独特的政治结构,都是建立在上述的经济形式上的。任何时候,我们总是要在生产条件的所有者同直接生产者的直接关系——这种关系的任

---

① 《马克思恩格斯全集》第 25 卷,人民出版社 1974 年版,第 892 页。

何形式总是自然地同劳动方式和劳动社会生产力的一定的发展阶段相适应——当中，为整个社会结构，从而也为主权和依附关系的政治形式，总之，为任何当时的独特的国家形式，找出最深的秘密，找出隐蔽的基础。"①习近平新时代中国特色社会主义思想就是马克思主义在中国特色社会主义伟大实践中的新发展和新体现，它是反映中国特色社会主义伟大实践的必然性产物，是在意识形态上体现和反映中国特色社会主义伟大实践中"最深的秘密，隐蔽的基础"和现代化建设实践的时代精神精华。因此，深入研究中国化马克思主义的新发展新成果，就必须深入中国特色社会主义的伟大实践，全面准确地掌握和理解新时代中国特色社会主义思想内涵和时代精神、历史主题和逻辑思路，深刻领会和全面掌握中国特色社会主义实践的伟大任务、历史特征、社会环境和现实问题等，根据马克思主义学科理论体系发展的逻辑思路和基本原则，从新时代中国特色社会主义实践中"找出最深的秘密，找出隐蔽的基础"，凝练和总结其理性成分和智慧精华，以便形成当今中国特色社会主义建设的方法论哲学和中国化马克思主义的新成果和新论断。

党的十九大指出，新时代中国特色社会主义思想是"坚持以马克思列宁主义、毛泽东思想、邓小平理论、'三个代表'重要思想、科学发展观为指导，坚持解放思想、实事求是、与时俱进、求真务实，坚持辩证唯物主义和历史唯物主义，紧密结合新的时代条件和实践要求，以全新的视野深化对共产党执政规律、社会主义建设规

---

① 《马克思恩格斯全集》第 25 卷，人民出版社 1974 年版，第 892 页。

律、人类社会发展规律的认识,进行艰辛理论探索,取得重大理论创新成果"。马克思主义一系列基本原理是习近平新时代中国特色社会主义思想的理论渊源和理论逻辑,离开了这个理论逻辑就背离了马克思主义、背离了社会主义,就可能葬送社会主义事业。因此,是中国共产党人必须长期坚持和永远保持清醒头脑的理论逻辑和世界观逻辑。

(三)历史唯物主义方法论层面的理论逻辑

在马克思主义看来,党的理论创新必须坚持一切从实际出发的历史唯物主义方法论。这个实际不仅是一定社会历史发展的经济基础和生活方式这个客观实际,而且是有着自身变化规律的自然历史过程。当然这些规律都是人类社会发展的基本规律的具体演化和逻辑再现。捕捉这一变化发展的历史轨迹,确立时代进步所处的历史方位,准确认知"四大规律",把握各个历史时期的发展特点,概括复杂多变的历史条件,这不仅是观察处理一切问题的客观基础,也是马克思主义的基本方法和理论逻辑。恩格斯在致约瑟夫·布洛赫的信中指出:"根据唯物史观,历史过程中的决定性因素归根到底是现实生活的生产和再生产……经济状况是基础,但是对历史斗争的进程发生影响并且在许多情况下主要是决定着这一斗争形式的,还有上层建筑的各种因素。"[1]唯物史观认为,经济基础与上层建筑的矛盾运动是社会形态进步的基本动因。在这

---

[1] 《马克思恩格斯文集》第 10 卷,人民出版社 2009 年版,第 591 页。

里,恩格斯把现实生活的"经济状况"和社会生产方式看成是社会形态更替的关键性因素和决定性因素,用"归根到底"这个关键词,标示着社会历史发展的最终动因是社会的经济生产方式,当然除此之外也不乏有其他因素。在历史发展进程中,经济基础与上层建筑的对立统一是双向互动的:经济基础的决定作用是最终意义上的,而政治、文化等上层建筑对经济基础也起一定的反作用。经过40年的改革开放和社会主义现代化建设,我国社会主义经济基础和经济结构已经发生了巨大变化;党的十八大以来中国经济平稳运行、稳中有进,已跃居世界第二大经济实体,经济发展水平又上了一个新台阶;国家创新发展的能力大幅度提升,根据世界知识产权组织发布的《2017年全球创新指数》报告,中国在127个排名国家中位居第22位,成为唯一进入前25名集团的中等收入的发展中国家;在全面脱贫奔小康的道路上取得了举世公认的成就,2016年,全国农村扶贫脱贫取得历史性成就,全年贫困人口减少了1240多万人,超额完成预定的年扶贫减贫1000万人的目标任务,并且预计2020年实现农村贫困人口全面脱贫也指日可待了;在改善民生和社会保障方面也取得了历史性的成绩,中国已经建立了覆盖面广泛的社会保障体制,城乡居民的基本养老覆盖率和基本医疗覆盖率均达到了较高水平,人民群众的获得感和幸福感大大提升,充分地体现了以人民为中心的发展思想。所有这些,都是十九大作出中国特色社会主义进入新时代这一理性判断的依据,也是习近平新时代中国特色社会主义思想产生和形成的生产方式及其事实依据,是历史唯物主义基本方法和理论逻辑的现实演绎。

习近平新时代中国特色社会主义思想是我们中国共产党人集

体智慧的结晶,是凝聚全国各族人民建设中国特色社会主义伟大事业的精神力量,是指导我们全面深化改革和全面推进现代化建设的行动指南。它的作用的发挥同样也离不开历史唯物主义的这个基本方法论和理论逻辑。马克思恩格斯在《德意志意识形态》里面说过:"统治阶级的思想在每一时代都是占统治地位的思想。这就是说,一个阶级是社会上占统治地位的物质力量,同时也是社会上占统治地位的精神力量。支配着物质生产资料的阶级,同时也支配者精神生产资料,因此,那些没有精神生产资料的人的思想,一般的是隶属于这个阶级的。占统治地位的思想不过是占统治地位的物质关系在观念上的表现,不过是以思想的形式表现出来的占统治地位的物质关系;因而,这就是那些使某一个阶级成为统治阶级的关系在观念上的表现,因而这也就是这个阶级的统治的思想。"①我们这个时代的社会经济状况和经济基础是广大人民利益关系最集中的体现,没有这个关系的总和就丧失了社会主义的人民立场和无产阶级专政的生活基础。

马克思主义是一个开放的和发展的科学体系,需要广大马克思主义者在实践中坚持和发展它的理论品质和理论内涵,坚持其理论品质就是对它的理论逻辑的现实演绎和再现,发展它的理论内涵就是对实践经验的总结和提升。发展马克思主义的理论创新实质就是理论联系实际,就是历史唯物主义基本方法和理论逻辑的一脉相承与实践基础上的与时俱进的辩证统一。所以,马克思、恩格斯在《德意志意识形态》中对共产党人理论创新的这一抽象逻

①《马克思恩格斯选集》第1卷,人民出版社2012年版,第178页。

辑做了进一步的说明,"在思辨终结的地方,在现实生活面前,正是描述人们实践活动和实际发展过程的真正的实证科学开始的地方","对现实的描述会使独立的哲学失去生存环境,能够取而代之的充其量不过是从对人类历史发展的考察中抽象出来的最一般的结果的概况。这些抽象本身离开现实的历史就没有任何价值"。在这本书的另一个地方还说了:"道德、宗教、形而上学和其他意识形态,以及与它们相适应的意识形式便不再保留独立性的外观了。它们没有历史,没有发展,而发展着自己的物质生产和物质交往的人们,在改变自己的这个现实的同时也改变着自己的思维和思想的产物。不是意识决定生活,而是生活决定意识。"[1]在这里"不是意识决定生活,而是生活决定意识"就是马克思主义方法论层面的理论逻辑发展,当今中国社会的现实生活决定着当今中国社会的时代精神精华,因而也是习近平新时代中国特色社会主义思想产生和形成的方法论逻辑。

二、习近平新时代中国特色社会主义思想的历史逻辑

历史活动和现实生活中的人都是"一个思想者的理智存在,他具有理性和反思能力,能够在不同的时间和地点把自己视为自己本身,即同一个思想者的存在"[2]。于是,人们总是站在现实生活的角度来回顾和理解生活的历史,思考和把握历史与现实的内在逻

---

[1] 《马克思恩格斯选集》第 1 卷,人民出版社 2012 年版,第 152—153 页。

[2] John Locke, *Of Identity and Diversity*//John Perryed, *Personal Identity*. Berkeley: University of California Press,1975.39.

辑的,只有这样才能更好地把握今天和未来。

(一)历史逻辑是从历史事实中映射出来的历史规律

　　马克思主义历史哲学认为,人都是历史活动的主体和客体,也都是活在特定的现实生活和历史条件中,每一个人的存在和发展都是以自身在历史长河中的位置为参照的。社会形态中的各个政治团体及其意识形态也只能是在其政治历史发展和演变体系中找到它自己的现实参照。马克思恩格斯指出:"如果在全部意识形态中,人们和他们的关系就像在照相机中一样是倒立成像的,那么这种现象也是从人们生活的历史过程中产生的,正如物体在视网膜上的倒影是直接从人们生活的生理过程中产生的一样。"①历史是过去的现实,现实是未来的历史。一定社会的历史都是那个时期的人们为了他们自己追求的目标而不懈努力奋斗的现实,一定社会的意识形态都是人们从那个社会生活的现实历史中凝练成像和总结抽象而成的。对历史的反思和总结是人所特有的本质特征,也是人们正确对待自己的过去和过去的自己应有的方法论哲学。习近平总书记非常重视对传统文化和革命历史的教育和传颂,在许多场合和许多讲话中反复强调,"中国革命历史是最好的营养剂"。"这对正确认识党情、国情十分必要,对开创未来也十分必要,因为历史是最好的教科书"。②

　　"对人类生活形式的思索,从而对这些形式的科学分析,总是

---

① 《马克思恩格斯选集》第 1 卷,人民出版社 2012 年版,第 1523 页。
② 《习近平谈治国理政》,外文出版社 2014 年版,第 405 页。

采取同实际发展相反的道路。这种思索是从事后开始的,就是说,是从发展过程的完成的结果开始的。"①在马克思看来,对一个社会历史活动形成和发展的"理性分析和总结",总是在这一历史事实发展形成及有结果以后开始的。正是在这种"事后"回溯的历史反思和理性探索中,才能够理解历史主体及其思想意识演化的内在逻辑和基本规律,把握它的内在必然性和历史发展走势;也只有这样才能够厘清历史主体及其思想意识的发展轨迹,准确把握它从萌芽状态发展到今天以及它今后怎么继续的各个环节及其内在必然性,真正把握历史主体及其思想意识发生发展的规律和属性特征。这种"历史反思"的方法,就是在对中国共产党人在 100 年的奋斗史、70 年的建设史和 40 年的改革开放的经验总结中,不仅要科学分析中国特色社会主义道路探索、理论凝练、规律总结、制度创新和文化思想建设经验,而且还要系统地总结其过程中内在必然性和规律性所具有的理论意义和历史意义。因此,只有站在中国特色社会主义革命和建设现实形态上反思这些历史历程及其内在必然性,才能够准确地认知中国特色社会主义的历史逻辑和历史规律,才能更为深刻地揭示中国的社会主义从 20 世纪 50 年代初的艰难探索和曲折前行,到改革开放和社会主义现代化建设的内在必然性、历史规律性和进程中的历史逻辑。这对于理解习近平新时代中国特色社会主义思想形成和发展的历史逻辑和历史规律具有十分重要的学理意义。

　　一部人类社会历史,就是人民群众在遵循社会发展基本规律

---

① 《马克思恩格斯文集》第 5 卷,人民出版社 2009 年版,第 93 页。

的基础上、针对历史主题进行不断探索的自然历史过程。因此,从资本主义向社会主义、共产主义发展和迈进的过程,就是人类历史中社会基本矛盾及其运动发生作用的自然历史过程,实现了由少数人的阶级统治向绝大多数人统治的无阶级社会的历史性飞跃,这个飞跃的质变——社会主义革命虽然只有几个月或几年或几十年就完成了,但是要真正建成共产主义社会则需要几百年甚至更长时间的奋斗历程。在这个相当长的历史时期里,由于世界各国社会历史条件发展不平衡,走向社会主义、共产主义社会的历史道路也各不相同,不同的国家、不同的民族的历史时期、文化背景、道路模式、制度探索和时代特色就使其各自在迈向共产主义社会的历史进程中呈现出不同的历史基调和历史规律。马克思恩格斯揭示了人类社会历史发展的唯物史观基本基调,就是人类社会从资本主义迈向社会主义并向共产主义社会过渡的历史规律,是适用于人类历史发展进程中各个历史时期的基本原理和基本规律。在习近平新时代中国特色社会主义思想的形成和发展进程中这个历史规律也依然没有改变,改变的只是它的表现形式和作用特点,我们必须充分认识和准确把握这个历史规律。

(二)深刻把握对象的历史逻辑是准确把握历史规律的关键

那么到底什么是历史逻辑?习近平新时代中国特色社会主义思想的产生、形成和发展的历史逻辑怎样?这个历史逻辑对习近平新时代中国特色社会主义思想的产生、形成和发展有何影响?对于深刻理解习近平新时代中国特色社会主义思想的理论内涵和历史使命,准确贯彻习近平新时代中国特色社会主义思想的精神实质和行动指南是十分必要的,也是需要学术界从马克思主义学理高度来阐释清楚的。所谓历史逻辑就是指客观对象在其产生、形成和发展的历史进程中,不可避免地要有内在要素之间与外在因素之间的相互作用和相互影响,因而必然形成一定的内在必然性和历史规定性;简单地说来就是在主体的成长和发展历史进程中所呈现出来的内在规律性和历史必然性,是主体在自然历史过程中的客观力量和基本的历史法则。最通俗的比喻就是人的一生的成长历史中肯定要经历青春期心理和生理的叛逆性阶段,也肯定要经历迈向老年的更年期阶段,这些阶段虽然不同的主体有不同程度的属性和特征,但是在人的一生的历史进程中,深受社会家庭和环境的影响而必然会呈现出不同的个性特征来,这就是人的成长历史进程中的历史规律或个人成长的历史逻辑。

一个个体的人是这样,一个群体的人、一个国家和民族的发展历史进程也是如此,必然会呈现出一些特定的历史必然性和历史规定性特征来;历史规律是客观的不以人的意志为转移的客观历史力量,是决定和影响主体对象发展历程和历史轨迹的客观因素,是人们在对其历史经历的反复分析和深入研究中得出的历史性规律和历史性必然,只有深入研究客观对象的历史进程中的内在必然性和历史规定性,我们才能更好地认知和把握客观对象,揭示客观对象发展的历史之谜和隐秘在其历史进程中的必然性东西。正如梅林所指出的:"唯物主义历史观也服从于它自己所制定的那个历史运动规律。它是历史发展的产物;在较早的时代,它是不会被任何有天才的头脑凭空想出来的。只有达到一定高度时,人类历史才能揭开它自己的秘密。"①所以,历史的反思和逻辑的回溯就是探究人类社会历史发展进程的根本方法和基本规律,掌握了研究对象及其历史进程中的历史逻辑就能全面理解和正确把握研究对象的全部历史规定和历史法则。这是马克思主义唯物史观的基本体现,也是和其他唯心主义历史观的本质区别之所在。"主观主义者虽然承认历史现象的规律性,但不能把这些现象的演进看作自然历史过程,这是因为他们只限于指出人的社会思想和目的,而不善于把这些思想和目的归结于物质的社会关系。"②只有唯物主义者才能深入社会历史发展的全过程,仔细寻找社会历史发展的内在规律性,找出最深的秘密,找出隐蔽的基础。"任何时候,我们总是要在生产条件的所有者同直接生产者的直接关系——这种关系的任何形式总是自然地同劳动方式和劳动社会生产力的一定的发展阶段相适应——当中,为整个社会结构,从而也为主权和依附关系的政治形式,总之,为任何当时的独特的国家形式,找出最深的秘密,找出隐蔽的基础。"③这也是马克思主义者研究人类社会历史进程的根本方法论和历史逻辑。

列宁指出:"马克思主义的全部精神,它的整个体系,要求人们对每一个原理都要历史地,都要同其他原理联系起来,都要同具体的历史经验联系起来加以考察。"④人类社会历史发展的进程深受主观和客观的条件和因素的制约,虽然总的发展进程是有规律的,

---

① 梅林:《保卫马克思主义》,吉洪译,人民出版社1982年版,第3页。
② 《列宁选集》第1卷,人民出版社1995年版,第9页。
③ 《马克思恩格斯全集》第25卷,人民出版社1974年版,第891—892页。
④ 《列宁专题文集(论马克思主义)》,人民出版社2009年版,第163页。

是合乎人类历史的一般思维逻辑的,但是有时也会呈现出历史的跳跃性和有违思维定律表面原则的现象。正如恩格斯所指出的:"历史常常是跳跃式地和曲折地前进的,如果必须处处跟随着它,那就势必不仅会注意许多无关紧要的材料,而且也会常常打断思想的进程;……因此,逻辑的方式是唯一适用的方式。"但是,历史发展的总的趋势和最终进程都是合乎历史逻辑的,都是人类社会基本规律作用的结果,理性抽象的方式或思维逻辑的方式最终都是符合人类历史前进方向的、符合历史最终规律的方式的,因为"历史从哪里开始,思想进程也应当从哪里开始,而思想进程的进一步发展不过是历史过程在抽象的、理论上前后一贯的形式上的反映;这种反映是经过修正的,然而是按照现实的历史过程本身的规律修正的,这时,每一个要素可以在它完全成熟而具有典型性的发展点上加以考察"①。

(三)中国社会发展道路的历史选择及其丰富的历史逻辑

新中国成立后,中国共产党人的最大历史使命和最根本的历史主题是建设好发展好自己的国家、为满足人民群众日益增长的物质文化需要创造更多更好的条件。于是,我们党领导人民经过社会主义改造,建立起社会主义基本制度,广大人民群众真正站立起来了,成了国家的主人,也建立起了独立的比较完整的产业结构体系和国民经济体系。但由于历史条件的复杂性和主观认识上的

---

① 《马克思恩格斯选集》第 2 卷,人民出版社 2012 年版,第 43 页。

偏差性,在探索社会主义建设道路和理论创新的历程中走了不少弯路、遭受了严重挫折。1978 年,十一届三中全会以后,深刻总结以往社会主义道路探索进程中的经验教训,反思过去历史进程中的历史规律,吸收和借鉴世界各国迈向现代化进程中的有益经验,适时实现了工作重心和主要任务的战略转移:把全党和全国人民的工作重心和主要精力转移到经济建设上来,实现了党的历史使命和历史任务的历史性转变和变革,深刻认识、正确把握世情、国情、党情,确立了中国特色社会主义初级阶段的理论体系、基本问题、基本路线等一系列方针政策。实践证明中国特色社会主义是卓有成效的,它为世界上发展中国家走向现代文明国家提供了又一个重要选项和参考路径,为解决世界发展的人类问题贡献了中国智慧和中国方案。

探索中国特色社会主义建设进程中的历史逻辑,就是在这 70 年的历史回溯中反思和总结社会主义发展进程中的历史必然性和历史规定性;从中国特色社会主义制度体系建立和中国特色社会主义理论体系形成的起点开始,探索和总结社会主义作为世界人类文明进步中的一种最优秀的社会思潮和社会制度,在经济文化相对落后的中国是怎样在艰难曲折中砥砺前行的;中国共产党领导中国人民在迈开全面深化改革开放步伐的进程中,经过了怎样的艰难困苦和国内外艰难挑战而历史地选择和坚持了科学社会主义的基本原则和理论逻辑。中国共产党人在把科学社会主义的基本原则和理论逻辑同中国社会各个时代历史主题和国情实际的有机结合中,创立了毛泽东思想和中国特色社会主义理论体系,从而总结和凝练出了"苦难深沉的中华民族其出路在哪里"、"我们应该建设一个什么样的国家"、"什么是社会主义,要不要坚持社会主义"、为什么"只有社会主义才能救中国,只有中国特色社会主义才能发展中国"和"坚持和发展什么样的中国特色社会主义,怎样坚持和发展中国特色社会主义"这一系列基本的历史逻辑;围绕这一基本的历史逻辑发展和衍生出了一系列具体的历史逻辑。

　　具体说来,中国人民长期奋斗的历史逻辑包括:在半殖民地半封建的社会里,中国人民要想取得革命的胜利就只能走农村包围城市、武装夺取政权的革命道路,这是中国新民主主义革命的历史逻辑;我们的人民军队是共产党缔造和领导的人民军队,是真实地履行党的使命、保卫人民的钢铁长城,支部建在连队,强调党对军队的绝对领导,是我们军队战无不胜的历史逻辑;70 年社会主义建设历史进程先后总结出包括建立完整的系统的社会主义公有制经济体系和基本经济制度,不断通过调整生产关系中不适应生产力发展的某些环节和体制来促进生产力的发展,为人民民主专政的政权奠定必要的经济基础,是中国社会主义经济发展的历史逻辑;深刻认识人民群众是历史的创造者,是党的事业和社会主义事业的决定力量,因而必须把实现人民对美好生活的向往作为奋斗目标,依靠人民创造我们的历史伟业,是中国特色社会主义事业发展力量源泉的历史逻辑;中国共产党是中国人民根本利益的忠实代表,是在长期的革命斗争和社会主义建设实践中历史发展的中流砥柱和政治核心,必须坚持和完善党的领导体制,必须提高党统揽全局协调各方的领导能力和执政能力,这是中国特色社会主义事业政治保障的历史逻辑;建设一支听党指挥、能打胜仗、作风优良的人民军队,是国家安全和人民幸福的根本保障和战略支撑,必须加强党对军队的绝对领导,必须坚持政治建军、改革强军、科技兴军、依法治军,实现党在新时代的强军目的,是中国特色社会主义强军强国道路上的历史逻辑;等等。围绕坚持和发展中国特色社会主义这一基本的历史逻辑而展开的一系列具体的历史逻辑,就是中国共产党人在近100年的历史奋斗中历史经验的总结,是中国社会主义道路探索和建设实践中一系列历史必然性的充分体现和历史规律性的全面演绎。

一系列历史逻辑勾勒出习近平新时代中国特色社会主义思想是怎么来的,它的历史必然性是什么,因而更加明确习近平新时代中国特色社会主义思想是中国共产党100年奋斗史的总结,是马克思主义基本原理与中国社会历史实践的有机融合,是70年中国社会主义建设历史逻辑的全面演绎和现实展开。明确这一系列历史逻辑,就能够深刻理解为什么说习近平新时代中国特色社会主义思想是马克思主义中国化最新成果,就能够深刻理解为什么说习近平新时代中国特色社会主义思想是党和人民实践经验和集体智慧的历史结晶,就能够深刻理解为什么说习近平新时代中国特色社会主义思想是全体中国人民为实现中华民族伟大复兴的中国梦而奋斗的行动指南,就能够深刻理解为什么说习近平新时代中国特色社会主义思想是中国社会实践中必须长期坚持和不断发展的历史真谛。明确这一系列历史逻辑,不仅有利于全党和全国人民对近100年来中国社会历史发展的内在必然性和历史规律性的深刻理解和全面把握,有利于深化认知和全面理解习近平新时代中国特色社会主义思想形成和发展历程中的内在必然性和历史规律性。明确这一系列历史逻辑,还有利于批判和回击国内国外、党内党外对我们坚持和发展的道路和社会制度的误解和误读,也有力地批驳和粉碎国外一些别有用心的人对中国特色社会主义事业的唱衰和抹黑。

三、习近平新时代中国特色社会主义思想的实践逻辑

习近平新时代中国特色社会主义思想是植根于中华文化的历史沃土、反映着全体中华民族的时代主题和历史意愿、适应中国时代发展和进步要求的科学理论体系,加上习近平个人的优秀品质和卓越才能,在深厚的历史渊源和广泛的现实基础上,具有严谨的理论逻辑和历史逻辑,同样还有着充分的实践逻辑。

(一)实践逻辑是缩短理论逻辑与改造世界之间距离的桥梁

所谓"实践逻辑",从现在学界的分析来看,最早见于法国社会学家皮埃尔·布迪厄的《实践与反思:反思社会学导引》一书,是论述社会认识论时的一种社会作用机制。虽然布迪厄对"实践逻辑"的解释和说明非常玄乎,但是,他提出这个社会认识论范畴以后有很多学者就将"实践逻辑"一词引入了社会科学的研究中,主要是介于社会科学的理论研究与实践研究、理论逻辑与改造世界之中。布迪厄在对"实践逻辑"的阐述中指出,人们认识世界的习惯"来自于社会制度,又寄居在身体之中",而改造世界或社会实践的场域"是客观关系的系统,它也是社会制度的产物,但体现在事物之中";而人们进行社会科学的研究是对其研究对象从理论研究和实

践改造两种范式中去探索两者的结合,从而实现主体改造社会的价值目标,"是历史性行动分别在身体中和在事物中的这两种现实方式之间的关系"①。据此要把握布迪厄的"实践逻辑"的内涵和属性,要使抽象的理论研究结论获得改造社会实践的有效性验证,就一定不能离开主体社会实践活动的社会历史因素和社会生活条件,还必须将理论研究结论付诸实践改造的行动之中。布迪厄认为,"一个充分的现实模型必须考虑这一模型与行动者的实践经验之间的距离,这种模型能使它所描述的社会机制在行动者不知不觉地'默契合作'下发挥作用"②。据我们的理解,他提出的这种所谓的模型中的"社会机制",应该是连接理论研究与现实生活的桥梁和纽带,就是实践主体在某些具体的实践场域中主体所应该遵守的"实践逻辑"。所以,这种实践逻辑往往被认为是人们在进行社会科学研究过程中,如何跨越理论研究与实践改造行动之间的鸿沟,以便更好地将理论研究的成果转化为实践改造的社会效应,实现主体的研究价值目标。

理论研究就是要找出研究对象的内在真理性和内在必然性,实践研究主要是将研究对象的内在真理性和内在必然性运用到现实生活中去,使它的内在真理性和内在必然性在现实生活中结合得更好些,就是主体要使客体发展得更合乎主观的价值目标,更接近于研究对象的内在真理性和内在必然性。例如教育学的理论研

---

① 皮埃尔·布迪厄:《实践与反思:反思社会学导引》,中央编译出版社 2004 年版,第 171 页。
② 皮埃尔·布迪厄:《实践与反思:反思社会学导引》,中央编译出版社 2004 年版,第 102—103 页。

究与实践研究,是让社会教育内在本真性和内在必然性展示得更加淋漓尽致,让社会的教育更加接近我们的教育目的;社会学的理论研究与实践研究,就是要让社会现象和社会生活的内在真理性和内在必然性展示得更加淋漓尽致,以便让社会工作者将社会工作和社会问题解决得更好,更合乎社会学主体的价值目标;经济学的理论研究与实践研究就是要使社会经济生活中的经济规律和经济生活的内在真理性和内在必然性展示得更加淋漓尽致,以便经济工作者和社会生产者遵照经济生活的内在本真性和内在必然性,更好地解决经济生活中的系列问题,更好地让经济生活接近我们的经济目标。

按照人们的思维习惯和逻辑规则,研究对象的内在真理性和内在必然性往往是先从客观对象的概念抽象开始的,以便在对客观对象的实践发展的不确定性进行确定的认知和把握,以追求主体认知世界和改造客体的不确定性逐步向确定性转化,使得理论的研究更好地为改造世界的实践服务。其实理论研究和实践研究是两种不同的认知事物和改造世界的工作方式,理论研究就是为了把研究对象的内在真理性和内在必然性暴露和展示得更加清楚,以便让实践研究更有效,或者是使认知事物和改造世界做得更好些,做得更接近主体的价值目标。这里就有必要在理论研究与实践研究之间缩短距离或搭建桥梁,以便理论研究成果和工作方式尽快地达到实践研究的目的。因此,要缩短这个距离或在理论研究与实践研究中间架起通达的桥梁就必须有相应的必然性规则和实践方法论,以便主体更直接更有效地取得改造客观世界的效果。这个缩短距离和架起桥梁的规则和必然性就是实践逻辑。通俗一点说,实践逻辑就是实践主体与实践客体和实践环境相互作用、相互影响过程中的内在规律性以及主体为了更好地改造实践时必要的行为准则。实践逻辑主要是为了主体更好地使用理论研究成果、更有效地实现改造客观生活而缩短理论研究取得实际效果的距离和隔阂。因此,它有着连接理论逻辑和客观实际的桥梁和纽带作用,是指导和加速取得改造客观实际成效的必然性准则和方向性规范,在人们的社会改造实践中有着极其重要的实际意义。

(二)新时代中国特色社会主义思想的实践逻辑

习近平新时代中国特色社会主义思想形成和发展的实践逻辑,就是将科学社会主义的理论逻辑连接到中国社会历史实践中的必由之路和必然性法则,是缩短科学社会主义理论研究成果与中国特色社会主义历史实践之间距离的桥梁和纽带,是在科学社会主义的理论逻辑与中国特色社会主义的历史实践之间跨越鸿沟的通衢,它与中国社会历史发展的历史逻辑是既相联系又有区别的。历史逻辑是研究对象在生长发展的历史过程中呈现出来的历史必然性和历史规律性;历史是过去了的现实,研究对象在过去的现实生活中呈现出来的必然性和规律性就是其历史逻辑;而实践逻辑是实践主体与实践对象和实践环境之间的必然性联系,是当下的现实生活中呈现出来的实践行为必然性和规律性;历史逻辑是过去完成时的实践行为必然性和规律性,而实践逻辑则是现在进行时的实践行为必然性和规律性。总结和反思历史逻辑是为了更好地走好当下的实践历程;实践逻辑的实施是离不开研究对象历史逻辑的凝练和呈现,只有在凝练好总结好历史逻辑的基础上才能更好地做好实践环节,才能更好地实现主体实施改造世界和改变客观的价值预期。实践逻辑的起点是理论研究的逻辑结论,终点就是客观实践效果与主体主观预期相吻合和一致。所以,总结和发掘研究对象的理论逻辑、历史逻辑和实践逻辑都是为了保证主体有效地实施于客观对象的实践行为,保证客观实践能够产生与主体认知和改造世界的价值预期相一致的实践效果。

习近平新时代中国特色社会主义思想充分体现了中国特色社会主义的实践逻辑,是科学社会主义的基本原则走向中国社会现实生活的实践必然性,是确保中国社会历史发展不走改旗易帜的邪路、不走封闭僵化的老路、只走中国特色社会主义的正路的方向性规范和必然性准则。习近平新时代中国特色社会主义思想就是以习近平同志为核心的党中央准确把握中国特色社会主义建设一系列实践逻辑的基础上形成的科学理论体系。党的十九大报告中将这一系列实践逻辑凝练成"十四个坚持"的方向性规范和必然性准则。

具体包括以下十四个方面的实践逻辑:准确把握中国社会主要矛盾变化和着力解决好发展不平衡不充分问题而全面推进中国特色社会主义的实践逻辑;准确把握中国要实现伟大梦想就必须进行伟大斗争、就必须深入推进党的建设的伟大工程、必须推进全面实现现代化和创造人民美好生活的中国特色社会主义伟大事业的实践逻辑;准确把握"人民是历史的创造者,是决定党和国家前途命运的根本力量"、必须坚持以人民为中心的发展理念、"把人民对美好生活的向往作为奋斗目标,依靠人民创造历史伟业"的实践逻辑;准确把握以 14 个坚持为主要内涵的"构成新时代坚持和发展中国特色社会主义的基本方略"的实践逻辑;准确把握"既要全面建成小康社会、实现第一个百年奋斗目标,又要乘势而上开启全面建设社会主义现代化国家新征程"的实践逻辑;准确把握"坚定不移把发展作为党执政兴国的第一要务,坚持解放和发展社会生产力,坚持社会主义市场经济改革方向,推动经济持续健康发展"的实践逻辑;准确把握"发展社会主义民主政治就是要体现人民意志、保障人民权益、激发人民创造活力"的实践逻辑;准确把握"坚持中国特色社会主义文化发展道路,激发全民族文化创新创造活力,建设社会主义文化强国"的实践逻辑;准确把握"始终把人民利益摆在至高无上的地位,让改革发展成果更多更公平惠及全体人民,朝着实现全体人民共同富裕不断迈进"的实践逻辑;准确把握"牢固树立社会主义生态文明观,推动形成人与自然和谐发展现代化建设新格局"的实践逻辑;准确把握适应世界新军事发展趋势和国家安全需要,走中国特色社会主义强军之路的实践逻辑;准确把握坚持"一国两制"推进祖国统一的实践逻辑;准确把握"中国人民愿同各国人民一道,推动人类命运共同体建设,共同创造人类美好未来"的实践逻辑;准确把握强化政治建设,"把党建设成为始终走在时代前列、人民衷心拥护、勇于自我革命、经得起各种风浪考验、朝气蓬勃的马克思主义执政党"的实践逻辑。上述中国特色社会主义建设事业的一系列实践逻辑,是科学社会主义基本原则走向中国特色社会主义伟大实践的桥梁和纽带,是中国社会历史发展必须坚持的方向性规范和历史性准则;既是习近平新时代中国特色社会主义思想形成和发展的现实基础,也是习近平新时代中国特色社会主义思想科学理论体系的重要组成,更是习近平新时代中国特色社会主义思想之所以成为实现中华民族伟大复兴中国梦行动指南的方向性规范和必然性准则。

四、结语

习近平新时代中国特色社会主义思想的形成和发展,是以习近平同志为核心的党中央坚持马克思主义基本原理的理论逻辑与坚持科学社会主义基本原则的理论逻辑基础上开创的中国特色社会主义理论体系的新境界;习近平新时代中国特色社会主义思想是以习近平同志为核心的党中央在科学总结和理性分析中国共产党人100年来革命和建设经验的历史逻辑与中国40年改革开放和社会主义现代化建设成就的历史逻辑基础上谱写的马克思主义中国化理论发展的新篇章;习近平新时代中国特色社会主义思想是以习近平同志为核心的党中央,准确把握中国特色社会主义建设历程中一系列实践逻辑基础上形成的为实现中华民族伟大复兴而奋斗的行动指南。这"三大逻辑"是相互联系、相互依存的有机统一体,其中理论逻辑是习近平新时代中国特色社会主义思想的内在特质规定性和理论基础,历史逻辑是社会主义本真属性在中国社会发展历程中的历史展开和历史经验的总结,实践逻辑是保障科学社会主义的理论逻辑向中国社会主义建设实践跨越的方向性规范和必然性准则。

理论越接近实践的本真,理论的力量就越巨大;理论越能反映和体现人民群众的意愿,这个理论在实践中的作用和力量也就越巨大。习近平新时代中国特色社会主义思想就是以长期坚持和发展中国特色社会主义为历史主题、以当今中国社会发展不平衡不充分与人民群众日益增长的美好生活需要的矛盾为研究对象进而全面展开的科学理论体系,无论是其"新时代坚持和发展中国特色社会主义的总目标、总任务、总体布局、战略布局和发展方向、发展方式、发展动力、战略步骤、外部条件、政治保证等基本问题",还是"要根据新的实践对经济、政治、法治、科技、文化、教育、民生、民族、宗教、社会、生态文明、国家安全、国防和军队、'一国两制'和祖国统一、统一战线、外交、党的建设等各方面作出理论分析和政策指导",都是围绕坚持和发展中国特色社会主义、实现"为中国人民谋幸福,为中华民族谋复兴"的时代主题和使命初心而展开的科学理论体系,是以马克思主义科学社会主义基本原则为理论逻辑、以中国中国人民长期奋斗历史经历为历史逻辑、以实现"为中国人民谋幸福,为中华民族谋复兴"而不懈努力为实践逻辑而组成的科学理论体系。所以,马克思说:"理论一经掌握群众,也会变成物质力量。"①习近平新时代中国特色社会主义思想始终以广大人民群众的利益为根本立场,始终以满足广大人民群众对美好生活需要为奋斗目标和价值标准,始终以为人民利益不懈奋斗为共产党员的理想信念,并且又是由科学真理性的理论逻辑、长期实践检验过了的历史逻辑和充满生活可能性的实践逻辑所组成的缜密严谨的科学理论体系。因此,我们深信:习近平新时代中国特色社会主义思

---

① 《马克思恩格斯选集》第 1 卷,人民出版社 2012 年版,第 9 页。

想,作为 21 世纪中国马克思主义一定能够展现出更强大、更有说服力的真理力量。

第二节 社会主义的本质特征

社会主义的本质特征是中国特色社会主义理论体系的重要组成部分。将有关社会主义本质特征的多种观点结合马克思主义经典作家的相关论述,有助于澄清正确与错误的认识,也有助于明晰中国特色社会主义建设实践的努力方向。

一、对几种观点的简单评述

建设具有中国特色社会主义的伟大事业需要有强大的理论支持。当前,理论界和普通民众对中国特色社会主义有着多种认知,甚至存在误解乃至质疑。为此,结合经典作家的论述,澄清社会主义的本质特征是什么,并在此基础上对中国特色社会主义的本质特征予以界定,对澄清认识、促进中国特色社会主义事业的发展将大有裨益。

目前流行的几种观点是从不同视角对社会主义的本质特征予以界定的。第一种观点是从生产力视角界定社会主义的本质特征。邓小平 1992 年在南方谈话中曾就社会主义的本质做出界定:"社会主义本质是解放生产力,发展生产力,消灭剥削,消除两极分化,最终实现共同富裕。"①有学者以此为依据,将社会主义的本质界定为"解放生产力和发展生产力"。相比以前我们主要从无产阶级专政这一上层建筑视角来界定社会主义,这种界定自然是一种进步。但是,从唯物史观的理论体系看,社会主义首先是一种社会经济形态或生产方式,而社会经济形态或生产方式主要是依据生产关系来界定的;而且生产力的发展只是生产关系变革的前提条件,并不等同于生产关系的变革。

第二种观点是从生产关系的视角界定社会主义的本质特征。依据唯物史观有关社会经济形态或生产方式是由生产关系界定的原理,参照邓小平有关社会主义本质的界定中所包含的生产关系因素,有学者从分配关系(消灭剥削、消除两极分化、共同富裕)、或从所有制关系(公有制为主体)等视角对社会主义做出阐释,从生产关系视角界定社会经济形态或生产方式,但却并未涵盖生产关系的全部内容,尤其未涉及作为生产关系基础层面的劳动分工因素,未能在生产关系诸要素间的决定链条上向更深层次追溯,因此出现与事实并不相符的情况。例如,现实的社会主义还存在非公有制,还存在两极分化。在社会主义初级阶段如何坚持"两个毫不动摇",如何最终消灭私有制、消灭剥削、实现共同富裕?单纯从所有制和分配关系的视角无法做出全面回答,只能诉诸政治制度和政府政策等上层建筑因素。对于上层建筑作用的着力点、或解决分配和所有制关系的努力方向究竟是什么?这种界定显然未予明示。

———————————————

① 《邓小平文选》第3卷,人民出版社1993年版,第373页。

第三种观点是从人的发展的视角界定社会主义的本质特征。江泽民同志 2001 年在庆祝中国共产党成立八十周年大会上的讲话中指出："促进人的全面发展是马克思主义关于建设社会主义新社会的本质要求。"①有学者以此为依据将社会主义的本质特征界定为"人的全面发展"。相比强调物的因素或制度因素的界定，这种观点强调从人的因素来界定社会主义，无疑是一种进步。但是，这种界定的缺陷在于过于抽象和模糊。到底什么是"人的全面发展"，如何才能真正实现"人的全面发展"，这种界定都未有明确的答案。

二、马克思主义经典作家有关社会主义本质的界定

建设中国特色社会主义的伟大事业是以马克思主义为理论指导的，因此在重大理论问题的界定上，我们应该回到经典作家的著作，厘清他们对这些命题的阐释，而后结合中国现实社会主义建设的实践予以检验和发展。

首先从唯物史观的理论体系看，构成生产关系的诸种关系并非彼此独立、相互并列，它们之间蕴涵着因果关系的链条，其中分工关系乃是生产关系的基础性层面，它决定着其他层面的关系，也就是说它决定着由于生产的分工、协作而必然形成的生产资料和产品的分配关系、交换关系乃至生产资料的所有或占有关系。对这种决定关系，马克思和恩格斯在《德意志意识形态》中有明确论

---

① 《江泽民文选》第 3 卷，人民出版社 2006 年版，第 294 页。

述:"分工起初只是性行为方面的分工,后来是由于天赋(例如体力)、需要、偶然性等等才自发地或'自然形成'分工。分工只是从物质劳动和精神劳动分离的时候起才真正成为分工";"分工使精神活动和物质活动、享受和劳动、生产和消费由不同的个人来分担这种情况不仅成为可能,而且成为现实";"与这种分工同时出现的还有分配,而且是劳动及其产品的不平等的分配(无论在数量上或质量上);因而产生了私有制……所有制是对他人劳动力的支配。其时,分工和私有制是相等的表达方式。对同一件事情,一个是就活动而言,另一个是就活动的产品而言";"分工发展的各个不同阶段,同时也就是所有制的各种不同形式。这就是说,分工的每一个阶段还决定个人的与劳动资料、劳动工具和劳动产品有关的相互关系"。① 至于分工的演进则取决于生产力的进步:"任何新的生产力,只要它不是迄今为止已知的生产力的单纯的量的扩大(例如,开垦荒地),都会引起分工的进一步发展"。② 由此,马克思在《1857—1858 年经济学手稿》中指出:"分配的结构完全决定于生产的结构,分配本身是生产的产物,不仅就对象说是如此,而且就形式说也是如此。就对象说,能分配的只是生产的成果,就形式说,参与生产的一定的形式决定分配的特定形式,决定参与分配的形式。"③就是说,人们在劳动分工中的地位、作用和表现相应地决定着生产资料和产品的分配权益。在劳动分工中居于主导地位的、因而在生产资料和产品分配中居于优势地位的集团,构成社会

① 《马克思恩格斯文集》第 1 卷,人民出版社 2009 年版,第 534、535、536、521 页。
② 《马克思恩格斯文集》第 1 卷,人民出版社 2009 年版,第 520 页。
③ 《马克思恩格斯文集》第 8 卷,人民出版社 2009 年版,第 19 页。

的统治阶级;而在劳动分工中处于附属地位的、因而在生产资料和产品分配中居于劣势地位的集团,构成社会的被统治阶级。而当这种分配权益经上层建筑的确认,就转化为法律上的所有权制度。

对生产关系做出进一步的层次划分,在一些西方研究唯物史观的学者中也有相似的认识。例如,在当代西方学术界最具影响的马克思主义学派——分析的马克思主义学派——的创始人和领军人物柯亨就将生产关系区分为"物质关系和社会关系",认为"新生产力需要新的物质的生产关系,而它又需要新的社会的生产关系,新的权威形式和权力分配";①同样是分析的马克思主义学派的代表人物,威廉姆·肖将生产关系区分为"劳动关系和所有权关系",认为"虽然这两种关系——劳动关系和所有权关系是紧密地联系在一起的,但是它们之间的区别却是马克思的中心思想"。②

由此可见,马克思认为,劳动分工是生产关系中的基础性关系,它决定着分配、所有权等其他方面的关系。

其次,从经典作家对共产主义社会的界定看,消灭脑体劳动分工是未来社会形态的本质特征。将未来社会形态的本质属性界定为消灭劳动分工是马克思一以贯之的思想。在标志着唯物史观诞生的早期著作《德意志意识形态》中,马克思就首先表述了这种思想:"当分工一出现之后,任何人都有自己一定的特殊的活动范围,这个范围是强加于他的,他不能超出这个范围:他是一个猎人、渔夫或牧人,或者是一个批判的批判者,只要他不想失去生活资料,

① 柯亨:《卡尔·马克思的历史理论:一个辩护》,岳长龄译,重庆出版社1989年版,第180页。
② 威廉姆·肖:《马克思的历史理论》,阮仁慧等译,重庆出版社1989年版,第27页。

他就始终应该是这样的人。而在共产主义社会里,任何人都没有特殊的活动范围,而是都可以在任何部门内发展,社会调节着整个生产,因而使我有可能随自己的兴趣今天干这事,明天干那事,上午打猎,下午捕鱼,傍晚从事畜牧,晚饭后从事批判,这样就不会使我老是一个猎人、渔夫、牧人或批判者。社会活动的这种固定化,我们本身的产物聚合为一种统治我们、不受我们控制、使我们的愿望不能实现并使我们的打算落空的物质力量,这是迄今为止历史发展的主要因素之一。"①在公认的马克思为数不多地对未来社会做出设想的晚期著作《哥达纲领批判》中,马克思表述了相同的思想:"在共产主义社会的高级阶段,在迫使个人奴隶般地服从分工的情形已经消失,从而脑力劳动和体力劳动的对立也随之消失之后;在劳动已经不仅仅是谋生的手段,而且本身成了生活的第一需要之后;在随着个人的全面发展,他们的生产力也增长起来,而集体财富的一切源泉都充分涌流之后——只有在这个时候,才能完全超出资产阶级法权的狭隘眼界,社会才能在自己的旗帜上写上:各尽所能,按需分配。"②在马克思提出社会形态发展的三阶段划分的著作《1857—1858年经济学手稿》中,马克思指出:"人的依赖关系(起初完全是自然发生的),是最初的社会形态,在这种形态下,人的生产能力只是在狭窄的范围内和孤立的地点上发展着。以物的依赖性为基础的人的独立性,是第二大形态,在这种形态下,才形成普遍的社会物质变换,全面的关系,多方面的需求以及全面的能力的体系。建立在个人全面发展和他们共同的社会生产能力成

---

① 《马克思恩格斯文集》第1卷,人民出版社2009年版,第537页。
② 《马克思恩格斯文集》第3卷,人民出版社2009年版,第435—436页。

为他们的社会财富这一基础上的自由个性,是第三大阶段"。①

　　从马克思有关未来社会的论述中,我们可以得出如下结论:第一,共产主义的本质特征是消灭脑体劳动分工;第二,消灭脑体劳动分工是最终实现消灭私有制、消灭剥削、实现真正共同富裕的前提条件;第三,人的全面发展的内涵和条件就在于消灭脑体劳动分工。

三、对社会主义本质特征的界定具有重要的现实意义

　　当前,中国特色社会主义进入新时代,对社会主义的本质特征重新作出界定具有重要的现实意义,主要表现在以下几个方面。

(一)有助于澄清对现实中国特色社会主义建设的认识

　　首先,我们现在所处的社会历史发展阶段,和发达资本主义国家同处于社会发展的第二大形态,从生产力的发展水平看,某些方面甚至还不如它们,因此在较长时间内发展生产力仍将是我们的第一要务。第二大形态的基本内涵包括:在生产力层面已摆脱手工劳动和小生产的局限,代之以社会化的大生产,并向机械化、自动化、智能化和高度人性化、个体性的生产迈进;在经济交换关系层面突破自然经济的局限,代之以普遍的社会物质交换,直至全球化的地球村交换;在人际交往关系和个性发展层面摆脱人身依附

---

① 《马克思恩格斯文集》第 8 卷,人民出版社 2009 年版,第 52 页。

关系的束缚,代之以物的依赖性基础上人的独立性的发展,为个人的全面发展创造条件。这三个层面的推进,都在为进入第三大形态的共产主义准备着条件。从这个角度看,我们正在建设的有中国特色的社会主义,应该属于马克思论述的第二大形态,而且是较低阶段。因此,发展生产力、赶超西方发达资本主义国家,乃是我们的第一要务。

其次,在社会主义的初级发展阶段不可能真正消灭私有制,实行多种所有制以调动最大多数人的生产积极性是我们在较长时间内必须实行的政策。从马克思主义经典作家的有关论述看,要消灭私有制,必须消灭脑体劳动分工,但从中国现实的发展状况看,距离消灭脑体劳动分工还有很大距离。西方社会学是以从事脑力劳动为标准来界定中产阶级的,主要发达资本主义国家中产阶级占总劳动力的比重目前普遍超过了 50%,中国与之相比尚有较大差距。① 因此,目前中国允许多种所有制共同发展的政策是合理性的,能够有效地调动私营、民办、个体、外资经营者的积极性,调动最大多数人的生产积极性,促进生产力的发展,为进一步消灭脑体劳动分工奠定物质基础。

再次,作为初级阶段的社会主义必须以发展生产力为第一要务,而市场经济通过竞争、通过奖优罚劣、通过优胜劣汰等手段能够激发个体的创造力和资源的优化配置,因此市场经济将是我们在较长时间内发展生产力的有力手段。马克思所描述的第二大社会形态的特征包含了这方面的内容,即"以物的依赖性为基础的人

---

① 陈燕儿、蒋伏心:《新时代扩大中等收入群体的路径研究》,载《江苏社会科学》2018
年第 1 期。

的独立性"中的"物"就是指对货币、对市场交换的依赖性。当然，我们的市场经济是社会主义的市场经济，它是以货币为普遍交换手段的经济，但它也是进行社会主义调控的市场经济，是要努力避免出现严重两极分化的市场经济。如何把握调动最大多数人的积极性和满足人民群众的物质需求之间的度，对政府调控提出了更高的要求。

最后，中国特色社会主义实质是马克思所说的跨越资本主义"卡夫丁峡谷"式的社会主义，由党和政府发挥主导作用，在一个后发国家推动的现代化建设事业。它是通过上层建筑的反作用，建立社会主义制度，力争以避免付出资本主义所遭受的惨重代价而实现社会主义建设事业的伟大胜利。但中国是在生产力极其落后的状况下完成这种制度变革的，而由于生产力的落后和脑体劳动分工的继续存在，使得消灭剥削、消灭两极分化和实现共同富裕有很大的难度。这就是需要我们在政策制定和制度建设上以最大多数群众的利益为旨归，科学把握尺度；既要以民生为目标，调动广大群众的生产积极性，发挥他们的创造性和主动精神；又要以经济发展为目标，调动经营者、管理者、创业者的生产积极性，使他们的创业热情得到充分发挥；既要在收入分配上保证大多数人的利益，又要不损害少数企业家的创业积极性；既要提高全民族的科学文化素质和思想道德水平，又要激励民族精英带动社会群体发展的积极性。建设具有中国特色的社会主义是前无古人的伟大事业，任务如此艰巨，保持党和政府的廉洁为民，是这项事业成败的前提条件。

(二)有助于明晰现实中国特色社会主义建设的努力方向

首先,消灭脑体劳动分工是一个以生产力巨大发展为前提的自然历史进程。从当代西方社会的演进看,向着消灭脑体分工的巨大迈进是以两个条件为前提的。

其一是劳动生产率的巨大提高。每个部门的劳动生产率决定着该部门的剩余劳动量,也就决定着该部门能够转移出多少劳动力到新的生产部门,同时决定了有多少人可以从直接的生产过程中游离出来从事生产的组织管理和技术工作,以及有多少人能够从物质生产过程中游离出来从事社会公共事务的管理工作。

其二是现代化大生产对脑力劳动力的巨大需求。西方社会在第二次世界大战后实现的产业结构升级使对脑力劳动力有着巨大需求的服务产业有了大的发展,但它的前提条件在于,一方面是随着人们收入的不断提高,人们的需求层次不断从物质产品转向非物质产品,即转向服务产品的需求,促使满足个人需求的服务产品的生产迅速发展起来;另一方面,随着生产发展和企业规模的扩大,相应地服务于生产的服务行业也有了大的发展,例如金融、保险、营销、会计、研发、物流等等。随着服务产业的大发展,服务产业在各国的产值比重和就业比重纷纷超过制造业,这就为脑力劳动就业数量的大发展提供了契机,因为服务产业是以脑力劳动为主。

由此可见,在一个相当长的时间内稳步地发展生产力和现代化大生产,逐步创造更多的脑力劳动就业机会,将为消灭脑体劳动分工、消灭剥削、真正实现共同富裕创造物质基础。

其次，消灭脑体劳动分工是以劳动者的科学文化素质和劳动生产能力的巨大提高为前提的自然历史进程，逐步提高国民的科学文化素质与物质和精神生产能力将是较长时间内应当着力的另一个关键点。

随着劳动时间的缩短，劳动者有更多的剩余时间从事多方面能力的培养，为消除脑体劳动分工和实现人的全面发展创造条件。马克思曾经强调劳动日的缩短是向未来社会过渡的根本条件："这个自由王国只有建立在必然王国的基础上，才能繁荣起来。工作日的缩短是根本条件。"[1]从当代西方社会的演进过程看，所受正规教育年限在几十年间有了一个质的提高，这为西方社会进入知识经济时代打下了牢固的基础。例如，从 1913 年到 1992 年，英国劳动人口受正规教育平均年数从 8.82 年增加到 14.09 年，德国从 8.37 年增加到 12.17 年，美国从 7.56 增加到 18.04，日本从 5.36 增加到 14.87 年。[2] 而且随着劳动者科学文化素质的不断提高，劳动生产率会不断提高，人们用于工作的时间会越来越缩短。例如，从 1913 年到 1992 年，英国每个就业人员的平均工作时间从 2624 小时减少到 1491 小时，德国从 2584 小时减少到 1563 小时，美国从 2605 小时减少到 1589 小时，日本从 2588 小时减少到 1876 小时。在一个相当长的时间内稳步地发展教育，逐步提高国民的科学文化素质，培养越来越多有脑力劳动能力的劳动者，将为消灭脑体劳动分工

---

[1] 《马克思恩格斯文集》第 7 卷，人民出版社 2009 年版，第 929 页。

[2] 托马斯·K·麦格劳：《现代资本主义：三次工业革命的成功者》，赵文书、肖锁章译，江苏人民出版社 2000 年版，第 603 页。

创造坚实的基础。

中国的社会主义制度是中国共产党通过变革上层建筑创立的,它以服务于广大人民群众的根本利益为宗旨,因此赢得了广泛的群众基础。目前,党和政府正带领全国人民在建设有中国特色的社会主义道路上高歌猛进。它已经成功地为经济建设保驾护航,促使 GDP 保持了数十年两位数的增长,使中国的国家实力和国际影响力都有了空前的提高。但是,消灭脑体劳动分工、消灭剥削、消除两极分化、实现共同富裕,由社会主义的初级阶段向社会主义乃至共产主义过渡是一个自然历史进程。党和人民群众主体能动性的发挥将有效地缩短这一历史进程。这需要我们保持清醒的认识,在中国共产党的坚强领导下,向着既定目标努力奋进。

第三节　社会主义价值与制度的统一

价值是人们追求的理想社会目标。价值承载着理想,追求理想本身就包含着价值追求。制度反映的是一定物质生活方式下价值观念的要求,价值与制度具有对立统一的内在关系。价值是完善的政治制度或社会制度的原则。社会主义制度与社会主义价值不是根本对立的,更不是相互排斥的,两者具有内在的统一性。社会主义价值与制度的统一性根源于社会主义本身的内在逻辑。社会主义价值是社会主义制度的内在要求,社会主义制度应当充分体现社会主义价值。社会主义价值观的构建与社会主义制度的建立、改革和完善是不断互动的过程。世界社会主义发展的历史经验表明,社会主义制度确立以后,应逐步建立起与社会主义制度相适应的社会主义价值。

一、公有制与私有制

所有制问题是社会主义运动的基本问题,所有制是属于社会经济制度的范畴,它规定的是财产的归属权问题,包括财产的支配权、占有权和分配权,所有制是手段,不是目的。一个国家无论采取何种所有制形式,其目的都是为了解放和发展社会生产力,提高人民的生活质量。社会民主主义主张私有制,拒绝生产资料公有制;主张市场经济与私有制的结合,而公有制不可能与市场经济相结合。这是社会民主主义基本价值观与社会主义核心价值观的主要区别在经济领域里的具体表现。社会民主主义所主张的混合经济和社会市场经济是资本主义基本矛盾运动的结果,资本主义社会内部的矛盾运动客观上要求变革生产关系以适应生产力的发展,从这个意义上说,混合经济和社会市场经济是国家垄断资本主义的表现形式,具有积极的进步作用和合理之处;另一方面,混合经济和社会市场经济是建立在生产资料私有制的基础之上,具有一定的局限性。

英国工党认为,公有制只会导致极权主义。"在一个社会主义经济中,私有部分绝不是仅仅由于政治上的权宜之计而被默许存在一时,并且随时都可能有被消灭的危险。相反,社会主义经济需要私有部分去履行其合法的同时也确实是必要的职能。"[①]"必须

---

① 社会主义同盟编:《二十世纪的社会主义》,孟长麟译,商务印书馆 1964 年版,第137 页。

加以否定的是通过全盘公有制来实现这种改变的设想;因为这种做法只能导致极权主义。"①"一个社会主义经济之所以需要私有部分,就在于社会主义者珍视个人自由。"②这种认识就具有片面性。

社会主义核心价值观必须与社会主义经济基础相适应,构建成熟、完善的社会主义市场经济是实现社会主义核心价值观的经济条件。价值观是社会生产方式的反映,不是脱离经济基础的抽象概念。价值观的变迁是以生产方式的变革为基础的。社会主义核心价值观的经济基础是社会主义生产方式,而社会民主主义基本价值观是资本主义生产方式的反映,它是为资产阶级利益服务的,它维护的是资本主义私有制。从总体上说,社会民主主义基本价值观本质上属于资本主义价值观的范畴,它是资本主义价值观的集中体现。资本主义价值观的经济基础是生产资料私有制,市场经济是一定社会制度下的市场经济,资本主义制度下的市场经济,以资本主义私有制为基础,维护资本主义私有制是资本主义国家机器的主要任务。社会主义核心价值观建立在生产资料公有制的基础之上,在公有制为主体和按劳分配为主体的前提下,还存在多种经济成分和分配方式。

生产资料公有制是社会主义制度的基础,也是中国特色社会主义与社会民主主义的一个根本区别。社会主义制度下的市场经

---

① 社会主义同盟编:《二十世纪的社会主义》,孟长麟译,商务印书馆 1964 年版,第 136—137 页。

② 社会主义同盟编:《二十世纪的社会主义》,孟长麟译,商务印书馆 1964 年版,第 138 页。

济是由社会主义基本制度决定的。中国经济体制改革的目标是建立和完善社会主义市场经济体制,社会主义市场经济是市场经济体制与社会主义基本制度的有机结合,既坚持公有制的主体地位,又反对私有化。以公有制为主体、多种所有制经济共同发展的基本经济制度,是中国特色社会主义制度的重要支柱,也是社会主义市场经济体制的根基。公有制为主体主要体现在国有经济控制着国民经济命脉,对经济社会发展起主导作用。公有制经济和非公有制经济都是社会主义市场经济的重要组成部分,都是中国经济社会发展的重要基础。既发挥市场在资源配置中起决定性的作用,又发挥社会主义国家的调控职能,减少市场的盲目性和自发性,用"看得见的手"引导"看不见的手"。在国家与市场的关系问题上,应坚持辩证法,防止片面性;坚持两点论,反对一点论。

生产以及随生产而来的产品交换是一切社会制度的基础,社会化生产是生产、交换、分配和消费的社会再生产过程。生产关系决定分配关系。一定的分配关系是历史地规定的生产关系的表现。可见,分配关系的历史性质就是生产关系的历史性质,分配关系不过表现为生产关系的一个方面。中国特色社会主义坚持以按劳分配为主体、多种分配方式并存;劳动、资本、技术和管理等生产要素按贡献参与分配;坚持效率与公平相统一的原则,既追求效率,又兼顾公平,在经济发展的基础上更加关注社会公平,最终实现共同富裕。共产党带领人民搞市场经济是社会主义市场经济的突出特点,社会主义市场经济在人类经济文明发展史上是一个创举。社会主义市场经济是对资本主义市场经济的超越。改革开放以来的实践证明,坚持公有制为主体,多种所有制经济共同发展的基本经济制度,与社会主义初级阶段的生产力发展水平相适应,有利于发展社会主义社会的生产力,有利于增强社会主义国家的综合国力,有利于提高人民的生活质量和幸福指数。

二、民主和专政

社会民主主义主张三权分立和多党制,反对共产党的领导和马克思主义国家学说,拒绝无产阶级专政。这是社会民主主义基本价值观与社会主义核心价值观的主要区别在政治领域里的具体表现。1951年社会党国际《法兰克福声明》明确指出,"民主社会主义谴责任何极权主义制度"①,"任何专政,无论出现在什么地方,都构成了对所有国家人民自由的威胁"②。社会党人"支持处于法西斯主义或共产主义专政下为争取自由而斗争的人民"③。显然,社会党人将无产阶级专政等同于法西斯主义。1959年德国社会民主党《哥德斯堡纲领》写道,"我们反对任何专政,反对任何极权主义和专制主义统治"④,因为在社会民主党看来,这种统治损害人的尊严,扼杀人的自由,践踏法治。"共产党人错误地援引社会

① 《德国社会民主党纲领汇编》,张世鹏译,殷叙彝校,北京大学出版社2005年版,第65页。
② 《德国社会民主党纲领汇编》,张世鹏译,殷叙彝校,北京大学出版社2005年版,第62页。
③ 《德国社会民主党纲领汇编》,张世鹏译,殷叙彝校,北京大学出版社2005年版,第62页。
④ 《德国社会民主党纲领汇编》,张世鹏译,殷叙彝校,北京大学出版社2005年版,第71页。

主义传统,他们实际上歪曲了社会主义思想财富。"①中国政治体制改革的目标是建设社会主义民主政治,中国坚持共产党的领导和人民民主专政,反对简单移植西方的三权分立和多党制。三权分立说是一定历史时期市民社会与政治社会之间斗争的产物。对于政治和经济自由主义来说,三权分立的意义在于:"所有的自由主义意识形态及其利弊得失,都可以在三权分立说中得到反映,同时也暴露了自由主义的弱点的根源之所在:官僚主义,即形成一批专搞强迫命令并到一定时期变成特权阶层的领导人员。"②

民主制与君主制相比,无疑具有积极意义和进步作用。1843年,马克思《黑格尔法哲学批判》中指出:"民主制是君主制的真理,君主制却不是民主制的真理。"③"在君主制中是国家制度的人民;在民主制中则是人民的国家制度。"④马克思在这里深刻揭示了民主制与君主制的实质。民主制在现实的人民中有自己的基础,是人民自己的作品。

民主具有阶级性。民主的阶级性决定了它和专政是对立的统一。而社会民主主义认为,民主和专政是相互排斥的政治范畴,要获得民主就不能实行专政。维护社会民主主义的基本价值是资本主义国家机器的任务之一。无产阶级专政是马克思主义国家学说的精髓。巴黎公社就是无产阶级专政。这是恩格斯对巴黎公社政

---

① 《德国社会民主党纲领汇编》,张世鹏译,殷叙彝校,北京大学出版社 2005 年版,第 71 页。
② 《葛兰西文选》,李鹏程编,人民出版社 2008 年版,第 190—191 页。
③ 《马克思恩格斯全集》第 3 卷,人民出版社 2002 年版,第 39 页。
④ 《马克思恩格斯全集》第 3 卷,人民出版社 2002 年版,第 39 页。

权得而复失教训的深刻总结。回顾巴黎公社以来国际共产主义运动的曲折发展，重温恩格斯这一精辟论断，深受教益。十月革命以来中外社会主义运动的实践表明，无论在资本主义社会还是在社会主义社会，当阶级冲突发生时，都只能要么是无产阶级专政，要么是资产阶级专政。

坚持、巩固和发展无产阶级专政，关键是防止社会主义国家政权的蜕化变质。苏联解体东欧剧变的教训再次证明，共产党掌握国家政权以后，仍然存在着政权得而复失的危险。对于执政的共产党而言，最严重最可怕的危险就是脱离群众。执政的共产党必须全面从严治党，端正党风，防止腐败，始终保持共产党的先进性和纯洁性。治国必先治党，治党务必从严。党风问题关系到党的生死存亡，党的先进性是马克思主义执政党的内在要求。这是从苏联、东欧共产党垮台的历史事实中得出的重要启示，也是中国共产党加强执政党建设的基本经验。

人民民主专政是有中国特色的无产阶级专政。对人民实行民主，对敌人实行专政，这就是人民民主专政。它体现了民主与专政的辩证统一，突出了不断发展社会主义民主，切实保护人民的安全和利益。毛泽东把人民民主专政形象地比喻为"传家的法宝""护身的法宝"。

社会主义时期必须坚持无产阶级专政，这是由于阶级力量的对比、社会主义建设任务的艰巨性和国际形势的复杂性决定的。社会民主主义者主张西方式民主和超阶级的国家观，其实质是反对无产阶级专政。

社会主义核心价值观必须与社会主义政治制度相适应，中国特色社会主义政治制度为社会主义核心价值观的实现提供了政治条件。中国特色社会主义政治制度植根于中国社会的深厚土壤。中国政治体制改革不能照搬西方的三权分立和多党制,更不能照搬社会民主主义关于国家民主化的理论,而应把党的领导、人民当家作主和依法治国有机统一于中国政治民主化的进程中。

中国共产党提出的国家治理体系和治理能力现代化既是对马克思主义国家学说的新发展,又借鉴了社会民主党治国理政的有效运作机制和成功经验。从本质上说,中国的国家治理体系就是人民民主专政的治理体系,而人民民主专政治理体系的实质是无产阶级专政的治理体系。人民民主专政的治理体系是有独特优势的,是适应我国国情和发展要求的。当然,中国在国家治理体系和治理能力方面还有许多需要改进的地方。国家治理体系和治理能力是一个国家制度和制度执行力的集中体现。全面深化改革的总目标,就是完善和发展中国特色社会主义制度,推进国家治理体系和治理能力现代化。

三、一元与多元

意识形态是经济基础和政治制度的反映,意识形态具有相对独立性。社会民主主义是当代资本主义主流的意识形态。社会民主主义主张指导思想多元化,反对马克思主义在意识形态领域的指导地位。这是社会民主主义基本价值观与社会主义核心价值观的主要区别在意识形态领域里的反映。社会民主主义是社会民主党的指导思想,马克思主义则是共产党的指导思想,两党的意识形态存在差异。中国坚持马克思主义和中国特色社会主义理论体系在意识形态领域里的指导地位,反对指导思想的多元化。

社会民主主义在西方政治思想文化中占支配地位。社会党认为,欧洲古典哲学、启蒙运动原则,基督教、人道主义、国际工人运动的经验构成民主社会主义的主要思想来源。1959年德国社会民主党《哥德斯堡纲领》切断了民主社会主义与马克思主义的渊源关系。而1989年德国社会民主党《柏林纲领》又将马克思的历史和社会学说作为民主社会主义的思想渊源。社会民主主义价值观既具有某些合理因素,也具有消极性和局限性。人民群众对社会民主主义基本价值具有较高的认可度,符合西方发达国家的实际。

葛兰西曾提出意识形态和文化领导权的概念。他认为,西方市民社会比较发达,资产阶级的意识形态和文化观念渗透到社会生活的各个方面,形成了维护资产阶级统治的生活方式和价值观念。在西方发达国家,统治阶级牢牢控制着人民群众的阶级意识,无产阶级在夺取政治权力以前,必须先夺取意识形态和文化的领导权。葛兰西的这一思想是非常深刻的。这一思想,对于认为国家将逐步走向消亡并纳入被调整了的社会的国家学说,具有根本意义。

历史是一面镜子,苏联解体的教训应当汲取。社会民主主义价值观对苏联的长期渗透和影响,是苏联解体的原因之一。"人道的、民主的社会主义"是社会民主主义在苏联的表现形式。"人道的、民主的社会主义"认为,"人是社会发展的目标,为人创造无愧于现代文明的生活条件和劳动条件,克服人与政权以及他们所创造的物质财富和精神财富的分离,确保人能积极参加社会进程",

"人民的自主意志是权力的唯一源泉,受社会监督的国家应保证维护人的权利和自由、尊严与人格"。①

四、结语

人类历史留下的每一种文明,都有其历史必然性。人类文明发展的优秀成果,是人类智慧的结晶,是处理人与自然、人与社会、人与人、人与自我等关系的共同价值准则。任何社会核心价值观的培育,都离不开对人类文明优秀成果的汲取。社会民主主义价值观是人类文明成果的重要组成部分,具有合理因素。社会主义核心价值观不是对社会民主主义价值观的全盘否定,而是一种超越和扬弃。从这个意义上说,社会主义核心价值观与人类文明优秀成果相承接。习近平总书记指出:"我们要尊重各种文明,平等相待,互学互鉴,兼收并蓄,推动人类文明实现创造性发展。"②社会主义核心价值观不是移植西方文明,而是立足中国国情对人类优秀文明成果的吸纳和借鉴。

第四节 制度建设中的民主与民主集中制

民主集中制是民主和集中的有机统一,随形势变化和历史任

---

① 《苏联共产党第二十八次代表大会主要文件资料汇编》,苏群编译,人民出版社1991年版,第117页。
② 《习近平出席第70届联合国大会一般性辩论并发表重要讲话 强调继承和弘扬联合国宪章宗旨和原则 构建以合作共赢为核心的新型国际关系 打造人类命运共同体》,载《光明日报》2015年9月29日。

务不同而发展创新,它从党的组织原则进一步发展成为中国特色政治制度,奠定了中国政治发展道路的坚实基础。我们应从社会主义发展史入手,把民主集中制同世情、国情、党情和中华优秀传统文化结合起来,在实践中不断总结经验教训发展的历程。

一、不断总结经验教训创新民主集中制

习近平总书记反复强调,改革要坚持问题导向,要善于把马克思主义同中华优秀传统文化,同当代世情、国情、党情全面结合起来。问题导向的关键就在于不断总结实践中的经验教训。

中国共产党和中国特色社会主义的成功,靠的是马克思主义这一指导思想,靠的是历史唯物主义和辩证唯物主义。在马克思主义指导思想中,实践是非常重要的环节,实践认识的源泉、是理论的母亲,正确的认识往往要经历实践、认识的反复过程。马克思主义本身也要求不断总结经验教训,进行实践和理论创新。

社会主义实践遭受到的最大挫折,无疑是在社会主义建设初期。研究这个阶段的经验教训具有特别重大的意义。其中,对社会主义建设规律缺乏认识,已由社会主义初级阶段理论解决,对执政规律认识缺乏认识,尤其是对民主集中制缺乏深刻认识,贯彻不力,会在实践中造成更大损失,同样需要在理论上进一步解决。这里试以唯物辩证法,从理论逻辑同历史逻辑结合角度深入探讨民主集中制在党领导中华民族伟大复兴的社会主义现代化事业的经验教训,及其创新发展的历程。

（一）毛泽东思想对民主集中制的创造性发展

马克思、列宁创立的民主集中制，是无产阶级政党为实现历史使命而创立的领导革命和建设新社会的指导思想和组织原则、制度。它既是世界观的结晶，是党和国家治理目标，又是党和国家治理手段，是改造、建设新社会的方法。

民主集中制，是在民主基础上的集中和在集中指导下的民主，其中的民主同集中是辩证关系。民主和集中相结合或相统一是其本质特征和核心内容，实践中必须始终保持有机统一。民主集中制的内涵、功能、地位和实现形式都是随形势和任务变化发展的。

中国共产党继承了民主集中制，在革命时期还创造了与之异曲同工的群众路线，成为党的三大优良作风之一，相继用来指导革命、建设和改革，取得辉煌成就。有学者把它看作对马克思主义革命理论最具原创性的贡献。民主集中制中的"民主基础上的集中"和"集中指导下的民主"两个过程，在群众路线中则表现为"一切为了群众，一切依靠群众，从群众中来，到群众中去"。群众路线和民主集中制不仅实践中都有两个过程，而且这两个过程都体现为民主主体和集中主体、民主权利和集中权力之间的具体结合，二者都要求实践中始终保持民主同集中的有机统一。

到了执政时期，由于社会主义国家是共产党领导的，民主集中制就不仅是党的组织原则和制度，而且一以贯之地延伸到国家政治治理体系当中。同时，还把它同中华优秀传统文化结合，创建了中国特色的政治制度。如人民代表大会制度、中国共产党领导的多党合作和政治协商制度、民族区域自治制度,和后来创立的基层群众自治制度,都是贯彻民主集中制原则的组织形式,都体现实践中保持民主同集中的有机统一。

民主集中制,内容并不深奥,定义简明,关键是怎么样在实践中保持民主集中的有机统一,并不容易做到。实践中民主集中制贯彻过程就是解决矛盾的过程。要抓住主要矛盾,把两点论同重点论有机结合,有所侧重,并随时空条件变化适时调整。民主集中实现了统一,矛盾就得到解决,形成生动活泼的良性局面;失去平衡,就会引发更多矛盾,甚至加剧对立。

中国共产党领导的革命、建设和改革的事业,是由半封建半殖民地跨越资本主义发展阶段向社会主义过渡,常态下各阶段所经历的因素和规律都有表现。特别是转入探索社会主义建设道路的初期,各种矛盾集中在"大跃进"和"文化大革命"爆发。① 由于初步探索社会主义道路,理论准备不足,更没有经验,导致实践中受到挫折。

总结这个阶段实践中的经验教训,创新民主集中制和治国理政的实践和理论,推进马克思主义进一步中国化,是当代中国共产党人义不容辞的光荣而艰巨的历史任务。

(二)探索共产党执政规律

认识要经过实践检验才能被证明是真理,也只有经过实践才

---

① 这里所说的"大跃进"是对历史上一个时期以来执行党的社会主义建设总路线、大跃进和人民公社"三面红旗"的总称。

能接近真理,整个认识过程往往是曲折的,在曲折中前进。真理要靠实践检验,通过总结实践中经验教训而发展。实践中无论成功还是失败的经验教训都很宝贵。尤其失败的教训更深刻,为此付出的代价更大。

民主集中制如何在实践中保持有机统一,始终是个难题。中国之大、国情之复杂、行政机构层级多,协调起来更困难。进入社会主义建设阶段,面临的任务史无前例,矛盾错综复杂,形势发展快,老看法不适应新情况,老办法不解决新问题,是实践中遭受挫折的重要原因。

抓住治党治国这个最突出特点,运用唯物辩证法,科学总结历史上的经验教训,关键是要克服用老办法解决新问题,囿于过去固有的片面的成见,看不到时世的变化。例如,搞计划经济我们有一套办法,但是搞市场经济,我们就是新手,用陈云的话来讲,还需要"夹皮包的先生"。同样,对于民主集中制也需要客观了解、梳理和认识实践中发生的情况和问题,总结适用未来发展情况的普遍规律。

如果民主集中制只有形式及议事规则和程序,就剩下手段而失去了目的性,如同一个人只有躯壳而没有头脑。所以简单笼统地讲原则和制度并不足以说明问题,最终还要落到如何实现力争上游、生动活泼的政治局面上。否则,处于不同地位的人,从不同角度看,对于发扬民主和个人服从组织、下级服从上级、全党服从中央,在许多复杂现象下对于问题和责任的看法就会产生冲突,其中有些至今在党史上仍存有争论。

党的十一届三中全会拉开了政治改革的序幕,通过真理标准讨论纠正过分集中的体制。1980 年邓小平的《党和国家领导制度的改革》重点谈到民主集中制问题和民主集中制实践中的问题,为1981 年形成《关于建国以来若干历史问题的决议》提供了指南。党的十二大提出建设中国特色社会主义命题,党的十三大提出"一个中心、两个基本点"有机统一的基本路线,党的十四大确立效率公平有机统一的经济体制,党的十五大提出社会主义建设基本纲领,这些都是运用民主集中制的成果。党的十六大形成了"党领导人民治理国家"的认识,确立了党的领导、人民当家作主、依法治国有机统一的政治发展道路,党的十七大提出"要坚持党总揽全局、协调各方的领导核心作用,提高党科学执政、民主执政、依法执政水平,保证党领导人民有效治理国家"的任务,这些进一步指出了民主集中制的关键和核心。

事物的发展往往不是单一因素促成的,而是处于错综复杂的矛盾之中,需要识别主要矛盾;事物的发展也不是四平八稳的,不平衡是常态,主要矛盾可以转化,经常是一种倾向掩盖了另一种倾向,因此必须根据实际情况,采取两点论和重点论结合的办法观察问题和解决问题。事物发展没有止境,情况会随时随地不断变化,因此需要随时随地调整侧重点。所以讲,认识不是直线的,改革也不是直线的。

以邓小平的睿智和民主集中制实践的丰富经验,早在"8·18"讲话中就一方面指出过分集中的弊端;另一方面也及时指出,不是任何情况下都不要集中,始终强调党的领导。党的十八大以来,以习近平同志为核心的中央领导集体进一步总结百年来特别是改革开放以来经验教训,深刻认识到中国共产党的领导是中国特色社会主义的本质特征和保证。从历史上讲,集中统一也是中华文明得以绵延持续的重要原因;社会主义革命和建设处在错综复杂的条件下,集中统一的领导制度是取得胜利的必要保证。强调集中统一同样是唯物辩证法的应有之义。正如习近平总书记指出的,"党的历史、新中国发展的历史都告诉我们:要治理好我们这个大党、治理好我们这个大国,保证党的团结和集中统一至关重要,维护党中央权威至关重要"①。党的团结和集中统一,首先是党中央的团结和集中统一;维护党中央权威,首先是维护党中央的核心、全党的核心权威。

民主集中制的核心是民主集中的有机统一,必须根据形势与任务与时俱进适时调整。重新强调集中统一的根据是国内外复杂形势和改革进入啃硬骨头攻坚阶段,需要进一步加强党的统一领导,排除既得利益阻碍,加强中央顶层设计、贯彻全国一盘棋,是这种形势下推进改革的需要。而且还强调以人民为中心基础上,同时践行全面从严治党、全面依法治国,狠抓党风建设,落实制度建设。为预防因权力集中而被滥用,在创新中央领导体制时创立了公开、透明的监督制度,置于人民的严格监督之下,作为民主执政、依法执政的垂范,保证了民主集中的有机统一。习近平新时代中国特色社会主义思想正是在纠正领导制度过度分散、确立党中央领导权威时得以形成的。

---

① 习近平主持政治局民主生活会并发表重要讲话,http://china.cnr.cn/news/20161228/t20161228_523402632_1.shtml。

(三)民主集中制是系统工程

改革开放以来,在中国特色社会主义道路的探索中,历届中央领导集体在对民主集中制的实践和理论创新基础上形成的中国特色政治发展道路,是中国特色社会主义的重要和主要组成部分。正如习近平总书记所指出的,包括中国特色政治发展道路在内的中国特色社会主义道路"具有强大的生命力,是符合中国国情、保证人民当家作主的正确道路"。中国特色社会主义政治发展道路是历史的选择,是在改革开放 40 年的伟大实践中走出来的,是在中华人民共和国成立 70 年的持续探索中走出来的,是在对近代以来 180 年中华民族发展历程的深刻总结中走出来的,是在对中华民族 5000 年悠久文明的传承中走出来的,具有深厚的历史渊源和广泛的现实基础。

中国共产党作为百年老党,积累了丰富的实践经验,由此对民主集中制的认识也达到了前所未有的高度。党的领导是中国特色社会主义的本质和政治保证,党的建设同国家政权建设、民主法制紧密结合、协同推进。中国特色社会主义政治发展道路,就是民主集中制的具体表现。党的领导、人民当家作主、依法治国的有机统一就是民主同集中的有机统一。

中国特色社会主义政治建设是个系统工程。人民当家作主是其建设目标,党的领导、依法治国既是民主对集中的要求,也是民主得以实现的保障。它们之间是相互依存、相辅相成的,不但相互促进、相得益彰,而且包含了对可能因片面性产生的消极现象相互制约功能。从这个高度认识，任何片面强调民主或集中，无论忽视民主还是集中，离开民主讲集中或离开集中讲民主，各执一端，都有违民主集中制。

在中国特色社会主义政治建设全局中，民主集中制不仅是组织原则和具体制度，更应该看作是一个有机统一的系统。从全党全国讲，每个子系统都关系整个系统的成败，不能是"独立王国"。"文革"的教训就是，一方面过度集中、孵化个人崇拜，导致具有明显错误、造成全局不利的决策在中央全会上通过；另一方面则是脱离党的领导搞"大民主"，不讲法治，造成极大的内乱。

(四)习近平民主集中制思想反映了时代要求

党的领导是中国特色社会主义的本质和保证，担负着总揽全局，全面领导社会主义建设和改革的任务。党的十八届三中全会确立了"推进国家治理体系和治理能力现代化"的新使命，开启了以习近平同志为核心的党中央治国理政的新征程。民主集中制在新形势、新起点和新的历史使命下，担负着更为重要的功能，要求开阔新视野，进行新的创新。

民主集中制要以唯物辩证法为指导。习近平总书记十分重视唯物辩证法在治国理政中的运用。上任之初，就提出改革的系统性、整体性、协同性，并以此为指导，进行"五位一体"总体布局和"四个全面"的战略布局。这些同时也都是运用民主集中制的"产物"。

马克思主义的民主集中制实质是民主制度，过去源于对民主的误读,政治建设走了弯路。同时,受西方话语影响,许多人只从政治制度上定义民主,只从政治领域解读民主集中制,其实,科学社会主义的民主概念其范围要广大得多,指的就是人民当家作主。人民是包括经济、政治、文化、社会和生态环境在内的主人,哪个领域、哪个环节都缺不了。民主集中制的内涵十分丰富。毛泽东创立群众路线"一切为了群众,一切依靠群众,从群众中来,到群众中去",简明扼要地揭示了民主集中制的内涵。按照这个定义,建设社会主义的全部任务,构成了民主集中这个大的系统工程。

毛泽东、邓小平关于民主集中制思想都包含了这层意思。他们都把民主集中制看成是社会主义建设全局的问题。毛泽东在《一九五七年夏季的形势》中说:"我们的目标,是想造成一个又有集中又有民主,又有纪律又有自由,又有统一意志、又有个人心情舒畅那样一种政治局面",接着他解释道,"总题目是正确地处理人民内部矛盾……"。正确地处理人民内部矛盾就是社会主义国家治理的实质内容。历经"大跃进"和"文革"之后,邓小平在《党和国家领导制度的改革》中着重检讨了民主集中制中弊端产生原因,其中就谈道,"它同我们长期认为社会主义制度和计划管理制度必须对经济、政治、文化、社会都实行中央高度集权的管理体制有密切关系。……这可以说是目前我们所特有的官僚主义的一个总病根"。他特别指出:"改革党和国家领导制度及其他制度,是为了充分发挥社会主义制度的优越性,加速现代化事业发展。"客观地指出了民主集中制不单纯是领导人的作风问题,也不只是政治制度问题。

"五位一体"总体布局和"四个全面"战略布局都是运用民主集

中制的成果,体现了民主集中的有机统一。"五位一体"遵循历史唯物主义基本原理,在现代化建设实践中,经济、政治、文化、社会和生态建设全面、协同发展,相互促进,相得益彰,各种可能的片面性受到了应有的制约。"四个全面"战略布局反映了民主集中制的要求,确保民主集中的有机统一。全面建成小康社会奠定了民主的物质内容,全面从严治党体现了集中的要求,全面依法治国提供了民主的保障,全面深化改革则是保证民主集中有机统一目标的动力。四个方面协同发展,相互促进,相得益彰,对其可能产生的失衡现象予以自动纠正。

习近平《切实把思想统一到党的十八届三中全会精神上来》一文回顾了社会主义运动国家治理历史并指出:"怎样治理社会主义社会这样全新的社会,在以往的世界社会主义中没有解决得很好。马克思、恩格斯没有遇到全面治理一个社会主义国家的实践,他们关于未来社会的原理很多是预测性的;列宁在俄国十月革命后不久就过世了,没来得及深入探索这个问题;苏联在这个问题上进行了探索,取得了一些实践经验,但也犯下了严重错误,没有解决这个问题。我们党在全国执政以后,不断探索这个问题",也"发生了严重曲折"。然而由于改革以来锲而不舍的反复探索,特别是十八大以来的创新,民主集中制在治党治国中的作用和地位又得以提升。

民主集中制自创立以来,随着形势发展及相应党担负历史任务的变化,其内涵、功能、地位和形式都发生了很大变化,它经历了革命条件下只是党的活动组织原则和制度,到执政时期所领导的国家的政治制度和政治发展道路,而那些都只是属于上层建筑范畴,随着中国特色社会主义道路的成功,党的领导成为中国特色社会主义的本质,是党领导的事业成功的关键。新时代,党要总揽全局,就不限于上层建筑,而要全面领导经济、政治、文化、社会、生态以及国防和党的建设,推动社会全面、良性发展。而党的领导主要靠民主集中制。在这种情况下,民主集中制不但是党和国家的组织原则和制度,不仅是国家政治治理形式,其功能、地位上升到了更高层次,在习近平新时代中国特色社会主义思想体系中,在全部治党治国治军系统中处于枢纽地位,起着大脑作用,担负党总揽全局、协调各方的重任。

必须按照民主集中制的新要求,全面建设国家治理体系和治理能力,从根本上担负起国家治理体系和治理能力现代化的历史任务。

十八届三中全会决定指出:"全面深化改革的总目标是完善和发展中国特色社会主义制度,推进国家治理体系和治理能力现代化。必须更加注重改革的系统性、整体性、协同性,加快发展社会主义市场经济、民主政治、先进文化、和谐社会、生态文明,让一切劳动、知识、技术、管理、资本的活力竞相迸发,让一切创造社会财富的源泉充分涌流,让发展成果更多更公平惠及全体人民。"这就是新时代在历史的新起点上治国理政的任务。习近平总书记指出,"国家治理体系是在党领导下管理国家的制度体系,包括经济、政治、文化、社会、生态文明和党的建设等各领域体制机制、法律法规安排,也就是一整套紧密相连、相互协调的国家制度"。它包括人民代表大会制度这一保证人民当家作主的根本政治制度,中国共产党领导的多党合作和政治协商制度、民族区域自治制度、基层群众自治制度等基本政治制度,中国特色社会主义法律体系,公有制为主体、多种所有制经济共同发展的基本经济制度,以及经济、政治、文化、社会、生态文明和党的建设等各领域的体制机制、法律法规,由此构成一整套紧密相连、相互协调的国家制度,是治国理政的基本依托。这些也是民主集中制的组织形式,作为治党治国系统枢纽意义上的民主集中制的制度。

国家治理能力,就是运用国家制度管理国家事务和社会事务、管理经济和文化事业的能力,也就是制度执行力,要靠正确运用和全面贯彻民主集中制。以习近平同志为核心的党中央统筹推进"五位一体"总体布局和协调推进"四个全面"战略布局,开创了党和国家事业发展新局面,把中国特色社会主义推向了新时代。

综上所述,中国共产党把民主集中制的功能、地位和形式,由党的组织原则、制度,经由政治发展道路,发展为治党治国枢纽。这三阶段之间的理论和历史逻辑正是贯穿着民主集中制。它们是遵循唯物辩证法递进的,成为习近平新时代中国特色社会主义思想和治理体系的枢纽。这个过程蕴含着唯物辩证法的光辉,集我们党百年积累的精华,从实践和理论上创新,把民主集中制推进到当代的最高境界,创建了习近平新时代中国特色社会主义系统完整、逻辑严谨的思想体系,深化了对共产党执政规律的认识,深化了对中国特色社会主义发展规律的认识,为推进马克思主义中国化、现代化做出了重大贡献。

二、民主制度设计需要立足国情、克服四大陷阱

民主道路从来都不平坦。托克维尔曾警告,民主国家很可能会在民主的外衣下蜕变为事实上的专制国家,成为一种柔性专制主义。萨托利也认为,民主国家容易夭折,不容易生存,不仅过去是这样,未来依然如此。民主进程必须克服四大陷阱。

(一)贫富差距的陷阱

一种观点认为,贫穷不适合搞民主。其实,更准确的说法是,贫富差距大更容易导致民主失败。贫穷国家之所以搞不好民主,更重要的原因是这些国家贫富差距更大。即便西方发达国家,只要贫富差距拉大,民主同样经受不住金钱的考验。少数富人利用金钱操纵选举,绑架选民,让一人一票变为一元一票。处在"金元民主"的诱惑下,正义得不到伸张,选民也就越来越不相信政府,社会对政治的幻灭感也就弥漫开来,更为激烈的街头抗议形式也就出来表达自身的利益诉求。民主政治由此也就名存实亡。

(二)麻木不仁的陷阱

民主作为一种制度,需要有相应文化来匹配。如果一个国家移植来的民主制度不能融入本国文化,导致民主落入麻木不仁的陷阱。《晏子春秋》中橘逾淮为枳的比喻讲的就是这个道理,植物

界况且如此,动物和人更是如此。鲁迅讲过类似猴子变人的故事,一个猴子站立起来,结果被同伴砸死了。柏拉图讲过更著名的洞穴故事,一个野人偶然发现了外面世界,回来跟同伴讲,所有人都认为他疯了。

印度的种姓制度极不平等,高级种姓被赋予天然特权,反映在政治领域就是拥有更多的政治特权。种姓制度跟西方民主制度结合的结果,反而助长了腐败,种姓文化为腐败大开方便之门,起到了麻醉剂的效果,使得种姓特权成了腐败特权,公然行事。

(三)道德堕落的陷阱

民主是由公权力运行产生的公共行为,公共行为就要公共精神来维护。若不讲公共道德,民主沦为丛林博弈,就很难确保民主的实现。要想丛林博弈最终达到理想的均衡状态,受到太多不确定性因素影响,多半会陷入囚徒困境。结果必然是最糟糕的情形,各种黑恶势力泛起,比的是谁的拳头硬,谁的势力大,良好的社会秩序荡然无存。黑社会的本质是道德堕落和社会无序状况下的民间自组织现象,恶的秩序之所以能够在短时间内完全取代善的秩序,是因为社会已经失序良久。黑社会既是恶的原因,也是恶的结果。

(四)信息闭塞的陷阱

没有足够信息,任何决策都是低效的,甚至是危险的。民主决策要有效,也离不开更多有效信息支撑。比如总统选举,普罗大众对候选人真实情况的了解其实是很少的,主要靠竞选演讲等方式获得,但那样得到的信息量毕竟是有限的。说得再好,未必就是好总统,好总统的素质表现在决策能力和组织能力上,这些素质在演讲中不大容易看得出来。靠竞选选出的总统大多比较中庸,政治上圆滑,才能被各方接受,从而获得更多选票。对于科学决策,由于懂行的人更少,曲高和寡,用民主投票办法,结果谁的嗓门大就是谁有理,这么做只会造成决策偏差,给社会整体上带来巨大损失。因此,如果信息不足或缺乏应有的知识,就应慎用民主;信息越是不对称,就越要慎用民主。例如英国脱欧,实行全民公决,大部分人带着对国内贫富分化的不满情绪投票,反对全球化,只有少数人了解其中的利害关系,懂得权衡利弊,但他们的意见又不受待见,这部分人对于投票结果的影响微乎其微。这种全民公决,难以产生正确的选择。事后很多人后悔,请愿要第二次公投,但泼出去的水已经收不回来了。

(五)如何克服民主进程中的四大陷阱

民主在很多时候仅被当作手段,目的性反而丧失,缺乏民主生活应有的实质。要有效地发挥民主的作用,真正体现人民意志,满足人民对美好生活的向往,就需要完善民主制度,克服民主进程的各种陷阱。

第一,大力缩小贫富差距。缩小贫富差距,不能舍本逐末,光顾着缩小两头;而是要设法提高中间收入者的收入水平,扩大中间收入者队伍,让中间收入者占社会人口大多数。中间收入者是民主的中坚力量,这部分人对民主的信心指数变化,就代表了民主的未来前景。如果中间收入者纷纷破产,加入到贫困者队伍当中,民主的前景堪忧;反之,大部分人脱贫致富,对自身的能力充满信心,民主的前景就会一路向好。

可见,扶贫应着眼于培育贫困人口的人力资本,让贫困者有能力赚钱,而不是每年给予多少财政救济;要着力培育有利于贫困人口就业的产业,让贫困者有赚钱的产业。

第二,努力塑造面向现代化、与民主法制相容的文化。光有知识没有见识,知识是无序的,就像一团乱麻;光有见识没有知识,不知自身所需,会像墙头草一样缺乏定力,随时都可能见异思迁。我们所经验的世界是传统的,否则就不存在现代化一说,在这个转身和跳跃过程中,就面临文化休克的考验,同时也深刻体会到,由于长期受封建专制文化的影响,传统文化中一贯地缺少民主法制的基因。所以,当我们面向现代化时,就知道要重点培植文化基因中的自由、平等、公正、法治等的理性精神。①

第三,大力提升公民的道德水平,弘扬"铁肩担道义"的公共精神和奉献精神。教书育人,课堂教育始终要把道德建设摆在重要的位置。

第四,民主制度设计应体现协商、多元、公开、责任等特点,兼顾各方利益,允许各社会阶层都能公开、有效地表达自身利益诉求,而决策者必须要承担相应责任,多大的权力就要承担多大的责

---

① 参阅第六章第三节就此问题具体展开的论述。

任,不能只交学费,不拉清单,让整个社会承担责任。

消除民主进程中的四大陷阱是一项长期艰巨的任务,民主制度建设和完善也是长期而艰巨的,必须摒弃任何急躁情绪和浪漫主义。在民主进程中,由于国情不同,各国面临四大陷阱挑战的严重程度也各不相同,应根据实际情况设计不同的民主模式,不能盲目照搬别国的模式。否则,只会南辕北辙,让民主沦为形式,即只有形式民主,而无实质民主。

第四章　中国特色社会主义经济发展规律

　　中国特色社会主义建设取得举世瞩目的成就,经济建设作为社会主义建设的中心工作,更是功不可没。紧贴改革开放 40 年经济发展的实践,总结中国特色社会主义经济发展规律,具有重要的理论价值和实践指导意义。

　　改革开放 40 年来,中国经济发展取得了丰硕成果。1978 年国内生产总值(GDP)仅为 3678.7 亿元,到 2017 年时达到 827 122 亿元,39 年间增长了 33.5 倍;人均国内生产总值从 1978 年的 385 元提高到 2017 年的 59 660 元,实际增长了 22.8 倍。[①] 在这 40 年时间里,中国从一个连温饱都没有解决的贫穷落后国家一跃成为了欣欣向荣的中等收入国家,并有望在 2035 年达到中等发达国家水平。从经济发展的质量看,从一个被农村包围、工业体系初步建立但属

[①] 1978 年的数据来源于《中国统计年鉴 2017》;2017 年数据来源于《中华人民共和国 2017 年国民经济和社会发展统计公报》,实际增长率是按照 2017 年《中国统计年鉴》内生产总值指数及 2017 年国内生产总值实际增长率计算。

于小牛拉大车的农业国一跃成为城市化主导、工业竞争力突出、全要素生产率稳步提升的工业化国家。从对外经济联系程度看，从一个与世界经济几乎隔绝的封闭国家一跃成为高度融入全球经济体系并主动参与规则制定的开放国家。

中国特色社会主义经济发展在全面遵循劳动价值规律的基础上，积极发挥各生产要素的积极性，最大限度地释放出经济发展的潜力。农村实行土地承包制就是尊重和承认农民的劳动价值，劳动所得和付出的劳动挂钩，极大地提高了农民的积极性，整个国家在很短的时间内就基本解决了温饱问题。乡镇企业崛起、民营经济发展以及"三资"企业进入，发挥了企业家、资本、劳动等生产要素的积极性，赋予生产力强大的引擎，持续地推动经济快速发展。从经济运行机制看，核心在于完善产权制度，让市场在资源配置中起决定性作用。党的十八届三中全会制定了全面深化改革的蓝图，党的十九大明确指出，"经济体制改革必须以完善产权制度和要素市场化配置为重点，实现产权有效激励、要素自由流动、价格反应灵活、竞争公平有序、企业优胜劣汰"。进一步肯定了发挥各种要素积极性的作用。没有充分的尊重，就不能激发各生产要素的活力。

在计划经济体制下，生产积极性、主动性和创造性受制于指令性指标而无从发挥，造成经济活力缺失，计划的效率也大打折扣。正是"放权让利"激活了经济活力，体制改革由农村延伸到城市，由农业扩大到工业，国有企业、乡镇企业、"三资"企业及民营企业齐头并进，释放出了生产积极性和经济潜力，推动整个经济步入持续发展的快车道，"百姓富裕，国家富强"成为全社会共识，经济整体面貌为之焕然一新。

第一节　走中国特色社会主义经济发展道路,逐步完善社会主义市场经济体制

中国特色社会主义经济发展最重要特征,是坚持走符合国情、适合自身发展条件、能够发挥自身优势的发展道路,既不走封闭僵化的老路,也不走改旗易帜的邪路,对原有僵化的计划经济体制进行大刀阔斧地改革,又坚持社会主义基本经济制度不动摇,保持政治定力,坚持实干兴邦,始终坚持和发展中国特色社会主义经济,没有受到国际上流行的新自由主义及其他各种错误思潮的影响而盲目模仿西方资本主义国家的发展模式。具体而言,体现在经济发展过程中始终遵循"一个中心,两个基本点"的原则,逐步建立并完善社会主义市场经济体制,实现社会主义制度和市场经济体制有机结合,一方面充分解放生产力,释放经济发展潜力,增强经济发展动力和活力,另一方面又保留了集中力量办大事的规模优势、高效决策的制度优势,最大限度地保证高效稳定的经济发展路径。尤其是看到中国在应对 1996、2008、2020 年这类全球性不定期爆发的金融"灰犀牛"事件、疫情"黑天鹅"事件所发挥出来的独特制度优势,更加坚定走中国特色社会主义道路的信心和决心。

一、社会主义市场经济体制改革和完善的历史进程

改革开放 40 年经济体制改革的总体表现和基本趋势是政府管制逐步缩小到一定的范围,国有企业改革不断深化,民营企业准

入条件不断放松,市场活力得到强化。具体可分为以下几个阶段。

(一)社会主义市场经济起步阶段:1978—1984 年

1978 年以前是高度集中的计划经济体制,高度集中的计划经济长期以来一直被看作社会主义经济的三大基本特征之一。在政府和市场关系中,政府管制无所不在,遍及经济体系的毛细血管,市场机制几乎可以忽略不计。1978 年之后,肯定市场作用的观点开始受到应有的重视并流行起来,1979 年 4 月中央工作会议提出,国民经济要"以计划经济为主,同时充分重视市场调节辅助作用"。在十一届六中全会通过的《关于建国以来党的若干历史问题的决议》中,明确提出"必须在公有制基础上实行计划经济,同时发挥市场调节的辅助作用";1982 年 9 月,党的十二大提出了"计划经济为主,市场调节为辅的原则",首次提出在指令性计划之外,对许多产品和企业要实行主要运用经济杠杆的指导性计划,指令性计划和指导性计划都要经常研究市场供需状况的变化。"允许对于部分产品的生产和流通不作计划,由市场来调节,……这一部分是有计划生产和流通的补充,是从属的、次要的,但又是必要的、有益的",并提出"坚持国营经济的主导地位和发展多种经济形式",允许个体经济发展。

在实践领域,调整政府和市场关系从农村家庭联产承包责任制开始。1978 年,安徽省凤阳县小岗村的 18 户村民率先订立攻守同盟的"大包干"合同,首创家庭联产承包责任制,由此拉开了农村经济体制改革的序幕。① 家庭联产承包责任制对农村经济具有强劲的推动力,实施"大包干"仅一年时间,1979 年小岗村全年粮食产量就达到 1966—1970 年五年产量之和。②

　　小岗村的反应就是全国的一面镜子。从全国范围来看,1978 年我国粮食产量 30476.5 万吨,1984 年就提高到 40730.5 万吨,提高了 33.6%,基本解决了填饱肚子问题。其中稻谷、小麦、玉米分别提高 30.2%、63.1%、31.2%,同期农业增加值的增幅达到 58.7%。

1978—1984 年我国粮食产量及农业增加值情况

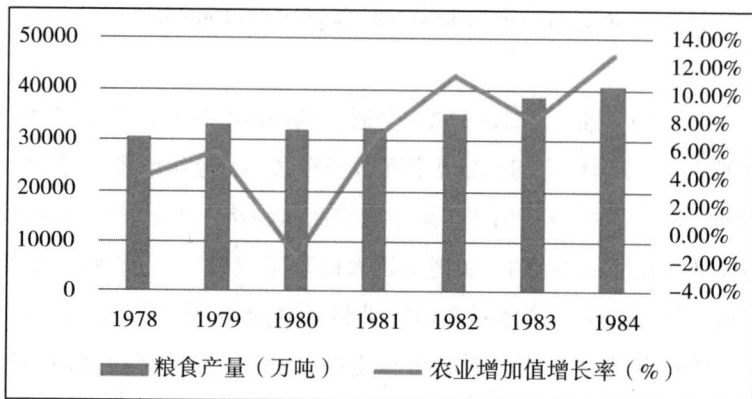

资料来源:《中国统计年鉴 2001》

　　就不同年份看,粮食产量和农业增加值的增幅最大的是 1982 年,家庭联产承包责任制对提高农业产出、增加农民收入这些作用逐步显现出来,这项制度迅速在农村推广。到 1984 年,98% 的生产

---

① 吴江、张艳丽:《家庭联产承包责任制研究 30 年回顾》,载《经济理论与经济管理》2008 年第 11 期。
② 柴俊杰:《改革开放 30 年:山西农村"大包干"》,载《山西农民报》2008 年 8 月 13 日。

队实行了家庭联产承包责任制。①

　　这个阶段工业和城市改革也开始起步,允许各种改善效率的试验,尤其是确立四个经济特区意义重大,作为先行改革的试验,起到了排头兵的作用,是全面改革总体布局关键所在。以后的发展也是沿海、沿边推进的,最后形成珠三角、长三角两大发展极和城市群。到1984年时,改革的战略重点基本上已经由农村转向城市,由农业转向工业。

(二)社会主义市场经济全面展开阶段:1984—1992年

　　以1984年党十二届三中全会通过的《中共中央关于经济体制改革的决定》为标志,进入到全面改革阶段,政府和市场关系完全颠倒过来。《决定》提出了"有计划的商品经济",落脚点不再在计划经济而在商品经济上,实现了重大的理论突破,第一次将商品经济纳入社会主义经济体系和运行机制当中,不再是"有益补充"。②

　　1987年党的十三大更加明确地提出"社会主义有计划商品经济的体制,应该是计划与市场内在统一的体制",不再提及计划经济,将政府和市场关系归结为"国家调节市场,市场引导企业的机制",指令性计划为主的直接管理方式不再适用,进一步扩大市场作用的范围。但是,政府职能不转变,政企不分,企业还是很难真正成为独立的经济实体。1988年下半年之后的治理整顿,政府的

① 陈春华:《中国特色转轨道路的理性选择》,载《经济体制改革》2008年第6期。
② 中国社会科学院经济体制改革30年研究课题组:《论中国特色经济体制改革道路(上)》,载《经济研究》2008年第9期。

行政控制又加强了。"八五"计划还反过来强调"计划经济与市场调节相结合","计划的调节重于市场调节"。

1992 年邓小平"南方谈话"中对社会主义市场经济的看法实现了质的飞跃,对社会主义经济发展过程中计划和市场的关系提出计划经济不等于社会主义,资本主义也有计划;市场经济不等于资本主义,社会主义也有市场。"计划和市场都是经济手段","计划多一点还是市场多一点,不是社会主义与资本主义的本质区别",从根本上将社会主义性质从计划和市场的比例关系中脱离出来,为确立社会主义市场经济奠定坚实的理论基础。

(三)社会主义市场经济初步建立阶段:1992—2002 年

1992 年党的十四大正式确立经济体制改革的目标是建立社会主义市场经济体制,第一次明确市场在资源配置中的基础性作用,同时提出资本、要素市场等社会主义市场经济中不可缺少的重要范畴。1993 年党的十四届三中全会,根据党的十四大确立了经济体制改革的核心目标和基本原则,作出《关于建立社会主义市场经济体制若干问题的决定》。

1997 年党的十五大提出坚持公有制为主体、多种所有制共同发展的基本经济制度,第一次将非公有制经济纳入社会主义经济体系当中,并提出了"所有制不能等同于所有制形式"等重要观念,股份制被纳入国有企业改革的盘子,为多种形式公有制的发展指明了方向。

总而言之,这个阶段的政府和市场关系以国家宏观调控为指导,市场调节为基础,市场体制不断发展壮大。[1]

(四)社会主义市场经济全面深化和完善阶段:2002 年以来

2002 年党的十六大向世人庄重地宣告"我国社会主义市场经济体制已经初步建立"。2003 年十六届三中全会通过了《中共中央关于完善社会主义市场经济体制若干问题的决定》,标志着中国经济体改革从初步建立社会主义市场经济体制进入完善社会主义市场经济体制的新时期。它要求更大程度地发挥市场在资源配置中的基础性作用。

党的十八大以来,以习近平同志为核心的党中央准确把握中国特色社会主义的历史新方位,持续推动经济体制改革,着力构建市场机制有效、微观主体有活力、宏观调控有度的经济体制,不断发挥经济体制改革对其他领域改革的牵引和带动作用。2013 年,党的十八届三中全会进一步指出,使市场在资源配置中起决定性作用和更好发挥政府作用,同时强调更好发挥政府作用,党的十九届四中全会通过的《中共中央关于坚持和完善中国特色社会主义制度、推进国家治理体系和治理能力现代化若干重大问题的决定》对社会主义基本经济制度做出了新的概括,充分展现了对社会主义市场经济体制的认识不断深化、思想不断更新、理论不断成熟、改革不断深入的探索过程,标志着中国共产党对经济社会发展规

---

[1] 杨志平:《中国市场经济体制变革的理论与实践》,东北财经大学博士论文,2012 年 6 月;中国社会科学院经济体制改革 30 年研究课题组:《论中国特色经济体制改革道路(上)》,载《经济研究》2008 年第 9 期。

律的认识达到了新的高度。

二、我国社会主义市场经济体制改革的特点

（一）改革进程循序渐进

社会主义市场经济不是一蹴而就的，而是不断改革累积渐进完成的。在此过程中，逐步打破各种旧体制束缚，直至建立起完善的社会主义市场经济体制。需要避免剧烈动作，而让改革所蕴含的潜力自然地显现出来。渐进式改革的特点体现在以下几个方面。

第一，尽可能地减少各方阻力，让相应的改革能够顺利到位。社会主义市场经济涉及方方面面关系、各种不同利益群体，过激的改革措施招致的阻力更大，不同群体对改革诉求不同，尤其是对于改革所导致的后果缺乏明确认知的情况下，渐进式改革更容易被大多数人所接受。

第二，保证各项制度有效衔接，给新旧两种制度过渡留有足够的缓冲期、缓冲带，避免对现有经济及社会秩序造成过度冲击。由高度集中的计划经济体制向社会主义市场经济体制转变，涉及内容广、变革幅度大、对经济及社会领域冲击力强，如果改革的步伐过快，容易导致制度之间脱节、卡壳，渐进式改革就采取分步式，每次改革的幅度相对较小，有利于各项制度磨合衔接，将改革措施对现有秩序的冲击程度控制在可预可控范围内，保证经济社会秩序平稳过渡。

第三,保证各阶段经济改革的红利都能充分实现,及时到位。只有保持经济社会秩序稳定,才有稳定的预期,有稳定的预期才会有正确的投资决策、就业选择和正常的消费行为,让改革的红利落到实处。

第四,有利于巩固社会主义制度,实现社会主义制度自我完善,增强"四个自信"。社会主义市场经济体制及其各项具体制度没有现存照搬的模子,需要在实践中反复磨合,如何让社会主义制度优越性和市场经济的高效性结合充分发挥各自的优势,这是世纪性难题,需要在实践中加以调试。过度强调一步到位,反倒给人以错觉,似乎要统统推倒重来,病急乱投医,结果就成了全盘西化。

(二)自下而上的顺势而为与自上而下的顶层设计相结合

实行社会主义市场经济是解放生产力的要求。农村家庭联产承包责任制首先是自发产生的,由小岗村在未得到政策允许的情况下自行探索,最后得到国家承认,顺势推广普及到了全国。国内不发展资本市场,连国有企业都要捧着金饭碗讨饭,中策现象就是最大的教训,造成全行业、全地区企业被收购,促使中央下决心克服一切障碍大力发展资本市场。很多改革措施都是先搞局部试验,成功之后再加以总结推广。1984—1994年转向城市改革和工业改革就是在摸着石头过河,需要敢闯敢干精神。1992年邓小平南方谈话强调,改革开放的胆子再大一些,要敢于试验,看准了的,就大胆地试、大胆地闯。没有一点闯的精神,没有一点"冒"的精神,就走不出一条好路,干不出新的事业。

另一方面,全盘规划和整体决策需要顶层设计,才能步调一致,相互衔接。顶层设计的优势在于能够自觉地根据改革实践中出现的问题以及对未来实践发展的科学预测,统筹规划各项改革措施,避免内耗和内哄,推动全面改革。尤其是在量变到质变的关键时刻,所有矛盾和问题集中爆发,顶层设计的作用更是无可替代,也无从替代,涉及深层次跨领域的复杂问题,必须要统筹规划。

纵观社会主义市场经济改革的整个过程,自下而上的顺势而为和与自上而下的顶层设计两个方面都不可或缺,相辅相成,"改革既要敢于突破又要稳扎稳打"①,"既要敢为天下先、敢闯敢试,又要积极稳妥、蹄疾步稳,把改革发展稳定统一起来,坚持方向不变、道路不偏、力度不减,推动新时代改革开放走得更稳、走得更远"②。

渐进式改革经历了从量变到质变再到新的量变和质变的螺旋式上升的过程,既要仰望星空又要脚踏实地,既要接地气又能不俗气,需要充分利用二者各自的长处,取长补短,相得益彰。

(三)在不断推进各项改革事业中抵制错误思想学说对决策的干扰

在实际改革进程中,总是存在着这样那样的噪音,概括起来无非是两类:一是开倒车,想回到熟悉的老路,排斥新生事物,强调今

---

① 习近平:《在省部级主要领导干部学习贯彻十八届三中全会精神全面深化改革专题研讨班开班仪式上的讲话》,http://pic.people.com.cn/n/2014/0218/c1016-24387045.html。

② 习近平:《在庆祝改革开放40周年大会上的讲话》,http://www.xinhuanet.com/politics/leaders/2018-12/18/c_1123872025.htm。

不如昔,渲染过去怎么好,质疑和责难现在搞的究竟是不是社会主义;二是埋坑带节奏,拼命往西方政治制度拐,蓄意兜售各种改旗易帜的"灵丹妙药"。针对这两种情况,习近平总书记多次旗帜鲜明地指出,改革开放是有方向、有立场、有原则的,既不走封闭僵化老路,也不走改旗易帜邪路,而是从中国国情和实际出发,坚定不移走中国特色社会主义道路,不照搬别国模式和做法。

自十一届三中全会以来,中国共产党人和中国人民便以一往无前的进取精神和波澜壮阔的创新实践,不断战胜前进道路上各种世所罕见的艰难险阻,推动中国经济实力、综合国力、人民生活水平不断跨上新台阶,改革开放已成为当代中国最鲜明的特色、当代中国共产党人最鲜明的品格。实践证明,改革开放是决定当代中国命运的关键一招,没有改革开放就不会有中国特色社会主义的今天,也不会有 21 世纪马克思主义的崭新一页。

我国和有的国家进行的社会主义建设的正反两方面实践经验说明,任何偏离社会主义方向、否定社会主义制度、改旗易帜、改弦更张的道路都行不通,而且危害极大。苏东剧变的重要原因就在于这些国家的改革方向偏离了社会主义。而我国的改革开放也不是那么一帆风顺的,也经历过曲折,但由于方向正确、驾驭得当,有了问题能及时纠正,所以取得了历史性成就。

第二节　坚持以公有制为主体多种所有制经济共同发展

坚持以公有制为主体多种所有制经济共同发展是中国特色社

会主义经济发展的重要特征。生产资料公有制是社会主义的根本
经济特征,是社会主义市场经济与资本主义市场经济最重要的区
别。生产资料公有制是社会主义经济制度的坚实基础,决定着社
会性质和改革方向,保持公有制为主体,使国有经济掌握国民经济
发展的命脉,是维护人民根本利益的基本保证。

　　当然,在现有条件下,经济发展不是靠单一所有制实现的,也
不可能靠单一所有制来实现,而是多种所有制相互促进共同发展
的结果。一方面是国有企业改革,不断提升国有资本的控制力、影
响力和运营效率;另一方面是包括外资、民营资本等非公有经济快
速发展,实现两轮驱动,相互促进,毫不动摇地巩固和发展公有制
经济,毫不动摇地鼓励、支持、引导非公有制经济发展,保证各种所
有制经济依法平等使用生产要素、公平参与市场竞争、同等受到法
律保护。改革开放之所以能够取得举世瞩目的成就,跟坚守这一
发展规律分不开。

一、改革开放以来国有企业改革进程
(一)社会主义市场经济起步阶段:1978—1984 年

　　这个阶段国有企业改革方向主要是"放权让利"。1979 年初以
北京、天津、上海等地 8 家企业作为扩大自主经营权即"放权让利"
的试点企业,激发了企业的积极性,1980 年试点企业迅速扩大到
6000 余家;1983 年实行"利改税"政策,进一步明确国家和企业之

间的利益关系。①

这个阶段国有企业主要在计划经济体制的框架之内改革,通过扩大经营自主权、提高利润留成等经营体制的改革,激发国有企业的自主性和发展积极性,而企业所有制关系、隶属关系等均未发生变革。②

(二)社会主义市场经济全面展开阶段:1984—1992 年

这个阶段国有企业改革主要内容体现为承包制。党的十二届六中全会通过的《中共中央关于经济体制改革的决定》提出,国有企业实行政企分开,并向市场主体转变,成为自负盈亏的经济实体。从 1987 年开始工业企业实行承包制,经过两轮承包之后,到 1992 年,98% 的企业都实行了承包制。③

与此同时,党的十三大肯定了股份制的组织形式,在国有企业内开始了股份制改造的试点,到 1988 年,全国 3800 家股份制企业中有 800 家是由国有企业改造而来的。④ 总的来看,这个阶段股份制改造范围还很小,大面积改造尚未开始,因此对国有企业的影响较小,改革的主导方向是承包制而非股份制。

---

① 叶琪:《新中国成立 60 年来我国国有企业改革的历程与成效》,载《经济研究参考》2009 年第 67 期。
② 王金胜、陈明:《我国国有企业改革、历程、思路与展望》,载《华东经济管理》2008 年第8 期。
③ 王金胜、陈明:《我国国有企业改革、历程、思路与展望》,载《华东经济管理》2008 年第8 期。
④ 叶琪:《新中国成立 60 年来我国国有企业改革的历程与成效》,载《经济研究参考》2009 年第 67 期。

（三）社会主义市场经济初步确立阶段：1992—2002 年

这个阶段国有企业改革的主要方向是股份制改造和建立现代企业制度。党的十五大关于国有企业改革的思路发生了重大变化，提出国有企业改革"要着眼于搞好整个国有经济，抓好大的，放活小的，对国有企业实施战略性改组"，着重指出股份制是现代企业制度的重要形式，要求国有企业改革"抓大放小"，实现资产重组、技术改造、创新机制和领导体制。1999 年十五届四中全会通过《中共中央关于国有企业改革和发展的若干重大问题的决定》，突出强调了关于国有经济的战略性调整和对国有企业的战略性改组问题，提出了国有经济要坚持"有进有退，有所为，有所不为"，这是深化国企改革的重要突破，标志着国企改革进入了新阶段。

这个阶段的国有企业改革，多方举措齐头并进。约 1000 家国有企业成为建立现代企业制度的试点单位，形成一批股份有限公司、有限责任公司及国有独资公司，并通过兼并重组组建了一批大型企业集团。[1] 另外还有一批国有企业，通过出售、管理层收购（MBO）实现了股权结构改变和股权形式转移，造成国有资产流失，这种现象受到社会普遍关注，成为了 2004 年全民讨论的中心话题。[2]

---

[1] 杨志平：《中国市场经济体制变革的理论与实践》，东北财经大学博士论文，2012 年 6 月。

[2] 王金胜、陈明：《我国国有企业改革、历程、思路与展望》，载《华东经济管理》2008 年第 8 期。

总的来看,这个阶段竞争性领域的国有中小企业大量退出,为非公有制企业进入这些领域创造了条件。

(四)社会主义市场经济完善阶段:2002—2012 年

党的十六大提出建立"中央政府和地方政府分别代表国家履行出资人职责"国有资产管理体制,要求"中央政府和省、市(地)两级地方政府设立国有资产管理机构"。

国资委于 2003 年 3 月正式成立。国资委的成立解决了国有企业归口管理问题,实现了政府公共管理职能和出资人角色的分离问题,在较短时间内解决了国有企业"婆婆"太多、管理混乱的问题,将国有企业的保值增值作为主要管理目标。在国资委管理之下,国有企业迅速向重点行业集结,通过资产重组,优化配置,规模迅速扩张,行业影响力得以增强。[1]

(五)全面深化改革新阶段:2012 年以后

这个阶段国有企业改革主要内容包括:一是混合所有制改革,二是加强国有企业党组织建设。两方面改革都有利于巩固国有企业的主导地位。

1.混合所有制改革的战略意义

混合所有制所具有的相对优势,诚如党的十八届三中全会通

---

[1] 国资委成立 11 年毁誉参半被指国资改革天然障碍,2014 年 6 月 30 日,http://money.163.com/14/0630/10/9VVU24UR00253B0H.html。

过的《中共中央关于全面深化改革若干重大问题的决定》中所指出的,"有利于国有资本放大功能、保值增值、提高竞争力,有利于各种所有制资本取长补短、相互促进、共同发展"。

第一,以更少的国有资本控制更多的资源,强化国有经济的控制力。

对关系国家安全、国民经济命脉的重要行业和关键领域以及承担重大专项任务的商业类国有企业、部分采用绝对控股的竞争商业类国有企业而言,混合所有制虽然稀释了国有控股比例,但是由于规定非国有资本只能参股不能控股,国有资本依然保持主导地位,而且与以前相比,同样的国有资本可以控制的资源更多,意味着混合所有制改革进一步强化了国有经济体系。

第二,吸收不同所有制的优点,提高竞争力。

各种所有制都有自己的长处和短处,而且对于不同的环境条件来说,长处可能成了短处,而短处反而成了长处,因此要两方面兼顾,扬长避短。比如船小本身是短处,但它好掉头,又是它的长处。反过来,船大是优势,但是吃水太深,进港困难,又是它的短处。国有资本的优势在于有最强有力的后盾,由国家来为其背书,具有规模优势,这是所有其他企业所无法比肩的。同时,对国有企业来说,必要时可以舍弃企业利益去承担更大的社会责任,这也是其他任何企业做不到的,因为凡是企业都得以盈利为条件,入不敷出就得破产,财务约束是企业的硬约束,但是国有企业可以突破这条底线。正因为国有企业的预算约束软,所以会无视经营效率,造成经营效率低下,这就不成其为一个企业。吸收不同所有制的长处,扬长避短,能够提高企业的竞争力。混合所有制只要机制设计得当,是能够集结不同所有制的长处,将它们融合一体,达到提高运营效率的效果,提升企业竞争力。

第三,培植企业自我发展意识,确立国有企业的新定位。

混合所有制改革削弱了为保值增值国有资产而强加的外部动机,转而在企业内部培植真正的自我发展意识,更有效地激发企业自我发展、自主发展的能力。

第四,构建更紧密的企业联合体,提升产业链竞争力。

混合所有制通过交叉持股,彼此建立更加紧密的联合体,为实现关联产业垂直一体化创造了体制条件,能够极大地提升产业链竞争力。

2.加强国有企业党组织建设,巩固国有企业的主导地位。

首先,加强党的领导,健全党组织建设,确保国有企业改革的方向。

加强国有企业党组织的建设,确保国有企业成为党和国家最可信赖的依靠力量,坚决贯彻执行党中央决策部署的重要力量,贯彻新发展理念、全面深化改革的重要力量,实施"走出去"战略、"一带一路"建设等重大战略的重要力量,成为壮大综合国力、促进经济社会发展、保障和改善民生的重要力量,不断壮大中国特色社会主义的经济基础。

其次,完善国有企业治理体制,构建中国特色社会主义国有企业治理结构。

坚持党对国有企业的领导是重大政治原则,中国特色现代国有企业制度,"特"就特在把党的领导融入公司治理各环节,把企业党组织内嵌到公司治理结构之中,明确和落实党组织在公司法人治理结构中的法定地位。加强国有企业党组织建设,明确党组织在决策、执行、监督各环节的权责和工作方式,使党组织发挥作用组织化、制度化、具体化,处理好党组织和其他治理主体的关系,明确权责边界,做到无缝衔接,形成各司其职、各负其责、协调运转、有效制衡的公司治理机制,是中国特色社会主义国有企业治理结构的核心内容和关键所在。①

再者,加强国有企业党组织建设将有力地提升监管力度。

加强国有企业监管是国有企业改革的重要内容。只有加强监管,才能防止国有资产为内部人所控制,确保国有企业的运营维持在正确的轨道,保证其正常功能的发挥;才能防止各种腐败行为,维护相关的财经纪律,确保国有资产不流失。习近平总书记在党第十八届中央纪律检查委员会第五次全体会议指出:要着力完善国有企业监管制度,加强党对国有企业的领导,加强对国企领导班子的监督,搞好对国企的巡视,加大审计监督力度;强化对权力集中、资金密集、资源富集的部门和岗位的监管。要完善监管,就需要"国有企业党组织发挥领导核心和政治核心作用,归结到一点,就是把方向、管大局、保落实"。

(六)国有企业改革的成效

经过多年改革和探索,国有企业整体实力大幅增加。还在 20 世纪 90 年代时,大量国有企业聚集在竞争性领域,由于经营效率

---

① 习近平在全国国有企业党的建设工作会议上强调:坚持党对国企的领导不动摇, http://news.xinhuanet.com/2016-10/11/c_1119697415.htm。

低下,导致国有企业大面积亏损,国有企业成为竞争力弱、需要政府救助的对象。通过"抓大放小"、从竞争性领域退出等措施,国有企业脱胎换骨,面貌焕然一新,虽然企业数量、分布面缩小了,但是规模、业绩和行业影响力、竞争力有了大幅提升,不再是过去那种捧着金饭碗讨饭的形象。

以国有工业企业为例,1998 年国有及国有控股工业企业数量为 64 737 个,到了 2013 年只有 18 197 个,虽然企业数量减少了71.9%,企业经营指标却大幅提升。1998 年国有及国有控股工业企业资产总计为 74916.27 亿元,到了 2013 年升至 342689.19 亿元,名义增长率高达 357.4%;主营业务税金及附加从 993.53 亿元提高到10772.20 亿元,名义增长率为 984.2%;利润总额从 525.14 亿元提高到 15194.05 亿元,名义增长率高达 2793.3%。从总资产贡献率和工业成本费用利润率等相对指标来看,分别从 2000 年的 8.43%、6.15% 提高到 2013 年的 11.93% 和 6.46%。不难看出,国有企业在瘦身之后变得更精干了。

国有企业的竞争力也有显著提高,跟过去不可同日而语。以中央企业为例,通过兼并重组之后数量上只剩下 112 家,但有 47 家进入了 2014 年《财富》500 强,几乎有一半是"大腕";我国共有 100家企业入围,央企也占了差不多半壁江山,如果把几家国有控的金融企业也纳入进来,国有及国有控股比例就会更高。

从企业影响力看,中央企业占据了国民经济的命脉行业和关键领域,且处于行业的龙头地位。再以 2014 年《财富》500 强为例,中国最大的三家国有企业——中国石油化工集团公司、中国石油天然气集团公司、国家电网公司分别高居第 4、5、7 位,营业收入分别为 4572 亿、4320 亿、3334 亿(美元),不但在国内同行业中遥遥领先,即便在国际同行业中也位居前列。

二、改革开放以来多种经济成分快速发展

城市和工业是计划经济必保的重点,只有公有制才允许进入,任何其他所有制形式受到限制,而且这种限制只会越来越严。但是,由于供求缺口太大无法弥补,又不得不让其他所有制形式来补充。一旦放开市场,可想而知,多种经济成分就会如雨后春笋般从地底下冒出来。

(一)乡镇企业异军突起

乡镇企业脱胎于社办企业和队办企业(统称社队企业),1984年更名为乡镇企业,包括乡办企业、村办企业、合作企业和个人企业。[1] 改革开放以后,乡镇企业适逢其时,迎来发展高峰,工业产值从 1978 年的 493.1 亿元,提高到 1984 年的 1500 亿元,[2]再到 1988年的 6495.7 亿元,企业数量达到 1888 万个,从业人口多达 9546万;在经历了 1989 到 1990 年的短暂低谷后,1991—1995 年又迎来第二个增长高峰,总产值从 11612.7 亿元大幅提高到 68915.2 亿元,

---

[1] 幸元源:《改革开放以来我国乡镇企业的发展历程和展望》,载《改革与开放》2009年第11期。

[2] 闫海涛、杜秀娟:《乡镇企业的崛起及发展历程》,载《社会科学辑刊》2003 年第 2 期。

年均增长率高达 56%。[1]

乡镇企业的崛起，打破了供给侧结构单一所有制状况，在改革开放前 20 年中发挥了重要作用。1995 年，乡镇企业增加值占农村社会增加值的 2/3，国内生产总值占到全国的 1/3，工业增加值占全部工业增加值的 1/2，职工人数多达 12 862 万人，占农村劳动力总数的 28.6%。[2] 无论从哪个方面看，三分天下都有其一。

从供给能力看，乡镇企业对市场供给的贡献率也很大。1980—1988 年，全国轻工业以货币额衡量的供给能力提高了 4705.5 亿元，其中乡村工业的贡献率达到 32.0%，如果把村以下工业也纳入，其份额就进一步提升到 45%—50%。部分行业新增的供给能力，超过 50% 由乡镇企业提供，以 1978—1988 年原煤供给能力为例，新增了 3.29 亿吨，其中乡镇企业占到 67%，机制纸及纸板新增 664 万吨，乡镇企业占到 58.7%。[3]

1990 年之后，乡镇企业发展更快，新增供给能力的占比更大。但是，"三资"企业和私营企业陆续进场，随后挑起大梁，乡镇企业也就迅速退场，所剩无几。但是，其在改革开放历史进程中所起到的作用，却是不可磨灭的。

---

① 王宝文：《中国乡镇企业发展历程及转型研究》，载《经济视角》2012 年第 2 期。
② 刘应杰：《邓小平关于所有制的理论与中国多种经济成份的发展》，载《马克思主义与现实》1997 年第 4 期。
③ 黄守宏：《乡镇企业是国民经济发展的推动力量》，载《经济研究》1990 年第 5 期。

(二)"三资"企业随后快速兴起

"三资"企业主要指中外合资经营企业、中外合作经营企业、外商独资经营企业等三类外商投资企业。"三资"企业兴起于1979年,当年颁布的《中华人民共和国中外合资经营企业法》为其合法出生提供了法律保障,在经历了1979—1986年起步阶段、1987—1991年快速发展阶段、1992—1996年高速发展阶段和1996年之后稳步发展四个阶段之后,[①]成为除国有企业之外最重要的经济成分。1997年累计批准外商投资企业30.48万家,实际使用外资金额达2218.52亿美元,实际使用外资金额占全国固定资产投资比重达到15.04%,工业总产值占比达到12.66%,进出口商品总值占比达到46.95%。[②] "三资"企业在内引外联中扮演不可替代的作用。

进入21世纪后,随着我国经济持续发展,国内资本充盈甚至过剩,对外资需求不再像过去那么强烈。2001—2016年我国利用外资从496.72亿美元增加到1260.01亿美元,15年间名义数量提高了1.54倍,显然没有从前增长得快。

"三资"企业的贡献在于,除了带来外资,还带来技术进步、销售市场和管理方式,带动供给质量的整体提高。

从产业结构看,外资企业带动了一批新兴产业,让一部分企业起死回生,让弱势产业变强;从技术创新能力看,外资企业技术溢出效应明显,带动了我国技术创新能力的提升;从企业管理看,国

---

① 滕家国:《外商对华直接投资的发展及其主要特点》,载《经济评论》2000年第4期。
② 李海舰:《我国"三资"企业发展状况分析》,载《中国工业经济》1999年第4期。

外企业先进的治理结构和管理方式,为国内企业提升管理水平提供了诸多经验;从市场竞争看,国外先进企业有着明显的竞争优势,对国内企业造成不小压力,市场竞争的结果,促进了整体经济效率的提高。

(三)民营企业继而蓬勃发展

民营经济向来地位卑微,难成气候。1978 年全国范围内工商业者仅有 14 万人,[①]到了 1981 年个体工商业户也仅为 183 万户、从业人员 227 万人。[②] 改革开放早期,民营企业基本上是"个体户",就业规模平均只有 1.24 人。1990 民营企业数量达到 9.81 万户,从业人员 170 万人,产值达到 122 亿元。到 1995 年,民营企业数量迅速增至 65.45 万户,从业人员 956 万人,产值 2295 万人,[③]短短 5 年时间规模扩充了好几倍,企业数量提高了 5.67 倍,从业人员提高了 4.62 倍,产值提高了 17.8 倍。这个变化与 1992 年党政干部"下海潮"有关,直接受到了邓小平南方谈话和其后召开的党的十四大的鼓舞,民营经济不再受歧视,民营经济的发展环境已经大为改善。

40 年来,我国民营经济从小到大、从弱到强,不断发展壮大。虽然在改革开放最初阶段,发展的速度远不及乡镇企业,发展环境

---

① 阎阳生:《我国民营企业的产生、发展与现状》,载《中国商贸》1998 年第 8 期。
② 叶初升、罗连发:《民营企业发展与"双重结构变迁"——透视改革开放 30 年的一个发展经济学视角》,载《江汉论坛》2008 年第 9 期。
③ 阎阳生:《我国民营企业的产生、发展与现状》,载《中国商贸》1998 年第 8 期。

远不如"三资企业",外资企业在改革开放之后很长一段时间享受超国民待遇,给予减税、免息等各种优惠,但是,私营企业后来居上,成为了就业人数量多、产值最大的一个企业群体。截至 2017 年底,民营企业数量多达 2700 多万家,个体工商户超过 6500 万户,注册资本超过 165 万亿元。民营经济具有"五六七八九"的特征,即贡献了 50% 以上的税收,60% 以上的国内生产总值,70% 以上的技术创新成果,80% 以上的城镇劳动就业,90% 以上的企业数量。同时,民营企业国际竞争力不断提升,在世界 500 强中的数量由 2010 年的 1 家提高到 2018 年的 28 家。[①] 民营经济已经成为推动我国发展不可或缺的力量,成为创业就业的主要领域、技术创新的重要主体、国家税收的重要来源,为我国社会主义市场经济发展、政府职能转变、农村富余劳动力转移、国际市场开拓等发挥了重要作用。

第三节　注重宏观调控和市场机制有机结合

发挥市场在配置中的决定性作用同时配合以宏观调控,两方面相辅相成,有效地促进经济社会稳定持续发展,是中国特色社会主义经济发展的显著特征。

中国特色社会主义的宏观调控与建立在生产资料资本主义私有制基础上的西方资本主义国家有着本质不同。尽管西方资本主义国家在 20 世纪 20—30 年代"大萧条"中首先发现了宏观调控的

[①] 习近平:《在民营企业座谈会上的讲话(2018 年 11 月 1 日)》,《人民日报》2018 年 11 月 2 日。

作用,但是,由于经济基础建立在生产资料资本主义私有制之上,无法消除总供求矛盾,因此,宏观调控和市场作用是根本对立的,这就决定了它的宏观调控只是暂时治标。只有当经济陷入危机时,政府才被授权调控,调控的力度越大,国家债务就会越重,更加突出了结构性矛盾,导致经济停滞和通货膨胀同时并存。滞胀已经成为西方资本主义国家的通病。

一、改革开放以来我国历经7次宏观调控

计划经济具有强有力的直接调控功能,不需要借助于间接的宏观调控。宏观调控是改革开放转变发展方式的产物,是伴随着市场经济而出现的新生事物。1984年党的十二届三中全会提出"宏观调节",1988年十三届三中全会进一步提出"宏观调控",期间,宏观调控先后历经了7次,分别是:1979—1981年、1985—1986年、1988—1989年、1993—1996年、1998—2002年、2004—2007年、2008—2011年。[①]

其中,1998—2002年以及2008—2011年是针对通货紧缩的,其余5次针对通货膨胀。

(一)1979—1981年的宏观调控

改革开放初期,中国在较短时期内就引进了一系列大型投资

---

① 汪同三:《改革开放以来历次宏观调控及其经验教训》,载《新金融》2005年第7期。

项目,仅在 1979 年国务院经济务虚会之后的几个月内,就从国外引进了 9 套总价值 160 亿元的设备和 22 个耗资总计 600 亿元的项目①,很快导致经济过热,表现出来的现象就是物资极度短缺,供不应求。为了遏制国民经济失调,中央提出"调整、巩固、整顿、提高"八字方针,反过来压缩投资规模,减少财政开支,1979—1980 年期间停建缓建了 40 多项投资,1981 年又进一步"压缩空气",停建缓建了 22 个大型引进项目,为再平衡国民经济付出了巨大代价。

(二)1985—1986 年的宏观调控

1984 年改革重心正式转向城市,先行将物价放开,导致一轮涨价风潮,又由于货币数量发行过多,加重了通货膨胀。1985 年各地争抢原材料,导致原材料价格上涨,又推动了成本型通货膨胀。在三路供求矛盾夹击下,城市消费品上至家电下至卫生纸均被抢购一空。这就不是经济过热的表现,而是到了经济恐慌的边缘。1985 年 GDP 增长率达到 16.2%,商品零售价格指数上涨了 9.3%,②已经大大超出了普通民众的承受能力。而且明显存在着过度再分配现象,导致贫富差距拉大。

为了遏制这种现象继续蔓延,从 1985 年开始,主要采取三方面的措施:一是调整部分贷款存款的利息,二是控制固定资产投资规模,三是紧缩银行信贷。1986 年 GDP 增长率下降到 8.8%,即商品

---

① 魏加宁:《改革开放以来我国宏观调控的历程(上)》,载《百年潮》2008 年第 5 期。
② 常春凤:《改革开放三十年:中国经济波动与宏观调控的回顾与反思》,载《经济学家》2009 年第 2 期。

零售价格指数下降到 6.5%。

　　但是,这次调控持续的时间和力度都是有限的,由于不能及时对储蓄保值,导致了通货膨胀,生产物资和生活物资价格全面上涨。在物价还没有完全降下来时,迫于地方财政赤字的压力再度放松银根,导致新一轮的投资扩张和通货膨胀。1984—1988 年固定资产投资分别增长 28.2%、28.8%、22.7%、21.5%、25.4%,投资规模没有得到及时压缩,这就导致 1988 年再度发生严重经济过热现象。[①]

(三)1988—1989 年的宏观调控

　　除了上次宏观调控不力遗留下的投资过热后遗症,导致这次经济大起大落还有诸多因素。

　　一是货币发行过多过快。1988 年狭义货币供应量(M1)和广义货币供应量(M2)分别增长 33% 和 29%,高于正常年份 10 个百分点以上。

　　二是产品结构失衡,推动成本上升。1987 年第四季度,农产品价格率先上涨,交通运输能力短缺。到 1988 年下半年,物价上涨26%,经济过热现象加剧。[②] 有鉴于此,1988—1989 年先后出台了一系列紧急应对措施:一是强化物价控制,要求 1988 年下半年不再出台任何刺激涨价的措施;二是控制信贷规模,同时提高存款利息,1988 年 7 月将法定存款准备金率从 12% 提高到 13%,先后两次

---

① 汪同三:《改革开放以来历次宏观调控及其经验教训》,载《新金融》2005 年第 7 期。
② 魏加宁:《改革开放以来我国宏观调控的历程(上)》,载《百年潮》2008 年第 5 期。

提高存款利息,将利率从 6% 提高到 9.45%。保值储蓄就是从这个时候开始实行的。

三是大力压缩固定资产投资规模。[1] 全面的物资供应紧张和通货膨胀最终导致全面压缩固定资产投资规模,又由于调控力度过重,短期流动性不足,影响正常的生产活动,造成经济硬着陆,增长率不足 4%,而当时正常的经济增长率是 9%,因此缺口较大。

(四)1993—1996 年的宏观调控

1992 年邓小平南方谈话和其后党的十四大所确立的社会主义市场经济,重新焕发了改革的生机,很快又迎来新一轮发展高潮。随之而来的是 1993 年上半年经济领域出现了"四高两乱",即高投资、高货币投放量、高物价、高进口额以及金融秩序与生产资料市场秩序的混乱,金融领域还出现了"三乱",即乱集资、乱拆借、乱设金融机构。[2] 面对这些乱象,中央又出台了一系列限制措施。

1993 年 6 月颁布《中共中央、国务院关于当前经济情况和加强宏观调控的意见》16 条措施,核心是提高利率;1993 年 5 月和 7 月连续两次提高贷款基准利率,12 月又对金融体制进行重大改革,建立中央银行制度,让中央银行发挥间接调控货币的功能。

这个阶段宏观调控的特点是尽可能采取间接手段,避免大起

---

[1] 常春凤:《改革开放三十年:中国经济波动与宏观调控的回顾与反思》,载《经济学家》2009 年第 2 期。

[2] 和红:《改革开放 30 年来我国宏观调控历程的回顾与展望》,载《福建行政学院学报》2008 年第 5 期。

大落。采取上述调控措施之后,经济增长率开始下降,但是物价仍然持续上涨,到 1994 年底,通货膨胀达到 24.1%,是改革开放以来的最高值,迫使中央银行进一步采取压缩银根、控制货币发行的措施:1994 年底,禁止政府在出现财政赤字后再向银行透支,1995 年 1 月和 7 月又先后两次提高利率。1996 年继续保持双紧的财政货币政策。

这次宏观调控长达 4 年时间,通货膨胀率从历史性最高点回落到 1996 年的 8.3%,固定资产投资增长率从 1993 年的最高点 61.8% 回落到 1996 年的 14.8%,而经济增长始终保持平稳。即便是 1996 年,GDP 增长率依然接近 10%,保持较高水平,成功地实现了 "软着陆"。[①]

（五）1998—2002 年的宏观调控

这是改革开放以来经历的第一次通货紧缩。外部受到亚洲金融危机的冲击,内部经济疲软,增长乏力。1996—1998 年经济增长率一路下滑,从 9.7% 降到 7.8%。以当时的国情衡量,增长率一旦降低到 8%,简单再生产都会难以实现,可见情形有多严重。"保八"成了必须打赢的一场硬仗。

国家为了"保八"又推出一系列扩张性政策,如发行 1000 亿元国债,加大基础设施投资力度等,到 2002 年累计发行国债达到 6600 亿元,加上银行贷款和地方政府配套资金支出,累计达到 3 万

[①] 常春凤:《改革开放三十年:中国经济波动与宏观调控的回顾与反思》,载《经济学家》2009 年第 2 期。

多亿元。①

当其他亚洲国家都在贬值货币,中国作为负责任大国并没有同步采取降低汇率措施,而是保持汇率稳定,这就导致出口竞争力下降,出口量下滑。经济增长主要靠投资和出口两翼驱动,出口量下滑意味着丧失了其中一台最有力的发动机,这是改革开放以来从没出现过的现象。

扩大内需就是在这种增长不力的情况下提出的,国家急需找到新的经济增长点。于是,汽车和房地产被列入其中。事后证明,这两大产业在以后十几年时间里起到了领航和续航的作用。

经过一系列调控之后,中国经济逐渐步走出通货紧缩的阴影,经济增长率止跌回升,2009 年恢复到 9.1%,2003 年进一步回升到10%。这个阶段所采取的调控措施为以后再次出现通货紧缩积累了经验。

1993—2002 年所经历的两轮宏观调控,是真正意义上的宏观调控,主要采取软着陆的信贷和利率政策,没有直接采用行政干预,避免了大起大落。这个阶段所采取的调控措施为以后治理通货紧缩积累了教科书般的丰富经验。

(六)2004—2007 年的宏观调控

2001 年中国正式加入 WTO,同时迎来外资、外贸两座增长高

---

① 魏加宁:《改革开放以来我国宏观调控的历程(下)》,载《百年潮》2008 年第 6 期;和红:《改革开放 30 年来我国宏观调控历程的回顾与展望》,载《福建行政学院学报》2008 年第 5 期。

峰,它们对经济增长的贡献日渐显著,而且十几年经久不衰。在WTO 效应带动下,2004—2007 年再次进入高速增长期,GDP 增长率达到两位数,而且连年递增,2007 年更是高达 14.2%。

经济快速成长,带来煤电油运紧张,经济结构不平衡的短板效应再次显现。在供求矛盾日益突出的情况下,2004 年最终放弃了坚持了七年的扩张性财政政策,转而实行财政—货币双稳健政策。

2004—2007 年还多次采用货币紧缩措施,其中 2007 年货币政策在使用次数、调控力度等方面都创下历史性纪录,政策取向也由"稳健"转向"从紧"。[①]

(七)2008—2010 年的宏观调控

2007 年发端于美国次贷危机演变为席卷全球的国际性金融危机,在经过一年发酵之后也波及到了中国,2009 年影响最严重,造成当年 GDP 增长率仅为 9.2%,因此必须采取相应的反危机措施。

起初,相关政策主要体现在出口退税方面,2008 年下半年以后多次提高出口退税率,用来抵消金融危机对出口的冲击。

由于有了之前对付亚洲金融危机和通货紧缩的经验,很快推出涉及十大措施的一揽子投资计划,并且要求在两年内完成,俗称"4 万亿计划"。如果包括银行信贷和地方配套资金,还会放大若干倍,据估计累计的投资计划高达 22 万亿,也有的学者统计认为

[①] 常春凤:《改革开放三十年:中国经济波动与宏观调控的回顾与反思》,载《经济学家》2009 年第 2 期。

2008 到 2010 年政府实际投资了 30 万亿元。[①] 调控力度空前强大，把金融危机的冲击降到最低，很快止跌回升，2010 年经济增长达到 10.4%，一度出现一枝独秀、风景这边独好的国际新格局。

　　这次反危机措施还同步推出产业政策。2009 年制定了十大产业振兴规划。

二、我国宏观调控的特点

　　改革开放 40 年来宏观调控从单一计划手段到计划与市场结合的两手，调控体系从无到有，调控手段日渐丰富多样。

（一）宏观调控手段不断丰富，手段之间配合更加默契

　　宏观调控最初采用一刀切办法，用行政命令方式生硬地"关停并转"各项建设工程，随着中国市场经济不断完善，经济体系越来越复杂，在政策"篮子"中相应的调控手段也越来越多，财政政策和货币政策体系日臻完善。

---

① 22 万亿是根据当时各地方政府政府与中央政府计划投资总额计算而成，林毅夫统计后认为是 30 万亿。详见 http://finance.ifeng.com/a/20150328/13589903_0.shtml；林毅夫：《四万亿的问题到底在哪里》，https://www.guancha.cn/linyifu/2013_09_06_170600.shtml。

(二)调控力度大,调控作用显著

社会主义制度具有"集中力量办大事"的优势,在经济调控方面更是发挥得淋漓尽致。如 2008 年反危机提出 4 万亿投资计划,带动其他配套资金高达 22 万亿元,相比于当年(2009 年)34.9 万亿元的 GDP,反危机投资总额占 GDP 比例高达 63%,[①]这样的投资规模是任何西方国家无法企及的。大规模反危机措施起到了立竿见影的效果,更重要是重新确立了对未来的信心和预期。

第一,它能够有效在短时间内创造新增需求,拉动经济上涨效果明显。投资的短期效应表现为创造需求,且需求增长的效果立竿见影,因而各国的反危机措施均把投资摆在最重要的地置,只是因为受制于各方面而无法达到中国这么大的规模。中国相关的反危机措施之所以能在短期内取得显著效果,大规模投资是其中最重要的因素。

第二,投资有利于提高基础设施水平,为未来经济发展创造条件。中国公共投资越来越重视投向铁路、公路、机场等基础设施,与其他发达国家相比,改革开放几十年来基础设施后来居上,整体水平已跃居世界前列。高速公路里程从 1988 年的 0.01 万公里提高到 2015 年的 12.35 万公里,超过美国位居世界第一,且相关建设还处于高速增长进程;在欧美等发达国家尚未大规模普及高铁的情况下,中国高铁迅猛增长,截至 2016 年底,高铁营业里程超过 2.2

---

① 4 万亿投资的实施期限是 2008 年第 4 季度到 2010 年底,这里采用 2009 年的 GDP 数据作为基准。这个数据和年度的资本形成率有所不同。

万公里,远远超过其他国家,高居世界第一。①

(三)高度强调对抗危机的功能,政策具有明显的短期效应

宏观调控在历次应对经济波动和外部危机中得以确立,制度设计极具针对性,高度强调对抗性。尽管正常经济状态下依然存在宏观调控,但是这个时候调控力度并不大,只有当经济处于剧烈波动或危机时,宏观调控才临危受命,其政策组合的复杂性、政策出台的密集型、调控力度都是空前的,远远超出常态。

与发达的市场经济国家相比,中国出现经济过热的频率高,波动性大。即便是最低的经济增长率,如 1990 年的 3.9%,对发达国家来说也是很高的增速。一般来说,发达国家在经济高速增长时会预先采取相应的抑制政策,用来平衡之前经济萧条期所采取的扩张政策,因此其政策力度总是非常有限的,在我们看来无异于杯水车薪,无济于事。中国的经济过热一旦失控时,往往会采取高强度、多方位的紧缩政策多方配合,名曰使其恢复正常状态,实则助长大起大落。

危机应对型政策具有明显的短期效应。尽管宏观调控政策都在讲求短期效果,但是像中国这么大波幅的,能在短时间内达到立竿见影效果,实属罕见。其调控力度必然是高强度的。如此追求短期效果,意味着它不是在熨平波动,而是增加了后续波动的筹码。

---

① 《中国铁路今年投资不减》,载《人民日报(海外版)》2017 年 1 月 4 日。

短期内密集出台政策,不断加码,往往是由于前期政策不到位、没有在短期内达到预期目的造成的,需要持续出台新的政策。等到短期调控目标达到之后,相关政策就都陆续退出,此正所谓"来的快,去的也快"。政策短期化的好处在于尽可能地减少干扰时间,必要时插手防止经济波动失控,其不利之处在于它事实上已经造成干扰,而且力度之大已经影响到市场机制的自然发挥。

当然,导致经济剧烈波动的原因很复杂,部分原因在于经济外贸依存度较高,易受外部经济变化的冲击;内部供给侧结构性矛盾也是重要原因,内外交织在一起导致经济缺乏稳定性,往往从一个极端迅速滑向另一个极端,在短期内从高速急转直下。另一部分原因在于不同地区之间攀比,体制机制上存在"一拥而上,一哄而散"的局面,经济形势一旦好转便很快进入过热状态,迫使调控政策追求短平快。

(四)高度关注与稳定增长相关的指标,对长远发展目标和经济增长后劲关注度不足

宏观调控主要关注 GDP 增长率、价格指数、固定资产投资数额等指标,对财政收支平衡、经济安全、环境污染、个人收入差距等反映长远发展目标和经济增长后劲的指标关注不足。①

随着经济基础和经济结构日益改变,经济进入新常态,对高质量发展提出新要求,过去那些不被重视的长远目标日益受到青睐,

---

① 欧阳日辉:《我国宏观调控 30 年的经验和问题》,载《中央财经大学学报》2009 年第 4 期。

因此对宏观调控也相应地提出了新的要求。

一是改变对扩张性政策过分依赖,调控取向由过去单一地注重增速转向高质量发展。过分扩张性的财政政策和货币政策对经济增长和转型有负面影响,由于相关的政策从实施到效果显现存在一个延迟效应,如果在政策实施时对此估计不足,就可能为后来的经济发展带来不利作用。而对扩张性政策的偏好,其实质就是政府对经济增长速度过分看重。而经济进入新常态后,经济增长质量的重要性不断提升,注重速度与质量的平衡将成为宏观调控的目标取向。在这种情况下,未来的宏观调控就必须摆脱对扩张性财政政策和货币政策的依赖,更加科学的选择调控措施和权衡调控力度。

二是建立更加完善的调控指标体系,促进经济持续健康发展。从关注 GDP 增长率、物价水平、投资水平等少数指标转向更科学合理的指标体系,将反映经济质量的指标纳入其中。另外,随着国内外经济一体化程度不断加深,宏观调控将更加关注外部环境,依据外部环境的变化及时调整,提前介入以缓解外来冲击,而不是等到既成事实之后才做反应。

三是更加重视供给侧结构,实现供给管理与需求管理政策的均衡。通过提升生产率、促进技术创新和产业升级的相关政策,强调政府对经济有限却有效的干预,侧重于降低税率、改变税收方式等政策。[1]

---

[1]　王富祥:《论我国宏观调控中的供给管理政策》,载《南阳理工学院学报》2011 年第 3 期。

第四节　高度重视整体性协调的发展规划,促进经济社会全面可持续发展

高度重视整体性协调的发展规划,促进经济社会全面可持续发展,是中国特色社会主义经济发展的显著特征,也是社会主义市场经济与资本主义市场经济的重要区别。所谓规划,就是全面长远的计划,相比于计划,规划抓的是大头,侧重于解决全局性、长期性、战略性、方向性问题,计划则无所不包,更讲究细节和全面,处处要落实到位。但是,长远计划只能是粗线条的,因此,长远计划只能是规划。

规划要统筹国内国外两个大局,协调城乡之间、地区之间、产业之间、人和人之间、人和自然之间关系,结合政府和市场关系,促进资源和要素有序自由流动、有效配置,调动各生产要素的积极性,激发全要素生产力。中国的发展规划目前主要是五年规划和各种产业规划、地区规划。

一、五年规划的指导作用

五年规划就是以五年为时间单位制定的计划,属于较长期的计划。从规划史来看,一直到"十五"都是"五年计划",从"十一五"开始改称"五年规划",两种指标的性质不同,前者是指令性的,后者是指导性的。

五年计划由社会主义国家首创,是社会主义计划经济体制的

产物。苏联是世界上第一个制定五年计划的国家。计划经济能够对经济社会发展作出长期统一的安排,到了社会主义市场经济时期,这个方向性、指示性的安排不能丢。五年规划就是要充分发挥政府协调资源配置功能,对市场经济作用不到的地方进行补位,对市场关系扭曲予以纠偏,通过对经济发展规律的把握,发挥"后发优势",实现弯道超车。五年规划的作用主要体现在以下几个方面。

一是发挥政府统筹调控的优势。

集中力量办大事是中国特色社会主义的制度优势,五年规划就是实现这一制度优势的重要形式,利用中长期调控手段,协调各方面利益关系,促进经济社会高效、有序、平稳发展。如果按照自然发展条件,落后国家和发达国家的关系就是外围和中心的关系,落后国家缺乏资本、技术等要素,只能围着发达国家转,永远处在后面。但是,有效的国家规划,可以扬长避短,发挥比较优势,在国际分工中仍然能够占有重要一席。田忌赛马,同样多的资源如果只是随机配置,战胜对手的可能微乎其微,但是扬长避短,却能反败为胜。统筹规划就起到这个作用,这是完全竞争的市场经济做不到的。汽车工业就是一个典型例子。直到20世纪90年代,中国汽车工业还是产能小、竞争力弱,但是相关规划落实之后,持续引导扶持,只用了20年就成为汽车产销大国,远超美日等国家。

二是及时迅速地调整方向和重点。

规划有一年、五年、十年之分,甚至还有二十年、五十年的,但最有效的还是五年规划。究其原因,事物发展、各种关系演变经过五年时间有了从量变到质变的可能,五年规划就是要促成这一步的飞跃。每个新规划出台前,都要根据经济发展形势变化调整方向和侧重点,提出相应对策,保证经济发展高效稳定。

三是规划的杠杆作用,放大了全社会的协同能力。

五年规范就是政府协同力的化身。五年规范覆盖经济、文化、社会多个领域,通过贯彻落实五年规划,动员各地区、各产业、各经济成分形成广泛的协同力量,五年规划在其中起到了核心和纽带作用。

四是有重点地扶持行业和项目,引导资源向重点领域集中。

长远来看,只有全面协调可持续发展才有最大的生产力,短板决定整体的发展速度和发展质量。五年规划都有所侧重,就是为了克服制约发展的瓶颈。例如,"十二五"规划重点发展七大战略性新兴产业,就是要提升技术创新能力,为产业结构升级夯实基础。

二、产业政策的发展历程

在经济发展规划中,产业发展规划是先导,特点最鲜明,作用最强有力。发达的市场经济国家可以不做全面的经济发展规划,但不能没有产业发展规划;即便没有产业规划,也得有产业政策,总之不能任由市场竞争来解决。产业政策就是产业规划的指挥棒,用来指导产业规划的落实。

二战以后各国都认识到产业规划和产业政策的重要性,日本就是做得最好的一个国家,不但有长期的产业规划、产业政策,还有行政上的指导机构——经济产业省。美国里根时期的星球大战计划、克林顿时期的信息高速公路计划都在起到国家引导产业的作用,长远效果都非常显著。

产业政策能够调动更多资源,协调更多力量,因而对经济发展更加重要。中国产业政策的演变历经三个阶段,日臻成熟。

(一)产业政策探索阶段:1978—1989 年

长期以来,我国产业发展的思路都是"重重轻轻",优先发展重工业。造成长腿更长,短腿更短,产业结构扭曲,轻重比例失调,严重影响效率和效益。

1978 年颁布的《中共中央关于加快工业发展若干问题的决定》明确重点发展轻工业这条"短腿",轻工业、交通运输、能源原材料几个行业受到前所未有的支持,给予一系列优惠政策。"七五"计划第一次提出"产业政策"这个概念,并将交通运输、邮电通信、能源原材料几个行业列为重点,针对"六五"期间出现的轻工业重复建设问题,实施计划定点和目录管理办法,对产业规模实行限制;提出发展技术密集型产业和高新产业以及促进服务业发展的产业发展方向。

从产业政策实施效果看,向轻工业倾斜及时见效,产业结构中的轻工业比重迅速得以提升。到 1990 年,轻重工业比重基本持平。但也因此造成加工工业过度发展,超出基础工业的承受能力,导致煤电油运紧张,能源、交通和原材料供应不足,但是,国家限制加工工业不力,相关政策收效甚微。①

这个时期是虽然已经提出了产业政策,但具体政策不到位,还是围绕调整产业比例,政策工具单一,有着很强的行政管理色彩。

(二)产业政策起步阶段:1989—2000 年

进入 20 世纪 90 年代,中国开始由买方市场向卖方市场转变,长期存在的供给不足矛盾刚得到缓解,生产过剩矛盾就开始突显。这个时期经济快速增长,但市场经济体制不完善,因此,结构性矛盾更加突出。

这个时期产业政策重在产业升级,促进经济发展方式由粗放型向集约型转变。1989 年颁布的《国务院关于当前产业政策要点的决定》明确区分出国家支持、限制与禁止发展的产业边界,制定了投资优先顺序表,制定不同的税率和利率政策作为支持。"八五"计划提出重点加强基础工业和基础设施,改组改造加工业,优先发展电子工业等相关措施,进一步体现了产业结构优化、解决经济发展短板以及限制产能过剩行业发展的思路。1992 年党的十四大提出将机械电子、石油化工、汽车制造业和建筑业等几大产业作为支柱产业并加快发展第三产业。1994 年颁布的《90 年代国家产业政策纲要》,将机械、电子、石油化工、汽车制造和建筑业确定为支柱行业,鼓励高新技术和高新产业发展

这个阶段,国家还专门制定了汽车工业、软件产业和集成电路

① 马晓河、赵淑芳:《中国改革开放 30 年来产业结构转换、政策演进及其评价》,载《改革》2008 年第 6 期。

产业的专项规划。1997—1999 年,先后颁布了《当前国家重点鼓励发展的产业、产品和技术目录》《淘汰落后生产能力、工艺和产品的目录》《工商领域制止重复建设目录》(1999)等几个政策文件,对不同行业采取不同政策,强化对产业的管理。

产业政策进入起步阶段,各种具有明确产业调控意义的政策不断出台,对不同行业采取分类调控,针对特殊行业和高新技术产业制定专项规划,都体现了产业政策的进步。

从实施效果看,受到重点扶持的行业发展迅速,如汽车和电子行业,部分受到限制的行业如纺织工业,限产效果也很显著,为这些行业及时转产、转业提供了时间窗口。

从推动产业结构升级效果看,技术密集型产业比重有所提升,高新产业发展迅猛。

当然,产业政策与预期的效果相比,仍有较大差距,尤其是促进经济结构转变,收效甚微。

(三)产业政策成熟阶段:2000 年至今

在 WTO 效应、城市化和工业化三重利好因素推进下,中国经济进入快速增长阶段。产业发展表现在重化工业得以重新迅猛发展,一大批高污染、高耗能的产业起死回生或重新上马。

这个阶段产业政策的核心仍然延续之前的主题,以产业结构升级为主导。"十五"计划和"十一五"规划中都以产业结构升级为核心目标,"十一五"规划将与产业结构升级息息相关的增强自主创新能力提升为国家战略,把电子信息制造业、生物产业、航空航天产业、新材料产业等几个高技术产业作为重点扶持发展的行业。2005 年《关于发布实施促进产业结构调整暂行规定的决定》和《产业结构调整指导目录》两份文件对产业结构调整提出具体指导意见。《关于进一步加强国家产业政策导向,促进新兴工业化发展的指导目录(试行)》等一批文件陆续出台,对各个产业做出调整。先后出台了汽车、钢铁、水泥、煤炭等产业的调整政策。[①]

2008 年国际金融危机爆发之后,产业政策也同时成了反危机的重要举措,如"十大产业振兴规划"、《国务院关于加快培育和发展战略性新兴产业的决定》。一方面,将产业结构升级与解决产业产能过剩结合起来,力图将淘汰过剩产能与产业发展协调起来;另一方面,通过扶持战略性新兴产业占得先机,推动产业结构升级。从实施效果看,救活了一些本该淘汰的企业,反而对产业结构升级不利;对战略性新兴产业的扶持,在缺乏技术支持下盲目扩张,导致部分行业出现新的产能过剩。

三、中国产业政策的显著特征

(一)产业政策具有较强的规模扩张冲动

中国产业政策与宏观调控都具有规模扩张偏好,对积贫积弱的产业更有这种意向。如早期的有轻工业、中期的有汽车产业,进入 21 世纪以来有新兴产业。

---

① 马晓河、赵淑芳:《中国改革开放 30 年来产业结构转换、政策演进及其评价》,载《改革》2008 年第 6 期。

以汽车制造业为例。推出扶持汽车产业发展意见之后,在 20年时间里,汽车产业从小规模一跃成为世界第一产销大国,创造了汽车工业发展史的奇迹。虽说有诸多因素在推动,但产业政策是最重要的,其作用不可替代,产业政策整合了各种零敲碎打的扶持政策齐集到规模扩张上来。这一导向暴露出来的致命弱点就是身子大脑袋小的虚胖,面临无核心技术的困境,陷入"高新产业低端化"的陷阱。

(二)技术创新导向明显提升,但效果不佳

产业政策与技术政策密不可分,技术政策就蕴含在产业政策之中。技术进步是提升产业结构的最有效措施。中国特色社会主义进入新时代,产业政策中的技术创新导向越来越明显,与技术创新相关的政策越来越细化。

虽然这些政策的实施取得了显著成效,如技术研发投入快速增加,专利申请量迅速提高等,但发展方式依旧是主要靠投入扩张和规模扩张,科技转化为生产力的效果并没有显著提高,创新并没有带来实质性的经济效果。这固然与创新的延时效应有关,但缺乏技术创新的环境、没有相应的配套能力,在高度强调分工合作的领域,创新型发展方式是很难实现的。产业发展靠政策、优惠和补贴政策并没有实现真正的创新,仍然是数量和规模的扩张和低水平的重复生产过程。

（三）产业政策具有明显的保重点、扶持大企业倾向

中国的产业政策，无论产业扶持还是技术扶持，都倾向于抓大放小，保重点、扶持大企业。

产业政策人为地制造强者更强的新格局，相应地也使得弱者更弱，由此导致两极分化，跟产业政策和政府调控的初衷是相悖的。大企业资金充足、竞争力强，产业关联度大，带动效果明显，因此，产业政策最容易见效。但是，对大企业的扶持，无异于锦上添花，边际效果是最差的，不如给中小企业雪中送炭来得效果好。而且，扶强抑弱只会强化、固化企业垄断地位，进一步削弱竞争性，导致大企业和小企业都丧失创新力。在这种人为的阻隔中，小企业无法通过创新实现反超。

主要产业都由大企业占据各个"山头"，大企业主动配合产业政策，实施起来自然很有效。但是，大企业在"大"和"强"之间并没有表现出很强的相关性，大而不强的例子的比比皆是。例如，入围世界 500 强的企业数量逐年增加，到 2016 年已经有 110 家，"大"的已经足够大，但是盈利能力、技术创新能力怎么样呢？如果把它们从垄断位置上挪开，还有几家能站得起来呢？中国 500 强企业中有 72 家企业是亏损的，亏损面高达 14.4%；中国 500 强企业营收利润率、净资产利润率分别是 4.61% 和 9.6%，比美国 500 强低 2.4 和 3.09 个百分点。[1] 创新能力方面，除了少部分企业有核心技术，多

---

[1]《五百强"虚胖"怎么减》，《人民日报》2016 年 8 月 29 日。

数企业是没有的。再人为地扶持这些企业做大,就是在巩固它们的垄断地位,反过来又去抑制创新,等于是在"助纣为虐"。

四、产业规模扩张与产业结构升级螺旋式上升最终实现高质量发展

由点到面、由粗放转向集约是产业发展的普遍规律。发展初期只能按照比较优势从事劳动密集型产业,以及资本和技术密集型产业中的劳动密集环节,即加工组装环节,逐步提升技术创新能力,进而实现产业结构升级。与其他国家相比,我国更能将每个环节做到极致。

中国产业规模扩张的历程。改革开放以来,产业规模扩张分为三个阶段。1997 年之前整体呈短缺状态,市场供不应求,产品和服务处于卖方市场;1997 年之后由卖方市场转向买方市场。[①] 2012年之后,经济进入发展的新常态,产业也由规模扩张转向高质量发展。

(一)经济短缺条件下的产业规模扩张:1978—1997 年

在改革开放初期,经济发展的主要矛盾是资金短缺和供给能力不足。产业政策早期特点是通过引进外资等手段,迅速实现产

[①] 以 1997 年为界限,从这一年下半年开始被重点调查的 601 种主要商品整体呈现供求平衡或者供过于求的状态。汪建坤:《中国经济卖方市场与卖方市场的特征比较》,载《浙江大学学报(人文社会科学版)》1999 年第 2 期。

业规模的扩张,填补供求缺口,以解燃眉之急。韩国、日本的产业政策更有耐心,从一开始就重视在引进外资的同时引进技术,同时不放弃自主品牌。中国实行"合资+利用成名品牌"的发展模式,主动或被动地放弃了自主品牌,如汽车、饮料等。产业政策导向对经济发展起到了至关重要的作用,弱势产业迅速扩张成为优势产业,农业、工业和服务业的生产体系得以完善,整个供给体系和供给能力大为增强。

改革开放之后,供给能力大幅提高,但经济短缺积重难返,仍然持续了将近 20 年,供不应求、产品匮乏是这个阶段最突出的矛盾。短缺的根源在于整个经济运行机制和供给体系尚未完全脱离计划经济。最具有短缺经济特征的粮票、布票等各种票证,在很长一段时期仍在使用,直到 1997 年才基本实现供求平衡。

以 1978 年各项工农产品人均产量与 1997 年产量之比作为反映市场需求满足状况的指标,各项工农产品的实际缺口(各项产品的缺口=1-1978 年各项工农产品产量/1997 年产量)分别是:粮食 20.6%、水果 83.4%、猪牛羊肉 73.8%、水产品 80.7%、原煤 42.5%、原油 16.7%、纱45.3%、布 43.0%、机制纸及纸板 79.3%、水泥83.6%、粗钢 62.5%、发电量 70.9%。其中,1980—1985 年短缺现象最严重,尽管 1985 年各项工农产品产量比 1978 年有所提高,但是,市场需求提高得更快,因此供求矛盾就显得更为紧张。1985 年人均水泥产量比 1978 年提高了 1 倍,是人均工农产品中提升速度最快的产品,但也仅是 1997 年的 39%,离市场需求还有较大缺口。

(二)过剩经济背景下产业规模扩张:1998—2012 年

1997 年之后,经济短缺转为生产过剩,但是,产业规模扩张依然如故,并未受到需求过剩的遏制。究其原因,一是收入持续提高、政府投资不断加大,国内需求保持较快增长态势,继续拉动供给;二是 WTO 效应,短期内拉高国外需求,掩盖了国内产能过剩的真相,导致过剩经济能够维护较长时间,仍然保持高速增长状态,直到受到国际金融危机冲击和国内经济转型压力等多重因素影响,才发生根本性逆转。

这个阶段主要产品产量大幅提升。在 2000—2015 年的 15 年里,27 种主要产品中 26 种产量都增加了数倍,只有原油产量萎缩,不到以前的一半(31.6%)。其中,移动通信手机产量从 5247.9 万台提高到 181261.4 万台,增加 33.5 倍,年均增长 26.6%;汽车产量增加 10.8 倍,年均增长 17.9%。2015 年汽车产量 2450.35 万辆,同期排名第 2 和第 3 位的美国和日本的产量总和只有中国产量的87.2%;原铝(电解铝)产量超过 10 倍,年均增长 17.5%。其他产量超过 5 倍的还包括发动机(9.77 倍)、发电机组(8.95 倍)、钢材(7.54倍)、房间空气调节器(6.77 倍)、橡胶轮胎外胎(6.63 倍)、初级形态的塑料(6.17 倍)、化学纤维(5.96 倍)、十种有色金属(5.57 倍)、化学药品原药(5.36 倍)、粗钢(5.25 倍)、家用电冰箱(5.24 倍)。

（三）经济新常态意味着向高质量发展方式转变：2012 年之后

没有技术创新就只能拼价格、挤成本、铺摊子,靠数量和规模取胜。只有把价格和成本压到比对手更低,才能在市场中生存。规模扩张要是没有财政补贴、税收优惠、信贷支持,风险是极高的,很难控制;但靠财政补贴、税收优惠、信贷支持的规模扩张则会扭曲经济关系。这样的发展方式、产业形态和企业生存状态必然是低质量的。

所有的资源和要素都是有限的,只有技术进步和创新才是发展的不竭动力。当经济规模达到一定程度之后,再以粗放型规模扩张为主导就会遇到发展的瓶颈,造成资源、环境的紧张,客观上迫使经济转型、发展方式转变。从主观上讲,这个时候产业自身也有了经济实力和主观愿望实现更高质量发展。

早在 1995 年党的十四届五中全会就提出"两个根本性转变",10 年之后这个目标变得更加清晰,20 年之后就成了必然结果。2005 年深圳农民工率先涨工资,意味着低端产业主导开始向高端产业主导迁移;2013 年"雾霾"变成了敏感词,意味着传统的发展方式已经严重威胁到生命、健康和安全的底线,转变发展方式迫在眉睫。

党的十八大之后党中央及时提出了高质量发展的经济新常态,深刻揭示了中国经济发展的阶段性变化特征,即从求数量、求规模向高质量发展转变,实现经济结构优化,产业结构升级,发展动力从要素驱动、投资驱动转向创新驱动。中国制造 2025 计划就是创新发展、创新型发展方式的重要抓手。

高质量发展目标的实现需要供给侧和需求侧两方面因素配合。供给侧强调结构性改革,促进物畅其流,人尽其才,激励生产要素发挥潜力和效率,那么创新发展也自在其中;需求侧除了过去所重视和强调的宏观调控之外,对外投资和对外贸易也是重要部分,特别在推进"丝路"经济带、发挥"亚投行"作用之后,会变得更加重要。

第五节　对外开放和独立自主相结合

对外开放和独立自主相结合,对外开放"以我为主",合作共赢,以开放促进内生能力提高,能引得进来,能走得出去,是中国特色社会主义经济发展的显著特征。

一、对外开放以我为主,有条不紊从容有序

分工合作关系是现代社会的基石,是开放的现代关系。中国特色社会主义克服了以往计划经济的封闭性,极具开放和包容性,利用国际、国内两个市场、两种资源发展壮大,所以才能屹立东方,成为新兴增长极。邓小平指出,要发展中国经济,"对外开放具有重要意义,任何一个国家要发展,孤立起来,闭关自守是不可能的,不加强国际交往,不引进发达国家的先进经验、先进科学技术和资

金,是不可能的"①。"总结历史经验,中国长期处于停滞落后状态的一个重要原因是闭关自守。经验证明,关起门来搞建设是不能成功的,中国的发展离不开世界。"②改革开放以来,形成了一个由沿海到内地,由南向北全方位、多层次、宽领域的对外开放格局。贸易体制转变分三个阶段。

1978—1988年,主要是理顺贸易体制,建立适合市场经济发展的制度框架,如设立了对外经济贸易部,同时为了刺激企业外贸的积极性,不断放松对企业的贸易管制,如外汇留成等。

战略布局方面,由南向北、由东向西,以钉钉子的精神稳步推进、积极扩大对外开放区域。第一步,创办经济特区。早在1980年就批准设立深圳、珠海、汕头、厦门四个经济特区,划出一定区域,放权、让利、减税,培育市场经济因素,吸引港澳台外来投资。正如邓小平说的:"特区是窗口,是个技术的窗口,管理的窗口,知识的窗口,也是对外政策的窗口。"

第二步,开放沿海港口城市。1984年改革转向城市和工业,随即又开放了沿海14个城市,成为第一批对外开放城市。第三步,继续扩大战果,建立沿海经济开放区。1985年长江三角洲、珠江三角洲和闽南(厦泉漳)三角地也辟为对外经济开放地带。1988年,开放辽东半岛、山东半岛,连同已开放的大连、秦皇岛、天津、烟台、青岛形成环渤海开放区。1988年海南建省,成为最大的经济特区。

1988—2001年,紧跟市场经济改革步伐,加快贸易体制改革,着眼于下放贸易权力给地方政府和企业,减少政府外贸管制,实行

---

① 邓小平:《建设有中国特色社会主义》,人民出版社1984年版,第67页。
② 《邓小平文选》第3卷,人民出版社1993年版,第157页。

政企分开。1998 年通过了《关于加快和深化对外贸易体制改革若干问题的规定》,1991 年出台《关于进一步改革和完善对外贸易体制若干问题的决定》,1993 年十四届三中全会通过了《关于建立社会主义市场经济体制若干问题的决议》,贸易体制迎来重大改革,废除了外汇留成制度,建立了外汇市场。

战略布局方面,开放不断纵深推进。1992 年,开放了长江沿岸芜湖、九江、岳阳、武汉、重庆 5 个港口城市,带动整个长江流域经济,以及合肥、南昌、长沙、成都、郑州、太原、西安、兰州、银川、西宁、乌鲁木齐、贵阳、昆明、南宁、哈尔滨、长春、呼和浩特 17 个省会城市,还有辐射东北、西南和西北广大地区的内陆边境城市,形成沿江、沿边多层次、多渠道、全方位开放的格局。

其中,浦东开发开放,掀开了对外开放的新篇章。以上海为龙头形成长江经济带,实现全方位对外开放新格局。30 年后,浦东新区被赋予改革开放新的重大任务——打造社会主义现代化建设引领区,深度融入“一带一路”建设。

2002—2012 年,即党的十六大到十八大之前的 10 年时间,是进入 21 世纪快速发展的十年,在加入 WTO 后,抓住经济全球化战略机遇,在加快自身发展的同时,提出“建设和谐世界”新理念,遵循“大国是关键、周边是首要、发展中国家是基础、多边外交是重要舞台”的总体外交布局,秉持“以人为本、外交为民”的理念,以合作谋和平,以合作促发展,以合作求共赢,开展全方位外交,积极参与全球治理,在对外交往中实现和平发展合作共赢,不但为中国自身发展营造了积极有利的外部环境,而且为维护世界和地区和平、促进共赢普惠发展做出了重要贡献,在国际事务中扮演越来越重要的角色,成为推动建设持久和平、共同繁荣的和谐世界的中坚力量。特别是 2008 年世界金融危机爆发以后,中国更是成为了引领全球经济复苏和发展的火车头。正如习近平总书记所指出的:"十年间,我国经济总量跃升到世界第二位,社会生产力、经济实力、科技实力迈上一个大台阶,人民生活水平、居民收入水平、社会保障水平迈上一个大台阶,综合国力、国际竞争力、国际影响力迈上一个大台阶,国家面貌发生新的历史性变化。"[①]

按照 WTO 相关协议,中国逐步向国际规则接轨,降低关税,认真执行国际通行规则,逐步兑现经济体制改革的承诺,完善贸易制度,抓住了难得的发展机遇期,创造了发展的黄金期。所以,根本的出路还在于改革。

2012 年中国经济步入新常态,以习近平同志为核心的党中央统筹推进"五位一体"总体布局、协调推进"四个全面"战略布局,开创和形成了中国特色社会主义的新时代,对外开放事业同步进入全面开放的新时代。面对国际金融危机和新冠疫情对全球经济的影响,中国开放的大门不但没有关闭,反而越开越大,如大幅度放宽市场准入、创造更有吸引力的投资环境、加强知识产权保护、主动扩大进口,同时更积极主动地参与到国际贸易规则的制定和改革当中。党的十九大提出,中国将以"一带一路"建设为重点,形成陆海内外联动、东西双向互济的开放格局。

贸易体制改革适应对外开放的要求,进出口呈现持续快速增长势头。改革开放头 6 年(1978—1984 年),出口额从 167.6 亿元

[①] 习近平:《在学习〈胡锦涛文选〉报告会上的讲话》,载《人民日报》2016 年 9 月 30 日。

提高到 580.5 亿元,名义增长 2.46 倍,由于基数小,起点低,绝对额不过增加了 412.9 亿元。从 1984 年开始,出口加速增长,实现了增加额和增长率同步快速提高,1984—1997 年的 13 年间,出口额从 580.5 亿元增加到 15160.7 亿元,名义增长 25.12 倍。1997—1999年,出口一度受到亚洲金融危机影响,出现了负增长,但从 2000 年开始,重新步入快速轨道,特别是加入 WTO 之后,出口迅猛增长,直至 2009 年,再次受新的国际金融危机影响。1999—2008 年的 9 年间,出口总额从 15223.6 亿元增加到 100394.9 亿元,名义增长了 5.6 倍。2009 年之后,受国际金融危机影响,各国贸易保护主义抬头,而在现行国际贸易框架内中国对外开放的"WTO 效应"释放完毕,开始进入常态化增长阶段。出口增幅明显放缓,2010 年之后各年份还不时出现负增长。

进口变动轨迹与出口相向而行,但也呈现自身特点。总体表现是"前逆后顺",出口竞争力与日俱增。由于进口受制于外汇,外汇主要靠出口赚取,因此出口始终制约着进口。外来投资和金融市场的开放一定程度上突破了量入为出、出口对进口的限制,进出口波动不再完全一致,出现了时间偏差和结构偏差。

二、扩大对外开放,实现全球合作共赢,建设人类命运共同体

坚持对外开放和独立自主相统一,是中国特色社会主义的显著特点,它彰显了国家制度和国家治理体系的显著优势,是解读中国经济快速发展奇迹的密码。

　　独立自主是对外开放的基础和前提。独立自主、自力更生是基础,解决十几亿人的温饱问题,总体实现小康靠的是自己的力量,任何外来力量都无法取代。开放不是漫无目的,或为了开放而开放,对外开放以我为主,为我所用,要增强自主能力、经济实力和综合国力,否则为何要对外开放?

　　正因为独立自主,才会有内外之别;有内外之别,才有对外开放和对内开放两种策略。内外无别,何来对外开放?新中国坚持走独立自主的发展道路,初步奠定了工业化的基础,建立了较为完备的工业体系,在改革开放之后充分发挥作用,迅速地形成加工制造和出口能力。正是长期坚持了独立自主的发展道路,才会有对外开放效应。即便对外开放之后,仍然要保持相对独立性,防止产业空心化,技术、资源受制于人,造成被动局面。

　　对外开放是独立自主的重要条件。独立自主并不意味着关起门来单干,历史一再证明,开放带来进步,封闭导致落后,任何国家自我孤立只有死路一条,保护主义、孤立主义害人害己。从趋势来看,国际分工合作关系只会日益加强和紧密。过去 40 年中国经济发展是在开放条件下取得的,对外开放使中国抓住了重要的发展机遇,未来中国经济实现高质量发展仍然需要开放的条件,而且只有更加开放,才能满足高质量发展要求。

　　在对外开放和独立自主关系上,全球经济发展史给我们提供了正反两面经验教训。二战之后,日本在很短时间内迅速成为全球经济最发达、贸易顺差最大的国家之一,其经济体系对国外依赖程度也最高。但是,日本始终注重提高自身经济生产能力,国内市场开放度并不高,目的在于保持对外开放的效率。反观阿根廷,二战后也曾是全球发展最快、最有希望成为发达国家的,最终却陷入中等收入陷阱,最突出的原因,就是过度开放,国内市场沦为外国资本的猎场,无力应对频繁发生的金融危机,最终导致债台高筑,经济停滞。

在对外开放过程中,中国高度重视自力更生能力建设,始终把提升自主创新能力作为产业发展的核心内容。从外围技术、配套技术入手,逐步延伸到核心技术,通过产业政策引导产学研联合,实现技术突破,自主技术创新能力有了很大提高。创新投入方面,(1997—2017 年的 10 年间,研发经费支出占国内生产总值之比从0.65%迅速提高到 2.12%,绝对量更是可观,达到 1.75 万亿元,缩小了与发达国家的差距,甚至超过部分发达国家。自 2011 年始,专利申请量超过美国,成为全球第一专利大国。2017 年专利申请量达到 369.8 万件,授权量达到 183.6 万件,遥遥领先于其他国家。部分领域取得了核心技术突破,达到全球领先水平。如高铁技术,牢牢占据了产业龙头地位;通信行业以华为为代表,整体技术达到全球先进水平,那些尚未取得核心技术突破的领域,与国外的技术差距也在明显缩小。

对外开放的结果是贸易、产业和投资都形成了你中有我、我中有你的格局,合作共赢成为共识。中国的发展已经离不开世界,实现中华民族伟大复兴的中国梦,离不开和平的国际环境和稳定的国际秩序;同时,世界的发展也离不开中国,中国已成为世界经济增长的主要稳定器和动力源,连续多年对世界经济增长贡献率超过30%。无论是中国还是世界,未来的发展都需要以更开放、包容、普惠、平等、均衡的方式推动经济全球化,扩大合作共赢的局面。

　　全球化深入发展,各国命运紧紧锁在一起,相互依存,密切合作,彼此以对方存在为条件,根本利益相一致,形成人类命运共同体,面对灾难、危机、疫情同舟共济,超越种族、文化、国家与意识形态,共同建设一个安全、稳定、公正、合理的国际政治经济新秩序。党的十八大以来,中国在构建人类命运共同体理念指引下,高举和平、发展、合作、共赢的旗帜,共商共建"一带一路",打造国际发展合作新平台;拓展全球关系网络"朋友圈",推动构建新型国际关系;深度参与全球治理,引导国际秩序变革方向,为促进世界和平与发展做出了重大贡献。党的十九大明确将坚持推动构建人类命运共同体作为新时代坚持和发展中国特色社会主义的基本方略,全面阐述了人类命运共同体的基本内涵,提出建设持久和平、普遍安全、共同繁荣、开放包容、清洁美丽的世界。

第五章 中国特色社会主义社会发展基本规律

第一节 坚持在发展中保障和改善民生

"人民对美好生活的向往,就是我们的奋斗目标。"①改革开放以来,我们党坚持以人民为中心的发展思想,把增进民生福祉作为发展的根本目的,以保障和改善民生为重点推进社会建设,促进经济发展与保障和改善民生形成良性循环,在幼儿抚育、基础教育、劳动就业创业、基本医疗保障、养老保障、住房保障、社会弱势群体救助等方面取得一系列成就,取得了中国特色社会主义社会建设的巨大成就。坚持在发展中保障和改善民生既是新时代坚持和发展中国特色社会主义的基本方略之一,也是中国特色社会主义社会建设的基本规律。

---

① 《习近平在常委见面会上的讲话》,http://news.china.com/18da/news/11127551/20121115/17530532.html。

党的十九大报告将"坚持在发展中保障和改善民生"作为新时代坚持和发展中国特色社会主义的基本方略之一。坚持在发展中保障和改善民生,是中国共产党对社会主义社会建设重点内容的把握,是中国共产党在实践中对社会主义社会建设规律的探索,主要体现在两个方面:一是以保障和改善民生为重点推进社会建设,二是促进经济发展与保障和改善民生形成良性循环。

一、从建立社会保障制度到推进以保障和改善民生为重点的社会建设

改革开放以来,随着市场经济体制的逐步建立和完善,中国先后提出建立社会保障制度,健全社会保障体系,建设公平正义的社会主义和谐社会,在改善民生和创新管理中加强社会建设,提高保障和改善民生水平,加强和创新社会治理,社会建设始终围绕保障和改善民生这一主题。推进以保障和改善民生为重点的社会建设,这是对社会建设重点内容的准确把握,也是对中国特色社会主义社会建设规律的正确认识和理解。

尽管直到党的十六届五中全会才明确提出"社会建设"的概念,但自 1949 年开始就在推进社会建设,社会建设的重点内容也从建立社会保障制度到建设社会主义和谐社会,再到推进以保障和

改善民生为重点的社会建设。①

以 1984 年党的十二届三中全会讨论通过的《中共中央关于经济体制改革的决定》为标志，在农村土地承包责任制改革取得成功后，开始了以增强企业活力为中心环节的城市经济体制改革，在公有制企业中探索多种形式的经营责任制。经济体制改革特别是国有企业改革，与建立市场经济体制的要求相适应，作为配套改革，社会和民生领域逐步建立起社会保障制度，从而更有力地保障改革顺利推进。党的十四大明确提出经济体制改革的目标是建立社会主义市场经济体制。党的十四届三中全会指出，"建立多层次的社会保障体系，对于深化企业和事业单位改革，保持社会稳定，顺利建立社会主义市场经济体制具有重大意义"，提出要建立多层次的社会保障制度，为城乡居民提供同国情相适应的社会保障，促进经济发展和社会稳定。实行了三十多年的传统社会保障制度开始转型，建立独立于企业事业单位之外、资金来源多元化、保障制度规范化、管理服务社会化的社会保障制度。

1997 年党的十五大提出加快推进国有企业改革，积极推进各项配套改革，建立社会保障体系，提供最基本的社会保障。建立城镇住房公积金，加快改革住房制度。

2002 年党的十六届四中全会首次提出"不断提高构建社会主义和谐社会的能力"，要求"不断增强全社会的创造活力，妥善协调

---

① 新中国成立之后逐步建起立社会保障等制度，在推进经济建设的同时推进社会建设。改革开放以经济建设为中心，同时恢复社会保障等社会建设。尽管当时社会主义建设的总体布局没有明确提出"社会建设"概念，但社会保障等社会建设一直在推进。

各方面的利益关系,推进社会管理体制创新,加强和改进新形势下的群众工作,维护社会稳定"。2005 年十六届五中全会进一步提出构建社会主义和谐社会,要求把扩大就业摆在经济社会发展更加突出位置,建立健全与经济发展水平相适应的社会保障体系,完善城镇职工基本养老和基本医疗、失业、工伤、生育保险制度,认真解决进城务工人员社会保障等现实困难。

2007 年党的十七大提出"加快推进以改善民生为重点的社会建设",要求"更加注重社会建设",社会管理体制改革要以增进公平正义为目标,改善公共服务,加强社会管理,对劳动权益保障、就业创业、收入分配体制改革、基本医疗保障、基本养老保障、公共住房保障等方面做出具体部署。

2012 年党的十八大提出"在改善民生和创新管理中加强社会建设",在教育、就业、收入分配调节、基本社会保险和基本社会服务等社会保障体系建设、基本医疗和公共卫生、社会管理等方面做出具体部署。十八大强调社会建设以保障和改善民生为重点,加快推进社会体制改革。

2017 年党的十九大提出"提高保障和改善民生水平,加强和创新社会治理",要求优先发展教育事业、提高就业质量和人民收入水平、加强社会保障体系建设、坚决打赢脱贫攻坚战、实施健康中国战略、打造共建共治共享的社会治理格局、有效维护国家安全。

改革开放以来特别是党的十八大以后,加快推进以改善民生为重点的社会建设,在保障和改善民生方面取得一系列成就。脱贫攻坚战取得决定性进展,贫困人口持续减少;教育事业发展不平衡的状况逐步改善,中西部和农村地区基础教育硬件设施、师资队伍、教师待遇明显改善;随着鼓励创业带动就业政策的落实和持续推进,全国就业岗位不断增加;总体收入结构持续改善,城市和农村居民收入特别是农村居民收入增长较快,起来越多的劳动者从低收入群体迈入中等收入群体;基本建立起覆盖城乡居民、包括基本社会保险和社会救助等社会服务在内的社会保障体系,基本社会保险覆盖人群持续扩大;基本医疗和公共卫生事业快速发展,健康中国建设持续推进。

二、促进发展经济与民生保障和改善形成良性循环

增进民生福祉是发展的根本目的。改革开放以来,中国共产党在实践中积极探索经济发展与民生保障的相互关系,明确提出在发展经济的基础上,保障和改善民生,提高人民生活水平,形成经济发展与保障和改善民生良性循环。

(一)在经济发展的基础上逐步改善民生,既要反对漠视民生,又要防止超越经济发展现状改善民生

新中国成立之后,为了实施工业化赶超战略,在保障基本民生的情况下,重点发展重工业,农业要为工业提供资金积累,轻工业要为重工业让路,由此在短时间内迅速建立起独立自主的工业体系。"先生产后生活"即是这一方针政策的体现。

改革开放之后,党和国家的工作重心转向经济建设,而在强调发展经济的同时,注重改善人民生活。党的十一届三中全会明确

提出要在发展生产的基础上改善人民的生活。同时又清醒地看到"我国经济目前还很落后,生活改善的步子一时不可能很大"①。十一届六中全会重提"人民日益增长的物质文化需要",把它作为社会主要矛盾的一个方面,这个社会主要矛盾决定了社会性质、发展目标和现阶段任务。

1987 年党的十三大指出脱离经济发展现状改善民生的危害,及时提出分配量要保证两个"不超过",一是"要坚决防止消费膨胀,保证社会消费基金的增长率不超过可分配的国民收入的增长率",二是"职工平均工资奖金的增长率不超过劳动生产率的增长率",指出"消费的增长持续超过生产的增长,是改革初期很容易发生的问题。它影响经济稳定,削弱经济发展的后劲,给改革带来严重困难,最终导致人民实际生活水平下降。许多发展中国家的经验证明,消费膨胀势必导致整个国民经济失去活力","必须通过深化改革形成企业自我约束的机制,同时在宏观上建立一套有效的调节制度和办法"。保证国民经济的持续发展,使生产和分配建立良性互动关系。

党的十六大在提出健全社会保障体系的同时,强调建立健全同经济发展水平相适应的社会保障体系。党的十七大根据经济发展的现状,明确提出"逐步提高居民收入在国民收入分配中的比重,提高劳动报酬在初次分配中的比重"。党的十八大提出"努力实现居民收入增长和经济发展同步、劳动报酬增长和劳动生产率

---

① 党的十一届三中全会明确提出"城乡人民的生活必须在生产发展的基础上逐步改善,必须坚决反对对人民生活中的迫切问题漠不关心的官僚主义态度"。http://cpc.people.com.cn/GB/64162/64168/64563/65371/4441902.html。

提高同步"①。党的十九大要求"提高保障和改善民生水平"。

(二)在经济发展基础上逐步加大保障和改善民生力度。

加大保障和改善民生力度,有利于改善经济社会发展环境,释放消费潜力,促进经济社会全面协调持续健康发展。

2013年以后,经济发展转入不同于以往的"新常态"。习近平总书记指出"抓民生也是抓发展",明确要求在保障基本公共服务有效供给基础上,积极满足群众对居家服务、养老服务、健康服务、文体服务、休闲服务等方面的社会需求,支持相关服务行业加快发展,培育形成新的经济增长点,使民生改善和经济发展有效对接、相得益彰。② 在经济新常态背景下,需要积极发挥消费在投资、消费、出口三驾马车中拉动经济发展中的积极作用。一般来说,消费低主要有三个原因:一是有后顾之忧不敢消费,二是由于收入低不能消费,三是消费观念保守不愿消费。针对这种现象,《"十三五"规划纲要》围绕通过消费拉动经济增长,提出改善消费环境,创造消费需要的具体要求。

加大保障和改善民生力度,完善公共服务体系,对于经济发展有直接贡献,又有许多间接贡献。加大保障和改善民生力度会增加民生支出,有利于扩大民生领域消费,有助于减少居民预防性储

---

① 胡锦涛:《坚定不移沿着中国特色社会主义道路前进为全面建成小康社会而奋斗》,http://cpc.people.com.cn/n/2012/1118/c64094-19612151.html。
② 习近平:《在部分省区党委主要负责同志座谈会上的讲话》,载《人民日报》2015年7月20日。

蓄,从而促进消费、扩大内需,促进经济发展。建立完善社会保障和就业等公共服务体系,既是让人民共享改革发展成果的基本要求,也有利于解决公众不敢消费、不能消费和不愿消费问题,有利于促进经济社会全面协调持续健康发展。

第二节　构建现代社会治理体制

市场经济体制的建立和完善,促进了分工和交换关系的发展,使得个人也从"单位人"走向"社会人",社会管理走向社会治理,党的十九大明确提出要加强和创新社会治理,形成有效的社会治理、良好的社会秩序,打造共建共治共享的社会治理格局。① 积极探索社会治理体制,深刻认识和准确把握中国特色社会主义社会治理规律。

一、大力加强社区建设

社区建设始于城市,发展于农村,成长于城乡社区的统筹发展,是在党的领导下走出的一条具有中国特色的基层社会建设道路。

新中国成立后直至改革开放时,单位制一直是城市社会治理

---

① 党的十九届四中全会提出"必须加强和创新社会治理,完善党委领导、政府负责、民主协商、社会协同、公众参与、法治保障、科技支撑的社会治理体系,建设人人有责、人人尽责、人人享有的社会治理共同体",为新时代我国的社会治理的指明了方向。

的基本体制,整个城市社会围绕着单位制度形成了以"国家—单位—个人"为组织结构的社会管理运行机制。改革开放以后,城镇国有企业改革的推进和计划经济向市场经济的转变,社会职能逐步从单位剥离,开始独立出来自成体系,与此同时,国家开始大力推进城乡社区建设,以通过社区建设重构基层社会治理体制。①

随着城市改革不断深入,社区制逐步取代单位制成为基层社会治理体制。城市国有企业改革剥离了企业社会职能,国有企业改革的重要方向和内容就是要使国有企业"轻装上阵",参与市场竞争。企业剥离出来的社会职能就得要有社区和社会组织来承接,这是新时期社会体制改革的重要内容。

党的十四届三中全会在强调"加快转换国有企业经营机制和企业组织结构调整的步伐"的同时,明确要求"减轻企业办社会的负担"。随着计划经济体制向市场经济体制转变,单位体制赖以运行的经济基础和体制基础走向瓦解;随着城乡二元格局的打破,单位体制在城市社会整合中的主体地位发生动摇,自身角色和功能出现转变,表现为单位利益独立化和单位功能专业化。单位体制衰落后,社会转型要求社区组织成为社会整合的主要载体,与此同时,社会成员需求的多样化使得原先以街道和居委会为主体的城市基层行政管理体制也不能适应社会发展的需求。社会经济的发展客观需要产生一种新的社会组织形式和管理体制。在这种背景下,1991 年民政部首次提出"社区建设"这一概念。九届全国人大通过的《国民经济和社会发展第十个五年计划纲要》把社区建设纳

---

① 吕方、田毅鹏:《"后单位时代"的城市社会治理》,载《新视野》2015 年第 1 期。

入经济和社会发展规划。上海、青岛、南京、杭州等城市率先进行社区建设探索。1999 年初,民政部在全国选择试点城区,建立 26 个"城市社区建设试验区"。2000 年《关于转发〈民政部关于在全国推进城市社区建设的意见〉的通知》明确城市社区建设的指导思想、基本原则和主要目标,要求加强社区党组织和居民自治组织建设,拓展社区服务,加强社区管理,在全国全面推广城市社区建设。《意见》提出城市社区建设的主要目标有:构建新的社区组织体系;发展社会服务,满足居民需要;构建新的社区管理体制;建设新型现代化社区。① 到 2003 年时全国设有 7.7 万个社区居委会,122.2 万个居民小组,19.6 万处城镇社区服务设施。② 社区建设开展以来,社区基础设施得到加强,社区建设工作机制不断完善,社区自治得以巩固。

2002 年党的十六大首次对城市社区建设作了全面而深刻的论述,肯定了社区建设取得的成绩,从社区服务、社区管理、社区党的建设等方面对社区建设提出了新的要求。其中就谈到了城市社区建设的背景,"随着改革的深化,原来由党政机关和企事业单位承担的社会服务、社会管理和社会保障功能逐渐分享出来,很多事情要靠街道、居委会来做。一些非公有制企业、社会团体和民办机构在街道社区落户,离退休人员、待业人员、外地务工人员大量进入

---

① 《民政部关于在全国推进城市社区建设的意见》明确了城市社区建设的基本原则:以人为本、服务居民;资源共享、共驻共建;责权统一、管理有序;扩大民主、居民自治;因地制宜、循序渐进。http://www.mca.gov.cn/artical/content/WJYL_SQJS/200491101216.html。

② 《2003 年民政事业发展统计报告》,http://www.mca.gov.cn/article/sj/tjgb/200801/200801150093819.shtml。

社区,社区成了各类矛盾反映比较敏感的汇聚地"①。

随着国家财力的不断增强,在总结城市社区建设经验的基础上,开始推进农村社区建设。党的十六届六中全会提出:"推进社区建设,完善基层服务和管理网络。"根据城市和农村社区建设现状,对城乡社区建设分别作出部署:要求在前期试点的基础上全面开展城市社区建设;由于农村社区前期并没有开展试点工作,因此,党的十六大要求"积极推进农村社区建设"。2007 年,民政部在全国确定了 304 个农村社区建设实验县(市、区)。2009 年 3 月,民政部印发通知,开展"农村社区建设实验全覆盖"创建活动。

随着农村社区建设的持续推进,农村社区建设逐渐形成了较为成熟的工作机制,即党委领导、政府负责、部门协同、社会参与的工作机制;建成了一批示范型农村社区,示范型农村社区的基本要求主要有三个方面:管理有序、服务完善、文明祥和。城乡社区建设的开展,既有力地促进了基层自治单位的健全完善,又增强了服务群众的功能和能力。②

二、健全社会组织

伴随着经济体制改革、政治体制改革和社会体制改革的推进,伴随着社会组织法律法规的建立健全,社会组织逐步发展壮大。与社会组织的发展过程相伴随的,则是党对社会组织属性、功能、

---

① 江泽民:《论三个代表》,中央文献出版社 2001 年版,第 14—15 页。
② 胡映兰等:《改革开放以来中国共产党社会建设的理论与实践》,人民出版社 2014 年版,第 292 页。

地位和定位等认识的不断深化。

改革开放初期,在法规和监管的制度环境缺失的条件下,依靠体制推动,呈现了自上而下结社的活跃局面,形成初具规模的社会组织体系。其中,各种形式的学会、研究会所占比例极大,各类协会也稳步增长,基金会则从无到有,不断发育和增长。

1987年党的十三大指出,"基层民主生活的制度化,是保证工人阶级和广大群众当家作主,调动各方面积极性,维护全社会安定团结的基础。目前,侵犯群众权利的现象仍时有发生。因此,必须抓紧制定新闻出版、结社、集会、游行等法律","使宪法规定的公民权利和自由得到保障"。1989年国务院颁布《社会团体登记管理条例》,确立了"双重管理"制度,即社团由业务主管部门审批,在民政部登记后,业务主管部门对社团进行业务指导和日常管理。《基金会管理办法》、《外国商会管理暂行规定》和《社会团体登记管理条例》三个法规初步构建出中国社会组织管理的法律框架。从1988年开始要求社会组织依法登记注册。

1997年党的十五大提出要培育和发展社会中介组织,并以此作为促进经济和政治体制改革的一项重要措施。1998年,国务院批准民政部成立民间组织管理局,同年修订了《社会团体登记管理条例》,还发布了《民办非企业单位登记管理暂行条例》。

自1998年开始,社会组织进入蓬勃发展阶段,社会组织管理走上规范化、正常化轨道,提出政府与社团领导干部分开的原则,限制党政领导兼任社会组织领导职务。1999年《关于进一步加强民间组织管理工作的通知》对加强民间组织管理提出具体要求,2000年《关于加强社会团体党的建设工作的意见》明确提出加强民间组织中党组织建设等要求。

2003 年党的十六届三中全会提出"积极发展独立公正、规范运作的专业化市场中介服务机构",着眼于完善社会主义市场经济体制对各类商会、行业协会等"自律性组织"按照市场化原则进行规范。2004 年《基金会管理条例》将基金会从社会团体中独立出来。

党的十六届四中全会进一步强调了基层自治组织、社会组织的作用和功能,要求前者在协调利益、化解矛盾、排忧解难中发挥作用,要求后者在提供服务、反映诉求、规范行为方面承担功能,"形成社会管理和社会服务的合力"。同时,也要求各级政府等加强对社会组织的管理和监督。

党的十六届六中全会通过的关于构建和谐社会的《决议》,从服务型政府、社区建设、社会组织、协调利益关系、应急管理、社会治安综合治理、国家安全等方面对社会管理作出部署,对社会组织的培育管理和监督、社会组织的功能和作用、社会组织的自身建设等提出了具体要求。

党的十七大提出要"重视社会组织建设和管理",在谈到发展基层民主,增强社会自治功能时,强调要发挥社会组织在群众参与、群众诉求表述方面的作用。党的十八大再次强调了社会组织在社会管理和服务中的职责,要求引导社会组织有序发展,重视社会管理中的群众参与。

2017 年党的十九大进一步明确社会组织在社会治理中的地位和作用,要求一要发挥社会组织协调在社会主义协调民主中的作用,统筹推进社会组织协商和政党、人大等协商;二要发挥社会组织在社会治理中的积极作用;三要发挥社会组织在生态环境建设中的作用,构建政府主导下包括企业、社会组织和公众参与的环境治理体系。

社会组织体制改善,促进了社会组织的发展。在社会组织体制改善方面,一是建立健全了社会组织相关法律法规;二是更加注重对社会组织的培育管理和监督;三是明确了社会组织的类别,明确了鼓励支持发展的社会组织类别;四是更加注重发挥社会组织在社会建设中的功能和作用。到 2017 年,全国共有 80.3 万个社会组织,社会组织在社会治理中的作用日益突显,社会认可度、接受度和需求程度都持续提高。①

三、从"社会管理"走向"社会治理"

完善社会主义市场经济体制,转变政府职能,加强社会建设是中国特色社会主义发展的三个关键环节。党的十六大提出"社会建设"的概念,社会治理体制机制也从社会管理转变为社会治理,社会建设概念和内涵不断丰富和发展,社会治理体制机制逐步完善。

社会主义市场经济发展使得政府职能转变也有了更大动力,1998 年《关于国务院机构改革方案的说明》谈到转变政府职能时首次提出"社会管理"的概念,明确提出按照发展社会主义市场经济

---

① 《全国共有社会组织 80.3 万个上海位居第一》,http://mini.eastday.com/mobile/180516152048246.html。

的要求,转变政府职能。① 2002 年党的十六大进一步提出完善政府经济调节、市场监管、社会管理和公共服务职能,明确将社会管理作为政府四项主要职能之一。党的十六届三中全会从完善社会主义市场经济的角度提出"完善政府社会管理和公共服务职能,为全面建设小康社会提供强有力的体制保障"。2004 年党的十六届四中全会提出"建立健全社会管理格局",首次采用"社会管理格局"的说法。党的十六届五中全会从推进行政管理体制改革的要求出发,强调了政府要加强社会管理和公共服务职能。党的十六届六中全会对加强社会管理进行具体部署,将"社会管理体系更加完善"作为"2020 年构建社会主义和谐社会的目标和主要任务"之一,首次提出"社会管理体系"的概念。2007 年党的十七大提出"社会管理体系更加健全"的目标要求,再次强调构建社会管理格局,提出要激发社会创造活力、增加和谐因素的新要求。

党的十八大提出"在改善民生和创新管理中加强社会建设",强调社会管理和改善民生,提出要加强形成社会管理体制、现代社会组织体制和社会管理机制,以构建中国特色社会主义社会管理体系,指出"要围绕构建中国特色社会主义社会管理体系,加快形成党委领导、政府负责、社会协同、公众参与、法治保障的社会管理体制,加快形成政府主导、覆盖城乡、可持续的基本公共服务体系,加快形成政社分开、权责明确、依法自治的现代社会组织体制,加

---

① 全国人民代表大会常务委员会办公厅编:《中华人民共和国第九届全国人民代表大会第一次会议文件汇编》,人民出版社 1998 年版,第 95 页。

快形成源头治理、动态管理、应急处置相结合的社会管理机制"。①实现了"从社会管理格局向社会管理体系的转变",在党的正式文件中首次提出"社会管理体制"的概念。

党的十八届三中全会《决议》专列一章具体部署社会治理体制改革创新,涉及改进社会治理方式、激发社会组织活力等方面。在党的正式文件中首次提出"社会治理"命题,实现了"从社会管理向社会治理的转变",标志着社会建设和治理理念的新变化。

2017 年党的十九大提出"打造共建共治共享的社会治理格局",高度重视基层治理体系的重要地位和作用,提出"加强社区治理体系建设,推动社会治理重心向基层下移,发挥社会组织作用,实现政府治理和社会调节、居民自治良性互动"。党的十九届四中全会再次强调坚持和完善共建共治共享的社会治理制度,"完善党委领导、政府负责、民主协商、社会协同、公众参与、法治保障、科技支撑的社会治理体系",进一步深化了社会治理体系的内涵和要求。

社会管理、社会管理格局、社会管理体系、社会管理体制等一系列新概念、新理念提出的背后,是社会治理体系逐步得到完善。从社会管理走向社会治理,其背景是市场经济的发展,市场主体和社会主体的分化和多样化,促进了社会治理理念的转变和创新。

---

① 胡锦涛:《坚定不移沿着中国特色社会主义道路前进为全面建成小康社会而奋斗》,人民出版社 2012 年版,第 40 页。

第三节　建设公平正义的社会主义和谐社会

改革开放以来,收入分配政策经历了从"效率优先"到"二者兼顾",再到"更加注重社会公平"的发展历程,这既是社会发展价值导向的理论逻辑,也是中国特色社会主义发展的实践逻辑,反映了中国特色社会主义的发展规律。

一、从效率优先到兼顾效率和公平,再分配更加注重公平

收入分配政策涉及如何"切蛋糕、分蛋糕"的问题。在总量不变的情况下,怎么切、怎么分影响到整个社会生产过程和生产者的积极性。发展既要考虑怎么切、怎么分,更要考虑怎么做大,这是怎么切、怎么分的前提,调动参与生产的积极性、激发生产要素活力是关键。

(一)从克服平均主义到效率优先

自 1956 年完成社会主义三大改造,中国建立起生产资料社会主义公有制和按劳分配的分配制度,建立公平而有效率的收入分配制度和激励制度,在强调社会公平的同时,也一再强调发挥人民群众的积极性和创造性,加快社会主义建设速度和进度。但从实际效果看,农村公社化运动过于强调"一大二公",在收入分配领域

过于强调消除分配差距,存在着"吃大锅饭"和平均主义倾向,①存在"干多干少一个样,干好干坏一个样,干与不干人人有份"的现象,损害了人民群众的积极性、主动性、创造性。为了维持这种低水平、低质量的公平过多地牺牲了效率,带来的是普遍贫穷。

为了激发人民群众的积极性、主动性、创造性,必须扭转"吃大锅饭"局面。改革开放就从纠正分配上的平均主义倾向开始,逐步确立了效率优先的收入分配导向。与经济改革的路径一致,收入分配制度改革也是从农村推向城市。

1978 年党的十一届三中全会通过了将党和国家的工作重心转移到经济建设上来的决定,同时,也开启了改革开放的新征程。为改变"吃大锅饭"现象,更多地从物质上调动劳动者的积极性,党的十一届三中全会提出要"克服平均主义",在改革农村和城市生产经营体制的同时,对分配制度进行改革。党的十一届三中全会《公报》提出要按照劳动的数量和质量计算报酬。随着家庭联产承包责任制的实行,农民和家庭在上缴国家税费、上交集体提留等任务后,剩下的生产收益都留下来自己支配,②从根本上打破了农村的平均主义分配方式,贯彻了多劳多得的原则,极大地调动了农民的生产经营积极性。

1984 年党的十二届三中全会在总结农村生产和经营体制改革经验基础上,进一步扩大到城市和工业,提出"让一部分地区、企业

---

① 在城市,表现在两个方面:一是企业吃国家的"大锅饭",企业不论经营好坏,盈利还是亏损,工资照发,企业工资总额与经营效果脱节;二是职工吃企业的"大锅饭",在企业内部,职工无论干多干少,干好干坏,都不会影响个人工资分配,工资分配存在严重的平均主义。
② 即通常说的"缴够国家的、留够集体的、剩下都是自己的"政策。

和一部分人先富起来"。十二届三中全会点到了"分配中平均主义严重"造成经济体制僵化,干多干少一个样,不仅职工吃企业"大锅饭",企业也吃国家"大锅饭",致使生产没有积极性。更为重要的是指出了平均主义不是社会主义分配原则,平均主义跟按劳分配对立,严重妨碍了按劳分配的实现,是造成生产力发展缓慢、企业经济效益差的重要原因,强调要建立多种形式的经济责任制,企业的工资、资金分配要与经营状况联系起来;给企业松绑,扩大企业自主权,企业可以根据自身经营状况自行决定企业职工资金的使用;贯彻按劳分配原则,适当拉开工资差距,多劳多得,体现不同劳动质的差别和量的差别。随后进行的一系列改革,逐步铲除平均主义分配方式的制度基础。

所有制性质和结构决定分配方式。1987 年党的十三大指出,社会主义初级阶段的基本国情决定了中国以公有制和按劳分配为主体的所有制和分配制度。党的十三大在肯定按劳分配为主体的分配制度的同时,指出社会主义初级阶段的分配方式还包括个体劳动收入、利息收入和股份分红,进一步提出分配方式还包括企业经营风险补偿、私营企业主非劳动收入。也就是说,新的分配方式既包括劳动所得,也包括利息、股份分红等非劳动所得,总的政策导向是奖勤罚懒,鼓励诚实劳动合法致富。党的十三大指出,分配领域存在的主要问题仍然是吃大锅饭、搞平均主义,提出要推行计件和定额工资制。在分配制度上,党的十三大提出改革方向"以按劳分配为主体、其他分配方式为补充",分配制度向前又迈进了一大步。

1992 年党的十四大提出建立和完善社会主义市场经济体制的目标,分配制度上遵循十三大所提出的"主补论",同时强调兼顾效率与公平,既要打破平均主义,拉开收入差距,又要防止两极分化,重申共同富裕的社会主义目标。党的十四届三中全会通过的《关于市场经济体制的决定》,明确了社会主义市场经济体制下的分配体制,对收入分配的总体制度、分配原则、工资制度和工资增长机制、国有企业和事业单位工资制度都有原则性规定,提出生产要素也参与收益分配。在分配制度的表述上,将其他分配方式的地位从"补充"改为"并存",即"以按劳分配为主体、多种分配方式并存"。这是对其他分配方式的进一步肯定。在效率和公平的关系上,明确提出"效率优先,兼顾公平"原则。

作为市场化改革在收入分配领域的体现,90年代迫切需要回答生产要素能否参与分配,十三大已经提出了这个问题,但理论上并没有完全突破,在实践中面临突出矛盾,涉及怎么保护合法收入,取缔非法收入,整顿不合理收入,调节过高收入等难题。党的十五大提出完善分配结构和分配方式,肯定生产要素参与分配,把按劳分配和按资本、技术等生产要素分配结合起来,明确资本、技术对生产的贡献,对偷逃税、权钱交易和侵吞公有财产等非法取得个人额外收入的行为进行依法惩处和规范整顿。

党的十五届四中全会针对国有企业高管收入比外资企业低、留不住人、收入与贡献不挂钩的问题,提出董事会、经理层高管按职责和贡献获取报酬,突破了长期以来国有企业经营管理层只拿普通工资的限制。

(二)兼顾效率和公平、再分配更加注重公平

党的十六大再次肯定分配上的"效率优先兼顾公平"原则,同

时科学地区分出初次分配和再分配的差异,强调初次分配注重效率,再分配注重公平。一方面扩大生产要素范围,在党的十五大提出的劳动、资本、技术之外增加了"管理"要素①;另一方面,进一步强调社会保障体系在促进公平中的作用,提出建立健全社会保障体系。在规范收入方面,重申了十五大提出的"限高、打非、扩中、提低"②方针。

党的十六届四中全会提出构建和谐社会,十六届五中全会以构建和谐社会为主题,重申十六大提出的分配原则,强调要加强收入分配宏观调节。此后的党代会报告不再出现"效率优先兼顾公平"的提法。

党的十七大将"初次分配注重效率,再分配注重公平"改为"初次分配和再分配都要兼顾效率和公平,再分配更加注重公平"。党的十八大重申了这一分配原则。党的十九大则没有相关的论述,而是提出坚持按劳分配原则,完善按要素分配的体制机制,促进收入分配更合理、更有序,鼓励勤劳守法致富,扩大中等收入群体,增加低收入者收入,调节过高收入,取缔非法收入;坚持在经济增长的同时实现居民收入同步增长、在劳动生产率提高的同时实现劳动报酬同步提高;拓宽居民劳动收入和财产性收入渠道;履行好政府再分配调节职能,加快推进基本公共服务均等化,缩小收入分配差距。

纵观改革开放以来收入分配原则的演变过程:从克服平均主义,到扩大工资差距,奖勤罚懒、奖优罚劣,到确立效率优先兼顾公平,再

① 党的十六大"确立劳动、资本、技术和管理等生产要素按贡献参与分配的原则"。
② 即合理调节过高收入,取缔非法收入,扩大中等收入者比重,提高低收入者收入水平。

到更加注重公平,最后到初次分配和再分配都要兼顾效率和公平。

从参与分配的要素看:党的十一届三中全会提出按照劳动的数量和质量计算报酬;十三大提出以按劳分配为主体,其他分配方式为补充,允许利息、股份分红、企业经营风险补偿、私营企业主非劳动收入等分配所得;十四大提出允许资本参与收益分配;十五大提出允许资本、技术参与收益分配;十六大提出确立劳动和管理等参与分配。

收入分配原则和参与分配的要素的调整变化适应了从计划经济转向市场经济的现实需要,收入分配思想不断解放,对各生产要素重要作用的认识更趋客观,对收入分配规律的认识不断提高,收入分配制度的改革和调整,为增强经济活力、促进经济增长奠定了重要的制度基础,体现了对中国特色社会主义收入分配规律的认识和把握。

改革开放以来收入分配原则调整变化

时间＼主题	分配方式	参与分配要素	效率和公平的关系	收入调节
十一届三中全会	公社各级经济组织必须认真执行按劳分配的社会主义原则,按照劳动的数量和质量计算报酬	——	克服平均主义	——
十二届三中全会	——	——	要扩大工资差距,拉开档次,以充分体现奖勤罚懒、奖优罚劣	让一部分地区、企业和一部分人通过勤奋劳动先富起来,带动更多的人走向富裕

续表

时间＼主题	分配方式	参与分配要素	效率和公平的关系	收入调节
十三大	按劳分配为主体，其他分配方式为补充	利息、股份分红、企业经营风险补偿；私营企业主非劳动收入等分配所得	在促进效率提高的前提下体现社会公平	对过高的个人收入，要采取有效措施进行调节；对以非法手段牟取暴利的，要依法严厉制裁
十四届三中全会	按劳分配为主体、多种分配方式并存	资本等生产要素参与收益分配	体现效率优先、兼顾公平的原则。劳动者的个人劳动报酬要引入竞争机制，打破平均主义	要通过分配政策和税收调节，避免两极分化
十五大	按劳分配为主体、多种分配方式并存；把按劳分配和按生产要素分配结合起来	允许和鼓励资本、技术等生产要素参与收益分配	效率优先、兼顾公平	保护合法收入，取缔非法收入，整顿不合理收入，调节过高收入。规范收入分配，使收入差距趋向合理，防止两极分化
十六大	按劳分配为主体、多种分配方式并存	劳动、资本、技术和管理等	效率优先、兼顾公平；初次分配注重效率，发挥市场的作用，再分配注重公平，加强政府对收入分配的调节职能	以共同富裕为目标，扩大中等收入者比重，提高低收入者收入水平

时间\主题	分配方式	参与分配要素	效率和公平的关系	收入调节
十七大	同十六大	劳动、资本、技术、管理等	初次分配和再分配都要兼顾效率和公平,再分配更加注重公平	以共同富裕为目标,扩大中等收入者比重,提高低收入者收入水平
十八大	——	完善劳动、资本、技术、管理等	初次分配和再分配都要兼顾效率和公平,再分配更加注重公平。着力保障和改善民生,促进社会公平正义	规范收入分配秩序
十九大	——	——	——	拓宽居民劳动收入和财产性收入渠道;鼓励勤劳守法致富,"扩中、提低、限高、打非"。

二、以提高效率为目标,赋予并扩大生产主体的经营自主权

从农村土地和国有企业经营管理改革来看,同样以提高效率为目标。与收入分配领域克服平均主义、拉开收入差距以提高效率的政策导向相一致,改革开放之初就在逐步调整生产资料以及社会资源的分配政策导向,"效率"一词从此成了历次党代会报告和政策文件的关键词。提高效率的办法,就是在赋予和扩大农村、

城市生产主体收入分配自主权的同时,赋予和扩大农民和国有企业等生产主体的经营自主权,调动人民群众的积极性、主动性、创造性。

改革开放后,农村土地经营管理体制从片面强调"一大二公"很快走向土地家庭联产承包责任制。党的十一届三中全会在指出农业生产重要地位、恢复和加快发展农村生产的同时,注重调动农民积极性。农村推行土地家庭承包制,实行"缴够国家的、留够集体的、剩下都是自己的"政策,将土地所有权与经营权分离,赋予了农民土地经营权,农民迸发出极高的生产经营积极性,带来了农业生产的快速恢复和发展,农民生活水平也持续改善和提高。20 世纪 90 年代开始,在坚持农户土地承包权的基础上,有的地方开始试点农村土地经营权流转。2008 年党的十七届三中全会进一步确认了农民可以选择转包等多种形式流转土地。2016 年 10 月 30日,中共中央办公厅、国务院办公厅联合下发《关于完善农村土地所有权承包权经营权分置办法的意见》,这是继 2014 年 1 月 19 日《关于全面深化农村改革加快推进农业现代化的若干意见》中提出农地所有权、承包经营权和经营权三权分置设想后的具体落实,是21 世纪又一次土地革命。土地流转改革,进一步将土地的承包权与经营权分离,在保留农户土地承包权的同时,赋予了大户、合作社和涉农企业等土地转入方经营权,实现了土地所有权、承包权、经营权的分离,保障了土地生产主体的自主权力,解放和发展了农村土地生产力。

在总结农村经济体制改革成功经验的基础上,党的十二届三中全会提出经济体制改革的重点要由农村转向城市,增强企业活力是经济体制改革的中心环节。全会通过的《中共中央关于经济体制改革的决定》,明确提出实行政企职责分开,建立多种形式的经济责任制,认真贯彻按劳分配原则,扩大企业自主权,调动城镇职工的主动性、积极性、创造性。改革的基本思路是将企业的经营权下放给企业,开始探索多种形式的经营责任制。

从 1994 年开始,对中央和地方主要企业按照现代企业制度的要求进行公司制改革试点。改革的目标是把企业改革成为权责明确、自主经营、负盈亏、相对独立、类似于外资企业、私有企业的市场主体,具备现代企业管理制度和规范、具有市场竞争能力的现代企业。① 2003 年开始,国有大中型企业继续实行规范的公司制改革、规范的董事会建设、完善法人治理结构。

三、从让一部分先富到先富带动后富,逐步走向共同富裕

共同富裕是社会主义的本质规定和奋斗目标。邓小平一再强调要消灭贫穷,消除两极分化,实现百分之九十几以上社会成员的富裕,其要旨在于要实现普遍富裕。正如邓小平所说:"社会主义的特点不是穷,而是富,但这种富是人民共同富裕。"改革开放以来,在打破平均主义的过程中,逐步提出先富带后富,逐步走向共同富裕的富裕道路。

共同富裕,是共产党人的奋斗目标。毛泽东指出,我们的富强

---

① 1993 年党的十四届三中全会通过的《中共中央关于建立社会主义市场经济体制若干问题的决定》明确指出国有企业的改革方向是建立"适应市场经济和社会化大生产要求的、产权清晰、权责明确、政企分开和管理科学"的现代企业制度。

目标是共同的富和共同的强,大家都有份。① 但是计划经济把共同富裕简单地理解为同步富裕,只讲公平和平等,在生产分配中"吃大锅饭",影响了生产积极性。改革开放就是从破除"大锅饭"、克服平均主义,改革城乡生产经营体制和分配体制,拉开收入差距,真正贯彻了按劳动数量和质量分配劳动所得,体现劳动者的劳动贡献。邓小平在肯定共同富裕是社会主义最大的优越性的同时,对共同富裕道路进行了科学地调整和规划,明确提出允许一部分人、一部分地区先富起来,先富带后富走向共同富裕。

改革开放逐步建立起以公有制为主体多种所有制并存的所有制,在分配领域,提出允许资本、技术和管理等生产要素参与收益分配,在分配领域逐步建立起按劳分配与按生产要素分配相结合的分配制度。

在新的所有制和分配制度下,国民特别是城乡居民收入差距不断拉大。在大力发展生产力、做大蛋糕的同时,也要更加注意调节收入分配差距,使经济社会发展更加公平。

实现共同富裕是社会主义的根本原则和本质特征,要使得全体人民朝着共同富裕的方向稳步前进,更加重视全体人民共同富裕,全面建成小康道路上一个都不能少。②

党的十八大以来,以习近平同志为核心的党中央高度重视社会公平,大力促进共同富裕,明确提出要确保到 2020 年全面建成小

---

① 中共中央宣传部编:《习近平新时代中国特色社会主义学习纲要》,学习出版社 2019 年版,第 44 页。
② 中共中央宣传部编:《习近平新时代中国特色社会主义学习纲要》,学习出版社 2019 年版,第 44 页。

康社会这一历史性目标的实现,在现行标准下农村贫困人口全部脱贫,打赢脱贫攻坚战,在全面建成小康社会的基础上不断促进全体人民共同富裕,朝着实现全体人民共同富裕不断迈进,并提出全面建设社会主义现代化强国的"两步走"战略安排。

第四节　多谋民生之利,多解民生之忧

民生建设是实现人民对美好生活向往的重要内容。党的十七大报告提出"努力使全体人民学有所教、劳有所得、病有所医、老有所养、住有所居";党的十八大报告延续这一提法,继续"在学有所教、劳有所得、病有所医、老有所养、住有所居上持续取得新进展";党的十九大报告针对民生保障不平衡、不充分的问题,增加"幼有所育""弱有所扶",把"五个有所"拓展为"七个有所",更精准、更全面地补齐民生短板,夯实民生基础工程,做到生命周期全覆盖不留死角。①

为保障民生的兜底功能,需要充分发挥政府公共服务职能,建立健全基本公共服务体系。坚持以人民为中心,促进人的全面发展,在发展中保障和改善民生,是习近平新时代中国特色社会主义思想的基本立场和价值追求;多谋民生之利,多解民生之忧,增进民生福祉,在发展中补齐民生短板,促进社会公平正义,保证全体人民在共建共享发展中有更多获得感,是习近平新时代中国特色

---

① 19世纪末20世纪初康有为曾提出"人生八有"思想,即幼有所育、学有所教、农桑者有所助、无业者有培训、穷弱者有所扶、病疾者有所医、老有所养、死有所葬,至今仍不失其现实的参考价值。

社会主义的基本方略,确保幼有所育、学有所教、劳有所得、病有所医、老有所养、住有所居、弱有所扶等各方面实事,不断提高人民获得感、幸福感、安全感。

一、确保幼有所育,切实做到优生优育

确保幼有所育,涉及生育、养育、教育、保护各方面工作。将"幼有所育"的美好愿望变成现实,满足学龄前儿童保育和教育需求,意味着学龄前儿童及其家庭得到实实在在的福祉,关系到 1 亿多六岁以下儿童、8500 万残疾儿童保育托育教育和健康成长,让人民群众共享发展成果,这是提升人民群众幸福感、获得感最有效的举措。

针对幼有所育,2019 年国务院办公厅印发《关于促进三岁以下婴幼儿照护服务发展的指导意见》,要求以需求和问题为导向,坚持以人民为中心的发展思想,推进供给侧结构性改革,建立完善促进婴幼儿照护服务发展的政策法规体系、标准规范体系和服务供给体系,充分调动社会力量的积极性,开展多种形式的婴幼儿照护服务,逐步满足人民群众对婴幼儿照护服务的需求,促进婴幼儿健康成长、广大家庭和谐幸福、经济社会持续发展。2020 年《中共中央关于制定国民经济和社会发展第十四个五年规划和二〇三五年远景目标的建议》强调,发展普惠托育服务体系,降低生育、养育、教育成本,促进人口长期均衡发展,提高人口素质。

目前中国学前三年毛入园率超过 80%,高于中高收入国家

69.2%的平均水平,①与 15 个学前教育发展状况相对较好的发展中国家相比,中国的入园率、公立幼儿园比例、学前教育投入和师幼比 4 项指标均处于中等水平。②

幼有所育,首先是优生。中国面临人口生育持续下降的严峻形势,1990—2000 年生育率从 2.106% 降到 1.403% ,2001—2019 年再从 1.19% 降到 1.048% ,③显著低于维持代际人口均衡增长的最低值 2.1% ,因此人口结构老龄化阶段为期不远。这个生育率也低于高收入国家 1.67% 的平均水平,更落后于全球平均总和生育率2.43% 。低生育率再加上人口寿命延长,导致人口的年龄结构出现了"未富先老"局面,不仅老龄化问题突出,而且养老金的来源减少,依靠人口红利的经济增长模式日益受到挑战。

导致生育率降低的主要原因是城市化水平迅速提高所带来的生育成本和生育的机会成本陡增,造成巨大的生活压力,导致"三高人群"(高学历、高收入、高素质)的生育意愿递减。

党的十九大报告指出:"促进生育政策和相关经济社会政策配套衔接,加强人口发展战略研究。"要求制定人口长期发展战略,优化生育政策,增强生育政策包容性,提高优生优育服务水平,发展普惠托育服务体系,降低生育、养育、教育成本,促进人口长期均衡发展,提高人口素质。

在优生的同时做到优育。现阶段优育主要指包括托育在内的

① 《教育部发布 2018 年全国教育事业发展基本情况》,http://www.moe.gov.cn/fbh/live/2019/50340/sfcl/201902/t20190226_371173.html。
② 霍力岩、孙蔷蔷:《中国与其他发展中国家学前教育发展的比较研究》,载《现代教育丛》2015 年第 3 期。
③ 《2020 年中国统计年鉴》,http://www.stats.gov.cn/tjsj/ndsj/2020/indexch.htm。

学前教育。学前教育水平跟城市化水平是相称的。城市化使得学前教育需求快速增长,家长之所以愿意将孩子送去托育机构,在于专业机构服务能够培养孩子良好的生活习惯并达到启智益智的目标。高素质的保教人员是幼有所育的基础保障。托育机构配备优秀的保教人才,才能培育出更优秀的孩子。[①]

改革开放以来,学前教育总体发展较快,但也出现了较大波折,起伏很大。其中,1978—1999 年学前教育发展基本平稳,幼儿园数量由 16.4 万所增至 18.1 万所,在园儿童由 787.7 万人增至 2326.3 万人,全国专任教师由 27.8 万人增至 87 万人,1980—1999 年适龄儿童净入园率由 93% 提升到 99.1%。但是,之后受到市场化大潮冲击,托育机构留不住人,再加上家庭婴幼儿数量大幅减少,独生子女效应显现,以及农村税费改革等因素影响,导致 21 世纪初期城乡公办幼儿园入不敷出,数量急剧减少,特别是 2001 年幼儿园数量减少 6.4 万所,在园儿童数量减少了 220 万人以上,专任教师减少了 30 万人以上。专任教师大规模减少对幼儿教育造成难以挽回的损失。直至 2004 年,学前教育各指标才有了恢复性增长。2011 年,幼儿园数量已达 16.68 万所,在园儿童数量 3424.5 万人,专任教师 132 万人,超过了 1999 年的历史最高水平。[②]

虽然学前教育的整体水平有了很大提高,但城乡差距在不断拉大。1987—2011 年,乡村幼儿园专任教师数量占全国总数比重由 54.73% 降至 15.33%,降幅显著,乡村幼儿园占全国总量比重也

[①] 杨菊华:《质量为先是新时代"幼有所育"的灵魂》,载《中国人口报》2020 年 12 月 21 日。

[②] 本节以下数据和阶段划分,除非特别说明,均来自黄燕芬、张志开、杨宜勇:新中国 70 年的民生发展研究,载《中国人口科学》2019 年第 6 期。

由 72.5% 降至 35.19%,乡村学前教育在园人数占全国总数比重也由 62.52% 下降至 29.02%,降幅都在 30—40 个百分点。

党的十九大报告首次提出"幼有所育"之后,学前教育呈快速发展态势,幼儿园数量、在园儿童数、幼儿园专任教师数均有大幅度增加,2018 年比 2011 年分别增加了 26.67 万所、4656 万人、258 万人;学前教育的城乡差距扩大势头有所遏制,乡村幼儿园专任教师数占比、乡村幼儿园占比与 2011 年大体持平,但城乡整体差距依然较大。

学前教育作为九年义务教育的延伸,更强调普惠性。普惠性幼儿园快速发展必然极大地减轻家庭抚幼负担,为婴幼儿健康成长营造了良好环境。《关于实施第三期学前教育行动计划的意见》要求普惠性幼儿园覆盖率达到 80% 左右,中共中央、国务院《关于学前教育深化改革规范发展的若干意见》提出要推进学前教育普及、普惠、安全、优质发展。尽管学前教育得到政府和社会的普遍关注与支持,但对优质教育的需要仍然供不应求,入园难、入园贵的问题依然没有得到彻底解决。为此,需要进一步解放思想,有效地推动学前教育供给侧改革。

抚育婴幼儿,父母是第一道关口。父母对婴幼儿的教育至为重要,是任何社会机构所无法取代的。在婴幼儿教育中要防止两种倾向:一种是为达目的不择手段的虎妈式教育,"严刑苛罚",不惜采用体罚等暴力手段;另一种则是溺爱娇惯,唯恐考虑不周,预先安排好一切,唾手可得,就像花房长成的苗,经不起挫折。在独生子女家庭,后一种倾向是主要的。对独生子女一是要有生存和生活能力教育,从小训练孩子自己的事自己做,学会生存,学会生活,学会做事,学会做人,长大能够独立生活,自力更生。训练儿童从小参加家务劳动就是家庭教育重要的一个方面。二是要有困难挫折和艰苦奋斗教育。人生总难免遇到这样那样的挑战,要培养训练子女克服困难、经受挫折、知难而进、自强不息的意志品质。

二、确保学有所教,发展优质教育,促进教育公平,建设人力资源强国

重视教育是中华民族的优良传统,教育对中华民族伟大复兴具有决定性意义。新中国成立 70 年来,教育事业长足发展,各级各类教育取得显著成效,总体发展水平进入世界中上行列。

经历“文革”之后,1977 年最先恢复的三项举措之一就是高考。1978—2011 年,教育事业全面恢复,各类教育稳步发展。其中,基础教育方面,一是全面普及九年义务教育,2009 年义务教育在校生达 1.5 亿人,巩固率达 90.8%。二是职业教育受到应有重视,职业中学在校学生数 2004 年达到 1174.74 万人,2011 年更是增加到1774.9 万人,职业中学数量由 1980 年的 3314 所增至 2011 年 4856所。三是高等教育全面恢复,蓬勃发展,1978—2011 年普通高校在校人数由 85.6 万人增至 2308.5 万人,几乎增加 27 倍,1978—2011年普通高校数量从 598 所增至 2442 所,专任教师数量由 24 万人扩大到 139 万人。

伴随着总量迅速增长,城乡之间、区域之间差距也在持续拉大。2003—2011 年,乡村初中在校生数占全国总数比重减少一半,从 48.02% 降至 22.95%;2004—2011 年乡村初中阶段学校数占全国

总数比重由 60.5% 降到 38.8%，也近乎一半；1987—2011 年乡村普通高中在校生数占全国总数比重由 26.4% 降至 4.2%，2003—2011 年乡村普通高中学校数占比由 14.5% 降到不足 5%。初高中数量和生员的城乡结构比例是城市化的先行指标，反映了未来增长的源泉何在。城乡办学条件的差距更是悬殊。

2012—2019 年，教育事业迈上新台阶。其中，义务教育方面，教育公平取得突破性进展，党的十八大报告提出"均衡发展义务教育"的新理念，义务教育发展更加均衡，城乡教育差距拉大的势头有所遏制。2016 年义务教育阶段学校 22.98 万所，教育巩固率达 93.4%，义务教育普及率超过高收入国家平均水平，在全球 9 个发展中人口大国中率先实现全民教育目标。与此同时，高等教育进入提质增效阶段，高等教育质量显著提升，普通高等学校数和在校人数持续增加，2011—2018 年普通高等学校数量增加了 254 所，从 2663 所增至 2917 所，普通高等学校在校人数增加了 522.53 万人，从 2831.03 万人增至 3353.56 万人。2018 年，高等教育毛入学率达 42.7%，超过中高收入国家平均水平。①

学有所教提高了全民族素质，为国家培养了大批学有所用的人才，教育服务经济社会发展的能力显著提高。世界一流大学和一流学科建设全面启动，高等教育的国际影响力稳步增强。尽管如此，学有所教仍存在发展不充分、不平衡的问题，城乡差距、区域差距、校际差距、群体差距这种结构性矛盾较之过去不是减少，而是有所增加，使得教育资源显得严重匮乏，优质教育供求矛盾更是

---

① 国家统计局：《2018 年中国第三产业统计年鉴》，中国统计出版社 2019 年版。

突出,教育不公平现象依然存在。由于竞争压力大,存在明显的应试教育痕迹,学生课业负担重,自主学习能力不足,缺乏创新性思维的培养环境。

三、确保劳有所得,鼓励勤劳致富,用自己的劳动和知识提高收入改善生活

就业是民生之本。劳有所得首先是坚持实施扩大就业的发展战略,千方百计为劳动者创造就业机会、提供就业岗位,及时帮助零就业家庭解决就业困难,使所有有劳动能力和就业愿望的劳动者都能就业,使更多劳动者成为创业者,并按照各自贡献获得合理的劳动报酬。

习近平总书记指出:"我国经济发展的'蛋糕'不断做大,但分配不公问题比较突出,收入差距、城乡区域公共服务水平差距较大。在共享改革发展成果上,无论是实际情况还是制度设计,都还有不完善的地方。为此,我们必须坚持发展为了人民、发展依靠人民、发展成果由人民共享,作出更有效的制度安排,使全体人民朝着共同富裕方向稳步前进,绝不能出现'富者累巨万,而贫者食糟糠'的现象。"[1]要坚决贯彻落实这些重要思想,实现劳有所得,共享发展成果。

1978—2011 年,通过企业战略性调整和职工下岗分流,逐步唤醒就业活力和工作动力,建立在社会主义市场经济基础上实现劳

---

[1]《习近平在党的十八届五中全会第二次全体会议上的讲话》,载《求是》2016 年第1 期。

动者自主就业、市场调节就业、政府促进就业和鼓励创业的方针。就业结构中第二、三产业比重不断上升,非公经济就业比重和高素质劳动力的比重均不断上升。全国就业人员由1978年的4.02亿人增加到2011年的7.64亿人。其中,农村劳动力大量进城务工,2011年农民工总量为25 278万人,其中本地农民工9415万人,外出农民工15 863万人。[①]

农村实行家庭联产承包责任制,城市国有经济实行利改税、分配包干,大大刺激了劳动者的积极性。1978—2011年全国居民人均可支配收入由171元增加到11 992元,农村居民人均纯收入134元增加到6977元,城镇居民人均可支配收入由343元增加到21 810元,广大人民群众从改革开放中得到了更多实惠。

在城乡居民快速增长的同时,城乡居民收入差距却在扩大。虽然推行农村家庭联产承包责任制的结果使得1978—1983年城乡居民收入比由2.56∶1缩小到1.82∶1,可一旦改革重心由农村转向城市,城乡居民之间的收入差距重新拉大,到2011年,城乡居民收入比扩大到3.13∶1。

2012—2019年实施就业优先战略,积极应对外部冲击,鼓励创业创新,加大职业培训力度,使得就业总量稳定,劳动力素质快速提高。2011—2018年全国就业人员问题由7.64亿人增加到7.76亿人。

老龄化的表现之一就是适龄劳动人口持续减少,2018年全国就业人员总量首次出现由升转降的拐点。但是,农民工进城的步

---

① 国家统计局:《中华人民共和国2011年国民经济和社会发展统计公报》,http://www.stats.gov.cn/tjsj/tjgb/ndtjgb/qgndtjgb/201202/t20120222_30026.htm。

伐并没有减慢,农民工总量依然稳步增长,2011—2018 年由 25 278 万人增加到 28 836 万人,其中,本地农民工 11 570 万人,外出农民工 17 266 万人。就近和本地化反映了新时代农民工就业特征。

这个阶段特别注重提高企业生产率和竞争力,2011—2018 年全员人均劳动生产率由 61 707 元提高到 107 327 元。在强调效率优先的同时,兼顾公平。2013 年实施新的收入分配体制改革方案,进一步理顺收入分配关系,以按劳分配为主,结合按劳分配和按要素分配,居民收入稳步提高,城乡收入差距不断缩小。2011—2018 年全国居民人均可支配收入由 11 992 元增加到 28 228 元,城镇居民人均可支配收入由 21 810 元提高到 39 251 元,农村居民人均可支配收入由 6977 元提高到 14 617 元。

中央在这个阶段加大了"三农"财政投入,对种粮农民补贴,实行主产区利益补偿,成效显著,2011—2018 年城乡居民收入比从 3.13∶1 缩小到了 2.69∶1。

四、确保病有所医,促进供给侧结构性改革,建设"健康中国"

健康是生命之本,人民健康是民族昌盛和国家富强的重要标志。党的十九大报告提出实施健康中国战略。

1978—2011 年,中国医疗卫生供给能力大幅增长,医疗卫生服务能力持续提升,医疗卫生投入不断增加。其中,医疗卫生机构数由 169 732 个增加至 954 389 个,卫生技术人员由 788.30 万人增加至 861.60 万人,每万人拥有执业(助理)医师数由 11 人增至 18 人;医疗卫生机构床位数由 204.2 万张增加至 516 万张,每万人医疗机构床位数也由 2002 年的 24.9 张增至 38.4 张,医疗卫生服务供给能力不断增强。医疗卫生投入即卫生总费用占 GDP 的比重由 3.02% 增加到 5.03%。

卫生支出方面,这个阶段个人卫生支出比重由 20.4% 持续增加至 60%;社会卫生支出比重由 47.4% 降至 24.1%,政府卫生支出比重由 32.2% 降至 15.9%;个人医疗负担加重,"看病贵""看病难"问题较突出,严重损害医疗卫生服务体系的公益性,导致政策重新调整,提出医疗、医药和医保"三医联动"的医疗架构,个人卫生支出比重下降,社会卫生支出和政府卫生支出比重提高。

这个阶段虽然医疗卫生事业有了长足发展,但是医院之间、城市之间、城乡之间差距也在拉大。例如,农村每万人拥有执业(助理)医师数一直少于城市,2000 年比城市少 11 人,到 2011 年进一步扩大到 17 人。

2012—2019 年,城乡居民的基本医疗卫生制度基本建立,医疗卫生供给能力和服务能力进一步提高,政府卫生投入责任得到落实,居民看病负担继续降低,基本医疗保险制度结构更加完善。医疗卫生网络不断健全,服务的可及性显著提高,国家建立了覆盖城市(省市镇)、农村(县乡村)医疗预防保健三级网全覆盖。医疗卫生资源有效供给全面增加,2011—2017 年全国医疗卫生机构床位增长 62.9%;每万人拥有执业(助理)医师数增长 33.33%,医疗卫生机构增加 3.2 万个。

此外,政府大力推进新型医疗改革,整合新农合和城镇居民基本医疗保险,全面建立城乡居民大病保险,破除以药养医,推进医药分开,取消药品成本加成,2009—2016 年公立医院药品收入占比由 46% 降到 40%。

1978—2019 年卫生总费用占 GDP 比重从 3% 提高到 6.6%,虽然卫生投入不断增加,但是,投入总额并不大,而且卫生费用支出增长太快,超过 GDP 增长若干倍,卫生负担总体加重。如同期全国人均 GDP 增长 184 倍,而人均卫生总费用支出增长 411 倍。药价虚高和"以药养医"的医院管理体制推动了医疗费用的增长。其中,政府卫生费用投入占 GDP 不到 2%,不仅低于世界平均水平 10.60%,且低于低收入国家的平均水平 5.28%,致使看病难、看病贵问题难以解决。再加上医疗资源高度集中,使得供求关系更加紧张,20% 人口拥有 80% 医疗资源,其他 80% 人口只拥有 20% 医疗资源,结构性矛盾非常突出。

1978—2019 年全国卫生总费用的统计表

年份	卫生总费用(亿元)	人均卫生费用(元)	卫生费用占GDP比重%	卫生费用支出结构占比(%)		
				政府	社会	个人
1978	110.21	11.45	3.00	32.16	47.41	20.43
1990	747.39	65.37	3.96	25.06	39.22	35.73
2000	4586.63	361.88	4.57	15.47	25.55	58.98
2010	19980.39	662.30	4.62	28.69	36.02	35.29
2015	40974.64	2980.80	5.98	30.45	40.29	29.27
2019	65841.39	4702.79	6.64	27.36	44.27	27.36

资料来源:《中国统计年鉴 2020》

五、确保老有所养，系统应对老龄化，稳步提高"银发经济"的服务质量

老有所养就是要加快建立覆盖城乡居民的养老保险体系，提高"银发服务"质量。党的十九大报告提出，要积极应对人口老龄化，构建养老、孝老、敬老政策体系和社会环境，推进医养结合，加快老龄事业和产业发展。为此，要改革企事业单位基本养老保险制度，探索建立农村养老保险制度，加强老龄工作，发展老年社会福利事业，使所有老年人都能够分享发展成果，幸福地安度晚年。

1978—2011 年，老有所养发生根本性转变，实现了社会化服务体系。一是完善基本养老社会保险体系，基本实现社会全覆盖，从为党政机关、群众团体和全民所有制企业、事业单位提供退休金扩大到为各类企业职工和城乡居民建立养老保险；二是基本养老保险从原来以国家和集体为投资主体向国家、企业、个人分担转变，资金来源更加充足，确保个人老有所养有稳定的现金流；三是老年福利从只面对城市"三无"老人、农村"五保"老人转向面对全社会特定年龄段以上的所有老人。

基本养老保险制度改革从 20 世纪 80 年代中期开始试点，统筹面不断扩大，1992 年首次公布相关数据。1992 年全国有 50 多万户企业、8500 多万职工和 1700 多万离退休人员参加退休费用社会统筹，为实现劳动力全社会自由流动创造了条件。到 2011 年，参加城镇基本养老保险人员达 28 391 万人，其中参保职工 21 565 万人，参保离退休人员 6826 万人。参加国家新型农村社会养老保险试点人

员 32 643 万人(实际享受待遇 8525 万人),参加国家城镇居民社会养老保险人员 539 万人(实际享受待遇 235 万人),全国有 4.49 万户企业建立了企业年金,参加职工达 1577 万人。

2012—2019 年,进一步将机关事业单位的养老金并入城镇职工养老保险制度,适度发展职业年金,同时,大力发展养老服务机构,满足日益增长的公共养老服务需求,建立居家养老、社区养老和机构养老三位一体的社会养老服务体系。

六、确保住有所居,多渠道供应,多层次保障,逐步改善住房条件、提高居住质量

住房是生活的必备条件,高品质的居住条件是实现人类美好生活的基本要素,解决住房问题是改善民生极为重要的方面。

1978—2011 年,住房市场化改革全面铺开。1998 年国务院发布《关于深化城镇住房制度改革加快住房建设的通知》,住房分配由实物福利向货币化转型,全国范围内掀起了持续的住宅建设新高潮,推动了以住宅为主的房地产市场不断发展,对拉动经济增长和提高人民生活水平发挥了重要作用。房地产相关行业关联度高,带动力强,由此成为国民经济的支柱产业。同时,初步构建起以经济适用房和廉租房为主的保障性住房供应体系。1978—2011 年城镇居民人均居住面积从 6.7 平方米迅速提高到 32.7 平方米,增加 3.88 倍。但城市房价快速上涨也造成房价收入比在 1998—2011 年间从 6.21 上升到 7.49,意味着购房能力下降,让更多的人买不起房。对新进城者、农民工尤其不利,这种结构性矛盾导致生产

力成本提高,城市竞争力下降。

2012—2019 年,控制房价成效显著,抑制房价过快上涨;注重住房制度长效机制建设,完善保障性住房供应体系。党的十九大强调"坚持房子是用来住的、不是用来炒的,加快建立多主体供给、多渠道保障、租购并举的住房制度,让全体人民住有所居",把改善群众居住条件作为城市住房制度改革和房地产业发展的根本目的。从土地、金融和税收等多方面入手,完善多元化的住房保障体系,拓宽住房保障范围和渠道,支持居民改善性购房需求,抑制投资投机性购房,加强住房市场监管,严格管控商品房价格,规范开发、销售、中介等行为,确保房地产市场平稳健康发展。

尤其是要把解决城市低收入家庭住房困难作为政府公共服务的一项重要职责,健全廉租住房制度,多渠道筹措资金,加快中低价位普通居民住宅建设,逐步改善住房困难群众的居住条件。发展住房租赁市场,以"租购同权"促"租售并举",推动住房租赁市场立法,促进机构化、规模化租赁企业发展,从而加快建立符合国情、适应市场规律的制度和长效机制。

这个阶段房价过快上涨势头得到有效抑制,全国房价收入比基本趋稳,公租房、共有产权房、限价房、棚户区改造、"租购同权"等举措为"夹心层"及新市民提供了更多、更广的居住空间。

改革开放以来,城乡居民住房条件和住房质量都有了根本改善,1978—2019 年城镇人均住房建筑面积从 3.6 平方米增加到 39 平方米,农村人均住房建筑面积从 8.1 平方米增加到 47.3 平方米。住房制度改革取得了巨大成就,商品房供给充足,供给能力大为增强,同时形成经济适用房、限价房、廉租房、公租房、共有产权房等保障性住房类型,初步建立了适应社会主义市场经济体制的住房保障体系。在住房总体水平和整体质量改善的同时,住房保障发展不平衡、不充分仍然十分突出,空间分布和结构分布差别较大,不利于人口的自由流动、促进生产力发展。对此,民生问题专家任玉岭提出六条建议:一是重构住房建设体系;二是坚决贯彻"两个70%",即70%的住房用地要用于建设廉租房、经济适用房和限价房,70%的住宅项目要建90平方米以下的小户型;三是改变地方财政对卖地、拆迁的过分依赖;四是对保障性住房进行规模定位;五是对限价房做到真正限价;六是打击房地产领域的腐败行为,也要严防金融部门在支持房地产贷款中的不规范行为。①

作为补充,为有效遏制投机性购房需求和房地产价格过快增长势头,在特定时期特定范围内还应做到:

第一,严格控制房价,甚至只降不升;第二,严格控制房地产开发的土地供给和土地价格;第三,严格控制房地产开发的成本、利润和财务账目,做到账目公开;第四,适当控制住房面积,优惠供应小户型房和首套房购置;第五,适当控制房地产开发贷款和购房贷款;第六,树立正确的住有所居观念,实行租购并举、鼓励租房的制度,鼓励城市人口租房居住,控制住房租金;第七,注重解决城乡居民低收入人口的住房困难,提供住房补贴,提供廉租房、公租房、共有产权房,推进城市化进程。

---

① 于今:《任玉岭访谈录》,红旗出版社2012年版,第140—146、180—185页。

七、确保弱有所扶、难有所帮、困有所助,应助尽助,把困难群众的民生底线兜住兜牢

长期以来存在的产业差别、城乡差别、地区差别是贫困的根源,"三农"问题是最集中的反映,尤其突出的是"老、少、边、穷"地区。不解决这些根本问题,解贫脱贫的力度总归是有限的,脱贫而不能致富现象普遍存在。

1978 年实行农村家庭联产承包责任制,从根本上解决了吃不饱难题,1978—2005 年,农村绝对贫困人口从 2.5 亿下降到 1.25 亿,贫困发生率由 30.7%迅速降至 14.8%,成效十分显著。剩下的 1 亿多贫困人口怎么办,就成了全面建成小康社会最难啃的硬骨头,它不是靠调整生产关系就能解决的,而是要靠产业、科技、教育带动,体现了全面建成小康社会的全面性和协同性。

1986—1993 年改革重心由农村转向城市,尤其是重点发展沿海开放城市,上述三大差别趋于拉大,虽然国家采取了区域开发方式扶贫,但久久为功,一时难以扭转局势,而且其开发方式很难让贫困户直接从中受益,因此这个阶段贫困人口下降速度并不像前一阶段那么迅速。

作为全面建成小康社会的底线任务和标志性指标,2020 年是脱贫攻坚总攻之年、决胜之年,为了解决这个难题,1994 年国家实施"八七扶贫攻坚计划",到 2000 年基本解决八千万农村贫困人口的温饱问题。2001—2012 年,实行整村推进和以产业发展、劳动力转移为重点的"两轮驱动"扶贫阶段,确定 592 个国家扶贫开发重

点县和 15 万个贫困村,到 2010 年,处于国家贫困线以下的贫困人口减少到 2688 万,贫困发生率降到 2.8%。2012—2019 年全面打响脱贫攻坚战,实施精准扶贫、精准脱贫战略,做到因户施策、因人施策,2013—2018 年,贫困人口由 8249 万减少到 1660 万;贫困发生率进一步降到 1.7%;国家级贫困县数量降到 305 个,光是 2018 年就减少了 280 个。① "十三五"时期脱贫攻坚成果举世瞩目,5575 万农村贫困人口实现脱贫。②

社会救助是扶危济困、救急救难的兜底性制度安排,是做好"六稳"工作、落实"六保"任务的重要内容,体现社会的爱心和温度。改革开放以来,社会救助覆盖面不断扩大,救助水平不断提高,形成了城乡低保、"五保"供养、流浪人员救助及包含医疗、就业、住房、教育等领域的新型城乡社会救助体系,社会救助制度不断朝着体系化、规范化的方向发展。

1978—1999 年,农村集体用于"五保"供养和贫困户补助的资金总计达 200 多亿元;城市建立并推广城市低保制度,全国 667 个城市、1638 个县政府所在地建立了城市低保制度。③ 1979—1999 年,城市享受社会救济对象从 24 万人增加到 542.2 万人,20 年间扩

---

① 《党的十八大以来脱贫攻坚取得重大决定性成就》,http://www.gov.cn/xinwen/2019-02/20/content_5367135.htm。

② 要真正做到全面建成小康社会一个都不能掉队,并不是轻轻松松、敲锣打鼓就能实现的。根据北京师范大学中国收入分配研究院课题组研究,到 2019 年,我国还有 0.39% 的人口即 546 万人月收入等于 0,还有 15.81% 的人口即 22 135 万人口月收入在 500 元以下。万海远、孟凡强:《月收入不足千元,这 6 亿人都在哪?》,http://opinion.caixin.com/2020-06-03/101562409.html。

③ 柳旭等:《低保,建在人民心中的伟大工程》,http://www.mca.gov.cn/article/xw/mtbd/201909/20190900019819.shtml。

大了 20 倍,每年人均救济金从 75 元增加到 528 元。

2000—2011 年,在不断完善城乡低保制度基础上,社会救助事业进入体系化发展阶段,新型农村"五保"供养制度、廉租住房救助制度、城乡医疗救助制度、教育救助制度和临时救助制度等社会救助制度纺织出了一张为困难群众兜底的社会安全网。2014 年 2 月,国务院首次颁布统筹各项社会救助制度的行政法规《社会救助暂行办法》,为社会救助事业制度化规范化发展奠定了基础。2012—2019 年,社会救助事业发展纳入深化改革和依法治国的总体部署,社会救助制度更加规范,社会救助的长效机制逐步建立健全。

残疾人事业是社会事业的短板,对特殊群体的帮扶和救助反映出一个国家的包容程度。残疾人事业得以恢复和发展是从 1978 年开始的,如恢复盲人聋哑人协会,成立中国残疾人福利基金会等。据 2006 年第二次全国残疾人抽样调查数据显示,中国残疾人口 8296 万,是世界上残障人口最多的国家之一,每 13 个人当中就有一个残疾人。这部分人口难以达到健全人同等发展的条件,也很难融入健全人的生活。目前仍有 1500 万以上残疾人生活在国家贫困线以下。

1978—1987 年这个阶段仍以收养救济为主,通过福利院等救助机构解决残疾人基本生存需求,但始终供不应求。

1988—2007 年残疾人事业纳入国家发展规划,法制化、组织化逐步走上正轨,如 1988 年中国残疾人联合会成立,1991 年施行《中华人民共和国残疾人保障法》。

2012—2019 年残疾人事业全面推进,深入发展,站到了新的历史起点上。2016 年国务院发布"十三五"加快残疾人小康进程规划纲要,提出"普惠＋特惠",残疾人不仅享受其他人所能享受到的优惠待遇,还有特殊扶助和优先保障。①

经过这些年发展,残疾人事业已由过去以福利救济为主的社会福利工作,逐步发展成为包括康复、教育、劳动就业、扶贫、社会保障、文化体育、维权、无障碍环境建设、残疾预防等多领域的综合性社会事业,走出了一条适合国情、具有特色、科学发展的道路。

---

① 《关于加快推进残疾人小康进程的意见》,http://www.cdpf.org.cn/ztzl/special/CDRS/szkd/201603/t20160330_546576.html。

第六章　中国特色社会主义文化发展规律

　　文化自信是一个国家、一个民族发展中更基本、更深沉、更持久的力量。坚定文化自信，是习近平新时代中国特色社会主义思想的重要内容，也是深刻认识社会主义文化建设规律的基本遵循。文化自信离不开理论自觉，二者都是民族进步的精神力量，价值先进和思想解放是一个社会活力的来源，坚持和发展马克思主义，坚持马克思主义在社会主义文化建设的中心地位，任何时候、任何情况下都不能动摇。文化自信和理论自觉表明我们对中国特色社会主义文化建设规律的认识更趋成熟、更加科学。

　　马克思主义是我们党和国家的根本指导思想，也是指引社会主义文化建设发展方向的根本指针。坚持和发展马克思主义，是建设社会主义的根本规律，更是创造社会主义文化的根本问题和根本规律。坚持和发展马克思主义，最重要的就是要坚持用马克思主义立场观点方法认识世界和改造世界。

　　坚持以马克思主义为指导，建设社会主义精神文明，是社会主义文化建设的前提和首要规律。建设社会主义精神文明是区分社会主义文化和资本主义文化的根本标志,体现了社会主义文化本质。社会主义精神文明建立在社会主义物质文明基础之上,反过来又具有指导社会主义物质文明、政治文明和社会文明建设的关键性作用。社会主义精神文明建设首先要解决的是精神、思想、道德等建设社会主义的前提问题,同时还要解决教育科学文化等建设社会主义的条件问题。

　　培育和践行社会主义核心价值观,是中国特色社会主义文化建设的核心,体现了社会主义最基本的价值规律。社会主义核心价值观是中国特色社会主义先进文化的精髓所在,是当代中国精神、中国力量和中国道路的道德基础和价值浓缩,是民族和国家最持久、最深层的力量。造就民族复兴的时代新人,需要教育引导、实践养成、制度保障,用社会主义核心价值观引领社会风尚,使社会主义核心价值观成为每个社会成员自觉的行为准则,做到内化于心、外化于形,成为人们的自觉行动,形成培育和弘扬社会主义核心价值观的文化形态。

　　弘扬传统文化、植根红色文化、培育自信文化,是发展中国特色社会主义文化的重大任务和重要规律。中国特色社会主义文化,源于中华民族五千多年绵延不绝的历史孕育的优秀传统文化,红色文化是中国共产党领导中国人民在革命、建设、改革中创造出来的先进文化,尤其是最近 40 年中国特色社会主义的伟大实践,构成了当代中国人民精神家园的主心骨;坚持"四个自信",包括文化自信,是提升中华文明软实力,实现文化"走出去"、讲好"中国故事"的创新性实践,是中国特色社会主义文化创新发展的战略性决策。

促进社会主义文化大发展大繁荣,是建设社会主义强国的重要内容,也是社会主义文化建设的重要规律。中国特色社会主义的伟大实践是培育社会主义文化自信的沃土,落实文化强国战略,满足人民过上美好生活的期待、为人民提供丰富的精神食粮,就要坚持中国特色社会主义先进文化前进方向,坚持"以人民为中心"的社会主义文化发展规律,加快发展文化、教育、科学事业。发展社会主义文化,必须遵循文化事业和文化产业的发展规律,深化文化体制改革,解放和发展文化生产力,继续扩大文化领域的对外开放,以文化创新方式讲好中国故事,不断推出具有中国特色、中国风格、中国气派的文化精品,积极促进中外文化交流与互信,努力提高中华文化的影响力和软实力,增强中华文化的认同力和吸引力,为构建人类命运共同体做出积极贡献。

第一节　马克思主义是科学的世界观和方法论

马克思主义是社会主义文化建设的旗帜和灵魂,建设社会主义文化必须坚持以马克思主义为指导。坚持马克思主义在社会主义文化建设中的中心地位是创新社会主义文化的根本要求,坚持马克思主义的指导地位在任何时候、任何情况下都不能动摇。坚持用马克思主义根本立场观点方法,指导中国特色社会主义实践,用马克思主义中国化最新成果,武装头脑、指导实践、推动工作。坚持和发展马克思主义是建设社会主义的根本规律,同时也是创造社会主义文化的前提条件和根本规律。

马克思主义是迄今为止人类历史上最完备、最先进的科学理论体系。马克思主义立足于全世界工人运动的实践,秉承并系统地总结了人类思想的优秀成果,揭示出了人类社会发展的客观规律,因而成为当今世界最科学的理论学说和指导思想。马克思主义的先进性在于它的彻底性,既不崇拜任何偶像,也没有任何预设的前提,这一理论品格天然地赋予它自我革命的精神和内在创造的持久力量,不断实现着自身的与时俱进。正因如此,马克思主义在同世界工人运动和人类解放实践结合过程当中能够发挥强大的理论指导作用,其真理性是不可撼动的,也是其他理论无法比拟的。

坚持和发展马克思主义,最重要的就是要坚持和运用辩证唯物主义和历史唯物主义的世界观和方法论,这是马克思主义科学性和革命性的源泉。中国共产党历来高度重视思想建党,始终坚持用马克思主义科学理论教育和武装全党,运用马克思主义世界观和方法论去认识问题、分析问题和解决问题。中国共产党人的革命、建设、改革的成功实践都是在马克思主义中国化、时代化、大众化的实践中对马克思主义的科学性和规律性认识的不断深化和科学总结。

一、运用历史唯物主义和辩证唯物主义指导社会主义的伟大实践

历史唯物主义和辩证唯物主义坚持物质第一性的观点,相信物质利益的历史决定性作用,重视推动阶级社会发展的阶级力量

的作用,中国共产党人运用历史唯物主义和辩证唯物主义的基本原理基本方法解决了中国人民近代社会以来如何站起来、富起来再到强起来的一切问题,解决了现时代中国发展的许多重大而关键的问题,全面把握事物变化及其关系,灵活运用辩证思维方式思考和处理改革、发展、稳定等问题,用矛盾论、两点论和重点论处理重大的时代性课题,从纷繁复杂的事物表象中梳理头绪,深刻把握新时代中国特色社会主义实践发展的内在规律。

第一,肯定世界统一于物质、物质决定意识,这就要求以客观实际为依据制定大政方针,政策要接地气,切实解决问题。党的十九大作出"中国特色社会主义进入新时代"这一重大的历史性政治判断,就是洞察了国情的"变"与"不变"特征,准确把握历史发展阶段的新变化、新特点,让主观世界更加符合客观实际,而不是倒过来,因而更能在实际工作中掌握主动权,发挥能动性。

第二,辩证唯物主义认识论奠定了中国共产党思想路线的理论基础。党的思想路线就是一切从实际出发,理论联系实际,实事求是,在实践中检验真理和发展真理,其核心是解放思想、实事求是、与时俱进。党的思想路线是辩证唯物主义认识论的具体运用。

第三,强化问题导向和问题意识,积极应对挑战。用事物的矛盾运动和变化发展原理,科学化解前进中的矛盾和问题。现阶段社会主要矛盾转化为人民日益增长的美好生活需要和不平衡不充分的发展之间的矛盾,其根本点就在于对社会的全面进步和人的全面发展提出了更高的要求,这个重大的历史性变化事关全局。

第四,全面掌握马克思主义方法论和辩证思维能力,提高驾驭复杂局面、处理复杂问题的本领,在盘根错节、错综复杂的利益格局中理清头绪,摆正整体和局部、全局和部分、重点和非重点、眼前利益和长远利益之间的关系,作出最为科学、最为有利的战略抉择。

二、运用历史唯物主义正确把握社会发展规律

全面掌握马克思主义认识世界、改造世界的基本立场、观点、方法,运用历史唯物主义的基本原理解决不断变化中的时代问题和发展问题,是科学认识和把握人类社会发展规律的前提。

首先,历史唯物主义基本原理是我们认识世界、改造世界的理论基础。它立足于物质生产和社会实践,恩格斯说过:"只有物质生活条件的生产与再生产才是人类社会历史存在和发展的一般基础,这个基础是作为永恒的自然必然性出现的。"在此基础上,才有物质生活资料的再生产、人自身的生产和社会关系的生产。历史唯物主义的科学原理为十一届三届中全会以来党的工作重心转移这一重大决策提高了强大的理论基础,可以说,改革开放是决定当代中国前途命运的关键一招,解放和发展生产力是解决所有发展问题的关键。

其次,人类社会的发展是自然历史的过程。马克思《1857—1858 年经济学手稿》将人类社会历史划分为"人的依赖性社会、物的依赖性社会、个人全面发展的社会" 三种依次更替的社会形态,由此也就继《共产党宣言》初步勾勒共产主义特征之后更加清晰地表明共产主义特征,即"自由人的联合体"的特征,捍卫了辩证唯物主义和历史唯物主义。历史唯物主义认为,生产关系不能任意拔高,超出了生产力水平限制,像"大跃进"和人民公社运动等"左"倾

主义,都有深刻的历史教训。同时也应看到,资本主义社会无法跳出"物的依赖性社会",始终超越不了这一历史阶段,必然要被社会主义和共产主义所取代,最终将发展到美好的"自由人联合体"这一历史阶段。

第三,加强党的执政能力和治国理政能力现代化建设,必须坚持历史唯物主义。无论是在革命时期还是在建设时期,我们党之所以能够战胜各种困难,取得一个又一个胜利,就在于用历史唯物主义基本原理,系统、具体、历史地分析并掌握了中国社会矛盾运动发展的基本规律,卓有成效地认识世界和改造世界。改革开放以来,中国特色社会主义事业蒸蒸日上,历史性地改变了十四亿人口的前途命运,前所未有地接近世界舞台中央,开创了前所未有的中国特色社会主义新时代。

当今世界正面临百年未有之变局,中国共产党正面临着更加复杂的国内国际环境,肩负着更加繁重的历史重任,对执政能力是巨大考验,包括长期执政考验、改革开放考验、市场经济考验、外部环境考验。在这些大是大非面前,更要以历史唯物主义为指导,从人类社会形态的发展阶段高度审时度势,将中国特色社会主义事业不断推向前进,把握历史发展规律,避免像前苏联和东欧国家那样导致颠覆性的错误决策。

三、马克思主义是社会主义实践的科学指南和中国共产党人的看家本领

马克思主义不是教条而是方法。教条是只知其一而不知改

变,当条件改变时死守结论而不能随机应变。马克思主义的科学价值在于它揭示了人类社会发展的根本规律。人类一旦认识和掌握了自身的发展规律,就能够摆脱无知无能的被动局面以及被人控制和奴役的命运,从必然王国走向自由王国。

马克思主义提供了一整套分析问题和解决问题的科学方法,中国共产党人将马克思主义普遍原理同中国革命、建设和改革的具体实践相结合,形成了具有中国特色、中国风格和中国气派的马克思主义。正是受到马克思主义科学世界观和方法论的指引,结合中国革命、建设、改革的具体实际,探索出了一条正确的发展道路,实现了中华民族从站起来到富起来的历史性跨越。中国特色社会主义事业取得开创性历史成就,中国共产党也逐步成长为更加成熟的马克思主义政党。

中国特色社会主义进入新时代,社会主义中国发生了深层次、根本性的历史变革。要实现中华民族的伟大复兴,必须牢牢把握马克思主义科学的世界观和方法论。习近平新时代中国特色社会主义思想作为马克思主义中国化的最新理论创造和理论成果,展现出强大的发展活力和真理伟力,发展中国家走向现代化的路径被大大拓宽,中国智慧、中国方案为解决全人类发展的重大问题做出了独特的贡献。

党的十八大以来,习近平总书记反复强调树立正确世界观的重要性,党的十九大提出要"解决好世界观、人生观、价值观这个'总开关'问题"。在纪念马克思诞辰 200 周年大会的讲话中,习近平强调,我们要坚持和运用辩证唯物主义和历史唯物主义的世界观和方法论,坚持和运用马克思主义立场、观点、方法,真正把马克思主义这个看家本领学精悟透用好。

马克思主义的科学世界观是共产主义崇高理想信念的精神支柱;马克思主义的科学世界观是指导共产党人应对各种复杂现实问题、危机挑战和批判各种错误社会思潮的锐利思想武器;马克思主义的科学世界观是以人为本、坚持人民立场、以人民为中心等科学理念的理论来源,而人民是克服一切困难,实现中华民族伟大复兴的力量源泉。

第二节　牢牢把握党对意识形态工作的领导权

能否做好意识形态工作,事关党的前途命运,事关国家长治久安,事关民族凝聚力和向心力。必须把意识形态工作的领导权、管理权、话语权牢牢掌握在手中,任何时候都不能旁落,否则就要犯无可挽回的历史性错误。

一、什么是意识形态工作领导权

意识形态工作为什么重要? 众所周知,人们是通过一定的观念来认识世界,而意识形态在一定程度上能够改变人们对客观事实和外部世界的认知。马克思恩格斯指出,每一个试图取得统治地位的新阶级,"为了达到自己的目的不得不把自己的利益说成是社会全体成员的共同利益,就是说,这在观念上的表达就是:赋予自己的思想以普遍性的形式,把它们描绘成唯一合乎理性的、有普遍意义的思想"①。尽管马克思恩格斯没有明确给出意识形态的概念,但是,意识形态问题始终马克思主义的核心问题之一。"马克思关于意识形态的基本含义有三:即统治意识、革命意识和无产阶级阶级意识;相应的历史和制度支撑是:传统国家、现代资产阶级国家和无产阶级专政国家;相应的阶级基础则是:贵族阶级(含奴隶主和地主)、现代资产阶级和现代无产阶级。意识形态三大含义的共同点是,都作为社会某一时期的主流意识,都有相应的制度和阶级依托,都不仅仅通过观念、更通过主导的生产方式和生活方式向社会各个层面渗透,从而支配人们的思想、巩固自身的统治等等"。② 英国学者雷蒙·威廉斯也认为,"每一种类的意识形态是指适合那种阶级的观念体系。一种意识形态可能被认定为正确、先进,以便对抗其他的意识形态"③。实际上,意识形态对社会制度能够起到一种重要的建构作用。意识形态斗争,主要就是指意识形态领导权的争夺。

　　意识形态领导权是与现代政党紧密联系在一起的。现代政党必须重视意识形态。"意识形态把政党当作自己的物质武器,任何政党的产生和存在都有自己的意识形态前提……政党通过意识形态的整合功能使人民主权的理念具有了制度上的现实性。"④对于

----

① 《马克思恩格斯选集》,第 1 卷,人民出版社 2012 年版,第 180 页。

② 侯惠勤:《马克思的意识形态批判与当代中国》,中国社会科学出版社 2010 版,第 54 页。

③ 雷蒙·威廉斯:《关键词:文化与社会的词汇》,刘建基译,生活·读书·新知三联书店 2005 年版,第 222 页。

④ 王邦佐等编著:《中国政党制度的社会生态分析》,上海人民出版社 2000 年版,第 235 页。

一个政党来说,意识形态是表达纲领,凝聚成员,影响社会,夺取政权的重要工具。通过加强意识形态工作,统治阶级及其政党可以使用便于维护其统治地位及其利益的方式来解决各种社会矛盾,从而尽量回避社会矛盾背后的阶级冲突和斗争,以利于统治制度的合法化和持续性。在资本主义制度下,对于工人阶级而言,意识形态是资产阶级强加于他们的思想幻象,本质上是维持资产阶级统治的工具。资产阶级政党,往往把资本主义美化成普世意义的社会,充分利用意识形态粉饰资本主义制度,极力掩盖社会矛盾,麻痹工人阶级的革命意志,以达到取得或者维护统治地位的目的。无产阶级要想成为统治阶级,必须反对资产阶级及其政党的意识形态和阶级统治。

对于无产阶级政党来说,把握意识形态工作的领导权,是指党立足自身的纯洁性和先进性,通过经济、政治、文化、法律、思想宣传直至暴力革命的手段,使广大人民群众接受马克思主义及其创新的理论成果,并将其付诸社会实践的斗争过程。无产阶级政党的意识形态就是马克思列宁主义。葛兰西强调,"共产党需要在意识形态上完全一致,以便能够在任何时刻完成它作为工人阶级领袖的职能。意识形态的一致是党的力量和政治能力的一个组成部分;它对于使党成为布尔什维克党是不可缺少的。意识形态一致的基础是马克思主义和列宁主义的学说"①。无产阶级政党把马克思列宁主义作为自己的旗帜,在人类历史上第一次将意识形态建立在科学的基础之上。

---

① 李鹏程编:《葛兰西文选》,人民出版社 2008 年版,第 89 页。

中国共产党历来高度重视意识形态工作。毛泽东1938年在读李达《社会学大纲》一书的批注中写道："社会意识形态是理论上再造出现实社会。"①他在《矛盾论》中指出："我们承认总的历史发展中是物质的东西决定精神的东西,是社会的存在决定社会的意识;但是同时又承认而且必须承认精神的东西的反作用,社会意识对于社会存在的反作用,上层建筑对于经济基础的反作用。这不是违反唯物论,正是避免了机械唯物论,坚持了辩证唯物论。"②1945年3月31日,毛泽东在党的六届七中全会上强调,中国共产党必须要有区别于其他党派的政治主张,只有这样,才能领导中国革命取得胜利。"惟有区别才能领导"③,这是我们党的宝贵经验。为什么中国共产党能够领导中国人民取得革命、建设和改革的伟大胜利?其中重要的一点,就是中国共产党能够始终旗帜鲜明地表明自己的政治立场和政治纲领,始终牢牢把握意识形态工作的领导权。当然,意识形态工作的领导权绝非一劳永逸。"领导权并非凝固的、一朝达到就可以永远不变的状态,而是一个细致的、动态的、不间断的过程。"④在新的历史条件下,我们党必须更加重视意识形态工作,牢牢把握意识形态工作的领导权、话语权和管理权,其中掌握领导权是最根本的。

当前,国内外意识形态斗争越来越激烈,越来越复杂,一定程度上也越来越隐蔽。例如,有人抛出了"意识形态终结论";还有人

---

① 《毛泽东哲学批注集》,中央文献出版社1988年版,第210页。
② 《毛泽东选集》第1卷,人民出版社1991年版,第326页。
③ 《毛泽东文集》第3卷,人民出版社1996年版,第273—274页。
④ 谢·卡拉-穆尔扎:《论意识操纵》(上),徐昌翰等译,社会科学文献出版社2004年版,第77页。

认为马克思主义是一种落后的、过时的意识形态,应当抛弃,并拿出马克思主义经典作家关于意识形态"虚幻性"的论述作为依据。应当知道,"马克思主义创始人对意识形态虚假性的批判,是为了揭示意识形态遮蔽下的社会历史的真实的运动规律,是为了替科学社会主义的运动指明方向。然而,当马克思主义本身已经成为这一运动中的领导力量时,列宁不赞成再以笼统的方式来谈论意识形态的虚假性,而是把社会主义的意识形态作为科学的意识形态与资本主义的意识形态对立起来"①。事实上意识形态从没有终结。美国政治学者拉斯韦尔认为,"在任何地方,西方文明的行动主义、战斗精神和地方观念都结合在一起以压倒一切持反对态度的人们。"②美国前总统尼克松说过,"如果我们在意识形态斗争中打了败仗,我们所有的武器、条约、贸易、外援和文化关系都将毫无意义"③。西方攻击马克思列宁主义,攻击社会主义制度,向人们灌输资产阶级的"民主、自由、人权"等政治思想和价值观念,引导他们向往资本主义,向往西方世界。曾任苏联部长会议主席的雷日科夫认为,"这是通过西方传教士和形形色色的宗教团体、教派的大规模扩张活动进行的,简直就是又一场货真价实的十字军东征。从本质来讲,这是一种改变我国整个社会面貌的企图。经过这场可怕的战役之后,结果就是要在过去俄国的原址上,建立起一个新的国家,国名可能还是这个国名,但人民的心理已完全改变,传统

① 俞吾金:《意识形态论》,人民出版社 2009 年版,第 321 页。
② 哈罗德·D. 拉斯韦尔:《政治学——谁得到什么? 何时和如何得到》,杨昌裕译,商务印书馆 1992 年版,第 134 页。
③ 尼克松:《1999 年:不战而胜》,王观声等译,世界知识出版社 1989 年版,第 96 页。

的价值观在百姓心目中将不再占有地位"①。殷鉴不远,面对复杂多变的国际意识形态斗争形势,必须高度意识形态工作,牢牢把握意识形态工作的领导权。

二、把握意识形态工作领导权的主要内容

衡量一种意识形态的强弱至少有三个指标:第一,这种意识形态影响群众的多少;第二,这种意识形态影响地域的大小;第三,这种意识形态转化为实践的能力及其持续性。

无论是掌握群众的数量,还是影响范围,以及转化为实践的能力和持续性,这三个方面马克思主义理论和社会主义事业都具有天然的优势。马克斯·韦伯承认:"依我之见,没有什么办法能够消除社会主义信念和社会主义希望。所有工人阶级总是会重新回到某种意义上的社会主义。"②马克思主义和社会主义,在一定程度上也改变了现代资本主义的理论和实践形态。

马克思主义和社会主义是我们意识形态工作的旗帜,任何时候、任何情况下都不能丢弃。对于无产阶级政党来说,把握意识形态工作的领导权要着力强化以下几个方面。

① 雷日科夫:《大国悲剧——苏联解体的前因后果》,徐昌翰等译,新华出版社 2008 年版,第 22 页。
② 《韦伯政治著作选》,阎克文译,东方出版社 2009 年版,第 242 页。

（一）马克思主义理论创新

习近平总书记指出："马克思主义不仅深刻改变了世界，也深刻改变了中国。中华民族在几千年的历史进程中创造了灿烂的中华文明，为人类文明进步作出了重大贡献。"[1]马克思主义为整个人类认识世界和改造世界提供了"决不同任何迷信、任何反动势力、任何为资产阶级压迫所作的辩护相妥协的完整的世界观"[2]，使人们过去"在历史观和政治观方面占支配地位的那种混乱和随意性，被一种极其完整严密的科学理论所代替……它把伟大的认识工具给了人类，特别是给了工人阶级"[3]。马克思主义是颠扑不破的真理，是无产阶级政党产生、斗争和发展，以及开展理论创新的源头活水，是牢牢把握意识形态工作领导权的伟大旗帜和理论基础。

马克思主义理论的生命力在于创新。世界是变化的，实践是发展的。任何理论如果死守教条，就只有死路一条。能否把马克思主义普遍原理与时代要求、本国实际密切结合起来，是衡量一个马克思主义政党的理论创新能力、革命精神和执政水平的重要标准。建设中国特色社会主义伟大事业，必须在马克思主义理论指导下坚持推进理论创新。从毛泽东思想到邓小平理论、"三个代表"重要思想、科学发展观，再到习近平新时代中国特色社会主义

---

① 习近平：《在纪念马克思诞辰200周年大会上的讲话》，载《人民日报》2018年5月5日。
② 《列宁选集》，第2卷，人民出版社2012年版，第309页。
③ 《列宁选集》，第2卷，人民出版社2012年版，第311页。

思想,党的指导思想与时俱进、守正创新是一贯的,说明中国特色社会主义道路充满生机,中国共产党具有高度的理论创新能力,同时也是中国共产党始终把握意识形态工作领导权的重要体现。

(二)共产主义理想凝聚

意识形态不仅维护现实,也指向未来。中国共产党的最高理想和最终目标是实现共产主义。把握意识形态工作领导权,必须坚持共产主义远大理想不动摇。邓小平强调,"加强党的思想工作,不断地同腐蚀我们党的各种资产阶级思想作斗争是我们党的一项基本任务,在这方面工作的任何减弱都是对党有害的。每一个党员都应该努力提高自己马克思列宁主义的思想水平,提高共产主义者的'嗅觉',使我们能够敏锐而正确地鉴别什么是资产阶级的东西,什么是共产主义的东西,以便发扬共产主义的东西,反对和肃清资产阶级的东西"[1]。习近平总书记指出,"实现共产主义是我们共产党人的最高理想,而这个最高理想是需要一代又一代人接力奋斗的"[2]。葛兰西也曾说过,对于共产党来说,"只存在共产主义道德、党的伦理,每个共产党员都必须、应当遵从"[3]。坚定共产主义理想信念,始终是共产党人的政治灵魂和安身立命的根本。

共产主义不仅是轰轰烈烈的革命运动,也是人类社会的崇高

---

[1]《邓小平文集(1949—1974)》,中卷,人民出版社 2014 年版,第 215 页。

[2] 习近平:《做焦裕禄式的县委书记》,中央文献出版社 2015 年版,第 5 页。

[3] 葛兰西:《火与玫瑰》,田时纲译,人民出版社 2008 年版,第 312 页。

理想。"共产主义是一种最出色的原则,从某种程度上说,我们每一个人都是共产主义者,甚至包括那些对之闻风丧胆的人。"①实现共产主义,当然是一个很长的历史进程。黑格尔曾说过,"当诺言不断地引起期待而又始终不得实现时,通常总是产生厌倦和冷淡的"②。有人认为,共产主义虚无缥缈,只有在遥远的未来才能实现,于是就产生了动摇、怀疑甚至诋毁的态度。其实,社会主义事业就是共产主义事业的一部分。要把为实现共产主义远大理想而艰苦奋斗的精神,"推广到全体人民、全体青少年中间去,使之成为中华人民共和国的精神文明的主要支柱,为世界上一切要求革命、要求进步的人们所向往,也为世界上许多精神空虚、思想苦闷的人们所羡慕"③。建设中国特色社会主义伟大事业,把握意识形态工作的领导权,占领道德理想领域制高点,始终离不开共产主义远大理想的指引和凝聚。如果放弃共产主义远大理想,那么无产阶级政党对意识形态工作的领导权、话语权和管理权就无法落实,无从实现。

(三)无产阶级政党领袖的坚强领导

无产阶级政党要把握意识形态工作的领导权,就必须有坚定团结的领袖集团。列宁指出:"阶级是由政党来领导的;政党通常是由最有威信、最有影响、最有经验、被选出担任最重要职务而称

---

① 埃比尼泽·霍华德:《明日的田园城市》,金经元译,商务印书馆 2010 年版,第 78 页。
② 黑格尔:《精神现象学》上卷,贺麟、王玖兴译,商务印书馆 1979 年版,第 8—9 页。
③ 《邓小平文选》第 2 卷,人民出版社 1994 年版,第 368 页。

为领袖的人们所组成的比较稳定的集团来主持的。"①无产阶级政党领袖必须立场坚定,敢于担当,善于斗争。莫洛托夫说过:"当事情涉及到革命、涉及到苏维埃政权和共产主义时,列宁是毫不妥协的。……列宁常常利用自己的权力亲自处理尖锐的问题。"②拥有最广大人民群众支持的、具有坚定共产主义远大理想的领袖集团,是无产阶级政党把握意识形态工作领导权的重要依靠和领导保证。

把握意识形态工作的领导权,要努力维护好政党领袖的形象。"领袖劝导追随者为某些目标而奋斗,而这些目标体现了领袖及其追随者共同的价值观和动机、愿望和需求、抱负和理想。"③在现实中,破坏无产阶级政党和社会主义国家,往往是从否定、丑化、诋毁党和国家的领袖开始的。苏联共产党垮台的原因固然很多,但是其中一个重要因素就是历史虚无主义泛滥,全盘否定斯大林和苏联共产党历史。苏联高级外交官、曾任联合国副秘书长、后叛逃美国的阿·舍甫琴科承认:"赫鲁晓夫在 1956 年第二十次党代会上所作的秘密报告中揭露了斯大林,这给我的心灵留下了深刻的伤痕,几乎摧毁了我对苏维埃制度的信念,使我觉得它像个纸糊的房子。这件事使我处于人生的十字路口。我原来认为神圣的一切——斯大林的天才和党永远正确、洞察一切、公正无私、关心人

---

① 《列宁专题文集(论无产阶级政党)》,人民出版社 2009 年版,第 249 页。

② 费·丘耶夫:《同莫洛托夫的 140 次谈话》,王南枝等译,新华出版社 1992 年版,第 224 页。

③ 詹姆斯·麦格雷戈·伯恩斯:《领袖论》,刘李胜等译,中国社会科学出版社 1996 年版,第 21 页。

民和国家的命运——似乎都是假的。我们的整个世界像被颠倒过来了。"①于是,人们对领袖的不信任,发展为对苏联共产党的怀疑,进而导致对社会制度的质疑,最后很多人就失掉立场,随波逐流,整个国家就出现了危机。苏联解体前,苏联社会科学院曾作过调查问卷,"被调查者认为苏共代表劳动人民的只占 7%,代表工人的只占 4%,代表全体党员的只占 11%,而代表官僚、干部、机关工作人员的竟达 85%。还有一个调查,21% 的被调查者认为,党组织已经不具有任何政治威信;67% 的人认为它残存的一点威信也正在丧失"②。随着意识形态大厦的逐渐崩塌,苏联共产党失去执政地位和苏联解体就是早晚的事情了。

(四)广大党员干部的模范带头作用

发挥共产党员的先锋模范作用,是牢牢把握意识形态领导权的重要方面。列宁在评价"星期六义务劳动"时指出,"星期六义务劳动已经不是个别的现象,非党工人确实看到执政的共产党的党员担负起这种义务,看到共产党吸收新党员并不是使他们利用执政党的地位来谋利,而是要他们作出真正的共产主义劳动即无报酬劳动的榜样,正是这样的星期六义务劳动最能提高共产党在城

---

① 阿·舍甫琴科:《与莫斯科决裂》,王观声等译,世界知识出版社 1986 年版,第 17—18 页。

② 季正矩:《苏联共产党兴衰成败的十个经验教训》,载《当代世界与社会主义》2004 年第 1 期。

市中的威信,最能使非党工人敬佩共产党员"①。习近平总书记也指出:"要把学习贯彻党的创新理论作为思想武装的重中之重,同学习马克思主义基本原理贯通起来,同学习党史、新中国史、改革开放史、社会主义发展史结合起来,同新时代进行伟大斗争、建设伟大工程、推进伟大事业、实现伟大梦想的丰富实践联系起来,在学懂弄通做实上下苦功夫,在解放思想中统一思想,在深化认识中提高认识,切实增强贯彻落实的思想自觉和行动自觉。"②共产党员的先锋模范作用,应该体现到社会主义建设的各个方面和各个领域。具体到当前,牢牢把握意识形态工作领导权,就要求广大党员和干部认真学习马克思列宁主义、毛泽东思想、中国特色社会主义理论体系,认真学习贯彻习近平新时代中国特色社会主义思想,弘扬党的优良传统和作风,模范践行社会主义核心价值观,做社会主义道德的示范者、诚信风尚的引领者、公平正义的维护者,矢志不渝为中国特色社会主义共同理想和共产主义远大理想而奋斗。

这里还要指出一点,同资产阶级政党比较起来,无产阶级政党具有更严密的组织性和纪律性,党员也具有更强的党性意识。法国著名学者迪维尔热认为,"工人是经过通常属于政治性质的集体行动才成功地改善工作及生活条件的;相反地,资产阶级、中产阶级及农民则倾向于将工作及专业视为个人事务,因为工作及专业

①《列宁选集》,第 4 卷,人民出版社 2012 年版,第 87 页。
② 习近平:《在"不忘初心、牢记使命"主题教育总结大会上的讲话》,载《人民日报》2020 年 1 月 9 日。

上的发展主要是靠个人的努力来达致"①。而那种离开集体生活的纯粹个人活动,往往会导致现代社会个体焦虑和生存"无意义"的感觉。英国学者吉登斯认为,"在晚期现代性的背景下,个人的无意义感,即那种觉得生活没有提供任何有价值的东西的感受,成为根本性的心理问题"②。而无产阶级政党的高度组织性及其党员的意识形态归属感,也是解决现代社会人思想困境的一把钥匙。

(五)科学对待历史文化传统

意识形态与历史传统是分不开的。加强意识形态工作,必须面对如何继承和发扬传统思想文化的问题。传统"是现存的过去,但它又与任何新事物一样,是现在的一部分"③。毛泽东指出,"学习我们的历史遗产,用马克思主义的方法给以批判的总结,是我们学习的另一任务。我们这个民族有数千年的历史,有它的特点,有它的许多珍贵品。对于这些,我们还是小学生。今天的中国是历史的中国的一个发展;我们是马克思主义的历史主义者,我们不应当割断历史。从孔夫子到孙中山,我们应当给以总结,承继这一份珍贵的遗产"④。2014年10月15日,习近平总书记在文艺工作座谈会上的讲话中指出,"中华优秀传统文化是中华民族的精神命

① 莫里斯·迪维尔热:《政党概论》,雷兢璇译,香港青文文化事业有限公司1991年版,第30页。
② 安东尼·吉登斯:《现代性与自我认同》,赵旭东、方文、王铭铭译,生活·读书·新知三联书店1998年版,第9页。
③ 爱德华·希尔斯:《论传统》,傅铿、吕乐译,上海人民出版社1991年版,第16页。
④ 《毛泽东选集》,第2卷,人民出版社1991年版,第533—534页。

脉,是涵养社会主义核心价值观的重要源泉,也是我们在世界文化激荡中站稳脚跟的坚实根基。增强文化自觉和文化自信,是坚定道路自信、理论自信、制度自信的题中应有之义"①。人们对待自己的历史文化传统无非有三种态度:一是彻底抛弃,二是原样照搬,三是继承创新,其中第三种才是正确的。对待历史传统,必须采取科学的态度,既不能彻底否定抛弃,也不能完全照搬,而是要在马克思主义理论指导下,立足中国特色社会主义实践,结合时代要求,运用高度的自信和勇气,努力实现优秀传统文化的"创造性转化、创新性发展"。

三、牢牢把握意识形态工作领导权的实践途径

牢牢把握意识形态工作的领导权,必须坚持马克思主义的指导地位,牢牢抓住意识形态工作的物质载体,加强社会主义核心价值观的宣传教育,同时也要坚持以经济建设为中心,不断满足人民日益增长的美好生活需要。

(一)牢牢抓住意识形态工作的物质载体

意识形态工作的物质载体,主要是各级党组织、教育机构以及宣传媒体,特别是理论人才。党要把握意识形态工作的领导权,必须牢固树立马克思主义的指导地位,紧紧抓住意识形态工作的物

---

① 习近平:《在文艺工作座谈会上的讲话》,载《人民日报》2015年10月15日。

质载体,用真正彻底的、说服人的科学真理抓住群众。培养一批政治立场坚定、学术贯通中西、思想影响中外的马克思主义理论家;培养一支具有深厚的马克思主义理论功底,精通中国特色社会主义理论、富有开拓创新精神的中青年理论队伍;培养一批思想理论水平高、熟悉国际规则、敢于和善于维护国家权益的外向型理论人才;重视对马克思主义理论相关专业的本科生、研究生教育,培养一大批高素质的后备理论人才。

新时代进行伟大斗争、建设伟大工程、推进伟大事业、实现伟大梦想,必须科学把握意识形态领域斗争的基本规律,切实担负起举旗帜、聚民心、育新人、兴文化、展形象的重大任务。习近平总书记强调,"在事关大是大非和政治原则问题上,必须增强主动性、掌握主动权、打好主动仗,帮助干部群众划清是非界限、澄清模糊认识"①。各级党组织、教育机构以及宣传媒体,要严格遵守党的政治纪律和宣传纪律,积极和正确地履行自身的职能,绝不能给违反四项基本原则、违反党的方针政策、妄议中央大政方针的错误观点,以及危害人民特别是青少年身心健康的东西提供传播渠道和展示平台。要开展积极向上、灵活多样、扎实有效的宣传思想工作,不断增强社会主义意识形态的凝聚力和向心力,切实把广大人民群众的热情引导和凝聚到建设中国特色社会主义的伟大事业上来。

(二)加强社会主义核心价值观的宣传教育

弘扬和践行社会主义核心价值观,是意识形态领导权的重要

---

① 《习近平谈治国理政》,外文出版社 2014 年版,第 155 页。

内容和体现。首先,各级领导干部要带头弘扬和践行社会主义核心价值观,切实做到"三严三实",做到心中有党、心中有民、心中有责、心中有戒,始终保持共产党人的政治本色,增强走中国特色社会主义道路、为党和人民事业不懈奋斗的自觉性和坚定性,做共产主义远大理想和中国特色社会主义共同理想的坚定信仰者和奋斗者。其次,要让社会主义核心价值观成为广大青年的基本遵循。"意识形态并非与生俱来的,它需要花时间去学习、了解和接受。⋯⋯意识形态的教育越强,对这种意识形态的接受程度就会越高。"①要在青少年中广泛开展社会主义核心价值观教育,让社会主义核心价值观的种子在他们心中生根发芽。最后,哲学社会科学工作者要积极弘扬和践行社会主义核心价值观。哲学社会科学工作者要把马克思主义作为必修课,做到真学真懂真用,自觉抵御各种反动腐朽思想的侵蚀,始终保持健康向上的精神状态,努力做培育、弘扬和践行社会主义核心价值观的模范。

反映和体现社会主义核心价值观,是社会主义文艺工作的重要功能。广大文艺工作者必须充分认清自己肩负的历史使命,以更加饱满的热情投入到创作实践中,通过自己的作品去反映时代,描写社会,讲述生活,解读历史,启迪思想,温润心灵,号召群众,坚定理想,拥抱未来,真正做到为人民抒写、为人民抒怀。

(三)创新意识形态话语体系

意识形态话语权和话语体系,是与意识形态领导权紧密联系

---

① 林毅夫:《中国经济专题》,北京大学出版社 2008 年版,第281—282 页。

的。"当代中国意识形态变革本质上是,如何在新的历史条件下充分发挥社会主义意识形态的效能,即有效掌控社会意识形态的话语权。"①创新意识形态话语体系,必须体现中国特色。生活在一个国家和社会的人们,对这个国家的认同和自豪,本身就是意识形态的内容。"一种意识形态一旦被人们接受之后便会以非凡的活力永久存在下去。在这个国家里出生的人们会把他们的一些爱投向支持这个制度的各种象征:共同的名称、共同的英雄、共同的使命、共同的需要。"②要以马克思主义为指导,以中国特色社会主义理论为核心,以改革开放的社会实践为熔炉,以中华优秀传统文化为根基,以当代世界有益的社会科学成果为养料,打造具有中国特色的哲学社会科学理论体系、学术体系和学科体系。要深化对共产党执政规律、社会主义建设规律、人类社会发展规律的认识,注意从中华民族历史,中国共产党领导人民开展革命、建设、改革的历史中提炼出新的范畴、概念和话语,着力打造融通中外的新概念新范畴新表述,增强国际话语权。

(四)以经济建设为中心,不断满足人民日益增长的美好生活需要

经济建设是党的中心工作,意识形态工作是党的一项极端重要的工作。如果没有经济的发展,人民群众的生存和发展需要得

---

① 侯惠勤:《意识形态的变革与话语权——再论马克思主义在当代的话语权》,载《马克思主义研究》2006 年第 1 期。

② 哈罗德·D·拉斯韦尔:《政治学——谁得到什么? 何时和如何得到》,杨昌裕译,商务印书馆 1992 年版,第 138 页。

不到满足,就必然会出现与主流意识形态相冲突的社会思潮,并可能由此逐渐壮大,影响社会的稳定和发展。邓小平说:"在社会主义国家,一个真正的马克思主义政党在执政以后,一定要致力于发展生产力,并在这个基础上逐步提高人民的生活水平。"①中国特色社会主义进入新时代,社会主要矛盾已经转化为人民日益增长的美好生活需要和不平衡不充分的发展之间的矛盾。要在继续推动发展的基础上,着力解决好发展不平衡不充分问题,大力提升发展质量和效益,更好满足人民在经济、政治、文化、社会、生态等方面日益增长的需要,更好推动人的全面发展、社会全面进步,更加充分地体现社会主义制度优越性,也是牢牢把握意识形态工作领导权的关键环节。

第三节 坚定社会主义核心价值观自信

社会主义核心价值观是社会主义核心价值体系的内核,集中反映了社会主义价值体系的精神实质。社会主义核心价值观包括国家的价值目标、社会的价值取向、公民的价值准则三个层面,代表广大人民的根本利益,体现社会主义意识形态的基本要求,承载着广大人民的精神追求;也是对中华优秀传统文化和资本主义核心价值观的扬弃,是在吸收和借鉴中华优秀传统文化和资本主义核心价值观的基础上,对中华优秀传统文化和资本主义核心价值观的发展和超越。

---

① 《邓小平文选》,第 3 卷,人民出版社 1993 年版,第 28 页。

一、社会主义核心价值观的基本属性

价值观是人们生活中基本价值观念、信仰、理想等思想观念的总和,是人类认识形式中有别于事实判断和科学认识的一种形式,是判断是非曲直、真善美与假恶丑的价值准则。核心价值观则是指在价值体系中居于核心和指导地位的根本准则,是关于价值观中意义评判标准和终极目标指向的根本依据。[①] 习近平总书记强调:"核心价值观,承载着一个民族、一个国家的精神追求,体现着一个社会评判是非曲直的价值标准。"[②]

核心价值观属于上层建筑范畴,反映一定社会阶级的利益和意志,与一定的社会历史阶段相适应,其基本属性反映着价值观的发展阶段和发展水平。具体来说,社会主义核心价值观的先进性体现在阶级性、时代性和导向性上。

首先,社会主义核心价值观的先进性体现在其阶级性和阶级立场上。马克思主义认为,经济基础决定上层建筑。核心价值观属于上层建筑范畴,建立在一定的经济基础之上,并为占统治地位的阶级利益服务。核心价值观代表着统治阶级的利益,体现着统治阶级的精神追求和价值目标。封建社会核心价值观体现封建地主阶级的利益,资本主义社会核心价值观体现资产阶级的利益。资本主义国家以"自由""民主"作为其社会的核心价值观,其中当

---

① 公方彬:《当代革命军人核心价值观新探》,载《解放军理论学习》2008 年第 6 期。

② 习近平:《青年要自觉践行社会主义核心价值观——在北京大学师生座谈会上的讲话》,载《人民日报》2014 年 5 月 5 日。

然渗透着资产阶级的阶级属性和利益诉求。社会主义核心价值观代表广大人民的根本利益,体现社会主义意识形态的基本要求,承载着广大人民的精神追求。

其次,社会主义核心价值观的先进性体现在其时代性上。核心价值观是一定社会发展形态中的核心价值观,不同社会形态、不同社会时代具有不同的核心价值观。同一社会形态核心价值观的发展经历了萌芽、发展和成熟等阶段。人类社会随着社会形态的变化而不断发展进步,同样,核心价值观也在随着人类社会的发展而不断发展进步。人类社会的发展先后历经原始社会到社会主义社会等社会形态,核心价值观也先后历经原始社会核心价值观、奴隶社会核心价值观、封建社会核心价值观、资本主义社会核心价值观、社会主义社会核心价值观。习近平总书记强调:"每个时代都有每个时代的精神,每个时代都有每个时代的价值观念。"[1]社会主义核心价值观是比以往社会核心价值观更高社会形态的核心价值观,代表着核心价值观的发展方向。同时,其先进性体现在它的发展性上。社会主义核心价值观是对中华优秀传统文化和资本主义核心价值观的扬弃,是在吸收和借鉴中华优秀传统文化和资本主义核心价值观的基础上,对中华优秀传统文化和资本主义核心价值观的发展和超越。

最后,社会主义核心价值观的先进性体现在其导向性上。价值观分为核心价值观和非核心价值观两类。多元的非核心价值观

---

[1]　习近平:《青年要自觉践行社会主义核心价值观——在北京大学师生座谈会上的讲话》,载《人民日报》2014年5月5日。

能增进社会活力,统一的核心价值观能阻止社会分裂。① 核心价值观是反映基本的、需要长期稳定的社会关系的价值观,是价值体系中居于核心和指导地位的根本准则,是共同价值观,也是主导价值观。核心价值观为主体提供价值理想和奋斗目标,影响主体的价值取向,规范主体的价值选择和日常行为。

二、社会主义核心价值观的基本内涵

社会主义核心价值观包括国家的价值目标、社会的价值取向、公民的价值准则三个层面。

国家层面的富强、民主、文明、和谐是宏观层面的价值目标,位于最高层次,是国家层面的追求目标和价值目标。我们党从中国特色社会主义现代化建设总体布局的高度明确了社会与公民价值追求的目标和方向。富强,即经济上实现人民生活富裕,国家综合实力强大;民主,即政治上保障人民享有广泛、真实的民主权利,实现人民当家作主;文明,即建设民族的、科学的、大众的、社会主义的文化,建设社会主义精神文明;和谐,即建设和谐社会,实现人与人、人与自然、人与社会和谐相处。

社会层面的自由、平等、公正、法治是中观层面的价值取向,位于中间层次,是社会层面的追求目标和价值目标,是社会主义核心价值观的核心内涵,体现了社会主义国家价值目标的基本要求,明确了公民价值准则的目标和方向。自由即实现人的全面而自由的

---

① 潘维:《论现代社会的核心价值观》,载《电影艺术》2007 年第 3 期。

发展,是意志自由、存在和发展自由的有机统一;平等即实现人民社会地位的平等,是政治权利平等和经济地位平等的有机统一;公正即公平和正义,是程序公正和实质公正的有机统一;法治是指依法治理国家和社会,是党的领导、人民当家作主和依法治国的有机统一。

个人层面的爱国、敬业、诚信、友善是微观层面的价值准则,位于基础层次,是个人层面的追求目标和价值目标,体现了社会主义国家的价值目标、社会价值取向的基本要求,是从个人行为层面对社会主义核心价值观基本理念的凝练。爱国即热爱自己的国家,自觉为国家的最高利益和根本利益而奋斗;敬业即忠于职守,克己奉公,服务人民,服务社会;诚信即诚实守信,要求诚实劳动、信守承诺、诚恳待人;友善即友爱善良,强调公民之间应互相尊重、互相关心、互相帮助,和睦友好,努力形成社会主义的新型人际关系。

三、社会主义核心价值观是对资本主义核心价值观的发展和超越

被资产阶级标榜为人类社会普适价值的自由、民主、平等、人权等资本主义核心价值观,形成于资产阶级反对封建地主阶级的过程中,代表着资产阶级的根本利益。在此,有必要从富强、民主、自由、平等、法治等方面,厘清社会主义与资本主义核心价值观的内涵并加以区别。

（一）社会主义的富强是人民共同富裕和国家共同强盛

社会主义的富强，从价值目标、实现手段和途径来说，是对资本主义的发展和超越。从价值目标来说，社会主义富强，是全体人民共同富裕，国家繁荣昌盛，综合实力强大。全体人民共同富裕是社会主义的本质特征和根本原则，是对资本主义小部分人富裕大部分人贫穷的发展和超越。从人类社会历史发展进程来说，这是只有在进入社会主义社会以后才有可能实现的理想和价值目标。国家繁荣昌盛，综合实力强大既是单个社会主义国家自身的发展目标，同时也是每个社会主义国家的共同目标。从价值实现手段和途径来说，社会主义国家的人民富裕建立在广大人民群众劳动致富、合法致富、各生产要素合理参与社会分配的基础之上，建立在一部分地区、一部分人先富起来，带动和帮助其他地区、其他人逐步走向共同富裕；而不是建立在资本对劳动群众的残酷剥削基础之上。同时，社会主义人民富裕和国家强盛追求的是全人类的共同富强，不以剥削、牺牲其他国家及其人民的发展和利益为代价。历史表明，社会主义国家的积累建立在人民自觉自愿勤俭节约、先生产后生活的革命热情和革命行为基础之上，这也是习近平总书记所说的国家间"利益共同体"，打破"国强必霸"的逻辑意义之所指。资本主义国家的资本原始积累建立在少数资本主义国家对世界其他国家及人民财富和资源的掠夺与剥削基础之上。

（二）社会主义民主是人民群众广泛的真实的民主

从价值目标来说，社会主义民主是全体人民当家作主，是广泛的、真实的民主，是对资本主义社会资产阶级当家作主和少数人的、虚假的民主的超越。从价值实现手段和途径来说，社会主义民主建立在根本政治制度、基本政治制度和具体政治制度以及一系列经济、政治、文化、社会制度基础之上，人民代表大会制度这一根本政治制度、中国共产党领导的多党合作和政治协商制度、民族区域自治制度以及基层群众自治制度等保障了人民享有广泛而真实的民主权利。社会主义民主是党的领导、人民当家作主和依法治国的有机统一，是选举民主和协商民主的有机统一。西方资本主义民主只是少数人的、资产阶级享有的民主。资产阶级民主"始终是狭隘的虚伪的骗人的冒牌的，始终是对富人的民主，对穷人的欺骗"①。"西式民主常常被金钱、财团、媒体和既得利益集团所操纵，并演变成一种'富人的游戏'和'钱袋的民主'，即把民主等同于竞选，把竞选等同于政治营销，把政治营销等同于拼政治献金、拼选举谋略、拼造势作秀。""对于捐款的大财团来说，选举过程就是投资过程，而投资是需要回报的，最直接的就是按政治献金多少，把大小官位分配给各大财团。"②

---

① 《列宁全集》，第 35 卷，人民出版社 1985 年版，第 105 页。
② 徐觉哉：《西方世界的民主"乱象"》，载《红旗文稿》2014 年第 14 期。

（三）社会主义自由是人民群众的真正自由

自由是指人的意志自由、存在和发展的自由。社会主义自由以追求最广大人民群众的真正自由为目标，是价值理念与价值目标的有机统一。马克思主义认为，人的真正的自由解放"存在于真正物质生产领域的彼岸"[①]，标志着人从一切"物的统治"中挣脱出来[②]。马克思主义关于"自由人的联合体"的理论，就是摆脱了物对人的统治和人对人的奴役，实现了人对自然规律的自由和人与人关系平等的社会状态。[③] 马克思主义强调"每个人自由而全面的发展"，马克思主义者追求的是每个人的自由，而不是少数人的自由。中国共产党以马克思主义为指导，以实现共产主义为最高理想和最终目标，就是为了追求每个人全面而自由的发展，这是对资本主义自由的伟大跨越。资本主义自由，最根本的就是资本的自由，是资本自由流动和逐利剥削的自由，是资产阶级的自由，是少数人的自由。恩格斯指出："在现今资产阶级生产关系的范围内，所谓自由只不过意味着贸易的自由，买卖的自由。"[④]

---

① 《马克思恩格斯文集》，第 7 卷，人民出版社 2009 年版，第 928 页。

② 徐圻：《物的必然与人的自由——略论马克思的平等观》，载《贵州社会科学》2002 年第 6 期。

③ 李纪才：《马克思、恩格斯的平等观》，载《社会主义研究》2008 年第 3 期。

④ 《马克思恩格斯全集》，第 4 卷，人民出版社 1958 年版，第 482 页。

（四）社会主义平等是人民群众的真正平等

社会主义平等是指社会地位的平等,是政治权利平等和经济地位平等的统一。在马克思看来,平等的实现是一个具体、自然的历史过程,社会不平等的根源是经济,只有废除私有制,才能实现社会实质性的变革,并且通过这种变革,整个不平等的社会结构也将立即得到变革。无产阶级是通过社会解放从而解放自己,并通过消灭社会不平等创立一种无阶级的社会。建立在生产资料私有制基础上的资本主义平等,是资本和资产阶级的平等,劳动人民享有的是出卖劳动力的平等,是形式上的平等或法律上的平等,而不是事实上的平等,不是、也不可能是最广大劳动人民的真正平等。列宁指出,资本主义社会,"'自由和平等'只是一种形式,实际上是对工人(他们在形式上是自由的和平等的)实行雇佣奴隶制,是资本具有无限权力,是资本压迫劳动"①。

社会主义平等体现在经济、政治、文化权利的平等上。经济平等体现为生产关系上的平等。新中国成立后,我们通过土地改革和社会主义"三大"改造,实现了人们在生产资料占有关系上的平等;在改革开放的实践中,逐步建立和完善以公有制和按劳分配为主体的生产资料所有制形式和分配制度,实现了人们在生产资料占有、在生产中的地位和相互关系、产品分配关系上的平等。社会主义政治权利的平等主要体现在赋予广大人民当家作主的主人翁

---

① 《列宁全集》,第 36 卷,人民出版社 1985 年版,第 362 页。

地位。社会主义文化权利的平等主要体现在广大人民在发展面向现代化、面向世界、面向未来的,民族的科学的大众的社会主义文化中的主体地位和主体作用。新中国的成立,在中国历史上第一次把人民从封建主义、资本主义的愚昧、桎梏中解放出来,为人民坚定马克思主义信仰,坚定共产主义理想信念创造了条件,中国特色社会主义的建立和完善,为社会主义文化事业、文化产业的发展奠定了基础,从各方面保障了广大人民享有、实现平等的文化权利。

(五)社会主义法治是党的领导、人民当家作主和依法治国的有机统一

法治是指一种治国方略和社会调控方式,法治与人治相对立。资本主义法律服务于资产阶级的统治和利益,资本主义法治主体和法治对象是分离的,人民是法治的对象,而不是法治的主体。社会主义法治即依据社会主义宪法和法律治理社会主义国家。只有在社会主义社会,党始终是人民利益的忠实代表,人民成为国家的主人,"法是党的主张和人民意愿的统一体现"①,才能实现党的领导、人民当家作主和依法治国的有机统一,才能实现法治主体和法治对象的有机统一,法治也才能成为国家、政府、社会和广大人民的自觉遵循。

---

① 《习近平总书记系列重要讲话读本》,人民出版社 2016 年版,第 97 页。

四、坚定价值观自信,坚持培育和践行社会主义核心价值观

社会核心价值观的发展限度与一定社会经济政治文化制度相适应,并受其制约。资本主义社会的经济基础决定了资本主义核心价值观的阶级属性和发展限度,决定着资本主义核心价值观的根本缺陷。在马克思看来,离开了经济谈自由、平等和解放,不可能有彻底的自由、平等、解放。真正彻底的自由、平等、解放是在经济解放的基础上,摆脱自然界、社会和思想的奴役和压迫,成为自然的主人、社会的主人和自身的主人。这就是恩格斯在《社会主义从空想到科学的发展》中所说的未来社会,"人终于成为自己的社会结合的主人,从而也就成为自然界的主人,成为自身的主人——自由的人"①。

社会核心价值观的发展程度与一定社会经济政治文化发展阶段和水平相适应,并受其制约。同一社会形态核心价值观也存在萌芽、发展和成熟等阶段。封建社会核心价值观从产生、发展到成熟用了上千年,资本主义核心价值观的培育贯穿于资本主义发展的整个过程,从提出到发展成熟用了几百年。当前,资本主义社会经过几百年的发展,其社会及核心价值观和价值体系建设均处于高度发达阶段。② 西方资本主义核心价值观之所以能迷惑人,与资

---

① 《马克思恩格斯文集》,第 3 卷,人民出版社 2009 年版,第 566 页。

② 荷兰在 16 世纪末,英国在 17 世纪中叶,法国在 18 世纪末,德国及其他一些国家在 19 世纪中叶,先后爆发资产阶级革命,变革了封建制度,从而为资本主义生产方式取代封建社会的生产方式扫清了道路。

本主义社会及其核心价值观处于发达阶段而社会主义社会及其核心价值观处于发展阶段有关。社会主义中国成立 70 年,取得了资本主义国家几百年才能取得的物质成就,充分展现了社会主义社会及其核心价值观的优越性。

社会主义核心价值观为广大人民的根本利益服务,是得到广大人民拥护的人民自己的核心价值观,并成为广大人民的自觉遵循。社会主义核心价值观是比资本主义社会核心价值观更高社会形态的核心价值观,是对资本主义核心价值观的超越,代表着人类社会核心价值观的发展方向。那种鼓吹资本主义自由、平等、宪政等价值观的观点,其原因是背离了马克思主义的立场、观点和方法,其实质是主张核心价值观上的倒退。

在新的历史时期,坚持培育和践行社会主义核心价值观,坚定中国特色社会主义文化自信。一是要加强学习宣传和教育,增强认知认同。要把社会主义核心价值观融入大众文化、传统文化、网络文化之中,发挥好教育主渠道作用,完善学校、家庭、社会"三结合"的教育网络。二是要结合实践抓好落实,做到知行合一。要切实把社会主义核心价值观融入国家和社会生活的方方面面,将社会主义核心价值观融入宪法、法律和各项制度之中,融入市民公约、乡规民约、学生守则等行为准则之中,融入社会公德、职业道德、家族美德、个人品德之中,使社会主义核心价值观具体化日常化形象化生活化,内化为人们的精神追求,外化为人们的自觉行动。三是抓住党员领导干部这个关键少数,做好引领带动。要发挥好党员干部的引领带动作用,以更高的标准、更严的要求,自觉践行社会主义核心价值观,做时代的先锋、社会的楷模,形成良好的社会风尚。四是要健全体制机制,形成长效机制。要为社会主义核心价值观的培育和践行提供法律支持和制度保障,把培育和践行社会主义核心价值观与推进业务工作紧密结合起来,纳入目标管理责任制,开展督促检查与考核评价;把社会主义核心价值观的要求融入精神文明创建活动之中,充分发挥文明城市、文明单位、文明村镇、文明社区、五好家庭的示范作用。

第四节　社会主义核心价值观在国家治理中的作用

国家治理包括国家治理体系和治理能力两个重要方面。国家治理体系是一整套紧密相连、相互协调的国家制度,国家治理能力则是运用国家制度管理社会各方面事务的能力,国家治理体系和治理能力反映了制度体系和制度执行力。

社会核心价值观对国家一整套制度的建构、执行和评价有着深刻影响。要提高运用中国特色社会主义制度有效治理国家的能力,必须大力培育和弘扬社会主义核心价值观。

一、社会核心价值观在国家治理中的功能

文化与价值观是国家和社会发展中具有深刻、持久影响力的因素。每个历史时期国家治理都有占主导地位的社会核心价值观,维护政治统治的合法性和政权的存续发展,达到稳定社会秩序、治国安邦的目的。法国政治思想家和历史学家亚历西斯·德·托克维尔指出:"政治社会的建立并非基于法律,而是基于情

感、信念、思想以及组成社会的那些人的心灵和思想的习性。"①

现代意义上的国家治理包括国家治理体系和治理能力两个重要方面,国家治理能力是一个国家的制度和制度执行能力的集中体现。国家治理体系和治理能力是一个相辅相成的有机整体。有了好的国家治理体系,才能提高治理能力;提高了国家治理能力,才能充分发挥国家治理体系的效能。2014 年 2 月 17 日,习近平总书记在省部级主要领导干部学习贯彻十八届三中全会精神全面深化改革专题研讨班上指出:"国家治理体系和治理能力是一个国家的制度和制度执行能力的集中体现,两者相辅相成。"②而对国家治理体系与治理能力的总体判断是:"我们的国家治理体系和治理能力总体上是好的,是有独特优势的,是适应我国国情和发展要求的",但同时"还有许多亟待改进的地方,在提高国家治理能力上下更大气力"。③

就制度与制度执行能力来说,提升制度的执行能力更为任重道远。有没有完善的制度架构和制度体系功能是一回事,有了完善的制度架构和制度体系,能否很好地发挥制度的作用,制度是否有效、能否被很好地执行是另一回事。制度能否被有效执行取决于诸多因素,包括制度本身的因素、历史因素、文化因素、经济社会发展水平、人的因素等。其中,人的因素主要涉及人的文化素质、道德水平以及所秉持的价值观等。这也就是习近平总书记在

---

① 安东尼·奥罗姆:《政治社会学导论》,张华青、何俊志、孙嘉明等译,上海人民出版社 2006 年版,第 88 页。
②《习近平谈治国理政》,外文出版社 2014 年版,第 105 页。
③《习近平谈治国理政》,外文出版社 2014 年版,第 105 页。

"2·17"讲话中强调的"推进国家治理体系和治理能力现代化,要大力培育和弘扬社会主义核心价值体系和核心价值观,加快构建充分反映中国特色、民族特性、时代特征的价值体系"的原因所在。

2014年2月24日,习近平总书记在中央政治局第十三次集体学习时的讲话中进一步强调指出:"培育和弘扬核心价值观,有效整合社会意识,是社会系统得以正常运转、社会秩序得以有效维护的重要途径,也是国家治理体系和治理能力的重要方面。"[1]社会主义核心价值观是中国特色社会主义各项制度得以有效运行的软支撑。有了完备成熟的制度体系架构,如果人们不认同制度所承载的价值,或者说人们秉持的价值观念与制度所内含的价值相悖,那么制度执行能力就会受影响,制度的有效性就会打折扣。正是鉴于社会主义核心价值观对制度执行能力的重要作用,所以才把核心价值观作为国家治理体系和治理能力的重要方面大力培育和倡导,依靠核心价值观的凝聚力、整合力,有效提升制度的执行能力。

从理论上讲,核心价值观不仅深刻影响制度的执行能力和执行效果,而且对制度建构和制度评价都产生重要作用。

就制度建构而言,制度内在地具有一定的价值取舍,是外化和对象化了的价值,体现制度建构主体的理想、志趣、愿望、目的、倾向、价值观等精神世界的构想,反映制度主体追求什么、捍卫什么、贬斥什么、接受什么的理性思索和道德基准。党的十八大报告明确八个"必须坚持",即必须坚持人民主体地位、必须坚持解放和发展生产力,必须坚持推进改革开放,必须坚持和维护社会公平正

---

① 中共中央文献研究室编:《十八大以来重要文献选编》(上),中央文献出版社 2014 年版,第 549 页。

义,必须坚持走共同富裕道路、必须坚持促进社会和谐、必须坚持和平发展,必须坚持党的领导,它们内在地包含着中国特色社会主义各项制度蕴含的基本价值。这些基本价值涉及几大价值原则,其中政治价值包括人民民主、社会价值、公平正义和谐、经济价值、共同富裕等。① 2013 年 12 月,中央办公厅印发《关于培育和践行社会主义核心价值观的意见》,将 24 字核心价值观分成 3 个层面:富强、民主、文明、和谐,是国家层面的价值目标;自由、平等、公正、法治,是社会层面的价值取向;爱国、敬业、诚信、友善,是公民个人层面的价值准则。国家和社会层面的价值观念实际上就是中国特色社会主义各项制度未来发展完善需要遵循的价值原则:富强是经济价值原则,自由、平等、民主、法治是政治价值原则,文明、公正、和谐是社会价值原则。

制度作为调整人与人之间关系的规则,一经正式确立便成为客观存在,在确定人的行为界限、稳定社会秩序、提供人的活动预期等方面发挥重要作用。制度以自己特有的稳定性、强制性、激励性功能促进社会和人类的发展。既然制度作为客观存在与人及其实践活动发生关系,就会有如何评价的问题。所谓评价,就是人们对价值和意义进行评估的认识活动。制度评价是对制度的价值和意义进行评估的认识活动。对制度的评价关涉评价主体,评价主体的利益需要、欲望兴趣、情绪情感、信念信仰这些具有主观个性色彩的主体尺度对制度评价本身产生重要影响。承认制度评价的主体性特征,并不意味着承认每个评价主体对制度作出的评价都

---

① 程竹汝:《论中国特色社会主义制度基本价值》,载《晋阳学刊》2014 年第 1 期。

是合理的,制度评价还涉及评价标准的问题。作为评价主体的人都是历史的、具体的,处于一定阶级、阶层之中,不是抽象的、虚幻的人,貌似客观公正的制度评价标准实际上只是代表社会某一阶级、阶层或利益集团的愿望、兴趣、利益和需要的评价尺度。因为只代表社会的某些个人或群体而缺乏广泛性,因而这种评价尺度是狭隘的。这种基于狭隘利益之上的评价标准不可能完全合理,它往往与整个社会的利益和需要相对立,满足了狭隘的个人利益或特定集团利益有损于整个社会利益。这里并非有意制造个人利益与社会整体利益对立,而是说,只追求一己之利不可能客观上顾及整个社会利益,只有和整个社会利益相一致的个人利益或集团利益才是合理的。现实当中并不存在超阶级、阶层和社会集团的抽象的、绝对公正无私的"人"担当制度评价的主体,但可以相对地抽象出与社会整体相对应的"人",作为制度评价的主体,以确保制度评价的相对公允。[1]

二、弘扬社会主义核心价值,推进国家治理现代化

社会主义核心价值观对制度建构、制度执行、制度评价都有内核的影响力,因而能够在国家治理中发挥重要作用。党的十八大以来,习近平总书记多次强调要大力培育和弘扬社会主义核心价值观。2014 年 2 月 24 日,习近平总书记在主持十八届中央政治局第十三次集体学习时作了题为"培育和弘扬社会主义核心价值观"

---

[1] 辛鸣:《制度论——关于制度哲学的理论建构》,人民出版社 2005 年版,第 194—195 页。

的讲话,提出要"把培育和弘扬社会主义核心价值观作为凝魂聚气、强基固本的基础工程";2014年5月4日,在北京大学师生座谈会上作了题为"青年要自觉践行社会主义核心价值观"的讲话,提出"人生的扣子从一开始就要扣好。……青年要从现在做起、从自己做起,使社会主义核心价值观成为自己的基本遵循,并身体力行大力将其推广到全社会去";2014年5月30日,在北京市海淀区民族小学主持召开座谈会时作了题为"从小积极培育和践行社会主义核心价值观"的讲话,强调指出"一个民族的文明进步,一个国家的发展壮大,需要一代又一代人接力努力,需要很多力量来推动,核心价值观是其中最持久最深沉的力量"。

在谈及社会主义核心价值观与国家治理现代化关系时,习近平总书记明确指出:"推进国家治理体系和治理能力现代化,要大力培育和弘扬社会主义核心价值体系和核心价值观,加快构建充分反映中国特色、民族特性、时代特征的价值体系。要加强对中华优秀传统文化的挖掘和阐发,努力实现中华传统美德的创造性转化、创新性发展,把跨越时空、超越国度、富有永恒魅力、具有当代价值的文化精神弘扬起来,把继承优秀传统文化又弘扬时代精神、立足本国又面向世界的当代中国文化创新成果传播出去。"[1]

既然社会主义核心价值观对推进国家治理体系和治理能力现代化具有如此重要的作用,那么,又该如何培育和弘扬社会主义核心价值观呢?

培育和弘扬社会主义核心价值,是要让社会主义核心价值观

---

① 《习近平谈治国理政》,外文出版社2014年版,第106页。

入脑、入心、入行,涉及核心价值观的内容及弘扬方式。

　　就社会主义核心价值观的内容而言,要讲清楚社会主义核心价值观与中华优秀传统文化的历史渊源关系;讲清楚社会主义核心价值观与社会主义的关系;讲清楚社会主义核心价值与西方资产阶级核心价值观的关系。

　　其一,中华优秀传统文化是社会主义核心价值观的立足点,是涵养社会主义核心价值观的重要源泉。经过反复征求意见,综合各方面认识而确立起来的"反映全国各族人民共同认同的价值观'最大公约数'",必须立足中华优秀传统文化并从中汲取丰富营养,这是社会主义核心价值观获得生命力和影响力的固有根本。正如习近平总书记所讲的,"培育和弘扬社会主义核心价值观必须立足中华优秀传统文化。牢固的核心价值观,都有其固有的根本。抛弃传统、丢掉根本,就等于割断了自己的精神命脉",要"深入挖掘和阐发中华优秀传统文化讲仁爱、重民本、守诚信、崇正义、尚和合、求大同的时代价值,使中华优秀传统文化成为涵养社会主义核心价值观的重要源泉"。[1] 立足中华优秀文化传统,培育和弘扬社会主义核心价值观符合文化发展的基本规律,任何一种文化都离不开它固有的文化传统,中华优秀传统文化已经内化为中华民族的基因,植根在中国人内心,流淌在中国人血液中,潜移默化影响着中国人的思想方式和行为方式,社会主义核心价值观的培育和弘扬自然不可能数典忘祖,另起炉灶,必须尊重和继承既有的优秀文化传统。在继承的基础上,发展创新,推陈出新,实现中华优秀

───────────────

[1]《习近平谈治国理政》,外文出版社 2014 年版,第 164 页。

文化传统向社会主义核心价值观的创造性转化和创新性发展。

其二,社会主义核心价值观是"社会主义"的核心价值观,而不是其他什么"主义"的核心价值观。如果从 1640 年托马斯·莫尔发表《乌托邦》算起,社会主义已经有五百多年的历史。五百多年的社会主义发展史,经历了空想社会主义、科学社会主义和现实社会主义三个大的历史时期,可以分为如下几个大的历史时段:空想社会主义产生和发展;马克思、恩格斯创立科学社会主义理论体系;列宁领导十月革命胜利并实践社会主义;苏联模式逐步形成;新中国成立后我们党对社会主义的探索和实践;我们党作出进行改革开放的历史性决策,开创和发展中国特色社会主义。马克思创立的唯物史观和剩余价值学说使社会主义从空想变为科学,意味着社会主义不再是简单对资本主义的道德控诉和对无产阶级的人道主义同情。资本的本性是逐利,为了追求剩余价值最大化,资本必须不断扩张,但是资本主义却受有限市场、有限资源和有限创新主体的限制,设定了自身的发展极限,并且资本主义为了自身利益培养了自己的掘墓人——无产阶级,社会主义最终依靠无产阶级的革命力量从空想变为现实。需要指出的是,在马克思那里,社会主义同时具有社会制度、历史运动、价值理想三重含义,只是因为马克思恩格斯关于社会主义的论述更多侧重于如何将社会主义变成现实,而不是道德层面的理想描绘,所以传统社会主义的研究较多集中在现实实践与制度建构层面,而较少关注社会主义的价值观意蕴。这种状况近些年有所改观,目前,关于社会主义核心价值体系、社会主义核心价值观的概括、凝练、培育、践行等问题已成为学界的热门话题。

　　毫无疑问,社会主义核心价值观是"社会主义"的核心价值观,是社会主义制度的精神内核,体现了社会主义本质要求,体现了社会主义崇尚和倡导的价值目标、理想信念、道德准则、精神风尚等,是社会主义制度建构和实践的导航仪和风向标。社会主义核心价值观要集中体现社会主义而不是其他"主义"的价值目标和理想追求,那么,社会主义制度与实践区别于其他"主义"的最核心的价值观是什么?马克思在《哥达纲领批判》中批判拉萨尔的公平观,同时确立"公正"是社会主义制度的基本价值取向。结合中国特色社会主义的实际,"公正"的含义应该是在解放生产力、发展生产力、消灭剥削、消除贫困的基础上,让广大人民共享改革发展的红利,让改革成果更多惠及民众,实现共同富裕。这是社会主义核心价值观的题中应有之义,也是社会主义核心价值观区别于其他"主义"价值观的核心所在。

　　其三,社会主义核心价值观以西方资产阶级核心价值观为鉴戒,拒斥西方的"普世价值"。社会主义核心价值观包括三个层面的价值要求,在国家层面提出要倡导富强、民主、文明、和谐,在社会层面提出要倡导自由、平等、公正、法治,在公民层面提出要倡导爱国、敬业、诚信、友善,三个层面的价值要求"实际上回答了我们要建设什么样的国家、建设什么样的社会、培育什么样的公民的重大问题"。人们不禁要问:社会主义核心价值观倡导的三个层面的价值要求似乎和西方资产阶级倡扬的核心价值观并无二致,难道西方国家就不倡导国家富强、民主、文明、和谐,不倡导社会自由、平等、公正、法治,不倡导公民爱国、敬业、诚信、友善吗?实际上,这一提问方式暗含着将社会主义核心价值观与西方资产阶级核心价值观二元对立的思维方式,社会主义核心价值观以中华优秀传统文化为涵养,同时也吸收世界文明有益成果。肇始于古希腊文明和基督教文化,历经文艺复兴、启蒙运动与资产阶级革命洗礼而确立起来的西方资产阶级核心价值观,当然包含可以为社会主义核心价值观吸收借鉴的、可以称之为世界文明有益成果的元素,所以,社会主义核心价值观应该以西方资产阶级核心价值观为借鉴,吸收其中包含的具有普遍意义的世界价值共识,但同时,我们坚决拒斥西方国家打着"价值共识"的旗号,传播"普世价值",因为西方提出所谓的"普世价值",绝不是为了表达人们对价值共识的美好追求,而恰恰是利用人们追求价值共识的美好愿望,运用"普世价值"这种非政治性话语达到某种政治意图。① 对于这种承载政治使命的"普世价值",社会主义核心价值观理所应当加以拒斥。

厘清社会主义核心价值观与中华优秀传统文化的关系,与社会主义的关系,与本文资产阶级核心价值观的关系,是弘扬社会主义核心价值观首先要讲清楚的问题。正如马克思所说的,理论只有彻底才能说服人。只有说服人才可能入脑、入心、入行。在此基础上应该重视的是弘扬社会主义核心价值观的方式方法问题。弘扬社会主义核心价值观主要通过教育引导、舆论宣传、文化熏陶、实践养成、制度保障等方式,需要充分利用现代传媒技术,旗帜鲜明、生动形象具体地表现社会主义核心价值观;需要将社会主义核心价值观与人们的日常生活紧密结合,在落细、落小、落实上下功夫;需要在制度设计和政策导向上为社会主义核心价值观的培育

---

① 侯惠勤:《"普世价值"的理论误区和实践陷阱》,载《马克思主义研究》2008 年第 9 期。

和弘扬提供保障,以制度规范行为,从行为内化为内心的价值观认同。

第五节　弘扬中华优秀传统文化必须坚持马克思主义立场

　　民族精神的凝聚、提升、发展,只能从民族文化中汲取永恒的文化力量。中华文化历史悠久、内容丰富、底蕴深厚,既是人类文化的组成部分,又具有鲜明的民族特色。改革开放以来,文化的战略地位和作用愈来愈受到党和国家的重视。弘扬中华优秀传统文化,更是十八大以来提升国家文化软实力的重要战略举措。然而,通过什么样的原则和方法来弘扬中华传统文化? 如何发掘和汲取中华传统文化中优秀的成分而摒弃糟粕的成分? 这些问题都需要从文化战略的高度进行思考和解决。采用古今中西的研究方法,对于国家层面弘扬中华优秀传统文化进行战略思考,既将中华文化放在历史的长河中体现其发展与传承,同时也将中华文化放在世界文化的多样性中体现多元文化的交流与互鉴,从而更加彰显中华文化的独特性与开放性。对待中华传统文化,必须坚持马克思主义对待历史文化的“扬弃”观,融汇古今中西才能实现创造性转化,批判继承才能实现创新性发展。坚持中华优秀传统文化中“己所不欲,勿施于人”“以和为贵”“日新之谓德”“诚信为本”的基本价值观与世界文明对话,中华文化必将为人类文明进步做出更大贡献。

一、中华文化具有海纳百川的开放包容特征，勇于吸收敢于借鉴世界各文明成果

对于文化与政治、经济的关系，有一个形象的比喻：政治是骨骼，经济是血肉，文化是灵魂。这个比喻说明，文化对于一个民族所起的凝神聚气的作用，民族精神的凝聚、提升、发展，只能从民族文化中汲取永恒的文化力量。中华文化历史悠久、内容丰富、底蕴深厚，既是人类文化的组成部分，又具有鲜明的中华民族特色。5000多年绵延不断的中华文明不仅铸就了中华民族的独特精神，同时对世界文明的发展也做出过重大贡献。改革开放以来，文化的战略地位和作用愈来愈受到党和国家的重视。党的十七大报告从国家综合实力的战略高度，要求提升"国家文化软实力"，并且提出"弘扬中华文化，建设中华民族共有精神家园"的命题，推动社会主义文化大发展大繁荣。党的十八大提出"中华文化是中华民族生生不息、团结奋进的不竭动力"，《习近平谈治国理政》阐明中华优秀传统文化是我们最深厚的文化软实力，说明既要弘扬优秀民族文化，又要创造发展新的社会主义文化，体现了中华文化的民族性与时代性的统一，阐明了中华文化与民族精神的内在联系，将传统文化的地位和作用提到了前所未有的战略高度。党的十九大报告将文化复兴与民族复兴、文化自信与中国特色的道路自信联系起来，要求"坚持创造性转化、创新性发展，不断铸就中华文化新辉煌"，在激烈的国际竞争中开拓创新，将文化资源的大国变为文化软实力上的强国。因此，关于传承和弘扬中华文明，实现创造性转

化和创新性发展,必须从文化战略的高度加以深入研究。

(一)珍惜和维护本民族文化才能确立文化自信

"中华民族是一个兼容并蓄、海纳百川的民族,在漫长历史进程中,不断学习他人的好东西,把他人的好东西化成我们自己的东西,这才形成我们的民族特色。"[①]从历史上来看,中华民族绵延五千年生生不息,靠的是海纳百川、源源不断地吸收外来文化,壮大自身主体文化,体现了文化传承与创新的发展规律。

只有讲清楚中华优秀传统文化的历史渊源、发展脉络、基本走向,讲清楚中华文化的独特创造、价值理念、鲜明特色,才能增强文化自信和价值观自信。一个国家的综合实力最核心的部分是文化软实力,只有确立了文化自信,才能实现理论自信、道路自信和制度自信。习近平总书记强调:"无论哪一个国家、哪一个民族,如果不珍惜自己的思想文化,丢掉了思想文化这个灵魂,这个国家、这个民族是立不起来的。本国本民族要珍惜和维护自己的思想文化。"[②]

习近平总书记关于文化自信的多次论述,意在阐明文化自信是支撑道路自信、理论自信、制度自信的基础,彰显了中国共产党领导全国人民实现民族复兴伟业的文化自主和文化自觉,表明中

---

① 习近平:《完善和发展中国特色社会主义制度推进国家治理体系和治理能力现代化》,《人民日报》2014 年 2 月 18 日。

② 习近平:《在纪念孔子诞辰 2565 周年国际学术研讨会暨国际儒学联合会第五届会员大会开幕会上的讲话》,《人民日报》2014 年 9 月 25 日。

国特色社会主义制度深深植根于中华文化的土壤之中。在中华民族复兴的伟业中,绝不可抛弃中华民族的优秀文化传统,恰恰相反,我们要很好地珍惜和维护本民族的文化,使之得到传承和弘扬,因为这是中华民族几千年屹立不倒的根基。

(二)学习借鉴人类社会创造的各种文明

和平与发展是当今时代的主题,同时面临现代社会多方面的挑战。科技的迅猛发展已经大大改变了人类的物质生活和精神生活方式,人类文明取得了巨大进步,也出现了许多前所未有的困境和现代社会的弊病,如缩小贫富差距的难度加大,追求物欲奢华生活无度,个人主义恶性膨胀,人与自然关系日趋紧张,不同宗教、民族、文明之间的冲突不断加剧,社会诚信不断消减,伦理道德每况愈下等,解决当代人类共同面临的诸多难题,不仅需要运用当今人类发明的高科技成果,而且需要依靠人类几千年积累的传统文化中蕴含的人文精神;不仅需要本民族的传统智慧,而且需要学习借鉴各个民族创造的各种文明成果。"几千年来人类积累的一切理性知识和实践知识依然是人类创造性前进的重要基础。只有不断发掘和利用人类创造的一切优秀思想文化和丰富知识,我们才能更好地认识世界、认识社会、认识自己,才能更好地开创人类社会的未来。"对人类社会创造的各种文明,"都应该采取学习借鉴的态度,都应该积极吸纳其中的有益成分,使人类创造的一切文明中的优秀文化基因与当代文化相适应、与现代社会相协调,把跨越时空、超越国度、富有永恒魅力、具有当代价值的优秀文化精神弘扬起来"，"推进人类各种文明交流交融、互学互鉴，是让世界变得更加美丽、各国人民生活得更加美好的必由之路"。①

　　学习借鉴人类社会创造的各种文明，是马克思主义者对待社会主义之前的文明以及如何建设社会主义文化的一贯原则和方法。世界上第一个社会主义国家的缔造者列宁指出，无产阶级文化并不是从天上掉下来的，也不是那些自命为无产阶级文化专家的人杜撰出来的。"无产阶级文化应当是人类在资本主义社会、地主社会和官僚社会压迫下创造出来的全部知识合乎规律的发展。"②因此，只有确切地了解人类全部发展过程所创造的文化，只有对这种文化加以改造，才能建设无产阶级文化。如果无产阶级不想利用资本主义世界遗留下来的文化进行建设，那就"不是共产党人，而是空谈家。要进行社会主义建设，必须充分利用科学、技术和资本主义俄国给我们留下来的一切东西"③。列宁还以马克思主义为例，阐明了无产阶级的思想文化与人类文化遗产之间的关系。他指出："马克思主义这一革命无产阶级的思想体系赢得了世界历史性的意义，是因为它并没有抛弃资产阶级时代最宝贵的成就，相反却吸收和改造了两千年来人类思想和文化发展中一切有价值的东西。"批判地继承人类的一切文化遗产，是马克思主义者发展社会主义文化的正确抉择。

　　在 21 世纪中国特色社会主义先进文化建设的征程中，正确对

①　习近平：《在纪念孔子诞辰 2565 周年国际学术研讨会暨国际儒学联合会第五届会员大会开幕会上的讲话》，载《人民日报》2014 年 9 月 25 日。
②　《列宁选集》，第 4 卷，人民出版社 2012 年版，第 285 页。
③　《列宁全集》，第 36 卷，人民出版社 1985 年版，第 6 页。

待人类创造的全部文化,仍然是我们面临的课题。人类各种文明交流交融、互学互鉴,为全球化时代处理不同文化之间的问题明确了原则立场,指明了文化建设的前进方向。

(三)开放包容才能永葆文化活力

中华文化的旗帜要重新举起来,必须克服夜郎自大与故步自封的文化心态,树立海纳百川、有容乃大、兼容天下的思想情怀与文化胸襟,绝不能做民族文化的自大狂。

毋庸讳言,中国人曾经在很长一段时间内具有文化上的优越感,那种优越感是建立在故步自封的意识之下,再加上好古、效古、复古的心态,以有5000多年悠久的历史自炫自傲,以古圣先贤的金科玉律作典范和行为准则,形成厚古薄今的历史观。久而久之,在代代承袭、代代服膺于古圣先贤的格律之中,形成一种传统的模式,变成文化上的惰性,背离了"日新之谓德"的中华文化精髓。既定的法则一旦形成,改变本身就意味着大逆不道。

中华文化的觉醒始自1840年中英鸦片战争,并由此拉开近代化序幕。对外战争失利造成割地赔款,紧接着1842年《南京条约》、1858年《天津条约》的签订,实行五口通商,外国公使驻华等,特别是1894年中日甲午海战失败,签订《马关条约》,举国震惊,彻底摧毁了长期以来的民族优越感和自大的本位观念,而且面临列强瓜分的覆亡危险,觉醒于侵略者的"船坚炮利"和物质文明的冲击。门户开放除了大量输入西方工业产品,还带进来宗教及其精神文化。所谓"欧风美雨"席卷而来,西方文化大量入侵,开始动摇传统文化根基,激起中西文化孰优孰劣的论战,到底是中华文化优于西方文化,抑或西方文化优于中华文化?

中国马克思主义者运用历史唯物主义基本原理正确解决了中华文化与西方文化的关系问题,摒弃那种中西文化孰优孰劣的两元对立的形而上学的思维模式。中共早期党员、创始人之一张申府曾这样表达他对于学习西方先进文化与弘扬民族文化的观点:科学与民主,第一要自主。向西方先进文化学习必须要有开放包容的胸襟、虚怀若谷的态度,但同时不能丢掉民族自主、文化自立的理念。

从历史上来看,一个民族的崛起,一种文化的兴盛,都是在坚持本民族文化主体地位的前提下,包容吸纳外来异族文化的开放环境中形成的。一个有文化远见的民族,必定是具有开放包容的文化态度,并且能够不断吸纳外来文化的优质资源,从而使本民族的主体文化不断注入新的活力。

毛泽东曾说:"一切民族、一切国家的长处都要学,政治、经济、科学、技术、文学、艺术的一切真正好的东西都要学。"[1]1983 年,邓小平提出"教育要面向现代化,面向世界,面向未来",此后"三个面向"便成为社会主义先进文化建设必须坚持的原则和战略方针。面向现代化的基点是立足传统,面向世界的基点是立足中国,面向未来的基点是立足当今。"三个面向"是对传统与现代、中国与世界关系的总体定位,是当今中国发展社会主义先进文化的必由之路。在新时代只有"不忘本来才能开辟未来,善于继承才能更好创

---

[1]《毛泽东文集》,第 7 卷,人民出版社 1999 年版,第 41 页。

新。""不忘本来"并不是因循守旧、抱残守缺、夜郎自大、故步自封，不忘传统是指要确立文化的主体地位，从中华民族的文化基点出发，必须不断地改革和发展，必须及时预测和研究未来社会的发展，把握世界文化发展的趋势，与世界文明对话，博采世界各民族文化之所长，了解和吸收世界先进的科学技术和人文理念，面向世界，开辟未来，从而使中华文化能自立于世界之林，使我们的子孙后代能凭借其整体的优良素质主动参与日益激烈的国际竞争。

中华民族要面对现实，面对时代，面对中华文化生存的现实土壤，努力把中华文化最精华的部分逐步推向前进。在这个推进的过程中，主体是今天中国人的灵魂，用今天中国人的灵魂去与古今中外智慧进行沟通对话，才能迎来中华文化兴盛的局面。

二、坚持马克思主义对待历史文化的"扬弃"观，融汇古今中西，实现中华文化的创造性转化和创新性发展

五四新文化运动以来，在对待中华传统文化的态度上，形成了三种不同的思潮：一种是痛感于中国的落后，决心从技艺到制度再到文化全面向西方学习，用胡适先生的说法就是从物质文明到精神文明"全盘西化"，表现为全盘否定中华传统文化的历史虚无主义，这种思潮将中国落后挨打的局面全部归因为中华民族的"民族性""传统性"，主张"反传统"，彻底"摆脱中华文化的传统形态"，"根本改变和彻底重建中华文化"，学术上称之为自由主义文化思潮。另一种思潮是在"打倒孔家店"的声浪中应运而生的，他们痛恨西方文化的入侵，担忧全盘西化走上一条"以夷变夏"的不归路，

认为文化亡则国亡,文化亡是从根本上灭掉一个民族,是真正的万劫不复! 而只要文化存在,民族终会复兴。这一思潮以现代新儒家为代表,教条主义地对待中华传统文化,企图用中华传统文化"代替"社会主义新文化,用所谓"新儒学"取代马克思主义理论,学术上称之为文化保守主义思潮或者文化复古主义思潮。再一种就是接受了马克思主义唯物史观的中国早期共产党人的中西文化观。以李大钊为代表的早期马克思主义者,超越了中西文化二元对立的思维模式,决心建立"第三种文明",即社会主义新文化,开马克思主义中国化之先河,这就是中国化马克思主义思潮。可以说,马克思主义中国化的进程,同时也是中华传统文化走向现代化的过程。这一过程由中国共产党的几代领袖高瞻远瞩掌舵护航,由中国化马克思主义理论家开拓创新,对待中西文化已经在理论上形成了成熟的立场、原则和方法。

(一)科学扬弃才能为我所用

"扬弃"是马克思主义唯物辩证法的哲学范畴,是指新事物对旧事物的既抛弃又保留、既克服又继承的辩证关系。"扬"体现的是事物发展过程中的连续性和继承性,是肯定的方面;"弃"体现的是事物发展过程中的间断性和非连续性,是否定的方面。事物的发展就是通过肯定方面和否定方面的矛盾运动而由低级向高级进行的。唯物辩证法的扬弃观截然不同于形而上学的否定观,它要求对任何事物都要具体问题具体分析,不能简单化地全盘肯定传统文化,也不能简单化地全盘否定传统文化。

对待中华民族的传统文化遗产,要去其糟粕,也要取其精华,要有批判,也要有继承。这不仅符合唯物辩证法关于事物通过扬弃实现由低级到高级的发展、事物发展通过新与旧的矛盾运动实现推陈出新的客观规律,同时,也符合唯物史观的必然要求。唯物史观是科学的社会历史观,首先要求的是历史的观点、态度和方法。历史本身是一个不断继承不断发展的连续的动态过程,割断历史去看待和处理问题,不仅是不可能的,也是非常有害的。历史的观点,归根结底还是如何对待人类创造的历史文化的问题。承认历史,才能够尊重历史文化遗产。坚持马克思主义的"扬弃"观,才是对待传统历史文化的科学的态度。新文化运动以来出现的全盘肯定和全盘否定中华传统文化的思潮,既不符合理论逻辑,也不符合历史逻辑。

在对待如何弘扬中华传统文化这个事关国家文化发展战略的大问题上,中国共产党人一贯坚持的马克思主义原则立场,坚持"取其精华、去其糟粕""古为今用、洋为中用""批判继承、推陈出新"的马克思主义中西文化观,在新的历史起点上结合马克思主义中国化的最新理论成果,对中国特色社会主义先进文化与中华优秀传统文化的关系作了新时代的阐发。这体现在两个层面:一是中国特色社会主义先进文化植根于中华文化沃土,应积极继承传统文化中的优秀思想遗产。习近平总书记强调:"一个国家选择什么样的治理体系,是由这个国家的历史传承、文化传统、经济社会发展水平决定的,是由这个国家的人民决定的。我国今天的国家治理体系,是在我国历史传承、文化传统、经济社会发展的基础上长期发展、渐进改进、内生性演化的结果。"①"培育和弘扬社会主义核心价值观必须立足中华优秀传统文化。牢固的核心价值观，都有其固有的根本。抛弃传统、丢掉根本，就等于割断了自己的精神命脉。博大精深的中华优秀传统文化是我们在世界文化激荡中站稳脚跟的根基。"②二是对中国几千年传承下来的历史文化特别是价值理念、道德规范和人文精神，要坚持古为今用、推陈出新，有鉴别地加以对待，有扬弃地予以继承。中华民族的传统文化中不仅有精华，也有糟粕，要从适应当今中国现代社会的需要出发，取其精华，弃其糟粕，采取批判继承的科学态度。习近平总书记强调要坚持马克思主义的立场、观点和方法，"对我国传统文化，对国外的东西，要坚持古为今用、洋为中用，去粗取精、去伪存真，经过科学的扬弃后使之为我所用"③。充分说明中国共产党人是中华优秀传统文化的忠实继承者和弘扬者。

(二)融汇古今才能创造转化

中华民族几千年来创造了自己不同于其他民族的独特文明发展道路，在接受马克思主义后又探索出了一条中国特色的社会主义道路。"我们推进国家治理体系和治理能力现代化，当然要学习和借鉴人类文明的一切优秀成果，但不是照搬其他国家的政治理

---

① 《习近平谈治国理政》，外文出版社 2014 年版，第 105 页。
② 《习近平谈治国理政》，外文出版社 2014 年版，第 163—164 页。
③ 《习近平谈治国理政》，外文出版社 2014 年版，第 156 页。

念和制度模式,而是要从我国的现实条件出发来创造性前进。"[1]

如何在继承的基础上实现对中华传统文化的创造性转化?必须"要使中华民族最基本的文化基因与当代文化相适应、与现代社会相协调,以人们喜闻乐见、具有广泛参与性的方式推广开来"[2]。这里指出了三个途径:一是中华传统文化必须与当代文化相适应,中华优秀传统文化是中国特色社会主义先进文化建设的深厚根基,文化软实力的提升、文化强国的建设都要依靠中华传统文化的根基;二是中华传统文化必须与现代社会相协调,中华传统文化中的"精华"要能为现代社会服务,丰富其时代内涵,使之真正发挥推动中国现代化建设的精神动力;三是根据时代需求创新中华传统文化传播的形式,用时代形式重新"阐释"传统文化,使之更具有参与性与广泛性。继承和弘扬中华民族的传统文化,必须坚持马克思主义文化观,完成去粗取精、去伪存真的辨析工作,坚持为人民服务、为社会主义服务的方向,保持中华文化的主体地位,才能实现古为今用、推陈出新,实现中华传统文化的创造性转化,大力弘扬中华文化中跨越时空、超越国度、富有永恒魅力、具有当代价值的文化精神,实行文化走出去战略,大力传播当代中国特色社会主义先进文化创新成果。

弘扬中华优秀传统文化,需要与创造性转化紧密联系在一起,融汇古今,遵循推陈出新的文化发展的客观规律,更需要与当今中国社会发展的客观规律联系在一起,与中国特色社会主义先进文

---

[1] 习近平:《牢记历史经验历史教训历史警示为国家治理能力现代化提供有益借鉴》,载《人民日报》2014年10月14日。

[2]《习近平谈治国理政》,外文出版社2014年版,第161页。

化建设联系在一起。所以,如果只是抽象地脱离大众精神需求与社会实践而去弘扬传统文化是没有意义的。因为文化在我们这个时代已经出现了结构性的变化,这个结构性的变化非常重要。因此,中华传统优秀文化自身的内质需要不断发生转化,如果只是在外层结构中固守,而不考虑它的客观发展规律;如果一味故步自封地沉浸在古老的文化大国的迷梦中,对于现代的社会缺少感召力,缺少渗透力的话,文化便失去活力,那么中华文化过去的辉煌和尊严也有可能丧失在虔诚的捍卫者手中。

(三)面向世界才能创新发展

近代以来,中华民族为了走上现代化道路,在文化上主要是向西方学习,中西文化交流的话题以西学东渐为主。但是,在近代以前近1000年的历史中,特别是唐朝至明清时期,中华文化艺术影响欧洲甚至整个世界,这段极重要的东学西渐的话题,却关注得非常不够。中华民族开放包容且富有创新的民族精神,在5000多年文明发展进程中,创造了高度发达的灿烂的物质文明和精神文明,为世界贡献了许多智慧及创新成果,对世界文明进步做出了巨大贡献,影响深远,也使中国长期居于世界发展的先进水平。

中华传统文化如何在新时代的历史条件下实现创新性发展?一是将传统文化赋予其新的时代内涵,推动时代精神与中华传统文化的结合,比如,爱国、友善、诚信、公正、和谐等理念,就是中华传统价值理念"讲仁爱、重民本、守诚信、崇正义、尚和合、求大同"在当今时代所赋予新的时代内涵,是中华传统价值观的创新性发展;二是要站在本国国情的新起点上,吸收世界最新文明成果。在当今国际格局新变动中,把握文化跨越式发展机遇,将本国文化发展的需要与吸收借鉴世界文明精华相结合,构建独特的文化创新体系,推动社会主义先进文化繁荣发展。例如,自由、平等、民主、文明等理念,就是中国特色内涵与世界文明有益成果的结合。

面向世界才能创新发展,这是每一个民族的生存发展之道。犹太民族在大流散1000多年后,为什么还能凝聚起来建立自己的国家,除了依靠民族精神的凝聚力与文化身份的认同之外,还有面向世界的创新精神。犹太文化虽然是一种典型的民族文化,但犹太文化也是世界性文化,它不断超越自我并以顽强的生命力长期影响世界文化。世界性特征从内部孕育了犹太文化的凝聚力、兼容力与更新创造机制。综观犹太文化的发展历程,"不难看出,从古到今,犹太人总是能够找到使其文明适应时代的挑战而又不毁灭犹太价值观的核心"①。这说明,犹太文化是一种具有创新能力的文化,它在与其他文明的交往中既能够保持独特性又保持开放性,自我更新、自我改造,自我完善。这就是一个民族文化所具有的生命力。

(四)批判继承才能推陈出新

对待中华传统文化,要真正做到有批判地继承、有扬弃地吸收,取其精华,弃其糟粕,实现创造性转化和创新性发展。

---

① Esman M. J., "Politics and Society in Modern Israel: Mythsand Reality, "*Sho far An Interdisciplinary Journal of Jewish Studies*,1998,16(3):171-172.

弘扬中华优秀传统文化,绝不意味着要"全面儒化",绝不能做文化上的复古主义者,文化民族主义的路走不通。繁荣发展中国特色社会主义先进文化,当然要继承中华传统文化;但只有批判地继承才能真正继承传统文化中最有价值的精华,摒弃糟粕,才能推陈出新,推动文化的发展与超越。

"清理古代文化的发展过程,剔除其封建性的糟粕,吸收其民主性的精华,是发展民族新文化提高民族自信心的必要条件;但是决不能无批判地兼收并蓄。"①新时代一方面强调弘扬中华优秀传统文化,另一方面也强调"对历史文化特别是先人传承下来的价值理念和道德规范,要坚持古为今用、推陈出新,有鉴别地加以对待,有扬弃地予以继承"②。

从鸦片战争开始,无数的志士仁人寻求中国走上现代化的道路,猛烈抨击与中国的封建专制、小农经济纠缠在一起的儒学,把它当作封建遗毒,当作阻碍现代化的绊脚石。对于中华传统文化中的糟粕,近现代以来不仅自由主义西化派强烈抨击,马克思主义者坚决批判,就是以现代新儒家为代表的文化保守派也是极力克服的,试图由"内圣"开出"新外王"。比如,现代新儒家代表杜维明先生认为,应该从两个层面理解中国的传统文化:"第一个层面,是把它作为一种'封建意识形态',即沉淀在中国人的文化心理结构中具有'封建'色彩的经济、政治、社会和文化形态,特别是那些在下意识层面还起作用的价值和观念。这也就是大家常说的'封建遗毒'。但是,另外还有一个层面,就是中华民族的文化认同,即象

---

① 《毛泽东选集》,人民出版社1991年版,第707—708页。
② 《习近平谈治国理政》,外文出版社2014年版,第164页。

征中华民族优良传统的文化精神。这种认同、这种文化精神,必须通过中国知识分子群体的、批判的自我意识来掌握和发扬。"①杜维明先生还通过批判"圣王"和"三纲"的例子,来说明他对儒学批判的观点。②

弘扬传统文化精华以及儒家人文精神,首先必须完成这一百多年来对传统文化特别是儒学中的糟粕的清理、批判和反思,哪些批判是符合历史发展规律的,是经得起历史检验的;哪些批判是非理性的情绪宣泄,是阻碍民族精神也不符合时代精神的,是违背"扬弃"辩证法的。如果不能让中华民族的精髓真正弘扬,而让小农经济的保守主义和不健康的家庭伦理如人身依附、男尊女卑,封建专制充分地发展,那么中华文化走出去与世界文明对话将终成幻影,中国的文化软实力也难以提升。

对西方近代文明的弊端,西方思想家也有非常深刻的反思。如从人与自然关系的角度来看,人类中心主义完全以人为中心,已有深刻教训。任何一种文化,只有对自己传统文化中的阴暗面进行严厉的批判,才能使糟粕充分地凸显,同时把它的精华开发出来。批判性地继承才能推陈出新,这是文化创新发展的必然逻辑。

三、坚持中华优秀传统文化的基本价值观与世界文明对话

世界上不同国家、不同民族有不同的文化,世界文化呈现出多姿多彩的多样化景观。联合国教科文组织发布有《文化多样性宣

---

① 岳华编:《杜维明新儒学论著辑要》,中国广播电视出版社1992年版,第50页。
② 杜维明:《儒家传统与文明对话》,河北人民出版社2010年版,第226—228页。

言》,设立有"世界文化多样性促进对话和发展日",在每年的 5 月
21 日都要举行庆祝活动。中华文化作为世界文化多样性中的一个
代表,既维护本民族文化的尊严,同时也尊重不同国家和民族的文
化。中国共产党和中国政府历来主张,在继承和弘扬中华优秀传
统文化及儒家人文精神的同时,提倡不同文明之间的交流对话。
比如,在美国有儒家与基督教的对话,在以色列也有儒家与犹太教
的对话。综观全球,现在世界上流行的所谓有"普世"意义的理论
都来自西方,西方的现代化理论,西方的后现代化理论,西方的市
场经济理论,民主政治理论,等等,都在各个地方发展。那么,在 21
世纪,具有中华文化特色的价值观能否成为全球共享的精神资
源呢?

(一)如何正确对待不同国家和民族的文明

对于世界上不同民族的文明,习近平总书记提出应坚持的四
条原则,即维护世界文明多样性,尊重各国各民族文明,文明之间
相互学习借鉴,科学对待文化传统。他强调:"这些思想文化体现
着中华民族世世代代在生产生活中形成和传承的世界观、人生观、
价值观、审美观等,其中最核心的内容已经成为中华民族最基本的
文化基因,是中华民族和中国人民在修齐治平、尊时守位、知常达
变、开物成务、建功立业过程中逐渐形成的有别于其他民族的独特
标识。"[1]那么,这个中华民族的文化基因和独特标识怎么理解呢?

---

[1] 习近平:《在纪念孔子诞辰 2565 周年国际学术研讨会暨国际儒学联合会第五届会
员大会开幕会上的讲话》,载《人民日报》2014 年 9 月 25 日。

换句话说,中华文明拿什么与世界文明对话?

文化的核心是精神与思想,体现为指导行为的价值观。关于中华优秀传统文化的基本价值观,学术界已经取得许多研究成果。一些核心的理念,如天人和谐,居安思危,自强不息,厚德载物,诚实守信,以民为本,和而不同,已经得到很好的挖掘与阐发。中国特色社会主义先进文化根植于中华优秀传统文化的深厚土壤,社会主义核心价值观就是中华优秀传统文化的提升与发展。今天的社会实践赋予了以人为本、以和为贵、自强不息等中国古老智慧新的时代内涵,中华民族依靠的是坚韧不拔、与时俱进的民族精神,5000 多年生生不息、愈挫愈勇,发展壮大。

一个民族的文化是区别于其他民族的独特标识,其核心价值观构成民族精神,深入挖掘和阐发中华文化中具有跨越时空的优秀精华,进行创造性转化和创新性发展,把继承优秀传统文化又弘扬时代精神、立足本国又面向世界的当代中华文化创新成果传播出去。那么,中华传统文化中有哪些具有"跨越时空、超越国度、富有永恒魅力、具有当代价值"的基本价值观呢? 与世界文明对话的前提条件,便是开发传统文化特别是儒家的人文精神资源中蕴藏的基本价值观,这是最核心的本质内容。

(二)儒家的基本价值观"己所不欲,勿施于人""己欲立而立人,己欲达而达人",不仅是儒家的人文精神,而且是可以与世界其他文明相通对话的核心理念

儒家从曲阜洙泗源流发展到中原文明,从中国发展到东亚,从亚洲走向全球,儒学从古到今经历了几个阶段的发展,其基本价值

观"己所不欲,勿施于人""己欲立而立人,己欲达而达人"已经成为超越时代、超越民族的全球伦理,体现的人文关怀与人道原则已被世界所公认。儒家伦理与犹太教伦理、基督教伦理、伊斯兰教价值有相通对话的基础,可以与《圣经·新约》的黄金法则:"你想人家怎样待你,你也要怎样待人"相互配合。联合国教科文组织也在讨论"世界文明",关注如何将"己所不欲,勿施于人"价值观运用在各种不同宗教传统中,比如基督教传统、犹太教传统、伊斯兰教传统等,用以缓解不同宗教文明文化之间的冲突。

(三)中华民族"以和为贵"的传统价值观在国际关系中具有永恒魅力

中华民族是爱好和平的民族。和平、和睦、和谐的价值观,在5000多年的中华文明中占据主流地位。习近平总书记多次强调在国际关系中要"以和为贵",这是深深植根于中华民族精神世界的价值观。他说:中华民族的血液中没有侵略他人、称霸世界的基因,中国人民不接受"国强必霸"的逻辑,愿意同世界各国人民和睦相处、和谐发展,共谋和平、共护和平、共享和平。"中国自古就提出了'国虽大,好战必亡'的箴言。'以和为贵''和而不同''化干戈为玉帛''国泰民安''睦邻友邦''天下太平''天下大同'等理念世代相传。我们坚持走和平发展道路,是对几千年来中华民族热爱和平的文化传统的继承和发扬。"[1]

---

[1]《习近平谈治国理政》,外文出版社2014年版,第265页。

这一溶化在中国人民血脉之中的和平思想,与全世界爱好和平的民族和人民是一致的,也是与世界上几大文明共同分享的价值观追求。

(四)中华民族"生生之谓易""日新之谓德"的价值观,体现了与时俱进、开拓创新的时代精神

中国古代典籍《周易》充满朴素的辩证法思想,探讨的是天道与人道的变化之理,即"变易之学"。《系辞》云:"穷则变,变则通,通则久。"并且对"生生""日新"加以称赞,认为这是"德之盛也"。《易经》中用"生生之谓易""日新之谓德"来说明生生不息、革故鼎新是万事万物产生的本源,也是宇宙万物运动变化的规律,更是人们认识和把握这种规律的一种价值观。

中国的先人们还提出"周虽旧邦,其命维新","天行健,君子以自强不息","苟日新,日日新,又日新",可以说,与时俱进、开拓创新的时代精神是中华民族的精髓。弘扬中华民族传统价值观中与时俱进的时代精神,需要密切联系中国和世界的发展提出的重大现实问题,吸收借鉴中外优秀文化成果和经验教训,贯彻古为今用、洋为中用的方针,既反对食古不化,也反对食洋不化,反对一切形式的教条主义,努力做到古为今用,推陈出新,与时俱进。

（五）中华民族信奉"诚信为本"的价值观，愿与世界各国人民建立互信，增进了解与友谊

诚信是中华民族的传统美德。孟子说"诚者，天之道也，诚之者，人之道也"。"诚"是儒家为人之道的中心思想，既是基本的道德准则，也是基本的价值观。诚信，可诠释为：诚实、诚恳、信用、信任。它包括两层含义：一是要取信于人，二是对他人要给予信任。在现代社会，它要求人们尊重客观规律，树立求真求实的精神；它要求每个社会成员树立起公正公平的处事态度和公共道德观念；它要求社会群体建立公正合理的制度。诚信价值观要求建立起现代法制社会的多层次信用体系，自觉守法，真诚守信。对于一个国家、一个社会而言，"诚信"可以说是立国之本。对于每个社会成员而言，"诚信"是立身之本。

西方文化中的诚信思想也有很多可以利用的思想资源。比如在基督教的教义里，"诚信"是做人的基本品德之一。西方的契约伦理由古希腊文化延伸出来，契约伦理中的核心是诚信原则，通过法律制度固定下来，成为西方他律性的道德手段。中国传统诚信观的特点是自律，在中国社会现代转型中正需要吸收西方诚信思想中的他律性思想，并且以法律制度的形式规定下来，将中华诚信美德作为一个行为规范，将自律与他律结合起来，以弥补传统诚信观在他律方面制度不足的缺陷。

在国际社会，"诚信"价值观是建立和平友好、平等互利、良性合作的国际关系新格局的道德杠杆。在"诚信为本"的传统价值基

础上,吸取西方的法律制度化建设,中华民族必定收获更多的自信和互信。

(六)中华传统价值观中强调"匹夫不可夺志""为仁由己"的独立人格尊严

儒家的传统价值观要求"群体高于个人""义务先于权利",要求个人首先要服从社会、服从国家,但是个人的人格尊严也并未忽视。儒家的理想人格,有仁爱之心,有孔子"为仁由己"的强烈责任感,有"匹夫不可夺志也"的独立人格,同时也有屈原"众人皆醉我独醒"的独立意识。这种个体独立的精神是儒家的真精神。近现代以来,以鲁迅为代表的思想家们认为,中华民族之所以积贫积弱,除了科技和经济方面的落后,主要是因为传统文化对于人性的奴役,那些受封建专制和礼教思想钳制的中国百姓,失去了人格的独立和思想的自由,所以必须要进行国民性改造。胡适则将西方的个人主义引进来,以倡导"健全的个人主义"造成自由独立的人格,意图培养具有自由之思想、独立之意志的"特立独行"的健全人格。从现在的眼光来看,当时更应该在挖掘传统的独立人格精神方面用力,国民性改造才能收到效果。其实,传统文化中的儒家、道家、墨家都有关于独立人格尊严的丰富思想资源,可以为今天中国特色社会主义先进文化服务,也可以与西方的人格理论相映互补。

中华传统文化饱经沧桑又历久弥新,永远是中华民族战胜苦难、生生不息、团结奋进的不竭动力。站在全球化的新的时代起点上,对于传承几千年的中华文明,当铭记"自强不息""厚德载物"的古训,深刻领会习近平总书记关于弘扬中华优秀传统文化的基本内涵,根据当代社会发展的历史趋势,与人类现代文明进步相一致,对精华与糟粕进行深入辨析后再取舍,为今天中国特色社会主义建设服务,实现民族性与时代性的统一。中华民族古老的文明智慧必将以青春的姿态与世界文明和谐共处,也必将对人类的持久和平与文明进步做出应有的贡献。

第六节　传统文化创造性转化和创新性发展

不忘历史才能开辟未来,善于继承才能善于创新。传统文化必须有所继承有所发展。努力实现传统文化的创造性转化、创新性发展,使之与现实文化相融相通,共同服务以文化人的时代任务。这个"两创"方针是习近平新时代中国特色社会主义文化建设思想的主要内容,标志着中国共产党在新的历史条件下对文化发展规律和文化发展路径的认识达到了一个新的高度。我们要以习近平新时代中特色社会主义思想为指导,把跨越时空、超越国度、富有永恒魅力和具有当代价值的传统文化精神传承下来并进行创造性转化和创新性发展,使之融于当下,成为新时代以马克思主义为指导的中国特色社会主义先进文化的重要组成部分,为人类提供正确的精神指引和强大的精神动力。

一、确立优秀传统文化在新时代中国特色社会主义文化中的主体地位

　　中华民族的历史和文化源远流长,如何扬长避短、兼收并蓄,关键在于能否正确对待和发展传统文化。尤其是在中国特色社会主义进入新的历史阶段,如何正确处理好文化的传统继承和创新发展的关系,"以更大的力度、更实的措施加快建设社会主义文化强国,培育和践行社会主义核心价值观,推动中华优秀传统文化创造性转化、创新性发展,让中华文明的影响力、凝聚力、感召力更加充分地展示出来"①,这是新时代的重大课题。深入研究领会习近平总书记对传统文化进行创造性转化和创新性发展的扬弃思想,是继续发展社会主义文艺、培育社会主义核心价值观、增强文化自信以及提升国家文化软实力等方面实践的时代要求。"文化是民族生存和发展的重要力量。人类社会每一次跃进,人类文明每一次升华,无不伴随着文化的历史性进步。"②

　　时代在发展,文化也在自觉进步,文化的进步又促进了时代的长足发展。文化的发展和进步并不意味着传统文化就变得可有可无。传统文化与现代文化有着先天的语言和历史的、必然的联系。文化的物质载体和表现形式可以随着时代的进步与技术的发展而发生改变,但是,文化的内在精神却在不断变换的物质载体中得到

① 习近平:《在第十三届全国人民代表大会第一次会议上的讲话》,载《人民日报》2018 年 3 月 21 日。
② 习近平:《在文艺工作座谈会上的讲话》,载《人民日报》2014 年 10 月 15 日。

传承,成为民族之根,民族之魂。历史走多远,传统文化的记忆和精神血脉就会跟多远。

中国几千年积累的一切理性知识和实践知识,培育和形成了独特的思想理念和道德规范,有其永不褪色的价值。在 21 世纪的今天,几千年来人类积累的一切理性知识和实践知识依然是人类创造性前进的重要基础。传统文化中闪光的思想和颠扑不破的真理以及具有民族特征的文化习俗作为中华文化的基因在语言和文字的载体中代代相传。"只有不断发掘和利用人类创造的一切优秀思想文化和丰富知识,我们才能更好地认识世界、认识社会、认识自己,才能更好开创人类社会的未来。"①而且,"中华民族和中国人民在修齐治平、尊时守位、知常达变、开物成务、建功立业过程中逐渐形成的有别于其他民族的独特标识"②。中华民族在几千年的文明进程中所培育的共同的情感和价值、共同的理想和精神,是国家共同的思想道德基础和社会认同的符号,是民族赖以维系的精神纽带,是民族进一步前行的力量源泉。也因此"每到重大历史关头,文化都能感国运之变化、立时代之潮头、发时代之先声,为亿万人民、为伟大祖国鼓与呼"③。

发展先进文化,促进文化的现代转型,就是要不断发掘和利用人类创造的一切优秀思想文化和丰富知识,挖掘传统文化中的闪光的思想和颠扑不破的真理,坚守中华文化立场、传承中华文化基

---

① 习近平:《在纪念孔子诞辰 2565 周年国际学术研讨会暨国际儒学联合会第五届会员大会开幕会上的讲话》,载《人民日报》2014 年 9 月 25 日。
② 习近平:《在纪念孔子诞辰 2565 周年国际学术研讨会暨国际儒学联合会第五届会员大会开幕会上的讲话》,载《人民日报》2014 年 9 月 25 日。
③ 习近平:《在文艺工作座谈会上的讲话》,载《人民日报》2014 年 10 月 15 日。

因,延续民族的人文精神和内在品格,展现中华审美风范,强调知、情、意、行相统一。

马克思主义是中华民族共同的选择,这种选择并不是割裂与中华文化精神血脉的联系,而是为进一步弘扬中华优秀传统文化提供新的思想武器,为传统文化创新性发展提供行动指南,与马克思主义相结合就是文化现代化的根本方向,更能让我们发现和理清传统文化的现代价值。

二、延续传统并以古人之规矩开今人之生面

中华民族有着5000多年的文明史,积累了丰厚的中华优秀传统文化,为中华民族生生不息、克服艰难险阻提供了强大精神食粮。① 中华优秀传统文化是我们最深厚的文化软实力,也是中国特色社会主义植根的文化沃土。一个抛弃了、背叛了自己历史文化的民族,就像植物去掉了根,非但不能更好地发展,还可能就此枯萎,对人类社会来说就是一场历史悲剧。否定传统文化、否定历史,就是否定自身的存在价值,民族自强、自立、自信又从何而来?坚定中国特色社会主义道路自信、理论自信、制度自信,说到底是要坚定文化自信。文化自信是更基本、更深沉、更持久的力量。

改革开放促进经济发展,人民生活水平快速提高,离不开优秀传统文化的滋养和正确的国家治理的指导。中华优秀传统文化丰富的哲学思想、人文精神、教化思想、道德理念为认识和改造世界、

① 《习近平在文艺工作座谈会上的讲话》,载《人民日报》2014年10月15日。

为治国理政、为道德建设提供了肥沃的土壤。党的十八大以来,以习近平同志为核心的党中央站在历史与时代相结合的高度,重视中华优秀传统文化的历史传承和创新发展,将其作为治国理政的重要思想文化资源,使之成为加深民族记忆,培育中华民族共同体的认同感,彰显文化自信,从而坚定走中国道路的精神纽带和道德滋养。

每个时代都有每个时代的精神。习近平治国理政思想就是带领中国人民实现中华民族伟大复兴、取得更高文明成就的新智慧。"一个国家选择什么样的治理体系,是由这个国家的历史传承、文化传统、经济社会发展水平决定的,是由这个国家的人民决定的。今天的国家治理体系,是在传承历史、文化、经济社会发展的基础上长期发展、渐进改进、内生演化的结果。"①习近平总书记在中央政治局第十八次集体学习时指出,实现"两个一百年"奋斗目标、实现中华民族伟大复兴的中国梦,需要充分运用中华民族数千年来积累下的伟大智慧。"要治理好今天的中国,需要对历史和传统文化有深入了解,也需要对古代治国理政的探索和智慧进行积极总结"②,改革开放就是"以古人之规矩,开自己之生面"③。

只有适合国情、传承历史才能扎根土壤,有左右逢源的发展后劲;只有开拓进取、继往开来才能有未来,守株待兔、刻舟求剑是没有出路的。

---

① 习近平:《坚定制度自信不是要固步自封》,http://www.xinhuanet.com/politics/2014-02/17/c_119373758.htm。
② 习近平:《在中央政治局第十八次集体学习时强调牢记历史经验历史教训历史警示为国家治理能力现代化提供有益借鉴》,载《人民日报》2014年10月14日。
③ 习近平:《在文艺工作座谈会上的讲话》,载《人民日报》2014年10月15日。

三、辩证取舍，以马克思主义为指导开拓当代文化发展之新路

中华优秀传统文化博大精深，其内在的文化密码世代永存，就像人体的基因一样，无论过去、现在还是未来都不会消失，也无法消除，关键在于怎么继承和转化它的"合理内核"。"传统文化在其形成和发展过程中，不可避免会受到当时人们的认识水平、时代条件、社会制度的局限性的制约和影响，因而也不可避免会存在陈旧过时或已成为糟粕性的东西。这就要求人们在学习、研究、应用传统文化时坚持古为今用、推陈出新，结合新的实践和时代要求进行正确取舍，而不能一股脑儿都拿到今天来照套照用。"[1]时代在发展，文化形式也在自觉地更新，只有认清文化资源的真正价值所在，才有真正的继承与创新。

如何正确看待文化资源的价值问题？中华文化资源丰富，构成民族的文化基础，应倍加珍惜。当然，文化资源也有不适合现代化发展需要而成为包袱的部分。例如，那些代表封建意识形态的"君权神授、富贵在天"的奴性思想，"刑不上卿、礼不下庶"的等级观念，"上智下愚、男尊女卑"的贵贱思想，"纲常名教、克己复礼"的礼教压抑，"仕农工商、奇技淫巧"的阶级观念等，同现代生活格格不入。如果在现代社会生活中追捧这些旧仪式、旧习俗，大肆宣扬尊卑、忠君、人治等封建思想，就会侵蚀社会主义核心价值观。对

---

[1]《习近平在纪念孔子诞辰 2565 周年国际学术研讨会暨国际儒学联合会第五届会员大会开幕会上的讲话》，载《人民日报》2014 年 9 月 25 日。

传统文化照单全收，简单复古，与"言必称西方"的思维方式都是极端片面的，都是不健康、不健全的精神表现，严重时会成为现代文明进程中的障碍。

坚持古为今用、以古鉴今，坚持有鉴别地对待、有扬弃地继承，不能厚古薄今、以古非今，避免现代化和文化转型中出现内容和手段的混淆。传统文化放在过去也是鲜活、有生命力的，复兴传统文化与现代化不是要照搬它的形式，而是要复活它的精神实质，这样才能与现代文明对话沟通。不打破过时的意识形态的外壳，就无法拯救其合理内核，滞后的文化形态还会深刻地影响当代文化表达和价值判断。

中华优秀传统文化博采众长，其文化基因具有开放包容的品质，正因为如此，中华优秀传统文化才能长盛不衰、发扬光大。今天东西方文明融合，正是重要的文化发展机遇期，更需要兼收并蓄，以我为主，为我所用，在民族伟大复兴的同时实现文化复兴。

就像对待西方文明不能全盘西化一样，对传统文化也不能简单复古、食而不化。不忘历史才能开辟未来，善于继承才能善于创新。对历史文化特别是先人传承下来的价值理念和道德规范，要坚持古为今用、推陈出新，有鉴别地加以对待，有扬弃地予以继承，努力用中华民族创造的一切精神财富来以文化人、以文育人。对传统文化不认同，就是文化不自信；对它不改造转化，就是文化不自觉；对它不创新发展，就是文化自守。面对传统文化，要坚持"不破不立"的思想，敢于"打破"了再"重塑"，留下的才是精华。

四、激活文化生命力,融于当下,提升自身文化的先进性

当前社会处于现代化转型的大变革时期,社会上思想活跃、观念碰撞,互联网等新技术新媒介日新月异,文化也处于急剧转型的传统文化的解构和现代文化的重建的过渡阶段,此时是对传统文化展开扬弃研究与实践的最好时机。要坚持社会主义先进文化前进方向,对传统文化进行弃其糟粕取其精华的提炼,转变传统文化中与现代社会价值体系中格格不入的观念内核与文化样式,转换传统文化的样式,让传统文化中的优秀资源融入当下的社会主义的文化体系。"用中华优秀传统文化为人民提供丰润的道德滋养,提高精神文明建设水平。"①

(一)用现代文化技术对传统文化资源进行梳理和数字化转化,唤醒民族的文化记忆

近些年,国家对传统文化资源进行了大规模梳理,统筹实施中华文化资源普查工程、国家古籍保护工程等 15 个重点计划项目,组织编纂《复兴文库》《中华优秀传统文化百部经典》《中国历代绘画大系》等,开展可移动文物、古籍文献、美术馆藏品等文化资源普查,健全文物、非遗、古籍等名录体系,进一步清理文化遗产家底。2017 年 3 月初,中共中央办公厅、国务院印发《关于实施中华优秀

---

① 习近平:《在省部级主要领导干部学习贯彻党的十八届五中全会精神专题研讨班上的讲话》,载《人民日报》2016 年 5 月 10 日。

传统文化传承发展工程的意见》,其中的一个重点项目"中国民间文学大系出版工程"已经形成了 11 000 余册约 18 亿字的包含神话、传说、民间故事等资料,其中 50% 经过了数字化转化。[①]

今天,收藏在博物馆里的文物、陈列在广阔大地上的遗产、书写在古籍里的文字,正在唤醒中国人的文化记忆。

(二)辩证取舍,拯救优秀传统文化,提炼精华

梳理传统文化资源是为了将其中精华部分"拯救"出来,与社会主义现代文化相契合,对其进行补充、纠正和完善,建立一个新的完备的社会主义先进文化体系。要鉴别一切束缚文化发展的思想观念、做法、规定和体制机制性障碍,以现代的目标和时代的需要对传统文化进行内容与形式的分解,去除其中落后的封建思想、价值观念和外在仪式,抛弃过时的与小农经济相适应的文化形态,挖掘出其中具有普遍性的真理成分,抽取出其中鼓励人们积极向上向善的合理内容,如道法自然、天人合一,天下为公、大同世界,自强不息、厚德载物,以民为本、安民富民乐民,脚踏实地、实事求是,仁者爱人、以德立人,以诚待人、讲信修睦,清廉从政、勤勉奉公等,对这些思想,要结合时代条件加以继承和发扬。

(三)创新形式,激活优秀传统文化的现代生命力

传统文化中具有普遍合理意义和具有现代价值的内容被"拯

[①]《用传统文化之光照亮民族复兴之路》,载《光明日报》2017 年 9 月 21 日。

救"出来之后,不能束之高阁,要不断创新形式,要让蕴藏在诗词中的情致、隐逸在书画中的灵思、内含在园林中的匠心、流淌在戏曲中的神韵活起来,要把跨越时空、超越国度、富有永恒魅力、具有当代价值的文化精神弘扬起来,让收藏在博物馆里的文物、陈列在广阔大地上的遗产、书写在古籍里的文字都活起来,让中华文明同世界各国人民创造的丰富多彩的文明一道,为人类提供正确的精神指引和强大的精神动力。为此,要赋予优秀传统文化新的时代内涵,不断创新其形式。包括对其进行现代语言范式、逻辑思维的转换,与时俱进地对之加入现代化和国际化的元素,在新的文化横向交流中丰富文化的形式、完善文化的新表达、提出文化的新理解,进行文化再创造,使传统文化的资源更能够结合时代的要求发挥其时代的价值。近年来,"新儒学""新仁学"等中国哲学创新性理论成果陆续涌现,传统文化中优秀的思想具有了新的时代内涵和表达形式。

(四)坚持社会主义方向,融于当下,提升自身文化的先进性

中华民族深深地扎根于传统文化的沃土中。如果说传统文化是"源",那么社会主义先进文化就是"流"。既要加强对中华优秀传统文化的挖掘和阐发,使中华民族最基本的文化基因与当代文化相适应、与现代社会相协调,更要坚持传统文化发展的社会主义方向,承认现代文化的新思想、价值观念以及科学理念对传统文化中的旧思想、价值观念和科学理念的更新作用与进步意义。新的物质文明和发展水平必然要有与之相匹配的文化精神,否则就会

丧失发展的内在精神和驱动力,并最终影响物质生产和技术创新及应用的能力。对传统文化进行创造性转化和创新性发展就是在前人创造的文化基础上,创新思想理论,创新价值观念,让传统文化中优秀的内容始终具有生命力,具有自我创新的能力和驱动社会整体创新性发展的品格,使人类创造的一切文明中的优秀文化基因与当代文化相适应、与现代社会相协调,并通过理论成果和文化产品的传播,教化国人,进而确立并形成当代中国的核心价值观与文化理念,来引领社会的发展。

五、各美其美,美美与共,既继承优秀传统文化又弘扬时代精神

要将立足本国又面向世界的当代中国文化创新成果传播出去。中华民族有着深厚文化传统,这是中国的独特优势。现在"国际社会对中国的关注度越来越高,他们想了解中国,想知道中国人的世界观、人生观、价值观,想知道中国人对自然、对世界、对历史、对未来的看法,想知道中国人的喜怒哀乐,想知道中国历史传承、风俗习惯、民族特性,等等"①。独学而无友,则孤陋而寡闻。优秀的传统文化既是民族的,也是世界的。弘扬中华文化,不仅自己要从中汲取精神力量,而且要积极推动中外文明交流互鉴,讲述好中国故事、传播好中国声音,促进中外民众相互了解和理解,验证传统文化创造性转化与创新性发展的成果。

---

① 习近平:《在文艺工作座谈会上的讲话》,载《人民日报》2014 年 10 月 15 日。

　　源自中华优秀传统文化的新时代中国特色的社会主义文化具有先进性。英国哲学家汤因比在20世纪70年代就提出了令举世深思的论点:能够真正挽救21世纪的世界的,只有中国的孔孟学说与大乘佛法。被20世纪新儒家的代表人物之一徐复观称为"西方圣人"的阿尔贝特·施韦泽(Albert Schweitzer)也说过:"中国伦理思想千百年来对于个人和全民族的教育的功绩是伟大的。世界上没有任何一个地方能有这样一个建筑在伦理思想之上的文化来与中国这块土地上存在的相匹敌。"[1]东西方文化以及其他优秀文化的互补共生是今后人类生存发展的必由之路,汲取各文明的精华,从而创造出能解决当今人类所遇到的生存发展危机的新文明形态。我们没有理由妄自菲薄,当然也不能妄自尊大,要在广泛的文化交流中通过他文化"镜像"对文化"自我"进行深度审视,既吸收先进的文化,同时也让中华文化走出去,把跨越时空、超越国度、富有永恒魅力、具有当代价值的文化精神弘扬起来,把继承优秀传统文化又弘扬时代精神、立足本国又面向世界的当代中国文化创新成果传播出去。[2] 让中华文明同各国人民创造的多彩文明一道,为人类提供正确精神指引。围绕中国和世界发展面临的重大问题,着力提出能够体现中国立场、中国智慧、中国价值的理念、主张、方案。

　　倡导并致力于"人类命运共同体"建议是中国人对世界和平与

---

① 阿尔伯特·史怀哲:《中国思想史》,常暄译,社会科学文献出版社2009年版,第104—105页。

② 习近平:《坚定制度自信不是要固步自封》,http://www.xinhuanet.com/politics/2014-02/17/c_119373758.htm。

共同发展的贡献，"一带一路"倡议就是构建"人类命运共同体"重大实践活动，这些智慧深深植根于中华优秀传统文化的沃土之中。中华文化"天人一体"的宇宙情怀，"天下一家"的人类情怀，"中和之道"的协调智慧天然为解决当代人类面临的共同性问题提供了思想资源。这些充满中国智慧的理念和倡议自然生发于民族文化与世界文明交流互鉴的实践之中，是对中华优秀传统文化的创造性转化与创新性发展的完美实例。正如习近平总书记指出的，"古往今来，中华民族之所以在世界有地位、有影响，不是靠穷兵黩武，不是靠对外扩张，而是靠中华文化的感召力和吸引力"①。中华民族自古崇尚"以和邦国""和而不同""以和为贵"，强调和谐，追求和睦，爱好和平。而"天下为公""世界大同"更是中华民族一直以来的政治理想。600 多年前，中国明代著名航海家郑和率领当时世界上最强大的船队"七下西洋"，远涉亚非 30 多个国家和地区，并没有占领一寸土地，而是播撒了和平友谊的种子，留下的是同沿途人民友好交往和文明传播的佳话。② 1955 年，周恩来总理在万隆会议上，提出"和平共处五项原则"，正是基于中华民族利人利己的义利观和胸怀天下的博大情怀；如今，"人类命运共同体"也正是"在追求本国利益时兼顾他国合理关切，在谋求本国发展中促进各国共同发展"③的未来人类命运共同体义利观的基础之上，"以同舟共济、合作共赢的新理念，寻求多元文明交流互鉴的新局面，寻

① 习近平：《在文艺工作座谈会上的讲话》，载《人民日报》2014 年 10 月 15 日。
② 中共中央宣传部：《习近平新时代中国特色社会主义思想三十讲》，人民出版社 2018 年版，第 287 页。
③《习近平谈治国理政》，外文出版社 2014 年版，第 272 页。

求人类共同利益和共同价值的新内涵,寻求各国合作应对多样化挑战和实现包容性发展的新道路"[1]。它在向世界传递一种愿意承担大国责任的积极的心态的同时,也在广泛参与国际事务时展现和弘扬中国自古以来一脉传承的爱好和平和维护世界和平、永不称霸的优秀文化传统和理念,消除那些不了解中国传统人文精神的国家的顾虑。

中华民族是一个兼容并蓄、海纳百川的民族。要在新的文化交流实践中,在新的文化全球化体系的建构中,提升自身文化的民族性,彰显中华文化自身的魅力和文化诉求。未来在面向世界的文化交流中,要重点展示中国历史底蕴深厚、各民族多元一体、文化多样和谐的文明大国形象;同时要精心构建对外话语体系,"增强对外话语的创造力、感召力、公信力,讲好中国故事,传播好中国声音,阐释好中国特色"[2]。在此过程中,要注意"以理服人,以文服人,以德服人,提高对外文化交流水平,完善人文交流机制,创新人文交流方式,综合运用大众传播、群体传播、人际传播等多种方式展开横向交流。与其他文化能够在公共价值、公共理念中达成一致,在由多元文化构成的世界文化体系中互相理解和尊重差异,各美其美,美美与共,建立在普遍、平等交流基础上的共同进化的文化生态"[3]。在广泛共识的基础之上展开互惠互利的合作,这即是文化交流的意义、价值和使命所在。尤其是在目前全球一体化

---

① 中华人民共和国国务院新闻办公室:《中国的和平发展》,人民出版社 2011 年版,第 24 页。

② 习近平:《建设社会主义文化强国着力提高国家文化软实力》,载《人民日报》2014 年 1 月 1 日。

③ 习近平:《在文艺工作座谈会上的讲话》,载《人民日报》2014 年 10 月 15 日。

的环境下,在中西文化交流不对称的情况下,更需要培养这种文化沟通的意识和文化交流的能力。

五千年文明让中华民族创造了源远流长的中华文化,"中华优秀传统文化是中华民族的突出优势,是我们最深厚的文化软实力"①。"中国人民的理想和奋斗,中国人民的价值观和精神世界,是始终深深植根于中华优秀传统文化沃土之中的,同时又是随着历史和时代前进而不断与日俱新、与时俱进的。"②我们要坚持不忘本来、吸收外来、面向未来,既向内看,深入研究关系国计民生的重大课题,又向外看,积极探索关系人类前途命运的重大问题;既向前看,准确判断中国特色社会主义发展趋势,又向后看,善于继承和弘扬中华优秀传统文化精华,不断对传统文化进行创造性转化和创新性发展的扬弃。相信未来我们在融通中外、学贯古今之后,一定能够创造出中华文化新的辉煌。

---

① 人民日报评论员:《把宣传思想工作做得更好》,载《人民日报》2013 年 8 月 21 日。
② 习近平:《在纪念孔子诞辰 2565 周年国际学术研讨会暨国际儒学联合会第五届会员大会开幕会上的讲话》,载《人民日报》2014 年 9 月 25 日。

第七章　与时俱进的意识形态发展规律

第一节　社会思潮的历史嬗变与当代规谏

思潮与社会思潮是人们共同心理基础得以形成与巩固的基本要素，也是社会文化与政治观念的集中体现。对近百年来社会思潮嬗变轨迹的探赜，在历史视域中辨章学术，考镜源流，找到其中的规律。

一、思潮和社会思潮的辨析

（一）关于思潮的深刻内涵

思潮指的是在一定时期集中反映一定数量的人群普遍一致的社会需求、政治愿望、国家构想、前进模式等各种政治诉求与未来愿景的思想潮流与信仰主流。《辞海》的解释是"指某一历史时期内,综合反映一定阶级或某个阶层集体的利益和要求的共同的思想倾向"。《现代汉语词典》的解释是"意指某一时期内,在某一阶级或阶层中,全面体现当时政治、经济、文化、观念情况及社会面貌而具有较大影响的思想趋向与价值潮流"。可见,"思潮"意味着某一时期内社会上广为流传并普遍被民众接受、遵循的基本思想倾向、主流价值观念与主导理念取向,是活跃的乃至盛行的思想发展趋向,是社会文化、大众心理、历史传统、文明程度、教育背景等综合影响和深刻作用的结果,它使得一股股思想涓流通过舆论集散器进一步聚焦和扩大,最终汇聚成"滚滚洪流"。其内核则是反映了客观存在又不断变化着的普遍的强大的社会力量。

思潮,既是人们精神力量的来源,也是公众价值观、行动力的思想泉源。思潮属于意识形态和思维观念范畴,通过影响公众生活及其行动而产生作用,是社会存在的特殊反映,与大众心理、思绪和知识水平、文化程度密切相关,在国家面貌、民族精神、社会发展与公众生活中扮演重要角色,显示出强大的动员力。当然,作为社会意识的重要组成部分,一种思潮的起兴衰败,原因是多方面的,取决于多重因素,除了起决定作用的生产方式与社会存在之外,思潮的鼓吹者和践行者也起到关键作用,其素质、心理、性格、气质乃至情感、喜好等都会掺杂其中。尤其是知识分子与社会精英,起到了推动的作用。

"思潮"与"舆论"密不可分,相互作用。舆论是思潮的助推器,促成和导引思潮迅速传播,反过来就成了灭火器;思潮则是舆论的扩大器,促进舆论扩散和高效聚集。

近代以来梁启超是最早关注、洞察和践行思潮的学者,他的文章阐释透彻,见解独到,擅于说理、善于煽动、长于鼓吹,致力于政治和社会改良。他在 1902 年《论时代思潮》一文中精辟阐述了彼时思潮的内涵与外延,"凡文化发展之国,其国民于一时期中,因环境之变迁,与夫心理之感召,不期而思想之进路,同趋于一方向,于是相与呼应汹涌,如潮然。始焉其势甚微,几莫之觉,寝假而涨一涨一涨;而达于满度;过时焉则落,以渐至于衰熄。凡'思'非皆能成'潮';能成'潮'者,则其'思'必有相当之价值,而又适合于其时代之要求者也"①。思潮,既关涉社会环境和历史背景,也与国民心理及人格素质须臾不分。此外,他还剀切敷陈,"吾知时代思潮之为物,当运动热度高涨时,可以举全社会各部分之人人,悉参加与此项运动"②。

梁启超对"思潮"的意义、价值与作用,以及成因、经过与结果都有深入研究。他以哲人眼光揭橥思潮特性,认为某种思潮一旦形成,就好比发布了一道"总动员令",之后便如"滚雪球"一般拥有强大无比的号召力,形成巨大的社会力量,顺势而下有如破竹。社会思潮唤起的是社会心理引起的广泛共鸣。梁启超对思潮的特色与特点、性质及其与社会发展、大众利益关系的认识,都比同时代人更进一步,至今仍然富有启发意义。

研究思潮就要研究思潮背后的推动者,一方面离不开大众的推动,另一方面思潮的兴替离不开优秀知识分子的鼓吹、宣传与揄扬。研究思潮须着眼于具有典型意义的思想家,而研究思想家必然要依据纷繁复杂的各种思潮所赖以生成的历史条件或社会背

---

① 梁启超:《清代学术概论》,复旦大学出版社 1985 年版,第 1 页。
② 梁启超:《清代学术概论》,复旦大学出版社 1985 年版,第 55 页。

景,唯有"将思想者的思想放置于当时和后来的社会和历史的语境中进行综合考察",才能"既指出它产生的深层次的条件、原因和动机,又揭示出它与其他思想、社会、经济、文化、政治等复杂因素的互动关系,及其对后世的深刻影响"①。一方面,要以思想家的思想来见证思潮的演化;另一方面,要以思潮演化加深对思想家思想的解剖。② "不强调从总的思潮着眼,无法了解个别思想家的地位与意义;不深入解剖主要代表人物,也难以实现时代思想所走过的具体深度。"③正确的做法是将二者有机地结合起来,合理地加以利用。

(二)思潮的属性及特点

思潮总是随着社会发展而发展,随着时代的进步而进步,与思想文化、传统风俗、民众心态、生活经验及社会实践息息相关、密切勾连,是一个社会和大众思想活跃、学术勃兴、文化强盛、经济繁荣的外在表现,成为时代风向标。倘有思潮繁兴、更迭频仍,不仅与社会环境、社会活跃、教育完善、学术繁荣正相关,还是文化勃兴、百家争鸣的表征;反之,万马齐喑、寒蝉效应的政治局面与思想态势,则是精神保守、文化衰落和世风颓败的标志。如梁启超所说,

①　张汝伦:《现代中国思想研究》,上海人民出版社 2001 年版,第 4 页。
②　郑大华:《民国思想史论》,中华书局 2006 年版,第 492 页。
③　李泽厚:《中国近代思想史论》,生活·读书·新知三联书店 2008 年版,第 492 页。

"凡'时代'非皆有'思潮';有'思潮'之'时代'必文化昂进之时代也"①。

一个国家、一个民族需要积极向上的思潮来激发社会进步、科技发展、民主政治,带来满满正能量。对此,梁启超也有进一步的论述:"吾知时代思潮之为物,当运动热度最高时,可以举全社会各部分之人人,悉参加于此运动。"②百年来思潮杂多,"各种思潮应接不暇、共同编织出一副绚丽多彩的思想画卷"③。时兴的、狂热的"思潮"同样反映出社会心理和民众心态,才能唤起广泛而持续的共鸣,形成共识和信条,成为人们精神生活和思想寄托的重要部分。在成为蔚然大观风尚的同时,还进一步影响进步青年的心理预期,让新生代接受新思想、顺应新潮流。

思潮兴衰内在地反映历史发展规律。任何一种思潮都是由小到大、由隐到显、由弱到强、由分散到集中、由碎片到整合不断增强的过程,影响力逐步扩大。思潮之所以能流传开来,往往有着普遍的利益诉求、共同的态度在某种力量激发下汇集而成,有着广泛的社会根基和共同的心理基础,综合反映和全面代表文化繁兴与思想勃兴的社会面貌和精神气质,酝酿并催生出相对成熟的理论,被

---

① 思潮不是单一的、封闭的或僵化的,社会可以同时出现多种思潮并存的现象。而且,各种思潮可以碰撞、冲突及融合。这则反映了社会各个阶层在面对同样的社会现实和发展问题时,产生不同的立场利益、观念意志和愿望经验,其中有相融的部分也有相斥的部分、有共通的成分也有迥异的成分。几种思潮的比较与论争中,一般会摆开强大的阵势、展开激烈的较量,最终会有一种思潮战胜其他思潮取得支配和主导地位。

② 梁启超:《清代学术概论》,复旦大学出版社 1985 年版,第 55 页。

③ 王先俊,章征科编:《近代中国政治思想史》,中国科学技术大学出版社 2006 年版,第1页。

广泛地附和与追随,像磁石一样牢牢吸引民众思想。

思潮的流行与湮灭必然伴随着对立思潮的相反过程,"一种思潮流行之后,继起者必为一种反动的思潮,这已是历史潮流上的常例,且可用社会心理学来解释,是无容怀疑的"①。这是历次思潮上演与落幕的普遍现象,也是一种习常化的规律。从前的思潮再怎么精彩纷呈,随着时光流逝都成过眼云烟,一度备受追捧的思想大潮渐次落幕,消逝在历史尘埃之中。昨天的"新闻"成了今天的"旧闻";今天的"新闻"也会变成将来的"历史",留下的是人类进步,这是无法抗拒与改变的社会运行规律。但是,不能因此陷入历史虚无主义的荒诞泥淖。"先行者"和"救国救民"的探路者以及"以天下为己任"汲汲于探取救亡图存真理的先辈们在精神世界探险和思想领域探索,留给后代的遗产是厚实的,不能被一笔勾销。追根溯源,"不仅当代的诸多文化争论、思想分歧、政治方略都或多或少地重复着先前的声响,而且今日社会的诸多公共习尚和观念共识,究源竟委,都与晚近百余年的思潮运动有着某种不解之缘,甚至可以找到源头"②。这是不争的事实,每每被历史和现实击中。

(三)社会思潮的性质及特征

"社会思潮"比之"思潮"性质上更具大众化、社会化、全民化,内容上更有系统性、理论性,是在特定社会条件、人文环境、舆论氛围下建立在文化积淀和社会心理基础上具有相当影响力的特殊社

---

① 常燕生:《反动中的思想界》,载《晨报·副刊》,1922 年 5 月 25 日。
② 高瑞泉主编:《中国近代社会思潮》,上海人民出版社 2007 年版,第 1 页。

会意识形态,反映特定社会群体的共同愿望和要求①;或是围绕社会重大问题或主要矛盾,集体抒发能够产生较大影响的思想和主张、观点和意愿的总和②;社会思潮普及与盛行"常常包括或涵盖各种不同层面(社会阶层)的人们的思想观念和意志心态,借以反映大众精神与公众诉求"③;社会思潮被视为"是人们思想观念的一种集中反映与具体体现",被看成"是意识形态领域的一种极为特殊与相当重要的文化现象与组成部分"④,"反映某一阶级或阶层利益和要求、得到广泛传播并对社会生活产生某种影响的思想趋势或思想潮流"⑤。

"严格意义的社会思潮,无疑是指较大规模的观念形态的运动,是特定社会的各种矛盾尖锐化、复杂化在思想领域的反映。"⑥大凡社会思潮的兴起与推行"首先是从知识分子群体发端,并由其带动、推向或大或小的社会层面与社会心理,进而,或深或浅地影响到现实生活、客观世界与民众心理的思想运动"⑦。社会思潮是时代的产物、智力的结晶,而一种思想或概念一旦成为势不可挡的潮流,必然成为推动时代行进的巨大力量。"社会思潮,是指在一

---

① 王金平:《马克思主义大众化如何引领社会思潮》,载《人民论坛》2014 年第 6 期。

② 苏中立主编:《中国近代社会思潮》,第 1 卷,湖南教育出版社 1998 年版,第 1 页。

③ 通过聚拢与集合、凝聚与结合,类似于传播学所讲的"议题设置"理论和"意见领袖"作用,部分地与新闻舆论相重合,短期可形成强烈且激烈的公共舆论,长期则形成强势且稳固的社会思潮。

④ 梅荣政、王炳权:《论社会思潮总体性研究巾的几个问题》,载《思想理沧教育》2005 年第 10 期。

⑤ 徐兰宾,刘汉一主编:《社会思潮与青年教育》,江西人民出版社 2013 年版,第 2 页。

⑥ 高瑞泉主编:《中国近代社会思潮》,上海人民出版社 2007 年版,第 10 页。

⑦ 高瑞泉主编:《中国近代社会思潮》,上海人民出版社 2007 年版,第 10 页。

定历史时期内形成并广为传播的某种思想倾向、价值观念或理论体系,是一种常见的、重要的社会意识现象。"①

当然,社会思潮良莠不齐,有好坏优劣之分,有先进落后之别,②既非灵丹妙药也非洪水猛兽,不能一概而论,须历经实践扬弃、民众甄别方才择其善者而从之。但凡反动落后、封建保守的社会思潮由于其封闭、落后性而与时代脱节、与社会脱钩,同时还具有一定欺骗性和虚伪性,严重阻碍社会进步,最终被时代唾弃。

社会思潮既可以从自身内部变化发展起来,也可以经由外来渠道引致而扩大开来。主要有两个层面的影响:一是社会心理形态,即民众社会意识中共有的心理倾向;二是主流观念形态,即掌握一定话语权的知识分子所提供的理论与学说。③

同时,社会思潮具有历史性、区域性、群体性、功利性和症候性等的特征,并可以通过"心理形态"和"观念形态"两个"抓手"或是说两个"着力点"去影响和作用于社会大众。

社会思潮是人类社会独有的人文景观与现时境遇,是思想大众平台与舆论公共空间的特殊表现。它既是努力顺应、积极迎合社会前进和时代发展的产物;也是因循、缘由文化及思想的变化、迁延等情况应运而生。

社会思潮具备两个主要特点:一是基于现实问题的不断涌现而产生或言催生出的迫切解决的内在需求;二是顺应现实情形与

① 陈亮编:《中国青年与百年思潮》,浙江工商大学出版社 2011 年版,第 1 页。
② 某些社会思潮起初具有先进性,符合社会需要、满足大众需求的,行之弥广影响弥深反而固步自封、裹足不前,不能与时俱进及时自我更新,违背社会发展规律,落后时代终被社会所淘汰。
③ 陈亮编:《中国青年与百年思潮》,浙江工商大学出版社 2011 年版,第 3 页。

客观规律,具有可行性与可操作性,唯有如此才能最终形成裹挟大众的巨大洪流和惯性力量。

社会思潮不是某些天才人物造就的,天才人物本身也是被时势推到前台,这是集体智慧和群众实践的结晶。自鸦片战争以后,中国封闭的大门被打开,"外国的各种社会思潮相继传入中国,中国思想发展的传统路径开始转变,与外来的各种思潮直接接触和冲突"①。"从那时起,先进的中国人,经过千辛万苦,向西方国家寻求真理。洪秀全、康有为、严复和孙中山,代表了中国共产党出世以前向西方寻找真理的一派人物"②。

二、近百年来社会思潮的历史变迁和演变脉络

"社会思潮"尤其是"新思潮"的特点是在批判旧世界中发现新世界③,"20 世纪 20—30 年代中国社会思潮门类繁多,主张各异,都在为中国寻找出路,思潮的政治色彩浓厚,各种思潮不仅反映不同阶级的意志,更反映了相异的政治派别的需要"④。唯有增强对社会思潮的预见与观测、把握与引导,才能有效地遏止不良倾向、扭转不良趋势,有效把握、使之朝着有利于社会整体进步和公共福

---

① 王先俊、章征科编:《近代中国政治思想史》,中国科学技术大学出版社 2006 年版,第5页。

② 《毛泽东选集》,第 4 卷,人民出版社 1991 年版,第 1469—1470 页。

③ 《马克思恩格斯全集》,第 1 卷,人民出版社 1972 年版,第 416 页。

④ 吴雁南主编:《中国近代社会思潮》,第 3 卷,湖南教育出版社 1998 年版,第 16 页。

祉的方向发展。① "社会思潮不管其成败如何,也不管其内蕴的正确程度大小,都从属于历史性的巨变,都与某些社会设计有关,因而可以视为都是这场社会选择的不同答卷。"②

（一）百年思潮的发展梗概

19 世纪末期至 20 世纪初期,"思潮"一词就已经成为各类学术文献及研究论文中的常见词语和高频词语,洋务派、立宪派都在推广,包括评论、信函、甚至奏折都能觅其踪影。③ 统治集团内部开明之士在不触及封建专制根基和根本利益的前提下以"中体西用"为圭臬进行"有限度"的自强御侮的内务尝试,要求统治阶级改变策略、主动学习,模仿西方工具性、技术性层面的改革。早期的如政论家王韬、思想家郑观应,还有政治家何启、胡礼垣等人,都在放下传统的"蛮夷观"、抛开固执的"夏夷之大防"去"开眼看世界",大声疾呼以唤醒民众、造育新民和救亡图强、振兴民族,以利于和谈、便于"商战",以规避民族沦丧之趋势、神州陆沉之风险。这批人著书立说不乏"思潮"这样的字眼。通过著书立说、演讲办校、创见报刊等活动,将他们所见所闻、所思所虑传播给普通大众;引介西方形形色色思潮作本土化诠释,成了"洋务运动"的助推器,起到增强效果。他们的论著往往带有思想的"温度"和超前见解,试图向西

① 陈亮:《共青团中央青少年工作研究课题成果集萃》(下),中国青年出版社 2005 年版,第 41 页。
② 高瑞泉主编:《中国近代社会思潮》,上海人民出版社 2007 年版,第 2 页。
③ 清末民初文坛巨匠梁启超对此颇感兴趣,甚至有专门研究,将之赞誉为"今之恒言"。

方找觅救国救民、保国强种的思想与手段,并加以尝试。

戊戌变法时期,由于甲午战争中的"泱泱天朝、华夏上国""北洋舰队综合实力位居亚洲之首"却败于一衣带水、咫尺之隔的"蕞尔小邦""倭奴之国"(日本历来是博大而强势的中华文明的追随者、模仿者和中国各项政治制度、思想理念的学习者),战斗之前的畏葸不前、盲目莽撞,战争之时的张皇失措、进退失据,战败之后的引颈就戮、束手就擒,致使国民"束手待缚如鸟在笼,俯首乞怜如鱼困陆,索重款而不敢辞,割全台而不敢问,遂令二十三省如几上肉,任与国之取求,四万万人如阶下囚,听外人之笑骂"①,从而被列国所鄙夷、被视为三流或等同于末位国家,甚或沦为与非、美等殖民地相同的政治地位,"昔日之盛名,化为乌有,不但日本之轻华,变敬畏为欺藐,即各国之与中国,久无衅隙,而群情之敬肆,亦复相去天渊",大国之耻无以复加、民族之辱情何以堪。倘若泄泄视之、掉以轻心,仍犹持此不变、守旧如故,则"数年之后,强邻环集,按图索骥,瓜剖豆析,虽有善者无从措手"。② 朝野震动,"当思以堂堂绝大中国,反厄于藐焉日本一小邦,可耻孰甚焉! 耻心生悔心,萌蹈厉奋发以求日进乎上,即此一战迫我以不得不变。毋徒为泰西环伺各国所轻,他日转败为胜、因祸而得福,胥于此一变基机也","及今而中国力图变计,犹可及也!"③一批批先进分子问责、敲打、鞭策催醒国人,民族主义意识与民主政治思想得以广泛传播,现代国家

---

① 《新政真诠:何启、胡礼垣集》,郑大华点校,辽宁人民出版社 1994 年版,第 182—183 页。
② 《拟请创设总学堂议呈译署王大臣奏章》,《万国公报》第 100 册,1897.5(27):16858.
③ 王韬:《中东战纪本末》,《万国公报》第 89 册,1896.6(25):16086.

理念和现代化深入民心,民智和菁英见识较之前广阔,言维新、倡变法、唤改良和引西学、鉴西方、图自强一时方兴,无不关涉"思潮",成了各大报纸杂志的卖点。

到了高举"科学"与"民主"大旗的"五四运动"时期,民主和科学被认为是开发民智的最后一剂"良方"。整个"新文化运动",广大民众尤其是知识青年热情高涨,积极地准备"迎接新的时代的到来"。

五四新文化运动是古老的中华文明被西学东渐所激起的一场文化自救运动,借变革传统文化的主张,揭示现代化的深刻历史主题,成为 20 世纪初最大的一场思想解放运动。[①] 在"内争国权、外拒和约""惩办卖国贼、收回我主权"等的号召之下提出"中国向何处去?"这一终极问题,在民主化和现代化这一"母题"下掀起近现代中国第二次思想解放高潮。自此,各种思潮蜂拥而出,各种主张纷纷见诸报端杂志,为民族独立和国家富强献计献策。同时,各种思想学说开始论争乃至激烈论战。

五四运动以后,中国革命进入新民主主义时期,此后不断掀起反帝浪潮,全国大量的新闻媒介开始致力于宣传反帝爱国和马克思主义。此时"思潮"一词更多是被报人、评论家乃至文学家和一般文人频繁使用和大力宣传,逐步演进、聚合成为一种判断价值的"标杆"与观念的"尺度",不仅为公众所熟悉和普遍使用[②],还"华丽化身"为"新文化运动"时期时髦用词,频频亮相,对学术界、史学界产生一定影响。

[①]　高瑞泉主编:《中国近代社会思潮》,上海人民出版社 2007 年版,第 233 页。

[②]　徐兰宾、刘汉一主编:《社会思潮与青年教育》,江西人民出版社 2013 年版,第 2 页。

从某种意义上说,"思潮"是新、旧思想观念"分水岭"的标识词与主频词,其意义不言而喻。从"戊戌"到"辛亥"再到"五四"三个时期的思想大解放,呈现"阶梯式"递进态势,一浪高过一浪。

(二)社会思潮历史回顾及其意义

近百年来,中华民族遭遇列强围猎面临被肢解的危险,内部强权争霸自相残害,人民处于水深火热之中,思想则处于懵懂状态。在黑暗现实与国民迷梦的特殊国情与时代背景下,具有近代色彩的政治团体投袂而起,各种政治思想、国家构设有如管涌,都想把国家带到其所设想美好未来。社会思潮与党派主张紧密相连。"近代中国涌现出来的各种派别的'社会思潮',往往是一个政治集团或独立党派的政治纲领、施政方针的公开宣导与外在表现,而与现实政治毫无关系或纯以'社会思潮'面目示人、仅作为一种'主义'而存在的思潮几乎没有。"①

"一种社会思潮的出现,究其本质,是为了寻求解决社会问题和指引未来政治走向的正确答案和有效途径,它是有行动力的,并非坐而论道。"②"大多数近代中国思潮,都具有世界性的特点,无一例外地带有西方思想的深刻烙印。"③质言之,近代中国诸多社会

---

① 王先俊、章征科编:《近代中国政治思想史》,中国科学技术大学出版社 2006 年版,第14 页。
② 王先俊、章征科编:《近代中国政治思想史》,中国科学技术大学出版社 2006 年版,第14 页。
③ 贺麟:《时代思潮的演变与剖析》,载贺麟《五十年来的中国哲学》,商务印书馆 2002 年版。

思潮皆无法割裂与西方社会思潮的"血缘关系",或多或少能找到其中的影子。各种社会思潮交织在一起,正因为有它们的互动,中国才能在"短短百余年间,跟上世界行进的步伐"、中华民族精神世界能一扫"万马齐喑"的寂寥,各种社会思潮喷涌而出,成为独特文化景观,空前绝后。①

伴随着历史迅猛推进、社会急遽衍化和文化思想、经济社会飙升的,是充裕的社会思潮并存共举。社会思潮底下衬托着深厚的时代背景、文化习气、人文氛围,它既不会凭空而来也不会无端消失,既不是一成不变也不是变幻莫测。由于列强压迫、外敌入侵、军阀混战等内外冲击与侵扰,造成急速的社会转型和激烈的思想交锋,致使思潮翻腾、学说纷争、百家争鸣的竞争场面,动乱与抗争、攻伐与抵御反倒促成各类思想大显神通,正是各种思潮登台表演的好时机。

中国近代价值观念的巨大变迁与西方文化的"舶来"与冲击有着极大的关系,是社会思潮勃发的外因。一方面,随着列强入侵加深而逐渐加剧的西方思想文化撞击,无疑可以看作是对中国传统价值与学术权威的直接摧破;另一方面,在中西杂陈、新旧交替的近代中国,"独断论"价值体系被摧陷,随之经历"相对论"的阶段。价值多元的状况是社会思潮丛生的最佳土壤和营养剂,各种社会思潮之所以流布天下,固然与社会内部(包括国家需求与民众心理)有某种期待有关,即希冀从外来思想中找到适合中国生存和发展的正确道路;也与外部强加的企图有关,都在设法找到某种契合点。

---

① 高瑞泉主编:《中国近代社会思潮》,上海人民出版社 2007 年版,第 3 页。

三、社会思潮的当代反思与现实规谏

(一)全球化下东西方社会思潮演变趋势

西方社会尽管在物质与文明、理智与技能、政治与军事等方面均有长足进步,甚至可以说日新月异,恰如美国学者贝尔所指出的那样,"当世界进入 20 世纪中叶以后,人类社会迅速进入了一个物质财富匮乏基本得到解决的富裕型的后现代社会"①。然而,吊诡的是,这些发达的资本主义国家却普遍陷入精神颓势的"亚健康"状态,虚无与失落相生相伴:一方面是物质生活的极大丰富、日趋奢靡;另一方面则是精神生活极度空虚,乃至于萎靡。信仰迷失是拜金主义、享乐主义、孤立主义、利我主义、霸权主义、极端个人主义等西方主流价值观念侵蚀的结果,社会思潮日渐汇集到"趋向毁损个人内心的安全、快乐、理智与爱的能力之基础,倾向将人变成或趋同于机器"的狭隘心理角落。②

基于当代社会思潮的复杂性与多元化,加上西方国家的经济衰退、文化衰微,西方世界的没落不是毫无征兆,亦非没有根据。首先,它是社会思想的分散与凌乱的征兆,也是价值多元、难以统一的后续;其次,在深层次大众的心理世界,原先浸淫日深的文化权威失落,精神主导丧失,导致"在一个社会思潮主流更加分散、主导不甚明显、派别更加多元,以及观念更新、思想变幻更加迅猛快

---

① 丹尼尔·贝尔:《后工业化社会》,商务印书馆 1986 年版,第 59 页。
② 艾恺:《世界范围内的反现代化思潮》,贵州人民出版社 1991 年版,第 205 页。

速的时代,各种社会思潮间相互联系又互相排斥……必有自己主动的思考和分析、判断与选择"①。有鉴于此,许多人如汤因比、池田大作都将改变现状和改良社会的目光投向中国,重新打量与审视意蕴深邃、承传悠远的中华传统文化的深刻内涵与思想魅力。

总的来说,在中国近百年历史进程中,积极向上、生动活泼、繁复勃兴的各种各样思潮和社会思潮一直占据主流,始终保持着昂扬斗志和奋发进取的精神风貌,紧扣时代主题、唤起民族意志。新时代的社会思潮追随中国梦的美好愿景,赋予社会主义核心价值观的价值内涵,更富有时代气息和时代表现力。

中国作为世界"大家庭"的重要且活跃的一员,在国际事务的舞台上日益发挥出重要作用,展现出大国风范。随着中国与世界的联系交流日益频繁密切,中西文化来往和交流的深度与广度前所未有,不同文化的融合与冲突、分解与重构日益加深和凸显。形形色色的社会思潮会不断涌现,令人应接不暇,它们都不同程度地作用于国民思想及其心理层面,使其内心世界和精神面貌发生改变。在拜金主义、物质化现实的观照下,过分世俗化、过度娱乐化、极端个人主义及物欲纵容,对人文精神与历史传统造成巨大冲击,跟传统价值相背离,因此,道德滑坡、伦理失范、诚信缺失、监督缺位等现象也就屡见不鲜,严重消解传统文化的价值与功能。社会思潮是"具有共同利益诉求的社会群体构成特定社会意识的主体,是利益共同体的思想倾向和利益诉求"②,因此,关系国家意识形态安全。对此,既要有"拿来主义"的襟怀,广博吸纳、为我所用;又要

---

① 陈亮:《社会思潮与青少年成长的实证研究》,载《中国青年研究》,2011,第 2 页。
② 王金平:《马克思主义大众化如何引领社会思潮》,载《人民论坛》2014 年第 6 期。

有覃思精研的态度与眼界,取其精华、剔除糟粕;既要趋利避害、求同存异,又懂鉴衡既往、考察当今,预防、防范、杜绝各式各样不良思想观念或社会思潮带来的不利因素与负面影响,知所趋从,明所抉择。

(二)社会思潮的进退存废交由历史和实践来评判

社会思潮叙事宏大,波及面广,作为政治派别或强势个人置身其中很难予以客观无私的评判。"从短暂时间来看,历史是由胜利者创造的;从长时间来看,历史理解的所得来自失败者。实践或历史的检验和判定却是终极的。"①

历史是一面镜子,映射着各种社会思潮的闪光点与含金量;实践犹如一把钥匙,一切虚伪假冒的社会思潮无所遁形。"在历史公正无私的大法官面前,各类不同的'社会思潮'不管怎样都不得不接受他极其严格的裁判"②,没有哪种社会思潮例外,哪怕它一路畅通延续至今。"历史不是事实的编纂,而是对生命动态过程的洞见。而且,要求得这一洞见,不能用全景式的扫描,不能用鸟瞰的方法,只能把某些具体的事件分离出来、进行精细的考察,就像拍特写镜头那样进行深入的检视。"③历史和实践是检测和证明社会思潮正确与否、先进与否的"忠诚大法官"和"根本标准"。经过历

---

① 埃里克·霍布斯保鲍姆:《史学家历史神话终结者》,马俊亚等译,上海人民出版社2002年版,第276页。
② 吴雁南等主编:《中国近代社会思潮》,湖南教育出版社1998年版,第3页。
③ 伊尼斯:《帝国与传播》,中国人民大学出版社2003年版,第2页。

史淘汰和实践的检验,经过千百万双眼和手的筛选,广大人民最终会明智、理性地选择符合其内在要求、反映其根本愿望的社会思潮用来指导社会改革与政治实践。当代社会思潮更加多元、观念更新更加迅速,"各种社会思潮间相互联系又互相排斥……必有自己主动的思考和分析、判断与选择"①。

即便对于一种思想或思潮而言,也因为推动者的立场观点在不同场合、不同阶段呈现多面性,不能一概而论,不能是绝对的、静止的、片面的评判,必须置于特定的历史条件下加以考察,任何脱离具体环境的评价鲜有实事求是的;同时要置于动态的历史发展过程加以考察,不能一成不变,孤立僵化也是不可取的。

第二节 马克思主义意识形态概念的历史变革及其多重内涵

意识形态概念自产生以来,在历史上不断被丰富和发展。马克思主义意识形态概念便经历了由否定到肯定的历程。马克思和恩格斯从批判性、阶级性和中立性三个视角阐述意识形态,揭示出虚假意识、阶级意识和观念上层建筑三重含义。列宁准确把握了马克思主义意识形态的科学内涵,进一步赋予意识形态的建构功能,促使马克思主义意识形态理论进入新阶段。准确诠释马克思主义意识形态概念的多重意蕴,考察梳理马克思主义意识形态概念的发展演变,准确阐释其多元内涵,辩证把握其内在关系,是正

---

① 陈亮:《社会思潮与青少年成长的实证研究》,《中国青年研究》2011 年第 2 期。

确理解马克思主义意识形态理论的前提。

一、意识形态概念的最早提出

一般公认,"意识形态"这一概念最早由法国哲学家德斯杜特·德·特拉西(Destutt de Tracy)提出,他将希腊语中的 ideo(观念)和 logos(逻各斯)合成"idéologie"(意识形态)这一新词,意在创立一门名为"观念学"的新的科学,来探讨观念的起源、界限和可靠性等问题。在特拉西看来,人的观念可以归结为感觉的要素的集合,人们从外部世界中获得的感觉经验是一切准确观念的基础,相反谬误和偏见则不能还原为直接的感觉。在这一精神的指导下,特拉西反对宗教神学与形而上学的抽象说教,主张将意识形态理解为关于观念的经验科学,而且是利用经过修正的、可靠的感觉经验,来重新阐发其他各门科学基本观念的基础性学科。由此可见,作为观念学的意识形态,自一诞生就标志着"认识论发展史上的彻底的感觉主义性质的转向和革命"①。

通过将观念向感觉还原的方法,以特拉西为代表的意识形态理论家们对宗教和形而上学进行重新界定,认为只有从意识形态这一认识的真理性出发才能摒除权威和偏见的束缚,从而将法国改造为一个理性、科学的理想世界。观念学(意识形态)在拿破仑执政初期一度成为法兰西共和国的官方学说,但随着拿破仑专制独裁倾向的日益暴露,观念学派的理论主张与现实的政治实践不

---

① 俞吾金:《意识形态论》,人民出版社 2009 年版,第 30 页。

断产生冲突,拿破仑开始打压和迫害特拉西等人,抨击他们是在头脑里改造世界的空想家,他们的理论主张则是不切实际的纯粹臆想,发展到后期甚至将所有的不同政见都粘贴上意识形态的标签进行大肆诋毁。总体而言,从特拉西到拿破仑,意识形态由起初研究观念知识的科学概念,开始演变为脱离现实的具有欺骗性质的空洞学说,而且由于带有强烈的政治色彩而常常成为政治攻讦的工具和目标。至此,意识形态成为一个贬损的否定性概念并在世界各地广泛流行开来,意识形态概念的批判性由此产生。

历史地考察,特拉西提出意识形态学说的原初意蕴在于,通过建立一种科学的评价标准,来拒斥和摒弃所有传统的谬误偏见和等级制度,具有一定的进步性和革命性色彩。但特拉西的观念学说继承并发挥了近代经验论传统,站在彻底的、简单化的感觉主义立场来看待人类的认识问题,从而忽视了主体本身的能动性和社会性,因而对人类社会领域的理解是唯心主义的,在一定意义上确实缺乏现实根基而带有空想色彩。此外,特拉西等人建立开明的代议制政府的理论主张,实则是在为"共和"做感觉论的论证,这也表明,起初具有启蒙色彩的意识形态不自觉地逐渐与现实的政治实践联系在一起,从"观念的科学"开始演变成代表特定阶级利益和蕴含政治意图的学说。

二、马恩意识形态概念的三重含义

与拿破仑出于敌对情感的政治谩骂不同,马克思和恩格斯基于认识论的角度对"德意志意识形态"这一特殊对象进行批判,第一次赋予意识形态真正的批判性内涵,并在创立唯物史观的过程中,将意识形态、阶级斗争和物质生产实践有机结合起来,科学揭示出意识形态的基本属性和能动作用等问题,使意识形态在多重语境下呈现为一种复合型概念群,主要表现为虚假意识说、阶级意识说和上层建筑说三重含义。

(一)作为虚假意识的意识形态

马克思和恩格斯起初主要是从哲学认识论的角度使用"意识形态"一词,在否定意义上来理解和规定其概念内涵,并深入"德意志意识形态"这一特定对象来揭示其所内蕴的唯心主义空话。所谓"德意志意识形态",主要指现代德国哲学和所谓的"德国真正的社会主义",它们深受黑格尔思想体系的影响,是纯粹思想领域中的幻想和对客观社会现实的曲解,本质上都属于唯心主义虚幻的思辨哲学。马克思和恩格斯出于论战的需要,将这些思想明确称作"意识形态",旨在深刻揭露它们作为虚假意识是"有意识的幻想和有目的的虚伪",①从而使之如同拿破仑斥责过的"意识形态"一样臭名远扬。

"有意识的幻想"表现为思维上的颠倒性。其一,思想观念和现实世界的颠倒。在马克思和恩格斯看来,整个德国哲学属于"头脚倒置"的唯心主义历史观,它从幻想的观念体系出发,认为现实世界是思维观念的产物,不同样态的客观存在只是不同的思维表

①《马克思恩格斯全集》第 3 卷,人民出版社 1960 年版,第 331 页。

征而已,完全颠倒了现实与观念、存在与意识之间的真实关系。其二,思想批判和现实批判的颠倒。马克思和恩格斯指出,黑格尔两派的斗争只是"在纯粹的思想领域中发生的",①根本没有指出"他们所作的批判和他们自身物质环境之间的联系问题"。② 这种没有离开哲学基地的抽象的思想批判,只是用头脑中臆造的联系取代现实联系,提供出的只能是与现实相脱离的意识形态幻象。此外,马克思和恩格斯还指出:"如果在全部意识形态中,人们和他们的关系就像在照相机中一样是倒立成像的,那么这种现象也是从人们生活的历史过程中产生的。"③这就是说,颠倒的意识形态来自颠倒的社会现实,意识形态通过颠倒已经颠倒了的社会现实来掩盖真实的社会关系,这样一来,马恩便将意识形态批判导向至现实的物质生产批判。

"有目的的虚伪"表现为形式上的欺骗性。马克思和恩格斯通过深入考察社会现实,指出分工的发展导致物质劳动与精神劳动的分离,这时专门从事精神活动的人便可以"只和思想材料打交道"④,从而脱离感性的社会生活而去构造某种晦涩的抽象概念,并固执地认为这些抽象概念支配和决定着现存的感性事物,造成一种历史的更迭就只是观念的变化的假象。由于人们实践能力与认识水平的局限性,这些所谓的理论家或思想家们便将其倡导的观念宣称为永恒不变的绝对真理,将资本主义生产方式和所有关系

---

① 《马克思恩格斯文集》第 1 卷,人民出版社 2009 年版,第 513 页。
② 《马克思恩格斯文集》第 1 卷,人民出版社 2009 年版,第 516 页。
③ 《马克思恩格斯文集》第 1 卷,人民出版社 2009 年版,第 525 页。
④ 《马克思恩格斯文集》第 1 卷,人民出版社 2009 年版,第 525 页。

从"暂时的历史性的关系夸大成为永久的自然规律和理性规律"①。而面对社会现实中存在着的各种矛盾,他们却欺骗道"问题不在于实际消除实际的冲突,而仅在于抛弃关于这种冲突的观念"②。因此,在他们眼里,精神成为历史发展的动力,自我意识是一切历史行为和实践活动的指导原则。马恩揭示出这些意识形态家们为资产阶级服务的本质,指出他们妄图使人们相信现存的、暂时的各种秩序就是最美好的、永恒的秩序,批判他们采取这种虚幻的方式来掩盖事实真相和欺骗社会民众。

在批判意识形态"虚假意识"内涵的过程中,马克思和恩格斯以唯物史观为指导,强调一切意识形态不过是以观念形成呈现的社会存在,物质生产生活等社会实践从根源上决定着意识形态的内容和形式。而诸如德意志意识形态首先在世界观层面就是脱离社会存在的,从虚幻的观念而非现实生活出发,"像在凹面镜上反映出来的头足倒置的画像"③。基于这种颠倒的世界观,为特定阶级服务的意识形态家们不用想象"某种现实的东西"就能"现实地想象某种东西",④从而将社会问题归结为观念内部的冲突,进而从纯粹的思想材料中自觉地或有意识地派生出来种种虚假意识,意即"意识形态是由所谓的思想家通过意识、但是通过虚假的意识完成的过程"。⑤ 由此可见,马克思和恩格斯扎根于现实的社会存在,

---

① 《马克思恩格斯全集》第 4 卷,人民出版社 1958 年版,第 485 页。
② 《马克思恩格斯全集》第 3 卷,人民出版社 1960 年版,第 324 页。
③ 《马克思恩格斯文集》第 3 卷,人民出版社 2009 年版,第 102 页。
④ 《马克思恩格斯文集》第 1 卷,人民出版社 2009 年版,第 534 页。
⑤ 《马克思恩格斯文集》第 10 卷,人民出版社 2009 年版,第 657 页。

通过科学揭示物质生活及实践活动对生产关系及社会意识的决定作用,有效戳穿了意识形态的颠倒性和欺骗性,强调要以"武器的批判"代替"批判的武器",实现了意识形态由理论批判原则到实践批判原则的转向。

　　综上可以看出,马克思和恩格斯在此时使用的意识形态是作为一个论战概念出现的,并深入当时德国哲学所代表的资本主义意识形态进行全面透彻的批判,所批判的是这一特殊意识形态以一种颠倒的、欺骗的形式反映社会历史现象。但需要注意的是,马恩并未停留在单纯认识论层面的探讨,而是进一步从阶级关系的视角探究意识形态虚假性产生的社会历史根源,因此,"意识形态作为虚假意识之虚假并不始终是认识论维度的错谬性,而一定永远是价值论维度的虚伪性"①。

(二)作为阶级意识的意识形态

　　如上所述,意识形态的虚假性并不始终是思想观念内容本身的虚假,而是由于社会分工的发展尤其是阶级的出现,特定阶级"为了达到自己的目的而不得不把自己的利益说成是社会全体成员的共同利益"②。也就是说,作为社会分工和利益分化的必然产物,意识形态内在包含阶级的利益诉求,从而可能不会如实反映甚至有意掩盖社会关系,但这并不是说有阶级性就有虚假性,因为在

---

① 秦志龙,王岩:《马克思恩格斯意识形态概念的多重涵义及其统一性》,载《社会主义研究》2018 年第 5 期。
② 《马克思恩格斯文集》第 1 卷,人民出版社 2009 年版,第 552 页。

马克思主义创始人阶级斗争的理论框架下,意识形态既指向统治阶级的思想,也内含革命阶级的意识。

守成期统治阶级的思想。按照马克思和恩格斯的观点,在阶级社会中,意识形态是占统治地位的统治阶级的思想。因为统治阶级占据着物质与精神生产资料,控制着物质与精神的生产和分配,意识形态是其精神生产的重要内容,是占统治地位的物质关系的思想衍生物。此外,统治阶级为了维持思想上的统治地位,也会竭力表达他们的思想、主张和愿望,试图以普遍的思想形式为现有社会制度作合理性论证。由此可见,意识形态是阶级利益的观念形态,作为现存社会制度重要的辩护工具,其最终目的就是维护统治阶级的统治,因而带有鲜明的阶级烙印。需要说明的是,马恩同时还论述到"那些没有精神生产资料的人的思想,一般地是隶属于这个阶级的"①。也即是说,意识形态并非仅仅是统治阶级的思想,在特殊情况下即革命或动荡的时代,被统治阶级作为革命阶级出现,其理论学说存在着形成革命意识形态的可能性。

上升期革命阶级的意识。作为反映阶级意志和维护阶级利益的论证工具,意识形态同样可以由与现存统治相抗衡的被统治阶级所拥有,革命阶级的阶级意识也可以成为意识形态。为了调动社会成员的积极性与热情,新的革命阶级也会"赋予自己的思想以普遍性的形式,把它们描绘成唯一合乎理性的、有普遍意义的思想"②。尽管都以普遍的思想形式来表达利益诉求,但革命阶级是伴随着新的生产方式的出现而出现的,革命阶级的利益在最开始

---

① 《马克思恩格斯文集》第 1 卷,人民出版社 2009 年版,第 550 页。
② 《马克思恩格斯文集》第 1 卷,人民出版社 2009 年版,第 552 页。

的时候同其他社会成员的共同利益相较于旧统治阶级而言有着更多的联系,基于这种更宽广的阶级基础并以代表全体社会群众的姿态来反对统治阶级就更容易得到群众支持。当然,当革命阶级取得政权上升为新的统治阶级之后,其特殊利益与群众的普遍利益可能会逐渐偏离甚至对立,因此需要一个能够彻底把握历史规律且没有任何私利的阶级出现。无产阶级的阶级利益与全人类的根本利益正是一致的,因为他不解放全人类就不能解放自己,而表现在革命意识上,就是没有必要也不屑于隐藏自己的观念主张,因而是最彻底的革命意识,也必然会激发群众的历史主体性并得到真正持久的认同。

在阐释意识形态"阶级意识"内涵的过程中,与对资产阶级的意识形态进行彻底批判不同,马克思主义创始人对无产阶级的革命意识展现出高度认可,深刻揭示出必须依靠共产主义革命的方式才能消灭以往剥削阶级意识形态所赖以产生的社会根基,直至消灭阶级对立,从而"一定阶级的统治似乎只是某种思想的统治这整个假象当然就会自行消失"[①]。在这里,马克思和恩格斯根据工人运动蓬勃兴起又相继遭到镇压的革命实践,敏锐察觉到革命阶级意识对于现实革命活动的重要性,尽管他们并不承认自身理论是一种意识形态,但马恩大胆阐明自己学说所具有的阶级属性,并以实现全人类的解放为自身使命,力争将无产阶级的革命意识提升为真理性和价值性有机统一的意识形态。

综上可以看出,意识形态既是统治阶级的思想也指革命阶级

---

① 《马克思恩格斯文集》第 1 卷,人民出版社 2009 年版,第 553 页。

的意识,二者并不矛盾,因为作为中性意义上的意识形态概念,在特定的历史条件下可以呈现为贬义或褒义,而且究其实质后者不过是前者的一种潜在形态。阶级正是意识形态隐没的主体,阶级利益才是意识形态的真正面目,马克思和恩格斯在此时讨论的意识形态已经转型成为特定阶级作合法性论证的思想武器,它不仅是阶级源自本性的自我意识,更是出于利益争夺的自觉实践。进一步讲,意识形态是利益分化的必然产物,是要以普遍的思想形式来寻求被统治阶级认可和接受的思想体系,因而只有当阶级消亡时即阶级利益和普遍利益的差别取消时,意识形态的虚假性才会消失。此外,尽管马克思主义创始人并没有明确提出无产阶级意识形态的概念,但其对革命阶级意识的理解阐释,显然已经赋予意识形态以建构性意义和指导性功能,为之后的马克思主义者论证和发展社会主义意识形态概念预留出空间。

(三)作为观念上层建筑的意识形态

马克思和恩格斯在对以往意识形态进行批判的同时,其唯物史观也得以完整系统的阐发,进而又反过来统摄并主导着意识形态理论的发展,使其基于唯物史观的基本范畴不断得以延展,可以说唯物史观与意识形态理论紧密相连,相辅相成。也正因如此,马恩对意识形态的探讨并未止步于"虚假意识"和"阶级意识",而是将分析的视野投向社会结构框架和社会历史发展之中。通过在历史唯物主义的视域下揭示意识形态的基本属性,在社会历史形态的运动中剖析意识形态的能动作用,从而更为一般意义上对意识形态进行了叙事学描述,使意识形态呈现出中性的意象。

在社会结构框架中揭示意识形态的存在样式。马克思首先指出,经济基础"这种社会组织在一切时代都构成国家的基础以及任何其他的观念上层建筑的基础"①,将意识形态视为社会意识的范畴,是现实社会在人的头脑中的反映。马克思同时还考察了意识形态在社会空间结构中的位置,指出"这些生产关系的总和构成社会的经济结构,即有法律的和政治的上层建筑竖立其上并有一定的社会意识形式与之相适应的现实基础"②。也就是说,意识形态在社会结构中的上层建筑领域活动,随着物质生产的发展和经济基础的变革,作为观念上层建筑的意识形态也会随之发生变化。在这一全新的理论框架中,作为现实社会构成要素的意识形态,是对现存生产实践和经济关系的客观反映。由此可见,马克思以唯物史观为指导,将意识形态指认为整个社会结构的有机组成部分,强调意识形态源自特定的经济基础,而不是人们随心所欲的观念创造,从而有效明晰意识形态作为一种历史存在的客观必然性。

在历史变化运动中揭示意识形态的能动作用。前面提及,马克思和恩格斯批判唯心主义思辨哲学无限夸大思想观念的绝对作用,有效明晰意识形态是对社会经济基础的客观反映,因而二人是在侧重于驳斥唯心主义观点和强调意识形态自身存在的依赖性基础上指称意识形态"没有历史,没有发展"③,意即马恩论述的是意识形态没有绝对独立的发展历程,此外马恩还在多个场合阐述了

① 《马克思恩格斯文集》第1卷,人民出版社2009年版,第583页。
② 《马克思恩格斯文集》第2卷,人民出版社2009年版,第591页。
③ 《马克思恩格斯文集》第1卷,人民出版社2009年版,第525页。

意识形态的能动作用。一方面,意识形态具有相对的独立性。意识形态的历史发生和现实发展都受到经济基础的支配,不能忽视"这些观念等等是由什么样的方式和方法产生的"①。任何一种意识形态都不是凭空形成的,而是在历史发展的过程中,具有自身特殊的发展形式和发展规律,它既继承着以往积累的思想材料,并与不同的意识形态相互影响和相互作用,同时也反映着时代发展的内容,甚至与社会存在的变革具有不完全同步性,因而"经济上落后的国家在哲学上仍然能够演奏第一小提琴"②。另一方面,意识形态具有一定的反作用。意识形态虽然根源于物质生产生活等社会实践,但"这并不排斥思想领域也反过来对物质存在方式起作用"③。意识形态是整体社会运动进程中的一个现实的部分,它不仅拥有自己相对独立的演化历史,并且能够认识现实的社会矛盾和构建解决的实践蓝图,从而指导人的物质生产实践活动,推动社会历史进程的发展演变。

在探究意识形态"上层建筑"内涵的过程中,马克思和恩格斯从现实的物质生产实践和社会生活出发,一方面,着重强调意识形态是社会经济基础的客观反映,物质生产实践是意识形态产生的根源;另一方面,科学揭示意识形态是社会有机体的构成要素,它参与着整体的社会形态的运动,具有能动地反作用于物质生产实践的功能。也就是说,人类历史关涉物质活动与精神活动领域,意识形态由社会存在所决定,又发挥着对社会存在的反作用,其形成

---

① 《马克思恩格斯文集》第 10 卷,人民出版社 2009 年版,第 657 页。
② 《马克思恩格斯文集》第 10 卷,人民出版社 2009 年版,第 599 页。
③ 《马克思恩格斯文集》第 10 卷,人民出版社 2009 年版,第 586 页。

发展有着客观必然性,这些都清楚地表明意识形态所属领域和概念内涵的转变。通过将意识形态放在社会环境中加以考察,并从社会结构层面进行描述性使用,马恩在此时讨论的意识形态已经逐渐成为唯物史观的一个基本范畴和社会结构的一个基本要素。作为与经济基础相适应的观念上层建筑,意识形态在此时已经褪去否定性色彩,获得了一般意义上的描述性内涵。

综上所述,马克思和恩格斯从对德意志意识形态的哲学批判,到对阶级意识形态的政治学分析,以及一般意识形态的社会学描述,通过将意识形态置于不同的语境中加以考察探究,使意识形态概念呈现多重视角和诸多含义。作为虚假意识的意识形态,既指唯心主义意识形态思维上的颠倒性,即认为思想观念决定客观实在,也指资产阶级意识形态形式上的欺骗性,即把特殊利益说成普遍利益。作为阶级意识的意识形态,既包括统治阶级的思想,也包括革命阶级的意识,二者均起源于劳动分工和利益分化,从根本上反映特定阶级的利益诉求。作为上层建筑的意识形态,既是对物质生产关系的客观反映,也有对社会历史发展的能动作用,意即建立在经济基础之上并与之相互作用。

三、列宁意识形态概念的肯定意蕴

19 世纪末 20 世纪初,资本主义发展到帝国主义阶段,由于经济政治发展不平衡,俄国成为帝国主义一切矛盾的焦点。与此同时,俄国的无产阶级力量不断壮大并日益成熟,马克思主义的广泛传播和阶级斗争的实践需要都要求实现对意识形态从批判到建构的转变。作为马克思主义事业和学说的伟大继承者,列宁在坚持马克思主义意识形态批判性传统的基础上,把马克思主义意识形态学说与俄国具体国情相结合,进一步发展了其隐形的肯定性含义,明确提出社会主义的意识形态和科学的意识形态概念,并积极探索意识形态灌输传播的原则策略,极大推动了马克思主义意识形态理论的发展。

"社会主义的意识形态"的使用。随着无产阶级力量的壮大和推进革命运动发展的需要,列宁开始从政权建设的角度思考意识形态问题。因而在对意识形态概念的把握上,列宁将探讨的重点放在不同性质意识形态之间的对立上,认为意识形态的本质特征是其阶级性,因为从来都不存在超越阶级或非阶级的意识形态。在列宁看来,意识形态并不是超然物外的,只要存在阶级对立,就会产生意识形态冲突,因而在阶级社会的思想战线中,"或者是资产阶级的思想体系,或者是社会主义的思想体系"①,而且"非党性是资产阶级思想。党性是社会主义思想"②。也就是说,列宁为了保持理论上的主动性,指出意识形态的性质只与其所属的阶级相关,通过强调资产阶级与无产阶级意识形态之间的根本对立,既对资产阶级和其他形形色色剥削阶级意识形态进行了无情地揭露和批判,又充分肯定了马克思主义作为无产阶级运动指导理论的阶级性和党性原则,从而凸显了无产阶级意识形态的功能价值。

"科学的意识形态"的产生。出于论战的需要,马克思和恩格斯最初在否定意义上使用意识形态概念,并转而主动建构与虚假

---

① 《列宁全集》第 6 卷,人民出版社 1986 年版,第 38 页。
② 《列宁全集》第 12 卷,人民出版社 1987 年版,第 128 页。

的意识形态相对立的科学的理论体系,从而造成"科学"与"意识形态"之间天然横亘着一条壕沟。马恩去世之后,第二国际的思想家普列汉诺夫首次正面提出"意识形态的上层建筑"①的说法,站在中性化立场上将意识形态理解为社会关系的历史反映,并将马克思主义视为与资产阶级意识形态相对立的科学的意识形态。他还进一步将意识形态区分为高级和低级两个层次,把科学、哲学和艺术等都划归为高级的意识形态,意图消弭意识形态与科学之间对立的局面。随着马克思主义在俄国的不断传播发展,列宁为了与以往一切剥削阶级意识形态相区别和决裂,提出"任何科学的意识形态(例如不同于宗教的意识形态)都和客观真理、绝对自然相符合"②,从而明确赋予意识形态以肯定的性质,实现了科学和意识形态的具体的历史的统一,并且认为"马克思主义具有无限力量,就是因为它正确"③,进而有效弥合了马克思主义与意识形态之间原有的裂缝,由此形成"马克思主义意识形态"概念的雏形。

综上可以看出,与马克思主义创始人更多站在批判性角度来论述意识形态不同,列宁适应革命发展和理论交锋的需要,提出"社会主义的意识形态"的概念,并将马克思主义视为与资产阶级意识形态相对立的"科学的意识形态",进而将意识形态与科学有机结合起来,实现意识形态概念的革命性转变。由此,列宁不仅对意识形态的理解更加体现出一般性和共性的特点,而且使其成为无产阶级认识和变革社会的重要工具,并对社会主义意识形态建

---

① 《普列汉诺夫文选》,人民出版社 2010 年版,第 157 页。
② 《列宁选集》第 2 卷,人民出版社 2012 年版,第 96 页。
③ 《列宁全集》第 23 卷,人民出版社 1990 年版,第 41 页。

设和发展进行了初步探索,从而将马克思主义意识形态带入一个全新的话语体系当中。

四、经典作家意识形态概念的逻辑辩证

在马克思和恩格斯这里,三种视角下的意识形态概念具有各自不同的侧重点和针对性,但它们之间并不是彼此割裂的,这是因为"意识形态的本质趋向是对特定阶级根本利益及建基于之上的价值观的体认,是表达阶级意志和论证阶级利益正当性的思想体系"[①]。这里包含三层含义:其一,意识形态属于社会意识的范畴。作为社会意识的一种特定的具体的形式,意识形态根源于社会生活的物质生产方式,是经济基础的客观反映,属于一定社会的上层建筑,因而"上层建筑说"成立。其二,意识形态的实践主体是特定阶级。由经济基础所决定的作为上层建筑的意识形态必然带有鲜明的阶级性,在阶级社会中,意识形态是不同阶级利益在观念上的反映,因而"阶级意识说"成立。其三,意识形态的基本要素是价值观的理论体系。由经济基础所决定的反映一定阶级愿望和要求的意识形态是系统化了的价值观念,意识形态以理论论证和逻辑推理的方式赋予其特殊利益以普遍的思想形式,从而为阶级统治作合理性论证和合法性辩护。毋庸置疑的是,本质上为资产阶级服务的青年黑格尔派,自然会将资产阶级的特殊利益论证为全社会的共同利益,也会将自身视为永恒不变的真理,有意混淆经济基础

[①] 刘伟、陈锡喜:《马克思思想语境中的意识形态概念及其现实图景》,载《湖湘论坛》2018年第3期。

与意识形态的真实关系,从而在极大程度上导致了意识形态的欺骗性和颠倒性。由此可见,马克思和恩格斯是深入意识形态具体即德意志意识形态这一特殊对象进行批判,因此"虚假意识说"成立。由此,通过以社会存在为路径和以利益关系为纽带,马克思和恩格斯从批判性、阶级性和建构性三个视角来阐释意识形态的概念内涵,使其呈现出由否定性的虚假意识到中性的阶级意识再到建构性的上层建筑的逻辑走势。

在列宁这里,阶级意识、意识形态和科学三个概念同样实现了统一,因为无产阶级的意识形态就是无产阶级的阶级意识,也是科学的意识形态。而无论是社会主义还是科学,它们都不是意识形态的内在属性,只是限定条件,"社会主义的意识形态"和"科学的意识形态"两个概念之间,在根本意义上也是辩证统一的。这是因为,无产阶级革命以马克思主义为理论指导,而马克思主义一方面站在无产阶级立场上,充分表达了绝大部分社会成员的利益和愿望,具有鲜明的阶级性;另一方面以实践为根基,科学揭示了人类社会发展的客观规律,消除了以往一切意识形态的虚幻性,具有严谨的科学性。

综上所述,意识形态概念呈现为多维的共建,由最初贬损性的概念,发展为以阶级意识为内核的中性含义的概念,而将意识形态纳入唯物史观的范畴更是揭示了意识形态在社会结构中存在的必然性与功能性,其中已然暗含了肯定性理解的因子。在此基础上,列宁为意识形态填入了新的科学成分和指导革命实践的积极内容,意识形态从此更多从需要建设的角度得到正面阐述,马克思主义意识形态理论随之进入新的发展阶段。

第三节　马克思主义自由平等公正法治价值观

唯物史观认为,经济基础对价值观念具有决定性作用,马克思主义价值观的科学性就体现在它的历史性、阶级性和人民性相统一的特点。马克思主义价值观中的自由、平等、公正这些理念集中反映在人类对理想社会的追求。

自由、平等、公正、法治是马克思主义的内在要求。马克思主义自由平等公正法治价值观具有历史性和阶级性,它们是历史发展的产物,自由、平等、公正不是绝对的,而是相对的;不是抽象的,而是具体的。法治是人类创造的文明成果,是治国理政的基本方式。马克思主义自由平等公正法治价值观是社会主义核心价值观的思想来源之一,是通过社会主义制度来实现的。社会主义是价值和制度的统一。社会主义价值与制度的统一性根源于社会主义本身的内在逻辑。

一、马克思主义自由观

自由是指人们按照自己的意志做事情的权利。"自由是可以做和可以从事任何不损害他人的事情的权利。"①这是马克思在《论犹太人问题》一文中对自由的含义所进行的概括。这一定义参考了 1791 年《人权和公民权宣言》和 1791 年《人权宣言》对自由的

---

① 《马克思恩格斯文集》第 1 卷,人民出版社 2009 年版,第 40 页。

界定。前者认为自由是做任何不损害他人权利的事情的权利,后者认为自由是做任何不损害他人的事情的权利。

自由是历史发展的产物。恩格斯指出,自由"必然是历史发展的产物。……但是迈向自由的每一步都是伴随着文化的每一次发展"①。黑格尔认为,自由就是认识客观世界的必然,并且把必然作为前提。马克思认为,"自由的本质是基于一种用认识支配自身以及外部性世界,而这种认识的对象则必须是自然界的必然性。"②,马克思在这里表达了自由以主客体的统一为基础的观点。追求自由是人的本性,是人具有的内在禀赋。"自由确实是人所固有的","自由意志是人的天性","自由是全部精神存在的类的本质"③。自由是规律性与目的性的统一。恩格斯认为:"自由并不是停留在幻想中的脱离自然规律而独立,而在于认识并且利用自然规律为一定目的服务。……自由就在于根据对自然界的必然性的认识来支配我们自己和外部自然。"④这是恩格斯给自由所下的经典定义。"认识这些规律"是指"认识的自由";"支配我们自己和外部自然"是指"实践的自由"。人的自由是积极的,而不是消极的。马克思指出:"人不是一种逃避某种事物的消极力量,而是通过表现真正个性中的积极力量才得到自由。"⑤

人的自由在于有意识的生命活动,而人的生命活动则是劳动。"人类的特性恰恰就是自由的自觉的活动。"正因为人类的这一特

---

① 《马克思恩格斯文集》第 9 卷,人民出版社 2009 年版,第 120 页。
② 《马克思恩格斯文集》第 9 卷,人民出版社 2009 年版,第 120 页。
③ 《马克思恩格斯全集》第 1 卷,人民出版社 1956 年版,第 67 页。
④ 《马克思恩格斯文集》第 9 卷,人民出版社 2009 年版,第 120 页。
⑤ 《马克思恩格斯全集》第 2 卷,人民出版社 1956 年版,第 167 页。

性,人才是类存在物。然而,在私有制条件下,人是不可能有自由的,因为人的劳动被异化了。异化劳动将"自由活动"贬低为手段。人的不自由表现为自身的活动为资本服务,受资本支配,处于资本的控制之下。

自由不是绝对的,而是相对的。自由是有限度的,自由与限制的关系是辩证的。自由既要摆脱束缚和限制,又离不开限制。恩格斯指出:"强力和自由是同一的。"①从一定意义上说,没有限制就没有自由。限制有两种:一种是积极的限制,这是自由的条件;一种是消极的限制,这是自由的桎梏。国家的任务应该是"使有道义的个人自由地联合起来"。自由的对立面是专制。马克思指出:"专制制度必然具有兽性,并且和人性是不相容的。兽的关系只能靠兽性来维持。"②"作为专制制度的唯一原则,贬低人类的存在,使人不能成其为人成为一种不单是原则的客观事实。专制君主总把人看得很下贱。……君主政体的原则总的说来就是轻视人,蔑视人,使人不成其为人。"③

自由竞争是资本的现实发展,是以资本为基础的生产方式的自由发展。在资本主义制度下,自由实质上是资本的自由,而不是人自身的自由。"在自由竞争中自由的并不是个人,而是资本。"④只有消灭私有制,才能彻底实现人的自由。

在马克思和恩格斯看来,资产阶级自由不过是资产阶级利益

① 《马克思恩格斯文集》第 3 卷,人民出版社 2009 年版,第 504 页。
② 《马克思恩格斯全集》第 1 卷,人民出版社 1956 年版,第 414 页。
③ 《马克思恩格斯全集》第 1 卷,人民出版社 1956 年版,第 411 页。
④ 《马克思恩格斯文集》第 8 卷,人民出版社 2009 年版,第 179 页。

和资本主义发展要求的体现。尽管封建时代的人身依附关系被废除了,但是资产阶级自由却变成了人对资本的依附。资产阶级自由变成了资本对劳动力"自由"的压榨,资本家对工人"自由"的剥削。现实中自由的限度,是以不对这种压榨和剥削造成的阻碍为前提的。

马克思追求、向往的自由是一切人的自由,是全面发展的自由,是自由人的联合体。马克思和恩格斯曾指出:社会主义社会将是每个人自由而全面发展的社会形态,到那时,人们不仅成为自然界的自觉的和真正的主人,而且成为自身的社会结合的主人。这是人类从必然王国向自由王国的飞跃。必然王国是指物质生产领域,自由王国是指人的自由全面发展,就是自由人的联合体,这是一种理想的社会状态,是人们追求的美好价值目标。可见,必然王国与自由王国具有本质上的不同,必然王国是自由王国的基础,自由王国是必然王国的另一个世界,自由王国只有在必然王国的基础上才能实现。在自由王国阶段,人类将在最无愧于和最适合于人类本性的条件下进行物质变换。人的自由不仅由人与自然界的关系即生产方式来决定,而且由人与人之间的社会关系来决定。人的自由受到人和自然关系的双重制约的思想应当重视,这是唯物主义理解、认识和实现人的自由的基础。显然,马克思恩格斯将人的自由全面发展作为社会主义社会的本质规定。追求和实现共产主义是马克思主义价值观的最高价值理想。

二、马克思主义平等观

平等是马克思主义的价值取向之一。平等是人与人之间在经济、政治、文化、社会等领域处于同等的地位,享有相同的权利。平等是人的本质的内在要求。马克思在《神圣家族》中指出,平等"表示人的本质的统一,表示人的类意识和类行为,表示人和人的实际的同一性,也就是说,它表示人同人的社会关系或人的关系"①。

平等是历史的产物。它是在私有制形成、社会划分为阶级以后出现的,分工的规律是阶级划分的基础。恩格斯在《反杜林论》中指出:人生来是平等的。每个人在政治地位和社会地位方面都应该实现平等。"平等的观念"不论是以资产阶级还是以无产阶级的形式呈现,本身都是一种历史性产物的体现。而这一观念的形成需要一定的历史条件作为前提,而这种历史条件也是基于以往的历史作为先决。② 这样的平等观念在资产阶级反对封建贵族阶级的斗争中曾经起过积极的作用,但是,随着资本主义制度的确立,资产阶级革命性的丧失,资产阶级平等观念的局限性就显现出来。

平等不是绝对的,而是相对的。恩格斯指出,原始观念中的相对平等不符合现代社会的要求,必须把提炼出的道德结论与国家、社会需要的平等权利相适应。并且把这种结论自然化并且上升为不言而喻的东西,这一过程必然而且确实已经有几千年。在最古

---

① 《马克思恩格斯文集》第 1 卷,人民出版社 2009 年版,第 264 页。
② 《马克思恩格斯文集》第 9 卷,人民出版社 2009 年版,第 113 页。

老的自然形成的公社中,平等权利最多只能存在于公共成员之间,而妇女、奴隶和外地人并不在平等权利所包含的范围。希腊人和罗马人看来,人们的不平等比任何平等都要发挥大得多的作用。①

人生来是平等的,平等与特权相对立。权利平等是指国家应保证每个社会成员具有同样生存和发展的机会,其价值取向是不断实现实质平等。平等不是表面的、形式的,更不是抽象的,而是具体的、实际的。平等要求具体表现为政治、经济和社会等领域。公民享有同等的劳动权利是经济关系方面的表现,而拥有同等的政治权力即是平等在政治方面的表现。公民具有同等的社会地位是平等在社会关系方面的体现。平等在法律关系方面的表现是指公民在法律面前一律平等,人权得到充分的尊重和保障,人们参与、发展的权利具有平等性。平等在民族关系的表现就是各民族一律平等。平等在国家关系方面的表现就是相互尊重主权,国家不论大小、强弱一律平等。平等在党际关系方面的表现就是独立自主、相互尊重、平等互利。

平等具有阶级性。资产阶级的平等要求由无产阶级的平等要求相伴随。无产阶级的平等要求具有双重意义。一方面,它是对社会不平等,对富人和穷人之间的对立的自发反应;另一方面,它是从对资产阶级平等要求的反应中产生的,在这种情况下,它是和资产阶级平等本身共存亡的。② 恩格斯认为,在这两种情况下,无产阶级对于平等的要求实际上体现了消灭资产阶级的内容。任何不在这个范围内的平等要求,都必然流于荒谬的形式。马克思主

① 《马克思恩格斯文集》第9卷,人民出版社2009年版,第109页。
② 《马克思恩格斯文集》第9卷,人民出版社2009年版,第112—113页。

义的平等观集中表现为鲜明的阶级性,而社会民主主义则主张民主的超阶级属性,二者在平等理念上存在差异。

平等不是一蹴而就的,它的实现有一个过程。商品经济与平等天然地联系在一起,而商品生产存在的前提条件是分工。分工是私有制存在的原因及条件。马克思指出,"商品是天生的平等派"①,列宁指出,"平等思想本身就是商品生产关系的反映"②。私有制是导致资本主义社会不平等的根源。在空想社会主义者罗伯特·欧文看来,私有制是阻碍社会改革的障碍之一。在马克思恩格斯看来,"消灭私有制"是共产党人的全部理论概括。

三、马克思主义公正观

公正是马克思主义的内在要求。马克思主义诞生于对资本主义不公正、不合理社会现实的批判。消灭阶级和剥削、消除两极分化作为马克思主义所描绘的理想社会形态,是实现公平正义的共产主义社会的根本价值追求。马克思主义从诞生之日起,就是把公平正义作为理论根基的学术。非正义必将为永恒的正义所代替。公平正义是马克思主义的命脉。"真正的自由和真正的平等只有在公社制度下才可能实现;要向他们表明,这样的制度是正义所要求的。"③马克思在这里揭示了自由、平等与公正的辩证关系,指出了制度正义的问题。自由、平等和公正具有同等的地位,三者

---

① 《马克思恩格斯文集》第 5 卷,人民出版社 2009 年版,第 104 页。
② 列宁:《论资本主义》,载《列宁专题文集》,人民出版社 2009 年版,第 252 页。
③ 《马克思恩格斯全集》第 3 卷,人民出版社 2002 年版,第 482 页。

之间不是对立的,而是统一的。自由和平等是正义的内在要求。

公正不是永恒的,而是历史的。应从动态的角度,而不是从静态的角度,理解和把握公正的内涵。在奴隶社会,公正与事实上的不平等公开地联系在一起,"希腊人和罗马人的公平认为奴隶制度是公平的"①。封建社会形成了等级制社会结构,与这种社会结构相适应的是封建主义公正观,等级制是封建主义公正观的核心。资本主义社会的公平观要求废除不公平的封建制度。资本主义之所以被社会主义所取代,是因为资本主义社会是一个不公正的社会。

公正在经济领域表现为分配公正,分配公正是指贡献和满足之间相称。"允许一部分人先富起来",是为了贯彻按劳分配原则,打破平均主义,进一步解放和发展生产力。"走共同富裕的道路",是为了贯彻共享发展理念,防止两极分化,保证社会公平正义。社会主义是效率与公正的统一。所谓效率,就是生产力的解放和提高;所谓公正,是对一定生产关系的价值肯定。公正在政治领域表现为政治公正,政治公正强调权利与义务的统一。公正在法律领域表现为法律公正,法律公正强调自由和责任之间相称。

公平正义总是同一定的国家制度和社会制度联系在一起的。国家制度安排既要体现公平正义原则,又要能够促进公平正义。制度建设的核心问题是解决权力的合理配置,完善有利于公平正义的制度环境,防止因权力滥用造成的社会不公。公平一般是在理想状态下实现的,没有绝对的公平。作为道德范畴,主要指符合

①《马克思恩格斯文集》第 3 卷,人民出版社 2009 年版,第 323 页。

一定社会伦理规范的行为。正义与否的客观标准主要在于其行为是否符合社会发展的要求与广大群众的利益。

四、马克思主义法治观

马克思将法律现象放在经济基础、社会结构、政治体系和阶级结构中来理解和认识。马克思指出："法的关系正像国家的形式一样,既不能从它们本身来理解,也不能从所谓人类精神的一般发展来理解,相反,它们根源于物质的生活关系。"[1]马克思将这种物质生活关系的总和,概括为市民社会,而对市民社会的解剖应该到政治经济学中去寻找。这是马克思对黑格尔法哲学批判性分析后得出的科学结论,这一结论对马克思向唯物主义的转变起了重要作用。

法治是治国理政的基本方式,实现自由平等、公平正义,最终要靠法治来保障。法律面前人人平等是法治的基本原则。社会主义民主政治建设的基本要求是依法治国,建设法治中国是国家治理体系现代化的标志和目标,也是必然的政治逻辑。社会主义法治和中国共产党的领导是有机统一的,不是对立的。社会主义法治必须坚持中国共产党的领导,中国共产党的领导必须依靠社会主义法治。

国家是文明社会的概括。法治是人类创造的文明成果。德国将法治国家规定为基本法的支柱原则之一,德国社会民主党将法

---

[1] 《马克思恩格斯选集》第 2 卷,人民出版社 2012 年版,第 2 页。

治国家称为一流的文化成就。资本主义法治是维护资产阶级利益、实现资产阶级意志的法治;社会主义法治是维护广大劳动者利益、实现广大人民群众意志的法治,是保障人民群众当家作主的法治。

法治与德治相互联系、不可分割。两者的关系是相辅相成、互为补充的,绝不可以重德治轻法治,也不可忽视道德在国家建设中的作用。法治是维护社会秩序的制度准绳,但法律不可能覆盖社会所有的领域。法治延伸不到的地方需要用道德手段进行补充。有效的法治源于法治的权威性和强制性,必须增强法律在国家治理中的执行力,对公民的行为进行有效约束。相比之下,德治则是以道德规劝的方法,提升对社会成员的说服力,以提高其自身的思想觉悟。

历史经验一再证明,法治和人治是辩证统一的,轻法治的后果往往导致严重的社会危机,人治盛行会产生严重的合法性危机。世界社会主义运动的重要教训之一就是无视法治、破坏法治。必须维护宪法的尊严和权威,绝不允许任何组织或个人有超越宪法和法律的特权,更不允许以权压法、以言代法、徇私枉法,杜绝践踏法律的尊严和权威。邓小平这一论断,发人深思。

五、社会主义制度和价值的统一

资本主义自由、平等、公正、法治价值理念,不是永恒的和神圣的,更不是超阶级的。在阶级社会中,自由、平等、公正、法治是有阶级性的,超阶级的自由、平等、公正、法治是不存在的。资本主义自由表现为资产阶级的自由,资本主义平等归结为法律面前的资产阶级的平等,资本主义公平正义只有在资产阶级的司法中才能得到体现。列宁指出:"对于自由和平等的任何议论都应当提出这样的问题:是哪一个阶级的自由?到底怎样使用这种自由?是哪个阶级同哪个阶级的平等?到底是哪一方面的平等?"[①]资本主义价值观具有历史条件的局限性,如果离开社会历史条件对这些价值观念进行抽象的理解,不但在认识上是荒谬的,而且在实践上也是有害的。

社会主义核心价值观的性质是科学社会主义的,而不是社会民主主义的。社会主义核心价值观是马克思主义价值观的集中体现,反映了马克思主义的本质特征。马克思主义价值观构成社会主义核心价值观的思想来源之一。新时代社会主要矛盾的转化并不会改变中国处于并将长期处于社会主义初级阶段这一基本判断,社会主义核心价值观是立足中国国情提出来的。

社会主义核心价值观集中表现为当代中国的价值追求和精神寄托,凝结着全体人民共同的价值理想。社会主义核心价值观的突出特点在于它以人民为中心的价值取向。人民利益是马克思主义价值观的出发点和归宿。以人民为中心的思想与马克思主义价值观的精神实质是一致的。能否坚持以人民为中心的理念,是唯物史观与唯心史观的区别之一,也是中国共产党区别于其他政党的标志之一。

自由、平等、公正和法治是社会主义核心价值观在社会层面的

---

① 《列宁全集》第 39 卷,人民出版社 1986 年版,第 423—424 页。

价值取向,体现了社会主义核心价值观对社会发展开放与包容的态度。这种开放和包容的特性是对资本主义价值观念的批判性超越和扬弃,这绝不是资本主义价值观的简单移植,而是在批判中创新。

任何一个社会中,都会存在多种价值观念和多样的价值取向,必须凝聚整个社会的意志和力量,形成一套与政治制度和经济基础相适应,并能形成绝大多数社会成员共识的核心价值观。社会主义价值观是社会主义制度的灵魂。因此,在对社会主义制度与价值关系问题的认识与理解方面,共产党与社会党存在分歧。

马克思主义价值观是通过社会主义制度来实现的。社会主义是价值和制度的统一。世界社会主义发展的历史经验表明,社会主义制度确立以后,应逐步建立起与社会主义制度相适应的社会主义价值观。

共产党掌握国家政权以后,党和国家的工作中心应及时从革命、阶级斗争转移到经济建设上来。十月革命的胜利,标志着社会主义由理论形态变为实践形态、制度形态。社会主义在实践中发展,构成 20 世纪以来世界社会主义运动的基本特征。十月革命开创了东方落后国家建设社会主义道路的先河。十月革命道路的主要内容可以概括为:共产党领导人民,通过社会主义革命,夺取国家政权,建立无产阶级专政,走社会主义道路。

十月革命是历史的选择,而不是历史的误会;是历史的必然,而不是历史的偶然。围绕十月革命问题,列宁与苏汉诺夫等人进行过争论:苏汉诺夫等人认为,俄国不具备社会主义革命的客观经济前提和文化条件,马克思和恩格斯认为,社会主义革命必须发生在经济文化比较发达的国家,而且必须同时胜利;列宁认为,苏汉诺夫等人以教条主义的态度对待马克思主义,他们不懂得革命的辩证法。世界历史发展的一般规律并不排斥特殊规律。列宁对社会主义进行探索的思路是正确的,邓小平建设社会主义的思路与列宁是一致的。1985年,邓小平针对苏联体制的弊端指出:"社会主义究竟是个什么样子,苏联搞了很多年,也并没有完全搞清楚。可能列宁的思路比较好,搞了个新经济政策,但是后来苏联的模式僵化了。"①

对苏联模式的评价,应坚持历史唯物主义和辩证唯物主义的观点。坚持历史唯物主义的观点,就是把苏联模式放在特定的历史条件下来评判,不能背离当时的历史条件,盲目套用现在的观点对它评头论足。坚持辩证唯物主义的观点,就是既要看到苏联模式的功绩,又要看到苏联模式的弊端。斯大林的功绩是第一位的,错误是第二位的。全盘否定斯大林是错误的,全盘否定苏联模式和斯大林是奉行历史虚无主义的表现。苏联解体、苏共垮台,一个重要原因是全面否定苏联社会主义历史、苏共历史,否定列宁、否定斯大林,搞历史虚无主义,思想搞乱了。②

苏联模式的功绩体现在三个方面:一是打败法西斯主义,捍卫世界革命,对取得二战的胜利有功。苏联模式具有动员组织性强、困难承受力强的优点。二是迅速实现社会主义工业化和农业集体化。三是社会主义由一国到多国的发展,形成与资本主义相抗衡

① 《邓小平文选》第3卷,人民出版社1993年版,第139页。
② 中共中央文献研究室编:《十八大以来重要文献选编》(上),中央文献出版社2014年版,第113页。

的世界社会主义体系。苏联模式的弊端表现在：经济方面，片面发展重工业、忽视农业和轻工业的发展；政治方面，权力高度集中，绝对权力导致绝对腐败，家长制、一言堂、个人崇拜盛行，践踏民主、扼杀人性、破坏社会主义法治，社会主义价值观被扭曲；思想文化方面，教条主义对待马克思主义、思想僵化，缺乏学术自由；国际方面，搞社会主义与资本主义两个平行市场的理论。

　　苏联解体、东欧剧变是多种因素共同作用的结果，其根本原因是苏联、东欧国家的经济没有搞好，人民群众的生活质量没有得到令人满意的提高，社会主义价值没有得到应有的实现，社会主义制度的优越性没有发挥出来。社会主义是什么，如何治理、巩固和发展社会主义，是社会主义首要的基本的理论问题，也是需要实践探索的问题。对于这个问题，我们过去并没有完全搞清楚。社会主义制度的建立，不等于自然而然地实现了社会主义价值，更不等于发挥出来了社会主义的优越性。很长一段时间以来，在世界社会主义的实践中，对目的和手段、价值和制度、理想与现实、目标与途径之间关系不恰当的认识，导致对社会主义价值理解和认识的偏差。苏联社会主义传统价值观念是国家利益高于个人利益、重视共产主义理想教育、忽视个人眼前的物质利益。此外，由于受苏联社会主义模式的影响，社会主义又被制度化、模式化，没有弄清楚社会主义价值对于认识和理解社会主义真谛的重要性。这种不清楚，导致社会主义实践中的严重挫折，教训极为深刻。

　　共产党与社会民主党围绕社会主义价值与制度的争论，从一个侧面折射出科学社会主义与社会民主主义的分歧。如何科学把握社会主义价值与制度的关系，是世界社会主义运动的基本理论问题,也是首先要解决的问题。在社会党看来,社会主义是基本价值的总和。社会主义是科学性和价值性的统一。社会主义的科学性在于发现了社会主义代替资本主义的历史规律。在战争与革命的时代,马克思主义经典作家强调社会主义革命的根本问题是夺取国家政权问题,但是价值问题依然是社会主义追求的目标。比如,社会主义运动是为绝大多数人谋利益的运动,共产党取得国家政权以后应不断满足人民日益增长的美好生活需要。在和平与发展成为时代主题的背景下,应当适应世界社会主义运动的实际,不断强化社会主义的价值目标。

第四节　基于马克思主义人的本质回答"培养什么人"

习近平总书记在 2018 年 9 月 10 日全国教育大会上,站在新时代的起点上提出"培养什么人、怎样培养人、为谁培养人"这个教育事业的根本问题。新时代要培养的是德智体美劳全面发展的合格的社会主义建设者和接班人。基于马克思主义人的理论的立场,合格的社会主义建设者和接班人的理论基石包含着实践的观点、人的本质和马克思主义道德观,要求我们以立德树人为抓手,培养政治信仰坚定、为人民服务、勇于实践和价值观正确的社会主义建设者和接班人。

一、马克思关于人的本质的三个界定

马克思对人的本质问题曾在文本中给出三个界定。在《1844

年经济学哲学手稿》中提出"劳动这种生命活动、这种生产生活本身对人来说不过是满足他的需要即维持肉体生存的需要的手段。而生产生活本来就是类生活。这是产生生命的生活。一个种的全部特性、种的类特性就在于生命活动的性质,而人的类特性恰恰就是自由的自觉的活动。"①这是马克思给出的第一个界定。在该界定中,劳动被提升到了至高无上的地位。作为人的类特性,劳动不仅可以将人与动物区别开来,而且着重体现了人所特有的自由自觉的活动。换言之,在《手稿》这一时期,马克思认为人的类本质或者人的本质就是劳动。

第二个界定是马克思在《关于费尔巴哈的提纲》中提出的。"人的本质不是单个人所固有的抽象物,在其现实性上,它是一切社会关系的总和。"②简言之,人的本质就是一切社会关系的总和。人总是在一定社会关系中的人,在这种社会关系中,人的自然属性依旧存在;并且人并非是在某一具体的社会关系中生存的,而是在以生产实践为基础、包含政治关系、情感关系等社会关系的总和中生存的。

第三个界定的提出是在《德意志意识形态》中。"在任何情况下,个人总是'从自己出发的',但由于从他们彼此不需要发生任何联系这个意义上来说他们不是唯一的,由于他们的需要即他们的本性,以及他们求得满足的方式,把他们联系起来(两性关系、交换、分工),所以他们必然要发生相互关系。"③在这个界定中,马克

---

① 《马克思恩格斯全集》第 42 卷,人民出版社 1979 年版,第 96 页。
② 《马克思恩格斯选集》第 1 卷,人民出版社 1995 年版,第 56 页。
③ 《马克思恩格斯全集》第 3 卷,人民出版社 1960 年版,第 514 页。

思沿用了第二个界定的范畴,将人放在社会关系的总和中进行分析。但是在这个大条件之下,人的需要更接近人的本质。人为什么劳动? 人为什么处在社会关系中? 是什么东西将处在社会关系中的人连接在一起的? 是人的需要,从不同层面上讲,可以分为物质需要和精神需要、个体需要和集体需要等。

在马克思对人的本质提出的三个界定中,"人的需要即人的本质这个界定,从某种特定的角度讲,在内涵上比前两个界定更深刻……从这个意义上甚至可以说,人的需要即人的本质这一界定,是对前两个界定的综合"①。人改造客观世界的过程就是创造和劳动的过程;人的需要不仅受主观因素的影响也受客观条件的制约,在不同的生产力水平下人的需要也会不同。自我实现的需要在马斯洛需求理论中是处于金字塔顶端的最高需要。马克思主义经典作家将人的需要分为三层需要:生存需要、发展需要和最高层次的发展需要。自我实现的需要意味着人的本质特征的自我展现,意味着人成为衡量社会关系的尺度,使人完成自己的使命并且实现自己的价值,获得人的本质。

实践作为人的本质的规定,是人类自我实现的主要路径。培养合格的社会主义建设者和接班人应坚持实践的观点,辅之以道德的手段进行培养。

---

① 赵家祥:《马克思关于人的本质的三个界定》,载《思想理论教育导刊》2005 年第 7 期。

二、培养社会主义建设者和接班人的理论基石

（一）实践是人的本质的规定性

在马克思主义人学的观点中，实践性是人的本质规定性。对象化的实践是人和动物相区别的最本质特征。人所从事的是自由自觉地活动，而实践恰恰是将人与动物区分开来的一种活动，规定人类特征，彰显人的本质活动。马克思恩格斯曾经指出："个人怎样表现自己的生活，他们自己就是怎样。因此，他们是什么样的，这同他们的生产一致。"①这不仅对于个人如此，对整个人类也是如此。

首先，人是通过实践来生存的，离开了实践，人就无法生存。物质生产是人类最基本的实践活动，其他的实践活动都建立在物质生产实践的基础上。人离开了物质生产，就不可能生存下去，也不可能创造历史活动。

其次，人的生存并非消极地适应外部世界，而是能动地改造世界，应当认清人的能动性和受动性的辩证统一关系。动物之所以不能区分自己和自己的活动，是因为没有自觉的意识。与动物不同的是，人的生命活动不仅是按照一定的目的能动地改造客观世界的活动，而且是有意识的自觉的活动。

最后，人的生存具有鲜明的历史性特征。动物的生存几乎没

----

① 《马克思恩格斯选集》第 1 卷，人民出版社 1995 年版，第 116 页。

有历史变化,进化也只是物种本能的变化,适者生存而已。人的生存活动则是自主选择的结果,且一直在发展变化。人的生存条件、生存状态在不同的历史时代具有不同的发展状态。

随着人与世界关系的发展,人类实践的具体形式日益多样化,从内容上看,分为三种基本类型:一是物质生产实践,二是社会政治实践,三是科学文化实践。教育活动属于科学文化实践,教师的教学活动并不是纯粹的意识活动,而是通过教书育人的过程实际地改变受教育者的存在状态。也就意味着,教育不仅可以改造客观世界,也可以改变人的主观世界。

(二)人的本质的同一性和个体差异性的辩证统一

马克思在人的本质第一个界定中已经承认劳动是人的本质,但是这一界定只是把人从动物中划分出来,把人和动物做了明确的区分。之后在第二界定中,他提出了在现实性上,人是一切社会关系的总和的观点,"社会关系"这一综合性表述体现了同时代人与人之间的横向对比的差别,也提到了不同时代人的纵向对比的差别。由此可见,第二界定的观点强调的是人的具体本质,而非共有的一般本质。在第三界定中,将人的需要作为人的本质,由此展现的是不同的人之间需求的差异性,也强调关注人的个性。因此,承认人与人之间、不同时代人之间的差异性是回答"培养什么人"这一具体问题的前提。

（三）道德是人的本质的最高体现

自古以来,中西方对道德在人学中的地位都有过经典的阐述。苏格拉底在人的问题上强调"认识你自己"和"德性即知识"。强调道德在人认识自己、追求理性和善的过程中起着至关重要的作用。"认识你自己"不仅是认识流于表面的外表和身材,而是要认识人的灵魂中的理性部分。人的本质就在于理性,换言之,人的最高追求就在于追求与正义和真理相关的理性、道德,在于回归人的本质。"德性即知识"主张美德和智慧的统一、善与真的统一,人可以借此改善灵魂。苏格拉底将对于道德的追求看作最高的境界。孔子在他的学说中强调"仁"的作用,把"仁"作为成人的道德标准,即成"仁"是通过自身努力达到的,是一个人行为过程中的自觉标准。中国古代道家经典中的"道"意味着一种本然的存在方式。老子在《道德经》中阐述了为"一"、为"无"的道,作为一种存在方式,它是天地万物的本体,是人的本体性的存在方式,它关系到为人的基本方向和目标。《礼记·大学》中有记载:"大学之道,在明明德,在亲民,在止于至善。"这表明君子之道在于发扬人善的本性,在于改故向新、弃恶从善,在于达到善的最高境界。

马克思主义道德观认为,道德是人的本质的最高体现。一方面,道德是"人们之间利益关系的反映和体现,从其深层本质来看,是人类为了满足自身的发展和完善的需要以及社会稳定和谐的需要,在个人欲望的满足和社会和谐之间确立的一种平衡机制"①。这就意味着道德既是维护人的本质即社会关系、人之需要的手段,也是构建和谐社会的重要因素。另一方面,道德既是人之为人的标志,也是自我实现的最高追求,只有立足唯物主义实践观,用道德进行自我约束,才能从自然人上升为道德人,回归人的本质,成为真正的人。

三、培养社会主义建设者和接班人的实现途径

培养合格的社会主义接班人,就要以德育为抓手,培养他们坚定的政治信仰、为人民服务的本领、勇于实践的精神和正确的价值观。习近平总书记在全国教育大会上提出,教育的评价导向应当倾向于德育,要把立德树人融入一切教育。因此,立德树人就成为培养合格的社会主义建设者和接班人的根本抓手,对于培养的内容有着重要的指导意义。

培养坚定的政治信仰。政治信仰是人对于社会模式认同情况的体现,科学的、正确的政治信仰是培养合格的社会主义建设者和接班人的前提。中国共产党是在马克思主义理论的指导下成立的,新中国也是在马克思主义理论的指导下成立的。因此,坚定马克思主义理论信仰,是检验社会主义建设者和接班人是否合格的首要标志。只有引导他们坚定正确的政治信仰,才能在复杂的国际环境和政治环境中看清纷争和变化的本质。所以,培养社会主

---

① 杜振吉:《近三十年来关于道德本质问题的研究综述》,载《道德与文明》2010 年第2 期。

义建设者和接班人坚定的政治信仰刻不容缓。第一,通过加强马克思主义理论教育和政治观教育,培养他们的政治认知能力,引导他们学习马克思列宁主义、毛泽东思想、邓小平理论、"三个代表"重要思想、科学发展观和习近平新时代中国特色社会主义思想。第二,通过营造良好的政治氛围,培养他们浓厚的政治认同情感。学校应通过对学生提供政治类服务、开展政治讲座等方式提升学生在政治上的参与感。第三,通过树立典型,培养他们坚定的政治意志。榜样的力量是无穷的,可以通过树立政治模范、优秀党员等榜样,积极号召他们向榜样看齐,培养他们坚定的政治意志,树立对中国特色社会主义的道路自信、理论自信、制度自信和文化自信。

培养为人民服务的本领。中国是中国共产党领导的社会主义国家,中国共产党的宗旨是为人民服务,这就意味着合格的社会主义建设者和接班人必须是全心全意为人民服务的。人民群众不仅是社会物质财富的创造者,也是社会精神财富的创造者,更是社会变革的决定力量。伟大的中华民族之所以能站起来,富起来,强起来,正是因为人民群众的伟大创造,是人民撑起了中华民族伟大复兴的一片天。因此,培养社会主义建设者和接班人为人民服务的本领,就要从理论维度和实践维度进行引导,通过红色理论教育、革命事迹教育和榜样教育等方式,让他们深刻感知人民群众在社会主义建设中的伟大力量。

培养勇于实践的精神。实践是人类有目的地进行的、能动地改造和探索客观世界的一切社会性的客观活动。对于新时代的社会主义建设者和接班人来讲,勇于实践就意味坚守奋斗的理念。

习近平总书记曾经强调"教育引导学生树立高远志向,历练敢于担当、不懈奋斗的精神,具有勇于奋斗的精神状态、乐观向上的人生态度,做到刚健有为、自强不息"。一方面,敢于奋斗,勇于实践,这就要求他们要掌握实践的内在矛盾,把握客观规律,充分发挥主观能动性,担当使命,勇于创新,把深厚的家国情怀植根于工作中、学习中,做时代的奋斗者,做奔跑的追梦人。另一方面,要坚持实践与理论的相统一。新时代奋斗者的实践是建立在坚定的马克思主义理论导向之上的,不能离开理论基础空谈实践和奋斗,也不能只谈理论不谈实践。合格的社会主义建设者和接班人应站在马克思主义理论立场,为实现中华民族的伟大复兴而奋斗。

树立正确的价值观。马克思认为,人的本质决定了人的价值,并且人的价值实现并体现着人的本质状态。因此,只有正确地理解人的本质,才能正确理解人的价值。人的社会性或者社会关系规定了人的本质,也规定了人的价值。在价值关系上,人的自我价值和社会价值的辩证统一是最重要的部分,也是影响价值观的重要环节。人的自我价值和社会价值是辩证统一的,人的社会价值越大,即个体对社会的贡献越大,为社会创造的物质财富和精神财富就越多,社会对个人的回报就会越多,其需求得到满足的程度就越高,从而人的自我价值就越大。反之,人的自我价值越大,即个人从社会得到的回报越多,其需要得到的满足程度就越高,说明他对社会的贡献越大,其社会价值就越大。将集体利益和社会价值放在首位,这种以集体为先的价值观是正确的,且是毋庸置疑的,是符合社会主义建设者和接班人之特质的。

培养合格的社会主义接班人和建设者是一个长期的过程,必须紧紧围绕人的本质对人进行剖析,依据国情,立足实践,以立德树人为抓手,培养他们坚定的政治信仰、为人民服务的本领、勇于实践的精神,积极引导他们树立正确的价值观,培养合格的社会主义建设者和接班人。

第五节　网络空间命运共同体中的马克思主义

随着全球化与信息化的不断深化,全天候、全方位覆盖的信息技术促使人们的日常交往方式发生巨大变革,人们在网络空间交流沟通的机会增加,足不出户便知天下,通过贴吧、论坛、社区等网络公共平台不断增进认识,凝聚众多共识,网络共同体日益成为人们生产生活最主要的载体。与此同时,现实生活中的权力争斗、谣言暴力、种族与地域歧视等现象也借助信息技术得以在网络空间迅速滋长,从"线下"扩展至"线上",如"ISIS 网络征兵"事件暴露出网络共同体这一公共空间存在的巨大风险与隐患,外部性及策略性对策严重地破坏了网络共同体各主体之间彼此的信任和理解,甚至变成谣言集散地和实现犯罪行为的工具。面对多元化、异质性的网络环境和个人利益至上的交往模式,怎样凝聚共识有效地减少策略性对策?

一、公共空间的个人策略性行为

正如马克思所言,"人们是自己的观念、思想等的生产者,但这里所说的人们是现实的,从事活动的人们,他们受着自己的生产力的一定发展以及与这种发展相适应的交往(直到它的最遥远的形式)的制约"①。人们在网络空间中的观念生产,首先取决于他们在网络中所得到的和需要再生产的生活资料本身的特性,同他们的生活方式有关。网络共同体存在的各种危机,包括信任危机和终局博弈,意味着既有的交往模式出现了很大的问题,具体而言,即主体之间交往活动中的真诚、真实、正当、可理解这四种言语有效性无法保证。而原因归根结底在于:个人本位下的资本主义生产方式本身排斥公共生活(共同体)的任何可能性。

在个人本位看来,任何时候都是先有"己"再有"群",主体的边界是首先确定的,相关的道德问题不是问"我是谁",而是问"我将选择什么目的"。② 这种"自我先于目的"的立场贯穿于资本主义逻辑的全过程,体现为一种"权利优先于善"的行为考量。在个人本位看来,善观念实质上是个人偏爱的表达,而追求善是一种纯粹私人的事情。③ 这就使得网络共同体应有的"良善生活"落入了目的论窠臼:良善生活不再作为一种公共生活的应然追求,反而还原成一种私人目的,即这种"共同善"应当是个人认可的,所以才有追求的必要,交往风险的解决也以个人的自由意志神圣不可侵犯作为其不可逾越的边界。而这种个人本位的解释进路,又可具体分成功利主义下的外在目的论与自由主义下的内在目的论。

---

① 《马克思恩格斯全集》第 3 卷,人民出版社 2002 年版,第 29 页。

② 姚大志:《社群主义的自由主义批判》,载《厦门大学学报(哲学社会科学版)》,2011 年第 3 期。

③ Alasdair Mac Intyre, *Whose Justice? Which Rationality?* Notre Dame, Indiana: University of Notre Dame Press, 1988. p335－336.

（一）功利主义的外在目的论

认为每个人会基于现实功利的考量，试图减少共同体内影响自身利益的那部分交往风险，将外在（物质）获利当作网络共同体追求良善，降低交往风险的目的。虽然"最大多数人的最大幸福"表面上声称代表整个网络共同体的公共性，认为只要个人能够实现其最大利益，社会利益就能达到最大化，看似这种"理性人"假设赋予了所有成员以机会平等的地位，但实际上这种外在目的论所标榜的"主观利己、客观利他"仅是幻梦："正因为各个个人所追求的仅仅是自己的特殊的、对他们说来是同他们的共同利益不相符合的利益（普遍的东西一般说来是一种虚幻的共同体的形式），所以他们认为这种共同利益是'异己的'，是'不依赖'于他们的。……另一方面，这些特殊利益始终在真正地反对共同利益和虚幻的共同利益，这些特殊利益的实际斗争使得通过以国家姿态出现的虚幻的'普遍'利益来对特殊利益进行实际的干涉和约束成为必要。"[1]实质上是利用"共同善"为资本主义生产关系做合理化辩护，用虚假的公共性掩盖现实的剥削和阶级压迫，使得原本为了形成主体间交往行动的改善过程反而成了纵容少数人有意攫取网络共同体中各种公共资源支配权的策略性行动，从而将网络共同体的公共性肢解为个体的私利性。

---

[1] 《马克思恩格斯全集》第 3 卷，人民出版社 2002 年版，第 56 页。

(二)自由主义的内在目的论

将消除交往风险、追求网络共同体内安定有序的交往环境还原为个人自由意志的必然选择。"人通过以他们在原初状态中所承认的方式行动,显示了他们的自由和对自然与社会的偶然因素的独立性……即按照这些原则去行动,表现了我们作为自由而平等的理性个人的本质。"[①]

表面上看,这种理路看似保障了网络共同体内各成员充分的自由选择的权利。但实际上,"他们毫不吝惜给弱势群体以话语权利,至于支撑话语权利的经济权利(这才是人权和公平的基础和根本),则是不能也不愿给予的"[②]。为何不能给予经济权利?可见其并非真的希望解决交往风险,更深的目的在于通过一系列的权利界定,享有自然权利的主体只包括资产阶级,"必须从这个思想框架中把无产阶级排斥出去。无产阶级,尤其作为劳动者,是普通的人,而且他本身就是群体中的人,或者是最出色的社会的人(而不是自然人)"[③]。

任何目的论都有理论预设和现实立场,仿佛个人意志之于社会生活具有先在性,即社群是抽象的,个人才是具体的。个体由于其自由意志及其他"天赋权利"的内在要求,进而确立起了社群的

[①] John B. Rawls, *A Theory of Justice*, Belknap Press of Harvard University Press, 1971. p255–256.

[②] 赵磊:《新自由主义反思三题》,载《汉论坛》2005 年第 4 期。

[③] 德拉·沃尔佩:《梭和马克思》赵培杰译,重庆出版社 1993 年版,第 13 页。

行动原则。这种内在目的论以自然权利的个体意志取代了纷繁复杂的社会实在而主导各种现实生产关系，因而交往活动中的分歧与冲突也就仅仅被当作自由意志下产生的观念风险，利用所谓的"普世价值"给予现实中交往风险以观念上的批判。

将交往风险滞留于观念层面，一方面掩盖了资本主义下的交往方式是网络共同体内交往不平等的根源和真相，另一方面也是在掩盖风险本身，在此过程中再度确认资产阶级作为统治阶级的道德合理性与统治权力。

（三）个人策略性行为造成的后果

建立在个人本位目的论基础上的网络共同体，必然走向极端，要么是经验的"主观目的"至上，要么是先验的"终极真理"至上。前者导致机会主义、分散主义盛行，有如一盘散沙，更容易被资本帝国吸纳，后者为催生网络帝国主宰一切的"上帝"提供了必要的理论依据。将网络共同体内的具体的、历史的、普遍性的交往风险还原为抽象的观念冲突，掩盖资本化交往的剥削实质。

但是，"占有还受实现占有所必须采取的方式的制约"，受困于其背后的资本主义生产方式对物的占有的渴望，既有的目的论进路必然会制造出更多的交往风险。这就解释了为何当前网络共同体内既有的交往模式难以应对日益增加的网络乱象——现代化所构成的最为严峻和最为紧迫的时代性问题，是由资本的逻辑所构成的人"对物的依赖关系"。① 如果不能以时代绝对性(历史唯物主义)和历史相对性(辩证唯物主义)双重视角来审视其背后生产关系的结构性特征,就无法从根本上解决当前网络共同体中各种交往活动的失范现象,进而重塑主体间交往行动。

二、构建网络共同体的马克思主义立场

网络共同体内的交往关系是以社会生产力水平和生产关系为现实基础,共同体内既有的交往模式根植于资本主义的生产方式之上,个人本位放大了个体对物的占有的渴望,从而将网络共同体内的交往关系扭曲和异化为物对人的统治关系。换句话说,虽然我们今天处于物质条件日新月异的信息时代,但面对的问题依然没有变化。需要我们在新的现实基础上始终坚持马克思主义的立场、观点、方法,从辩证唯物主义和历史唯物主义的双重视角来反思和批判信息时代下的"人在非神圣形象中的自我异化"。而以网络空间命运共同体为代表的一系列"命运共同体"概念的提出,正是试图呼应各共同体成员对于平等真诚交往的共同愿望,寻求异质性主体间沟通理解的可能性。

(一)消除辩证唯物主义认识的黑格尔式倒退,重拾矛盾中必要的张力

由"个人关系向它的对立面即向纯粹的物的关系的转变……

———————————

① 德拉·沃尔佩:《卢梭和马克思》,赵培杰译,重庆出版社 1993 年版,第 13 页。

在现代,物的关系对个人的统治、偶然性对个性的压抑,已具有最尖锐最普遍的形式,这样就给现有的个人提出了十分明确的任务。这种情况向他们提出了这样的任务:确立个人对偶然性和关系的统治,以之代替关系和偶然性对个人的统治"①。可知,这种"关系和偶然性对个人的统治"正指的是当前目的论进路下被扭曲异化的交往关系,而"个人对偶然性和关系的统治"正是要求网络空间命运共同体以一种生成性的逻辑来重构交往关系,因为只有在具体实践中才能将人的"类本质"从当前这种个人本位下"虚假的共同体"造成的异化劳动中解放出来,减少剥削和不平等的交往关系,使各共同体成员逐渐恢复能动的类生活。但是"代替"一词却极易产生一种简单的理解,认为"命运共同体"与现有的"虚假共同体"被放置在了矛盾对立的两端,仿佛可以轻松得出前者优于后者,旧事物终将灭亡,新事物必将胜利的历史必然性——当前对于各类"命运共同体"的正当性与优越性的论证中,存在有这种所谓的"辩证法",即至多是从取消主客对立和理论与实践统一的角度来讲的,但这种理解却又可能使马克思主义陷入黑格尔式的封闭的"同一"思想体系中。马克思对此早有过精辟论断,"把共产主义和社会主义变成了两种抽象的理论、两种原则以后,再给这两个对立面杜撰任何一种黑格尔式的统一,随便安上一个名称,当然是非常容易的事"②。

　　真正的辩证唯物主义必然是生成的逻辑而非溯源的逻辑。仅仅认为事物的矛盾是由于新事物战胜旧事物的"矛盾对立消亡论"

①《马克思恩格斯全集》第 3 卷,人民出版社 2002 年版,第 29 页。
②《马克思恩格斯全集》第 3 卷,人民出版社 2002 年版,第 540 页。

是唯物辩证法的黑格尔式倒退,只强调内在的统一性,用另一个"自由人的联合体"的终极来取代个人本位下"天赋人权"的终极,最终只能导致共产主义的绝对精神化。"如果把共产主义和私有制世界的对立想象为一种最粗暴的对立,即想象为其中消除了一切实在条件的最抽象的对立,那么结果就会得出拥有财产和没有财产之间的对立。从这样的观点出发,就可以把这种对立的消灭看作是消灭对立的这一或那一方面:或者看作是消灭财产,其结果是普遍没有财产或贫困;或者看作是建立真正的所有制以消灭没有财产的状况。"①正如马克思所指出的,这种粗糙浅薄的对立统一关系认识,忽略了现实存在的不可穷尽性,仅把眼下暴露出来的对立现象概括为全部矛盾,将张力消解为一方对另一方的取代,这根本不足以把握全部的社会实在。而如果不能认识到:相对于人的观念,物的存在永远有剩余,社会关系中矛盾的张力时刻存在,也就无法较好的统筹当前各种"命运共同体"的建构。

必须扩大眼界,从辩证法就是矛盾一端消灭另一端的肤浅认识误区中走出来。唯物辩证法超越黑格尔式辩证法的关键在于,不仅承认主客体在实践意义上的统一,而且更重要的是强调这种统一永远在二元张力中,永远是"现在进行时",而非"将来完成时"。既永远保持一种"必要的张力",又不断打破这种"微妙的平衡",从而使人类在自己的全部活动中始终保持生机勃勃的求真意识、向善意识和审美意识,永远敞开自我批判和自我超越的空间。②以网络空间命运共同体为例,它反映出当前信息"共产主义化"与

---

① 《马克思恩格斯全集》第 3 卷,人民出版社 2002 年版,第 553 页。
② 孙正聿:《孙正聿哲学文集》第 5 卷,吉林人民出版社 2007 年版,第 98—99 页。

数字剥削这组现实矛盾之间的张力,并在解决共同体内交往风险的具体实践中体现唯物主义辩证法中最为关键的否定性要素——正是这一过程才能激发人们的主观能动性,通过对现实矛盾之间张力及其变化的具体分析,使得具体实践获得其新的生长点,从而打破并超越原有结构束缚,拓宽对客观世界的认识和改造范围,在理论共识上不断创新马克思主义,在实践共识上不断完善社会结构,促进个体的自由全面发展。

(二)抵制西方马克思主义的解构,认准无产阶级作为重塑交往关系的主体力量

建构网络共同体内交往关系还要坚决抑制西方马克思主义"无主体"思潮的侵袭,坚定无产阶级政党的革命立场。应当承认,西方马克思主义对资本主义现状的批判是深刻的,如巴迪欧、奈格里等人认为,当前公共的社会规划被"事件性取代",内嵌于劳动分工制度之中的"社会主义"被"诸众"取代。[1] 全球化资本主义生产背景下,阶级的界限已经模糊,或者说绝大部分人都成了无产阶级,被无差别地裹挟到资本运动当中,消除了彼此的差异性。但是西方马克思主义继而得出的结论是,无产阶级的概念已经不能成立,没有某个既定的阶级能承担起社会革命的重担,因此只能依附于社会机器,成为各个层面上的"诸众",寄希望于"诸众"重新占有被资本机制占有、挪用的共同性,进而对生产关系进行再变革。

---

[1] 赵文:《诸众与非——艺术,一种生命政治的阐释》,载《新美术》2014 年第 10 期。

从"无产阶级"到"诸众"的转变,使得革命更加遥远,迎合了资本秩序,将现实生产关系变成抽象的人,不知不觉地变成了他们所批判的"被驯化的无产阶级"本身,不再是现实的人的解放,而是观念中如何追求自由意志。"因而他们就离开实在的历史基础而转到思想基础上去,同时又由于他们不知道现实的联系,所以他们也就很容易用'绝对的'或者另外的思想方法虚构出幻想的联系。"①他们笔下的资本主义已经先于实际而成为"地狱",因此要用人道主义的单一视角去解读马克思主义。"因为它所关心的既然已经不是实在的人而是'人',所以它就丧失了一切革命热情,它就不是宣扬革命热情,而是宣扬对于人们的普遍的爱了。……所以不可避免地形成了这个中间派别,不可避免地产生了想把共产主义和流行观念调和起来的企图。"②正是"诸众"概念产生的真正根源。"'真正的社会主义者'将不得不愈来愈多地只在小资产者中间寻找自己的群众,而在那些萎靡和堕落的著作家中寻找这些群众的代表。"③

虽然西方马克思主义批判个人本位下那种寄希望于每个人能够凭借自由意志来重塑良善交往关系的幻梦,但也由于目睹资本主义生产关系的"牢固"统治,从而对无产阶级继续作为革命主体而信心不足,悲观地认为在当前环境下,重塑主体间真诚平等的交往行动仅能依靠普通群众在某种契机下偶然性的触发变动。

西方的左翼思想家立足于资本主义社会这个历史性起点,他

---

① 《马克思恩格斯全集》第 3 卷,人民出版社 2002 年版,第 536 页。
② 《马克思恩格斯全集》第 3 卷,人民出版社 2002 年版,第 537 页。
③ 《马克思恩格斯全集.第 3 卷,人民出版社 2002 年版,第 538 页。

们所期待的共产主义也是基于个人自由这个出发点，所以很难迈得开步。国内一些学者试图借鉴西方马克思主义的解构性理解来建构网络公共体，如引用哈贝马斯的公共领域说，未注意到其中预设了在网络中发挥重要作用的是少数有产阶级的精英视角，客观上否定了无产阶级作为建构网络共同体的主体地位；或借用福柯的全景敞式结构说，想从公共空间批判的角度来建构命运共同体，也未注意到福柯在批判共同体背后权力逻辑的同时，将这种对资本主义生产方式下异化现象的批判推向对整个共同体结构的解构，最终得出没有任何主体能够重建命运共同体的任务。奈格里和哈特的诸众说试图寻找重建共同体的主体，也是寄希望于诸众和偶然性事件，依然否认无产阶级在新形势下能成为革命主体的可能性。更何况，这些西方左翼学者对社会主义事业及无产阶级政党的现状和努力，存有偏见和曲解，拿这样的观点来借鉴必然会水土不服。"某一观点是否在整个民族中占优势，该民族的共产主义思想方式是否涂上了政治的、形而上学的或者其他的色彩，这自然是由该民族发展的整个进程来决定的。"[1]换句话说，中国共产党的合法性是被历史经验与现实发展需要共同认可的，这是中国共产党与西方左翼政党的本质差别。虽然当前大的社会背景之下，无产阶级与其他阶级的界限日益模糊，但是无论无产阶级在新形势下代表哪些劳动群体，可以明确的是现有的共产党员依然是无产阶级的忠诚代表，共产党员以实现最广泛公共性来完成社会主义与共产主义的当代任务没有改变。因此，当前并非如同西方左

---

[1]《马克思恩格斯全集》第 3 卷，人民出版社 2002 年版，第 552 页。

翼学者所述,走入了革命的"无主体"境地。可以明确的是,中国共产党作为一个自为的无产阶级政党,其本质属性及根本任务并未模糊,仍然代表着新形势下受到完全剥削的劳动阶级,并且作为最有战斗性和凝聚力的革命主体,一直坚定不移的继承和发展当代的马克思主义。

(三)重建网络空间命运共同体

马克思指出,"以一定的方式进行生产活动的一定的个人,发生一定的社会关系和政治关系。经验的观察在任何情况下都应当根据经验来解释社会结构和政治结构同生产的联系,而不应当带有任何神秘和思辨的色彩"①。网络空间命运共同体所倡导的"互联互通、共享共治"是其现实而非抽象的社群需求与政治共识,也是其优越性与超越性所在。

1.社群中重塑成员资格,满足平等交往诉求

既有的两种目的论都是从个人本位出发,认定个人先于社群,即把网络共同体看作是为实现"我"的目的而存在,从而将他者当作实现自身目的的工具,最终导致非平等的交往风险。按照海德格尔的说法,个人恰恰是被"抛入"社会之中的,各种社会关系先于自我意识而存在,想摆脱也摆脱不掉。马克思指出:"个人力量(关系)由于分工转化为物的力量这一现象,不能靠从头脑里抛开关于这一现象的一般观念的办法来消灭,而只能靠个人重新驾驭这些

①《马克思恩格斯全集》第3卷,人民出版社 2002 年版,第 28—29 页。

物的力量并消灭分工的办法来消灭。没有集体,这是不可能实现的。只有在集体中,个人才能获得全面发展其才能的手段,也就是说,只有在集体中才可能有个人自由。"①

重构共同体内交往关系的第一步,就是重新确立集体对于个体的先在性,重新定义成员资格的真实内涵。当前,多元化与扁平化交织的网络共同体中各主体对爱和归属的需要及尊重的需要很大程度上已经超过了基本的生存需要,对于具有强制、差别、唯私动机的交往行为往往会产生本能的拒斥。"共享共治"正是反映了这一现实需要。平等主体身份已经成为当前共同体成员的迫切需要和交往前提。在社群主义者沃尔泽看来,共同体内成员平等交往的实现,不是由政府或者私人充当支配性的交换媒介对资源和利益进行的"简单平等",即应当不存在支配性的善,并且每一种善应按照对其社会意义的共享理解进行分配。② 使得"我们应该做什么",即共同体本身所推崇的理想、价值,所期望的交往方式,超越"我应该如何获利"的策略性交往行为,被共同体成员集体优先反思。"共同体本身——大概是最重要的——就是一个待分配的物品",③"我们互相分配的首要善是成员资格"。④ 共同体成员的平等交往应受到成员资格保障的"复合平等"。

① 《马克思恩格斯全集》第 3 卷,人民出版社 2002 年版,第 84 页。
② 刁小行:《多元价值的均衡——沃尔泽政治哲学研究》,中国社会科学出版社 2014 年版,第 82 页。
③ 迈克尔·沃尔泽:《正义诸领域:为多元主义与平等一辩》,褚松燕译,译林出版社 2002 年版,第 35—36 页。
④ 迈克尔·沃尔泽:《正义诸领域:为多元主义与平等一辩》,褚松燕译,译林出版社 2002 年版,第 38 页。

首先,成员资格"使一种不依赖任何特定社会地位的自尊成为可能,这种自尊与一个人在共同体中的一般地位以及一个人对自己的感觉相联系,而不是简单的作为一个人⋯⋯而是作为一个完整的平等的成员,一个积极的参与者"①。也就是说成员资格使得每个成员能了解自身对彼此负有的共同体义务,相互尊重彼此的平等主体身份,从而扫除自然权利所声称的各主体所享有(实际是资产阶级独占)的"先验平等"。

其次,"复合平等"是指"任何处于某个领域或掌握某种善的公民可以被剥夺在其他领域的地位或其他的善",②即允许成员在某一领域存有不平等,但不能将这种不平等扩展到其他领域。这样也就避免了功利主义下所谓的"机会平等"粗暴破坏网络共同体内良善的交往关系。

需要说明的是,"复合平等"依然存有很大的风险。只有在成员资格的严格保障下,所有成员民主参与到多元善的多元分配过程中来,才能形成对每一种善的共享理解,"复合平等"的优越性才可能实现。

2.主体间形成道德商谈,代表最广泛公共性

如果说社会(社群)结构的形成及完善是为了解答"我应当过怎样的生活",那政治结构上力图达成的共识则是"我们应当如何生活在一起"。

---

① 迈克尔·沃尔泽:《正义诸领域:为多元主义与平等一辩》,褚松燕译,译林出版社2002年版,第372页。
② 迈克尔·沃尔泽:《正义诸领域:为多元主义与平等一辩》,褚松燕译,译林出版社2002年版,第23页。

就当前网络共同体既有的交往方式来看,目的论无助于问题解决,反而助长了风险。外在目的论基于实用层面的目的(策略),即个人本位以外部获利为目的、个人偏好和功利分析为主导的商谈行为,由于多元主体的客观差异性,个体利益冲突难以在商谈中妥协,更容易导致囚徒困境而非达成共识,暴露网络公共体的脆弱性,不仅无助于克服交往风险,反而激化个体间矛盾和冲突。内在目的论基于个人"自然禀赋"的先验平等达成共识,基于伦理——政治层面的规范调节行为,预设了"先己后群"式思维逻辑,先回答"我应该欲求什么样生活",再谈论"我们应当怎么样生活在一起",能达成的共识也仅是"机会平等",并且用个体的先验规范来调节政治生活,无力约束"弱肉强食"的交往风险。

马克思认为,"语言是一种实践的、既为别人存在并仅仅因此也为我自己存在的、现实的意识。语言也和意识一样,只是由于需要,由于和他人交往的迫切需要才产生的"[1]。能够真正形成主体间共识的交往行为,要有"共同善"这一基本前提,即先有集体良善生活为何,再有个体诉求实现。交往行为是以公共性为前提,公共性就包含在自利性的内核中。"只有在这个阶段上,自主活动才同物质生活一致起来,而这点又是同个人向完整的个人的发展以及一切自发性的消除相适应的。同样,劳动转化为自主活动,同过去的被迫交往转化为所有个人作为真正个人参加的交往,也是相互适应的。联合起来的个人对全部生产力总和的占有,消灭着私有制。但是过去,在历史上,这种或那种特殊的条件总是偶然的,而

---

[1]《马克思恩格斯全集》第3卷,人民出版社2002年版,第34页。

在现在,各个个人的孤独活动,即某一个个人所从事的特殊的私人活动,才是偶然的。"①

网络空间命运共同体"互联互通"所要达成的正是这种交往方式:各主体之间就如何实现共同体内最广泛的公共性展开道德商谈,"在道德商谈中,一个特定集体的种族中心视角扩展为一个无限交往共同体的无所不包视角,这个共同体的所有成员都设身处地把自己放在每一个成员的处境、世界观和自我理解之中,共同地实践一种理想的角色承当"②。各主体在"异中求同""求同存异"中超越彼此冲突的利益和价值取向,寻求共识的"最大公约数"——共同价值,继而使之下渗入伦理、实用层面,成为所有成员在共同体内进行经济、政治、文化等各方面交往时的规范指导,从而不断减少共同体内的"公共地悲剧"式的交往风险,实现每一个人全面而自由的发展。"代替那存在着阶级和阶级对立的资产阶级旧社会的,将是这样一个联合体,在那里,每个人的自由发展是一切人的自由发展的条件"③。可以说,以实现最广泛公共性为核心的网络空间命运共同体,它的构想正是自主活动与物质生活的统一体,是个人全面发展与自觉相统一,生产力与生产关系相统一,是对现有网络共同体的根本超越,是马克思所提出的"自由人的联合体"的当代实践。

---

① 《马克思恩格斯全集》第 3 卷,人民出版社 2002 年版,第 77 页。
② 哈贝马斯:《在事实与规范之间——关于法律和民主治国的商谈理论》,童世骏译,生活·读书·新知三联书店 2003 年版,第 198 页。
③ 《马克思恩格斯选集》第 1 卷,人民出版社 2012 年版,第 294 页。

三、网络空间命运共同体的实现

网络空间命运共同体中交往模式在理论上完成的对既有交往模式的超越，并不能保证其现实中的必然可能。马克思说过，"在个人的独创的和自由的发展不再是一句空话的唯一的社会中，这种发展正是取决于个人间的联系，而这种个人间的联系则表现在下列三个方面，即经济前提，一切人的自由发展的必要的团结一致以及在现有生产力基础上的个人的共同活动方式"①。以消除自我异化为目标所展开的"自由人的联合体"的具体实践，必须时刻保持理论与实际的相结合，即我们必须考察当前全球化、信息化背景下，网络空间命运共同体是否已经具备有与理论相统一的"质料因"。网络空间命运共同体要想真正变为现实可能，需要具备两个条件：其一，客观的物质基础，即经济前提与共同生活方式；其二，主观上人的共识，即必要的团结一致。

(一)信息"共产主义化"与"数字剥削"之间的张力

在马克思看来，"因为生产力和交往形式已经发展到这样的程度，以致它们在私有制的统治下竟成了破坏力量，同时还因为阶级对立达到了极点"②。一方面，成为破坏力量表明，生产力水平较高，以至于私有制的生产关系无法与其相适应；另一方面，对立到

---

① 《马克思恩格斯全集》第 3 卷，人民出版社 2002 年版，第 516 页。
② 《马克思恩格斯全集》第 3 卷，人民出版社 2002 年版，第 516 页。

达极点表明,生产关系对生产力的限制程度也到达不可调和的状态。这在其他生产领域看似苛刻的条件,而在当前的信息化生产中却已经基本形成。

首先,生产力水平较高,按照马克思对共产主义特征的概括,集中反映为信息的"共产主义化"。第一,信息生产力高度发达,信息产品极大丰富。根据 2012 年初的数据,全世界互联网一天产生的信息量约有 800EB(1EB＝2 的 60 次方字节,是人类过去五千年信息生产量总和的 20 倍),如果装在 DVD 光盘中要装 1.68 亿张。① 第二,各尽所能、按需分配。在信息时代中,每个人既是信息的接收者,又是信息的传播者,还可能是信息的制造者已经司空见惯,每个人都可以凭借自身能力,开辟"自媒体"。并且,由于信息产品的极大丰富,无论是公共信息抑或是专业信息,都能够在网络中获取,实际上已经远远高于按需分配。第三,基本消灭阶级差别和重大社会差别。根据中国互联网信息中心 2016 年 1 月发布的第 37 次《中国互联网络发展状况统计报告》,截至 2015 年 12 月,中国网民规模达 6.88 亿,互联网普及率为 50.3%;手机网民规模达 6.2 亿,占比提升至 90.1%,无线网络覆盖明显提升,网民 WiFi 使用率达到 91.8%。这意味着,由于移动终端的普及,网络的准入更加容易,基本抹去了网民的身份差别、智识差别及职业差别,信息时代中,每个人都有全面自由发展的权利。可以说,信息领域生产力水平的迅速提升,使得几乎所有人的生活方式都发生了改变,全天候、全方位覆盖的信息化生活已经成为一种共同的生活方式。

---

① 陆地:《信息共产主义化的特征和影响》,载《新闻爱好者》2014 年第 8 期。

其次,阶级对立到达极点,体现为"数字剥削"的彻底性。信息革命和网络化的迅猛发展为人类生产生活提供了方便快捷,人们看似自由的利用网络媒介和社交媒介进行交往互动,在互联网中整日充当生产者和消费者。但实际上,企业成为某种外部网络的中心,在这里生产者和消费者作为交换者相遇。纯粹的无产者完全分散了,他们在一个使其获得某种社会地位和经济地位的组织性过程中失去了其无产者的内涵,同时也失去了民族共同体内部的一系列权利和义务。① 当前网络化中商业资本的形态已经远超列宁所说的"帝国主义"阶段,进入哈特与奈格里所谓的"帝国"阶段。这种帝国已经不仅是吸纳资本、劳动和传统意义上外部物理空间中的一切物质生产资料,即马克思所说的"形式吸纳",而是转向对帝国自身的"实质吸纳"。当所有外部因素都被吸尽之后,唯一能够做到的就是帝国内部的倾轧和剥夺。② 正是在这一背景下,网络资本双重剥削着这些产消者:首先,人们的日常生产生活都被囊括在了以数字信息技术为终端的网络之中,与其说人们自由使用互联网,不如说是不得不使用互联网;其次,互联网企业并非产消者自身占有平台,借助商业社交媒体的产消者,其所有的网上活动和时间都成为商品的一部分,并且是完全无偿的。克里斯蒂安·福克斯指出,资本家通过动用大量的无薪酬"数字劳工",投入大量的完全无薪酬的工作时间,生成了被当成定向广告出售的数

---

① 雅克·比岱,吴猛:《新自由主义及其主体:一个元结构的视角》,载《哲学动态》2016 年第 2 期。

② 蓝江:《21 世纪以来国外马克思主义研究的新趋向》,载《马克思主义理论学科研究》2016 年第 2 期。

据商品,以几乎无穷大的剩余价值率对劳动阶级进行着极端的剥削。① 正如马克思所述,"在他们那里已经失去了任何自主活动的假象,它只是用摧残生命的东西来维持他们的生命"②。

当前网络共同体并不能真正凝聚人们关于善的共识,数字剥削的存在,使得网络的力量成为一种异己的而并非人们自身联合的力量,这种信息化下的全天候、全方位的规训与管控,将受剥削阶级共同束缚于"生命政治"的生活方式下。但也正是由于当前网络共同体存在着信息"共产主义化"与"数字剥削"这组现实矛盾,并且二者之间一直保持着这种必要的张力,才能激发人们的主观能动性,通过对现实矛盾之间张力及其变化的具体分析,在不断的实践中寻求主体间交往行动形成的可能性。

(二)无产阶级政党的阶级属性与肩负使命使其能成为革命的主体力量

从主观要素来看,实现一切人的自由发展必须要团结一致,这在当前网络共同体内也已经成为成员共识。马克思认为,"私有制只有在个人得到全面发展的条件下才能消灭,因为现存的交往形式和生产力是全面的,所以只有全面发展的个人才可能占有它们,即才可能使它们变成自己的自由的生活活动"③。而由上可知,数字剥削已经把大多数人从完全没有财产的人(马克思意义上的剥

---

① Fuchs C. *Digital Labourand Karl Marx*. London:Routledge,2014.
② 《马克思恩格斯全集》第 3 卷,人民出版社 2002 年版,第 73 页。
③ 《马克思恩格斯全集》第 3 卷,人民出版社 2002 年版,第 516 页。

削),变成了没有身份的人(阿伦特意义上的剥削),再到完全没有
自由的人(福柯意义上的剥削)。因此,在网络共同体中,信息生产
力的巨大增长已经将自身"异化成为一种不堪忍受的力量,即成为
革命所要反对的力量",最终让劳动阶级与"现存的有钱的有教养
的世界相对立",从而具备了变革主体以及团结一致的变革愿望。

首先,无产阶级政党的阶级属性决定了其能更加直观感受到
剥削的深重事实,以及在这种普遍联合中所呈现的生产关系变革
的迫切性。"只有完全失去了自主活动的现代无产者,才能够获得
自己的充分的、不再受限制的自主活动,这种自主活动就是对生产
力总和的占有以及由此而来的才能总和的发挥……占有只有通过
联合才能得到实现,由于无产阶级所固有的本性,这种联合只能是
普遍性的,而且占有也只有通过革命才能得到实现。"[1]当前网络共
同体中,数字剥削使得无产者彻底一无所有的同时,也使得他们的
自主活动不受有限的生产工具和有限交往所限制,并且一种"世界
历史"范围内的交往已经成为可能。而构建一个生产资料归一切
人所有的,体现最广泛公共性的网络空间命运共同体,无产阶级政
党阶级属性必然要求其代表广大人民群众的根本利益,这也是构
建网络空间命运共同体的最大政治保证。"共产党人同其他无产
阶级政党不同的地方只是:一方面,在各国无产者的斗争中,共产
党人强调和坚持整个无产阶级共同的不分民族的利益;另一方面,
在无产阶级和资产阶级的斗争所经历的各个发展阶段上,共产党
人始终代表整个运动的利益。"[2]由此可见,共产党员的阶级性就是

---

[1]《马克思恩格斯全集》第3卷,人民出版社2002年版,第76页。
[2]《马克思恩格斯选集.第1卷,人民出版社2012年版,第413页。

公共性,他们的阶级意识就应当是公共意识,只有做到这一点,才能使自身从自在阶级上升到自为阶级。"共产党是为民族、为人民谋利益的政党,它本身决无私利可图。它应该受人民的监督,而决不应该违背人民的意旨。"①因此,"互联互通、共享共治"所反映出的代表全体劳动阶级的公共性诉求,也注定要由中国共产党为主体来主导实现。

其次,构建网络空间命运共同体体现了共产党人矢志不渝的革命理想,即实现一切人的自由发展,消灭私有制。在马克思看来,"私有制和分工的消灭同时也就是个人在现代生产力和世界交往所建立的基础上的联合"②。如前文所述,网络空间命运共同体旨在拒斥共同体内具有强制、等级、唯私动机的交往行为,从而形成主体间真正真诚平等的交往行为,即不仅重视各个国家对经济发展的需求,同时也重视各个国家对归属、安全、尊重等需要,因此在本质上内蕴了反剥削、反对两极分化,追求共同富裕的社会主义属性。而"社会主义的本质是解放生产力,发展生产力,消灭剥削,消除两极分化,最终达到共同富裕"③,这恰恰与共产党所肩负的历史任务具有一致性。换句话说,网络空间命运共同体实质上是共产党人致力于促成"联合的行动,至少是各文明国家的联合的行动",④在超出一国范围后,对实现"自由人的联合体"所进行的一次伟大尝试。正如马克思所言,私有制的消灭过程是"把资本变为

---

① 《毛泽东选集》第 3 卷,人民出版社 1991 年版,第 809 页。
② 《马克思恩格斯全集》第 3 卷,人民出版社 2002 年版,第 516 页。
③ 《邓小平文选》第 3 卷,人民出版社 1995 年版,第 373 页。
④ 《马克思恩格斯选集》第 1 卷,人民出版社 2012 年版,第 419 页。

公共的、属于社会全体成员的财产,这并不是把个人财产变为社会财产。这时所改变的只是财产的社会性质。它将失掉它的阶级性质。"①因此,有且仅有具备马克思主义理论指导的共产党,能自觉从改造生产关系入手,承担起拨开当前网络共同体中"交往风险仅为观念风险"遮蔽的历史任务,始终秉持"和平、发展、公平、正义、民主、自由"的全人类共同价值,在网络共同体内重新塑造包含最广泛公共性的主体间真诚平等的交往模式,从而促进每个成员的自由全面发展。

第六节 苏联信仰危机对社会主义国家信仰建设的警示

十月革命打破了资本主义独霸天下的局面,世界上诞生了第一个社会主义国家,科学社会主义实现了由理论向实践的飞跃,而在不到一个世纪的时间里,又发生了苏联剧变的憾事,这是令许多人始料未及的,至今留下了许多"历史之谜"。在苏联剧变不仅有经济、政治、文化体制等方面的原因,其中逐步放弃共产主义信仰而导致的信仰危机是剧变产生的内发性因素。从信仰建设角度去探究苏联剧变主要是基于社会存在与社会意识的辩证关系原理,社会意识在关键时刻能对社会存在起着决定性程度的作用,而信仰溯于社会意识,因此从信仰建设角度去认识苏联解体是一个可取的视角和思路。

---

① 《马克思恩格斯选集》第 1 卷,人民出版社 2012 年版,第 415 页。

　　苏联解体是由多重因素叠加造成的,其中逐步放弃共产主义信仰而导致的信仰危机是剧变产生的内发性因素。十月革命前,共产主义信仰在俄国确立时本身包含着一些非科学因素;十月革命后,列宁开始着手苏联的信仰建设,这一时期的信仰建设是正确的,但到了斯大林时期,成绩与失误并存,对共产主义信仰既有巩固,也有一定程度的冲击。斯大林之后直至戈氏执政期间,苏联的信仰危机由激化到总爆发,最后酿成了苏联解体的惨剧。研究苏联信仰危机,能为当代社会主义国家的信仰建设指明方向。

一、共产主义信仰是一种政治信仰

　　关于信仰的内涵及构成要素,国内外学者做了大量学理研究。其中,雅斯贝斯认为"信仰是对存在的明确而自觉的确信……信仰是原初的,对它来说不再有任何理由。我不能意欲它,不过我却以它为根据"①。《大英百科全书》将信仰定义为"指在无充分的理智认识足以保证一个命题为真实的情况下,就对它予以接受或同意的一种心理状态"②。而在汉语词典里,"信仰"则被定义为"对某种主张、主义、宗教或某人极度相信和尊敬,拿来作为自己行动的榜样或指南"③。尽管"信仰"被赋予了不同含义,但信仰内涵始终包含着三个重要要素,即信仰主体、客体和介体。信仰主体一般是指具有主观能动性的人;信仰客体则是指被信仰者尊敬的物像或

---

① 卡尔·雅斯贝斯:《历史的起源与目标》,华夏出版社 1989 年版,第 243 页。
②《简明不列颠百科全书》,中国大百科全书出版社 1986 年版,第 659 页。
③《汉语大词典》,上海辞书出版社 1986 年版,第 1417 页。

具体的人物;介体则指的是连接主体与客体的中间环节和关系。"信仰"客体通过中介内化为信仰主体积极主动的精神状态,外化为其自觉自愿的实践行为。

根据信仰所包含的具体内容可以分为生活层面的信仰、道德层面的信仰,以及社会政治信仰。生活层面的信仰指的是信仰主体对某种希冀的美好生活的追求;道德层面的信仰指的是对高尚人格的向往,体现着私人生活中人与人之间的价值关系;而社会政治信仰则指的是对某种政治价值和政治体制的极度相信和遵循。政治信仰不同于一般的道德层面的信仰,在信仰体系中处于核心地位。政治信仰所涉及的领域是公共领域下人与社会的关系。而"在阶级社会中,政治信仰往往处于核心地位,它制约着其他信仰形式"①,一个人选择了科学的政治信仰,就实现了对社会发展规律的正确把握,才能将个人奋斗目标融入社会发展过程当中去,为社会创造更多的价值。政治信仰是理想因素和现实因素的综合体,实现政治理想是政治信仰的指向和要求,正是由于其理想性的特征,政治信仰才会具有强大的未来指向性和感召力;但政治理想根源于现实,生发于社会存在。正是由于政治信仰是理想性与现实性的结合,才会成为信仰者强劲的精神动力。同时,政治信仰的产生、发展,以及实现的过程都是理性和非理性因素的统一。

共产主义信仰是科学的政治信仰。19 世纪 30 年代,资本主义本身所固有的基本矛盾激化,经济危机爆发,在许多主要资本主义国家里无产阶级与资产阶级之间的矛盾尖锐化,发生了无产阶级

---

① 孟迎辉:《政治信仰与苏联剧变》,中国社会科学出版社 2005 年版,第 17 页。

工人运动。在历史的呼唤下,马恩在借鉴和批判一切人类优秀文明成果的基础上,创立了共产主义信仰,实现了人类政治信仰的科学化。当然,提出"马克思主义信仰""共产主义信仰"等概念是从列宁开始的。

在人类社会进程中,曾经出现过扎根于自然经济基础上的传统社会政治信仰,还有资本主义政治信仰,但都造成了个人与社会、理想与现实的对立,是人类政治信仰的畸形发展,终将为人类社会所抛弃,退出历史舞台。共产主义信仰的出现,实现了个人与社会、个人与国家之间的统一,为每个人的自由全面发展提供了条件,符合人们对真善美的追求,指引人们朝着自由王国的国度迈进。

二、苏联信仰体系建设及其实践

(一)十月革命前共产主义信仰在俄国的确立

19世纪上半叶,随着资本主义关系在俄国的发展,封建社会的农奴制越来越不适应生产力现实发展的需求,社会矛盾更加尖锐激化,传统封建社会的政治信仰发生了危机。随着"十二月党人"起义的出现,新的政治信仰开始冲击着传统社会的政治信仰,也唤醒了俄国社会各个阶级为寻找新的精神归宿和政治信仰而奋斗,因此列宁才说"十二月党人唤醒了赫尔岑……响应、扩大、巩固和

加强这种革命鼓动的,是平民知识分子革命家……"①。从 19 世纪
30 年代起,各种政治信仰代言人在俄国宣传自己的主张,一时间政
党林立,各种思想交锋和文化大争论,热闹非凡,其中比较著名的
有三次信仰争锋,首先是以沙玛林等为代表的斯拉夫派与以格拉
诺夫斯基等为代表的西方派,接着是俄国马克思主义者与民粹派
的争论,然后是在关于俄国革命道路问题上布尔什维克派与孟什
维克派发生激烈争论,在革命策略上又产生严重分歧。经过二月
革命洗礼,接连发生的政治危机证明了孟什维克所坚持的路线是
错误的,人民群众凭借着对共产主义朴素的感情,纷纷投向布尔什
维克主义的旗帜。

　　在革命群众的支持下,布尔什维克成功领导了十月革命,建立
起世界上第一个无产阶级政权,打破了资本主义独霸天下的局面。
俄国十月革命的胜利,也是共产主义政治信仰的胜利。但是,俄国
人民选择了共产主义信仰,并不能说明俄国人民(除了少数真正的
马克思主义者和知识分子)起初对马克思主义和共产主义有多深
刻的理论认识,第一个无产阶级政权是在经济文化落后的基础上
建立起来的,这与马克思和恩格斯当年设想是有差距的,现实与理
想之间落差太大,再加上革命战争,选择共产主义信仰主要是怀有
朴素的阶级情感,或是对共产主义理想的纯粹向往,或是对布尔什
维克党领导人的崇拜,或是受到政治上的引导。如克鲁普斯卡娅
在处理一位女工申诉时,这位女工反问道:"……我们是主人嘛,家
里要用工具,厂里的锉刀呀,凿子呀,有什么不好拿的呢?"②这样狭

①《列宁选集》第 2 卷,人民出版社 1960 年版,第 335 页。
②《回忆列宁》第 1 卷,人民出版社 1982 年版,第 658 页。

隘的意识也体现在社会生活和生产的其他领域。由于对马克思主义的理论修养不高、认识不深刻,导致对共产主义建设的长期性和艰巨性认识不够,思想上存在严重的理想主义,党内也滋长着"左"的情绪。许多人还把对共产主义的信仰移情到对领袖人物的崇拜,不利于社会主义制度建设,并为此造成严重阻碍。有学者认为共产主义信仰在俄国的早期确立"在很大的程度上残留着传统政治信仰的特征,带着严重的非科学因素"[①]。

对于信仰建设而言,加强普通群众的马克思主义系统教育是十分必要的,只有这样才能让他们树立科学的共产主义信仰。同时,要提高党的领导干部马克思主义理论水平,特别是用马克思主义指导经济建设的能力,以提高人民的生活水平,显示社会主义的优越性,增强人民对共产主义信仰的认同感。

(二)十月革命后苏联对共产主义信仰体系的建设

1.列宁对共产主义信仰建设

随着十月革命的胜利,如何建设社会主义成为摆在了人们面前一个亟待攻克的课题。而此前凭借着人民群众对共产主义信仰朴素而又热烈的情感及对领袖人物巨大人格魅力和威望而实施的战时共产主义政策,如今已不适应实际发展的需要,现实与理想的巨大落差反而使农民和工人之间出现了不满情绪,甚至给了阶级敌人可乘之机,借机发动叛乱。在紧张的形势下,苏共召开了第十

---

① 孟迎辉:《政治信仰与苏联剧变》,中国社会科学出版社 2005 年版,第 67 页

次代表大会,通过关于过渡到新经济政策的决议,"从战时共产主义到新经济政策这一转变,显示了列宁政策无比的英明和远见"①。通过新经济政策的实施,农民的利益有了保障,生产积极性得以提高,巩固了工农联盟这一社会主义基础。新经济政策结合国情实际,将共产主义理想建立在了现实基础上,这对进一步加深人们对马克思主义的理论认识,巩固共产主义信仰起了非常重要的作用。更重要的是,列宁为提高人民对马克思主义的认识、巩固共产主义信仰,还开展"文化革命",提出了文化革命的理论,认为"只有实现了这个文化革命,我们的国家才能成为完全的社会主义国家"②。虽然列宁关于信仰建设的时期是短暂的,但总的说来,列宁关于新经济政策等方面的探索初步解决了在一个经济文化落后基础上如何进行信仰建设的问题。

2.斯大林时期对共产主义信仰的巩固与冲击

斯大林上台后就宣布停止新经济政策,逐步形成了高度集中的计划经济模式。这种模式能够在短期内调动一切可以调动的因素,集中所有人力、物力、财力用来发展生产力,取得了巨大成就,工业化、文化教育得到迅速发展,科技领域许多技术居于世界前列等,有效地巩固了人们对共产主义信仰的认同。但是,高度集中的计划经济模式会出现严重失衡,甚至走极端,如为了与西方世界抗衡,片面强调高速度、高积累的超工业化,不顾农民切身利益和实际生活全盘农业集体化,政治上大清洗严重地破坏了社会主义民主与法制,思想文化领域的专制主义,将国家凌驾于个人之上,严

---

① 《联共(布)党史简明教程》,中共中央编译局译,人民出版社1975年版,第283页。
② 《列宁全集》第43卷,人民出版社1987年版,第368页。

重削弱了人民群众对共产主义信仰的情怀。因此这个时期对共产主义信仰既有巩固的一面,也有损伤的一面,但成绩仍然是主要的,人民群众对共产主义信仰仍然是有基础和深厚感情的。

3.赫鲁晓夫、勃列日涅夫时期的苏共政治信仰危机

赫鲁晓夫继任后,即于1956年2月24日在苏共二十大内部报告中将苏联的问题归结到斯大林一个人身上,引起党内思想混乱,产生严重的信仰危机,"破坏了我们的信仰,揪掉了我们世界观的中心,这个中心就是斯大林"①。赫鲁晓夫既揭了盖子,又捅了篓子,一定程度破除了个人崇拜,改革僵化体制,有利于信仰建设的科学发展,却没有解决问题的能力。毛泽东评价说"他不懂马列主义,易受帝国主义的骗"②,改革始终没有突破原有体制,反而产生更多失误,导致严重的地方主义和分散主义;农业改革上的失误导致农业危机;在思想文化领域犯有明显的"左"倾错误,提出的"三和两全"的国际路线也严重背了马克思主义。改革的不成功造成信仰迷失,使得资产阶级自由化思潮有了滋生土壤,进一步加剧信仰危机。

赫鲁晓夫改革没有触动原有体制,继任者勃列日涅夫更是因循守旧,没有任何改革的意愿,依旧停留在原有的高度集中的计划经济模式下。勃列日涅夫经济上的漠不关心,政治上的冷漠和官僚主义,思想文化领域的机会主义都在蚕食信仰,加剧信仰危机。

4.戈尔巴乔夫时期全面的信仰危机

戈尔巴乔夫是赫鲁晓夫跛足改革年代成长起来的年轻人,起

---

① 王长江:《苏共:一个大党衰落的启示》,河南人民出版社2002年版,第192页。
② 《建国以来毛泽东文稿》第8册,人民出版社1993年版,第601页。

初提出"加速发展战略",认为以前的改革都不彻底,没有得到人民群众的支持,因此要实行"民主化"和公开性,指出"人的因素,从最广泛的意义来说,是我们的主要潜力,而把这种潜力变成现实的途径则是民主化","没有公开性,就没有也不可能有民主"。① 民主化与公开性针对高度集中的政治体制具有现实意义,但将它不加限制地扩大到一切领域,必然会造成混乱和失控。"对马列主义地位的合法性造成直接影响,使人们的政治信仰陷入崩溃的是戈尔巴乔夫提出的'多元化方针'"②,其后出现丑化和否定苏共和社会主义制度,政治反对派开始攻击马克思主义和苏共的执政地位。由于没有采取强有力的反击手段,苏共信仰危机开始扩散到各个社会阶层,领导集团首先背叛了社会主义,放弃了共产主义信仰;普通党员干部对前途无望也纷纷退党;劳动者和知识分子的政治信仰明显分化;各加盟共和国纷纷宣布独立⋯⋯苏共不得已主动放弃了执政地位,最终苏联解体。

三、社会主义国家信仰建设的当代启示

(一)进行系统有效的马克思主义教育,增强人民群众对共产主义信仰的理论认同

共产主义在俄国得以确立,起初普通民众对马克思主义、共产主义抱有朴素的阶级感情,而对共产主义建设的长期性和艰巨性

---

① 米·谢·戈尔巴乔夫:《改革与新思维》,新华出版社 1987 年版,第 125 页。
② 孟迎辉:《政治信仰与苏联剧变》,中国社会科学出版社 2005 年版;第 67 页。

认识不足,以至于在社会主义建设中急躁冒进、急于求成,反而造成挫折和阻碍。尽管列宁及时采取了一些措施,但是由于时间短暂,一些正确措施还没有来得及显现成效,之后又没能继续加以贯彻落实,致使有始无终。纵观苏联信仰危机从出现苗头到最后总爆发,普通群众始终是旁观者,对于共产主义信仰更多是靠朴素的情感而缺乏应有的深刻认识。人民群众是创造历史的主体,人民群众对信仰的认识深度,决定了对它的维护程度,如果不能成为人民群众真正向往,最终将为人民群众所"遗忘"。由于人民群众还不能实现充分自觉,因此更需要马克思主义的理论武装。

(二)大力发展社会生产力,充分显示社会主义的优越性

增强人民群众对共产主义的理论认同,就要大力发展社会生产力,显示社会主义的优越性,增强人民群众的实践认同。共产主义信仰之所以越来越为世界所认可,不仅是因为其所设想的未来社会更理想、更有吸引力,更在于它有着坚实的现实基础和科学道理。席尔勒认为信仰是"一种精神活动,其中,为了实践的目的,人们愿意信任那些有价值的、值得欲求的信仰……这种虔诚的态度会促使它们在行为上得到证实"①,因此这就向我们指出,科学的信仰不仅要在理论上能说服人,而且在其指引下所达到的实践效果要与预期相符,这样才能让理论真正掌握群众。同样,共产主义信仰不仅要充分实现人民群众对它的理论认同,更要在实践活动中

---

① 沃夫冈·布雷钦夫:《信仰、道德和教育:规范哲学的考察》,彭正梅等译,华东师范大学出版社 2008 年版,第 61 页。

创造实际价值,增强人民群众的实践认同。在苏联的发展过程中,由于对马克思主义的教条式对待,产生了许多弊端,特别是斯大林模式的形成,包含了大量的非社会主义因素,导致出现了一些重大失误,如在所有制结构上脱离生产实际片面强调公有化程度、在思想文化领域采取专制主义,搞大批判、大清洗运动,个人崇拜之风盛行,严重破坏了社会主义的民主法制和人民的切身利益等。苏共在斯大林之后的发展中依旧停留在原有体制下,许多积弊在戈尔巴乔夫时期发生了总爆发,苏共最后背叛了社会主义,人民群众也放弃了苏联。这惨痛的教训启示我们一定要注意发展社会主义生产力,以经济建设为中心,坚持发展一切为了人民,切实保障人民的利益,让人民群众能够享受到"看得见、摸得着"的实惠,这样才能增强人民群众对共产主义信仰的实践认同。当今的社会主义国家大多是在经济文化落后的基础上建立起来的,这与马恩当初的设想有所不同,因此更加要注重发展社会经济,注重对人民利益的切实保障,才能不断增强人民群众对共产主义信仰的认同感。

(三)不断加强和完善党的自身建设,不断巩固和扩大共产主义信仰存在的群众基础

历史的发展规律告诉我们,执政党的建设事关人心向背,在社会主义国家里,一般说来共产党是作为执政党而存在的,是作为共产主义信仰的"代言人"和承载体,因此良好的政党形象有利于巩固和扩大共产主义信仰存在的群众基础,反之则对共产主义信仰的建设和社会主义事业的发展产生消极影响。"共产党人不是同

其他工人政党相对立的特殊政党,他们没有任何同整个无产阶级的利益不同的利益……是各国工人政党中最坚决的、始终起推动作用的部分",共产党是无产阶级的先锋队,是社会主义事业坚强的领导核心,因此我们要始终坚持共产党的领导地位,又要不断加强和改善党的领导。十月革命胜利后,苏共一直强调自身的领导地位,但在实践过程中却不注重完善党的领导,特别是职责不分,鼓吹全民党、多党制、议会党,试图改变共产党的性质,最终导致共产党领导地位丧失,造成苏联迅速解体。

加强和完善党的建设,保持自身先进性,必须培育优良的党风。党风建设是党的建设的重要组成部分,党风问题反映政党形象,事关国家命运。列宁非常重视党风建设,奠定了良好的基础,尽管斯大林时期存在着家长制作风,但总体上仍承袭了列宁时期的优良传统,而到赫鲁晓夫时期,党风问题开始发生了蜕变,党内官僚主义、形式主义等不良之风严重,特权阶层的出现,腐败现象加剧,严重割裂了党与群众的血肉联系,赫氏提出"全民党",改变了党的性质。到了勃列日涅夫时期,党风遭到了更加严重的破坏。而到了戈尔巴乔夫时期,党风问题发生了质变,开始全面背叛马列主义的建党原则、党彻底沦为少数人谋取私利的工具、公开欺骗和背叛人民,最终失去了人民支持。苏联的失误告诉我们只有不断加强和完善党的领导,保持优良的党风,保持同人民群众的血肉联系,才能为共产主义信仰做好"代言"工作,才会不断巩固和扩大共产主义信仰存在的群众基础。

（四）正确对待各种社会思潮，巩固马克思主义在意识形态领域的主导地位

从根本上讲，共产主义信仰是社会意识，更是一种社会意识形态。"一个阶级是社会上占统治地位的物质力量，同时也是社会上占统治地位的精神力量"①，因此一定的社会存在必然有与之相对应的社会意识，在苏联历史的发展进程中发生的信仰危机，很大程度上是因为没有意识到意识形态领域斗争的重要性，而最终导致苏共对共产主义的背叛、苏联人民放弃了共产主义信仰。首先，苏联在思想文化领域采取了高度集中的管理体制，混淆学术问题与政治问题的边界，单纯采取了行政手段压制各种社会思潮，这不仅不利于发展马克思主义，行政手段一旦失效或不为，各种社会思潮便会发生恶性膨胀。其次，忽视了思想阵地建设。二战以后，"冷战"拉下帷幕，西方开始了对苏联的西化、和平演变策略，抢夺思想阵地，开始了从意识形态领域攻击苏联。而苏联一步步改变共产党的性质，背叛共产主义信仰，拱手让出思想阵地，放任西方传媒渗透，正中西方"下怀"，最终导致马克思主义在意识形态领域主导地位的丧失。因此从苏联惨痛的教训中我们可以得知，必须正确对待各种社会思潮，重视思想阵地的建设及意识形态领域斗争，巩固马克思主义在意识形态领域的主导地位，这样才能不断巩固和扩大共产主义信仰的群众基础。

_____

① 《马克思恩格斯选集》第 1 卷，人民出版社，2012，第 413、178 页

第八章　生态文明是新时代中国特色社会主义的重要特征

第一节　"两山"理论生态实践的制度性建构

《中共中央国务院关于加快推进生态文明建设的意见》和十三五年规划正式将"绿水青山就是金山银山"重要思想写进了文件，并且生态安全成为国民经济和社会发展的根本要求之一。"如何建立'两山'制度"并指导全面深化改革是当前重大且紧迫的问题。"两山"理论研究应该尽快从"理念宣传阶段"进入"制度建设阶段"，以满足当前及未来一段时间国家发展的需要。这里涉及两个问题：(1)是否有可能建立体现"两山"重要思想发展的制度？(2)如果是，那么如何可能？对于前一个问题，我们要追问的是"两山"制度的可能性，即体现"绿水青山就是金山银山"重要思想的制度是否存在；对于后一个问题，我们要探讨的是建立"两山"制度的方法论问题。

　　基于约翰·R. 塞尔(John R.Searle)的社会实在学说,"绿水青山"是不依赖观察者存在的自然的"原始事实"(brute fact),即是一种自然实在;"金山银山"是我们要建构的"制度事实"(institutional fact),即是一种制度性实在。建构"两山"制度的关键是通过言语行为能力建构制度性事实体系来重视原始事实,又用原始事实的存在保障了制度性事实的建构与发展。自然实在与制度性实在之间的双向性关系是"两山"制度能否存在的根本。伯特尔·奥尔曼(Bertell Ollman)的"内在关系辩证法"能够克服塞尔制度性实在理论框架的断裂、静态化和极简化的缺陷,使得"绿水青山"和"金山银山"是一种关系整体,两者之间的相互作用是自身本质的一部分。这样适当修正之后,使得从整体上建构金山银山这种制度性实在成为可能,为后期建立"两山"制度的方法论研究提供理论支撑。

一、外部实在的连续性与断裂

　　塞尔宣称:"世界完全由我们虽不是完全精确但可以很方便地描述为粒子的那些实物所构成。"①这些没有得到严格定义的粒子至少拥有物理学(自然哲学)的特征,水分子、山川、行星或者有生命的系统等等通过自然选择不断进化形成了我们的外部世界,塞尔称之为"外部实在"。实在外在于我们的表征系统,不依赖于人

---

① 约翰·R. 塞尔:《社会实在的建构》,李步楼译,上海人民出版社 2008 年版,第7 页。

类的观察而独立自存。无论是人类出现之前的史前时代还是人类完全消失之后,无论任何表征系统存在与否,这些客观事实仍然不受任何影响地存在着。

外部实在论是塞尔理论的前提,它首先否认了那种认为语言表征对存在有根本影响的弱实在论,如 J.R.惠勒(J.R.Wheeler)认为:"我们不是单纯的观察者,我们也是制造过去、现在和未来的参与者。"①塞尔将这种较强的外部实在论归纳进本体论范畴,进而反驳了概念相对性论点和证实主义论点,这不同于传统哲学的存在论,按他的辩解"实在"只是"存在"的一种样式,"实在"不一定推断出"存在"。事物存在与否并不是实在论关心的问题,"实在论不是说事物是怎样的而只是说有一种事物存在的方式"②。也就是说,外部实在论实际上不关注事物是不是客观存在的物质对象,只需保证客观世界不依赖于我们对它的表征即可。将"实在"从"客观存在"中解放出来,可以避免实在论遭受库恩、罗蒂和德里达等人攻击的尴尬。但另外一个问题仍然需要面对,优先于表征系统的外部实在如何影响到表征系统?或者说独立自存的原始事实如何连续性地过渡到制度性事实?

"连续性"对于整个理论模型非常重要,如果难以说明就只能把社会实在设想为另外一个本源,那么搭建二元实在论及建立两者之间的联系显得更为复杂。塞尔坚信他生活的世界是一个而不

---

① Nelson Goodman, *Of Mind and Other Matters*, Cambridge, Mass: Harvard University Press, 1984.p36.

② 约翰·R.塞尔:《社会实在的建构》,李步楼译,上海人民出版社 2008 年版,第 131 页。

是多个,"最高法院作出判决的世界与社会主义阵营解体的世界是同一个世界,正如行星构成的世界和量子力学中波函数塌缩的世界是同一个世界一样"①,所有的事实可以形成从物理到生理到制度体系的连续性等级结构而没有任何实质性的断裂。塞尔用二分法构建了一个事实等级分类系统,然而这种静态的结构功能主义分析方法并没有很好的说明"连续性",哪怕区分得再精细,也不能说明相邻的两种事实之间的过渡的可能性。原初的"无情性物理事实"和"精神性事实"之间如何统一?外部实在如何连续性地过渡到我们的精神实在?塞尔对此用了背景能力和精神因果关系加以说明。

"背景"指的是一套非意向性的和前意向性的能力,能力意指所能、性情、倾向和一般的因果结构。对背景能力的理解更多的是放在神经生理学的层面,当我们在讨论背景能力时更多的是讨论大脑的能力。当我们在说精神层面的逻辑条件时,其实讨论的是在产生某种意向性现象中起原因作用的神经生理学结构。塞尔基本上将意识言语行为还原为大脑的生理结构,已经进一步接近了无情性物理事实。但是无情性物理事实如果直接决定了我们的行为,那么社会存在中只剩下机械性的无情性物理因果关系,这种主张容易导致漠视生命活力的行为主义观点。

塞尔引用了社会科学普遍承认的两种背景因果关系来对抗行为主义:一种是无情性物理因果关系也可以叫台球式的因果关系,相当于被推动的力的相互作用关系;还有一种是运用意向性的精

① 约翰·R.塞尔:《社会实在的建构》,李步楼译,上海人民出版社 2008 年版,第 102 页。

神因果关系。"按照这种因果关系,行为主体可以有意识或者无意识地把一套合理的程序运用于一套多少是清晰的意识状态。"①精神可以有意识或者无意识地决定事件发生的因果序列,也可以成为某种制度性实在的主动因。所以精神因果关系概念的运用避免了一个完全物理规则起决定作用的世界,又能够解释言语行为的自发性与创造性。

但是紧接着的问题是精神因果关系和无情性物理因果关系两者谁占基础性地位?两者如何连续性的过渡?塞尔没有办法解决其中的断裂,他用了一套对意向性结构的敏感能力来替代两种因果关系,但是没有论证清楚。

塞尔的背景能力观点把意向性还原到生理结构,但大脑能力与真正的物理实在还有一段距离。其实,塞尔倾向把意向性本身变成与观察者相关的特征和能力,即不依赖于物理实在的主体的表征能力,而且这种能力在认识论上是客观的。意向性获得了与物理实在相等的独立自存性,这意味着世界固有的特征和与观察者相关的特征的对立,也意味着原始事实到制度性事实的等级秩序出现了断裂。

塞尔在论证中出现了逻辑上的跃迁,外部实在的连续性并不是用理性保证的,保证物理实在过渡到神经生理结构的只能是以往的认知经验。塞尔坚持原始实在的独立自存就意味着原始实在可以与意向性发生关系也可以不发生关系,这些关系在意向性表征能力之外。这种强实在论就预示着连续性的断裂,在论证过程

---

① 约翰·R. 塞尔:《社会实在的建构》,李步楼译,上海人民出版社 2008 年版,第 117 页。

中肯定会出现跃迁。

完全按照塞尔两种"实在"的区分,"两山"理论并不能实现真正的一体性。因为"绿水青山"是独立自存的,它可以是也可以不是"金山银山","金山银山"对"绿水青山"的影响不妨碍它存在。那么,我们还需要强调"金山银山"观念的重要性吗? 显然不需要。因为这样会弱化"两山"之间的辩证关系,也不符合我们试图用观念制度建设来维护生态系统的初衷。

为了克服"两山"之间辩证关系的弱化,我们引入当代英美马克思主义学者伯特尔·奥尔曼教授的内在关系辩证法弥补这一缺陷。他认为,"现实中的一切事物之间现在和始终存在相互作用,所以,不可能存在这样的原因,它逻辑地先于和独立于据说是由它引起的东西;也不可能存在这样的决定因素,它本身不受据说是由它决定的东西的影响"①。事物内在地包含着与其他事物之间的联系,并成为其本质的一部分。因此,如果"绿水青山"的本质中包含着"金山银山",原始实在的本质中包含了与意向性表征能力的联系,也就解决了物理实在到制度性实在的断裂。

塞尔的外部实在论之所以会遇到连续性的断裂,难以达成一体化的效果,主要是建构制度性实在的三大理论工具出现了缺陷。

二、建构制度性实在的三大理论工具的缺陷

塞尔认为制度性实在有许多复杂的形而上学意旨,无论我们

---

① 伯特尔·奥尔曼:《辩证法的舞蹈》,田世锭、何霜译,高等教育出版社 2006 年版,第 87 页。

是否意识到都在不自觉地承担这种意旨,因为制度性实在本身具有不可见的结构,它并不是像原始实在(各种物质粒子)那样一目了然,所以基于可见性进行分析的内在现象学和行为主义的主张皆不可用。正确描述制度性实在结构的方法应采用某些理论预设,塞尔预设了三个理论工具:集体意向性、功能归属和构成性规则。

(一)集体意向性

人类和许多动物一样都具有集体意向性能力,因为群体性动物需要一定层次的合作行为才能生存。意向性不同于意识,意识局限于自身而不指向任何外部对象就是非意向性的,如"我感到忧伤""我感到疼痛"等。意向性明确地指向意向状态所关涉的对象或事物,如"我想开车"。

传统哲学观点认为集体意向性就是个人意向性的集合体,把无数个"我的意向性"叠加成为"我们的意向性"。叠加的基础是信念,即"我意图做某事时相信你也意图做这件事","你意图做某事时相信我也意图做这件事",信念互相叠加,最后变成集体意图。传统观念大多数认为只有个体意向性的组合才成为集体意向性,因为最简单的原初意向性内容看起来只能起源于个人的头脑。

所以对集体意向性的属性探讨似乎遇到一个理论上的两难困境:如果按照还原论的思路,把集体意向性还原为个体意向性,那么将不可避免地陷入信念的无穷叠加之中;如果按照非还原论的思路,那么就会导致黑格尔主义的普世精神———一种超越人类生命之上的集体意识的客观存在。塞尔打破了二选一的困境并提出了新的理解,他认为集体意向性根植于生物学的基本现象,"我们意图"作为生物本能已经直接明了地显现在个人的头脑中。在他看来,集体意向性是个体头脑中的以复数名词的话语形式来予以表达的精神生活,而人类为什么会进化出这种集体意向性,塞尔仅仅解释为因为人类需要有集体行为,这就变成了解释学的循环。

集体意向性概念的关键点是集体何以可能?如果完全落脚于动物的群体性则等于忽视人类社会文明的特质。我们可以承认集体意向性先天地存在于个人的头脑中,不是基于生物本能,而是一种社会本能。按照奥尔曼的理论,个人背后的各种社会要素相互作用的关系构成了个人的本质。集体意向性即使看起来像生物本能,决定它存在于个人头脑中仍然是时间维度上不断展开的社会生产协作关系。"人是一个特殊的个体……同样,他也是总体,观念的总体,被思考和被感知的社会的自为的主体存在。"①长期的生产协作使得社会性内化为本能存在于个体当中,使得"集体"的意向性同步得以可能。

(二)功能归属

当人的意向性指向外部对象时,人有一种明显的赋予对象某些功能的能力。被赋予的功能,通常不是对象所固有的物理特征,而是有意识观察者从外部赋予的。在此塞尔把功能定义为"总是

---

① 伯特尔·奥尔曼:《辩证法的舞蹈》,田世锭、何霜译,高等教育出版社 2006 年版,第 31 页。

与观察者相关的特征"。功能归属有时候看起来好像是"发现"自然的功能,但这只有确立一套先行确定的价值系统(包括目的论和意图等等)才能成立。功能归属有时候体现出观察者的直接目的,赋予对象物的用途,这是与有意识的行为者的实践兴趣相关而被赋予的属性。例如"这把刀可以用来切水果"。功能归属有时候涉及观察者的审美和偏好,例如"这把刀很难看"。功能归属也适用为实现这种功能而做成的人工制品,例如"这把刀可以用来切割"。功能归属有时候可以改变人工制品的功能,例如"这把刀可以用来当摆设"。

塞尔将对象功能的发挥是否依赖主体的意向性作为标准,区分了"非施事功能"和"施事功能"。非施事功能指的是事物的功能不需要主体意向性参与也能发挥作用。如"胃的功能是消化"。施事功能指的是主体意向性参与进行功能归属是事物发挥功能的前提。如"这棵树可以用来造房子"。值得一提的是施事功能中有一部分是地位性功能,被赋予地位性功能的事物可以表征和代表其他事物,该功能可被赋予的前提是集体的认可和接受,然后就过渡到了结构性规则。

塞尔的功能归属理论确立了原始实在和制度性实在的边界,观察者主体利用集体意向性通过赋予功能来进一步改变自然界的物理结构并建构了制度性实在。塞尔注意到了实践的作用,但他仅仅是把实践当作行为者的直接目的或是对象的用途来讲的,他没有注意到实践对于意向性对象在语言中显现的重要性。我们可以利用功能归属来定义"这个东西是一把锤子","锤子"这一指代只有在前一个命题里才有认识论的意义,而且需要有集体的合意作为保证。不妨这样设定,在实践活动的具体情境中,"这个东西"每次都可以执行捶打的功能,所以我们把"锤子"的指称赋予"这个东西"。按照奥尔曼的内在关系辩证法,事物之间总是相互联系的,我们的兴趣、偏好和审美同时受到被赋予功能的对象的影响。社会领域内形成由生产实践创造的社会组织和社会要素相互作用的严格的因果关系。在人工制品中尤其典型,实践改变或创造了事物的自然功能来迎合意向性的功能归属。

(三)构成性规则

构成性规则是人类社会中的制度性实在的基本结构,可以表述为"X 在情境 C 中看作 Y"。为了说明构成性规则的重要性,塞尔引进了一个罗尔斯的理论区分:"调控性规则"和"构成性规则"。调控性规则是对已经存在的活动进行调节和规范的规则,而构成性规则直接创造了新的活动方式,构成性规则的系统创造了制度性实在。苏波特尼克对这一区分提出了质疑,因为现实中调控性规则可能会创造新的活动,构成性规则也会起到调控性作用,两者仅仅是程度区别,完全区分开来是不可能的。这种质疑的依据就是事物的内在关系,在不同活动中,两种规则的功能甚至可以互相置换。

我们还是遵循塞尔的主张把构成性规则看成创造制度性实在的重要途径。构成性规则由集体意向性赋予功能性地位来创造制度性事实,"X 在情境 C 中看作 Y"这一公式中,集体意向性对 X 项所表示的物理现象赋予 Y 项所表示的地位和功能,且 Y 项的地位得到集体接受,那么一个制度性事实就被创建了。构成性规则可以通过语言或者符号来表征 X 项来建立制度性事实。人类通过语言表征了改变实在的意向性,从而确实地改变原始实在。塞尔认为制度性事实言语行为创造的,①例如"这是一张货币",通过语言的宣告将一张纸变成人类社会的制度性实在。人类可以通过符号指代赋予一些事物以地位性功能来创造非语言制度性事实,如法官制服赋予穿着它的人某种地位。

塞尔认为构成性原则作为元建构规则可以无限叠加,Y 项在另一个高层次构成性规则中可以被当作事实 X 项,于是规则公式变成"(Y)在情境 C1 中看作 Y1",例如我发出一些声音形成语言,语言在特定情境形成承诺,承诺在特定情境形成合同契约,以此进行纵向或者横向的迭代结构的连接,人类社会纷繁复杂的制度性事实就建构出来了。

塞尔宣称这种构成性规则的迭代结构能够长时间起作用,然而他用逻辑条件来构造社会制度和人类文明恰恰忽视了其时间维度上的历史演进,在公式"X 在情境 C 中看作 Y"中随着时间 T 的变化 Y 项会变成 Y1 项。事实上,塞尔认为自己构造出的迭代结构可以"长时间"起作用,是指制度性实在不需要依靠无情性物理力量来维持和社会结构的相对稳定性,不涉及历史进程。塞尔的构成性规则迭代结构只是一个极简化的社会框架,将人类历史的实践活动简化为情境构造,他既不能解释情境为何成现在的这种状况,也不能解释意向性内容为什么刚好是现成的存在。塞尔的理

---

① John R. Searle, *Makingthe Social World: The Structure of Human Civilization*. New York: Oxford University Press, 2010. p12

论模型是静态的,并不具备历史的解释力。

总体上说,塞尔利用意向性理论和语言哲学,按照结构功能主义的分析方法,搭建了一个从自然实在到制度性实在的连续性等级结构的社会图景,具有很强的理论原创性和严格的逻辑能力,但他采用的方法又会带来连续性断裂、静态化和极简化的缺陷。

三、建构"两山"制度面临的三大挑战

当"绿水青山就是金山银山"重要思想写进了中央文件后,"两山"理论进入了一个新的发展阶段,即理论指导实践并建立长效机制的阶段。然而,目前"两山"理论研究尚处于"理念宣传阶段",同时,在实践上尚处于试点阶段。

基于以上塞尔理论的分析,我们认为,目前"两山"理论进入"制度建设阶段"过程中面临着三大挑战,即绿水青山与金山银山之间存在着断裂、静态化和极简化的挑战。

(一)断裂

"断裂"指的是绿水青山与金山银山之间相互独立,导致两者之间转换机制不通畅。绿水青山是一种自然实在,表达的是一种不依赖主体意向性的物理体系;金山银山是一种制度性实在,表达的是一种基于国家发展集体意向的构成性规则体系。

"两山"理论强调"我们既要绿水青山,也要金山银山。宁要绿

水青山,不要金山银山,而且绿水青山就是金山银山"①。有些学者据此解析出三个层次思想内涵:(1)既要绿水青山,也要金山银山;(2)宁要绿水青山,不要金山银山;(3)绿水青山就是金山银山。在这样的解析中,第一层次"既要……也要"的句式反应了二分法的思维模式,将"两山"之间的关系分离甚至对立起来。第二层次说明在二选一的困境中,优先考虑"绿水青山",其实是第一层次思维模式的延续。第三层次将"两山"融为一体,达到了辩证统一。

这样的解析存在着一种逻辑上的跃迁,即从第一、二层次的"二分法"逻辑向第三层次的"整体论"逻辑的跃迁。理论上可行,然而实践上这样的跃迁难以实现。因此,当我们力图建立体现"两山"理论的制度时,在绿水青山与金山银山之间出现了"断裂"。

基于塞尔的理解,作为自然实在的青山绿水,在言语行为的表征下逐步形成了作为制度性实在的金山银山,在实践中表现为一种生态经济的运作模式。然而,金山银山在制度上如何保障绿水青山却存着在"断裂",在实践中表现为,我们用"理念宣传""意识引导"等途径影响公众,至多建立一种社会心理上的生态保护意向,但无法在制度上保证"绿水青山"实际存在。

"断裂"的根源是用二分法理解绿水青山与金山银山之间的关系,解决之道应该是用"整体论"重新理解"两山"理论,以达到"浑然一体、和谐统一的关系,这一阶段是一种更高的境界"②。

整体论并非"整体与部分的关系",不能把整体理解为"部分"

---

① 中共中央宣传部:《习近平总书记系列重要讲话读本》,学习出版社 2014 年版,第120 页。

② 习近平:《之江新语》,浙江人民出版社 2007 年版,第 186 页。

的合集;而是直接从"整体"出发理解整体,"辩证的研究从整体,即从系统或者人们对系统所能达到的理解开始,继而进入对部分的研究以便了解它的合适位置以及发挥作用的方式,最终达到了对作为出发点的整体的更充分的理解"①。整体论要求一种"整体主义"的认识视角,"当我们在考察整体的任何部分的时候,我们都能够看到整体,尽管只是看到了一个侧面"②。整体论并非先孤立地考察"绿水青山"或"金山银山"的本质,再试图建立关联,而是从"两山"的关系整体来看待其中任何一座"山"的本质。辩证法能够实现这种整体论的意图,强调"为了掌握事物的本质,必须在更大的整体(whole)中考察事物与其他对象的内在关系"。③

我们直接把"两山"看成一个整体,不仅是理论整体也是事实整体。"绿水青山"与"金山银山"之间的内在关系是两者的本质,因此,"绿水青山"与"金山银山"是一回事情,即"绿水青山就是金山银山"。

(二)静态化

如果"两山"理论过于强调"绿水青山"与"金山银山"的逻辑

---

① 伯特尔・奥尔曼:《辩证法的舞蹈》,田世锭、何霜译,高等教育出版社 2006 年版,第 8 页。

② 伯特尔・奥尔曼:《辩证法的舞蹈》,田世锭、何霜译,高等教育出版社 2006 年版,第 180 页。

③ Sean Sayers, *Marxism and the Dialectical Method*: *A Critique of G. A. Cohen* // Sean Sayers, P. Osborne, *Socialism*, *Feminism and Philosophy*: *A Radical Philosophy Reader*, London; New York: Routledge, 1990: 140-168. p143.

关系,就会忽视这两个概念内容的自我发展和历史内涵。塞尔用言语行为构建的制度性实在由于过分注重逻辑关系,时间维度在这个理论模型中消失了。如果"两山"制度建设过于侧重概念结构的完善,势必会影响对生态保护实际工作的指导。

塞尔认为主体使用集体意向性进行功能归属建立构成性规则,然后构成性规则层层迭代形成制度性实在的系统。这些制度性实在通过相互作用,形成货币、婚姻、财产等复杂的层次,随后建立起公民权、责任、职务等更加周密的结构,最后这些制度性结构在最高层次上被编入法典得以完全确立。塞尔的社会存在的等级结构明确,然而他说的相互作用仅仅指的是概念之间抽象的逻辑关系,他并没有认识到货币、财产、法权等所有制度性实在都是历史的生成,都会在时间维度上不停地演进。塞尔无法动态的描述制度性实在的演绎,更无法说清整个社会存在的本质。

按照奥尔曼的内在关系辩证法,"社会生产过程的任何前提同时也是它的结果,而它的任何结果同时又表现为前提。生产过程借以运动的一切生产关系既是它的条件,同样也是它的产物"[1]。制度性实在应该表现出历史性的持存。建立体现"两山"理论的长效机制应该是一种相当长时期的演化过程。

静态化思维不仅体现在对"两山"之间辩证关系的认识僵化,也体现在对"绿水青山"等生态概念的认识僵化。塞尔利用构成性规则及其迭代建构制度性实在,在认知科学上表现为一种僵硬的"认知主义"。在实践中,我们严重依赖一些惯例践行"两山"理论,

---

[1] 伯特尔·奥尔曼:《辩证法的舞蹈》,田世锭、何霜译,高等教育出版社2006年版,第117页。

如绿色发展就是大规模兴建"农家乐",生态文明就是"美丽乡村"发展模式等等。

静态化的根源仍然来自"二分法"思维,也就是预设了"生态—经济",以及"自然实在—制度性实在"的二元论框架。"二分法"可以以各种新形式保留,例如,在"生态—经济"框架中加入政治、社会、文化和党建等要素形成"五位一体",形成更加丰富、更多层次的空间协同;在"自然实在—制度性实在"框架中引入"内在关系辩证法",形成更加动态的时间延续。

(三)极简化

"绿水青山就是金山银山"是"两山"理论的精髓。这在理论宣传和集体意识引导方面具有巨大的作用。当生态文明集体意识建立之后,且不断地进行宣传强化,在逻辑上建立一种抽象的"两山制度",但在实践中忽略了生态文明多样性和实践的丰富性,也忽略了时间维度上"两山制度"演化的连续性。

极简化的根源是我们以传统"运动战"模式,即集中力量办大事,进行"两山"制度建设,表现为铺天盖地的"理念宣传""理论宣讲"代替长效机制建设。也就是我们力图在"某个时刻",而不是在"某段时间"内取得"两山"理论发展并完成"绿水青山"与"金山银山"连接和转换。

塞尔希望建立一座横跨自然实在和制度性实在的桥梁,但用集体意向性作为桥梁显然使他的计划不能完全实现。因为通过集体意向不停地对事物进行赋能搭建起来的只能是抽象逻辑中的极简社会框架,它忽略了人类广袤而丰富的生存样态和实践活动带来的历史演进,它用"现成的意向性"替代了"生存的意向性",它没有意识到"意向性"本身从属于"人的生存",按海德格尔的说法是"意向性属于此在之生存"。所以塞尔的真正问题是用逻辑的优先性替代了生存的优先性进行思考,导致"绿水青山"与"金山银山"之间丰富的生存实践被简单的逻辑关系遮蔽了。

连接自然实在与制度性实在的桥梁只能是人的生存及其历史实践。实践协作的需要使"集体"的意向性得以可能,实践的需要使功能赋予得以可能,实践的需要创制了构成性规则。人的存在是人的活动的结果,制度性实在是社会生产的结果。"两山"制度绝不是通过语言表征和"观念加强"来确立,而是应该以最广泛的生态保护实践为基础,以社会各个领域和全过程的全面生态化为实现路径,以国家繁荣稳定和人的全面自由发展为总体目标。

四、结语

"两山"理论的制度实在建构不仅仅是建立一整套生态文明制度体系,更是建立一整套有望超越现代工业文明的中国特色社会主义的文明制度体系。如何整体地体现"绿水青山就是金山银山"重要思想是未来"两山"制度建设过程中的方法论要求,这套体系应当从整体进行建构,将"绿水青山"和"金山银山"视为逻辑上的整体而不是两个部分的组成,从而克服"绿水青山"和"金山银山"之间的断裂、静态化和极简化等理论缺陷。

一方面,我们要注重"两山"之间的辩证关系而不是强调一方的独立自存,是对以往的片面发展观的反思与批判。另一方面,我们要注重"两山"之间互相影响的双向关系,"绿水青山"并不是通过语言表征逐渐变成"金山银山"的单向建构,而是通过对"金山银山"这一制度性实在来保障"绿水青山"的持存,通过"绿水青山"的实存来促进"金山银山"的发展。

第二节 生态文明发展理论的基本逻辑

改革开放以来,中国共产党领导中国人民实现了生态文明建设的理论、实践、制度创新和治理体系创新,科学地理清了中国特色社会主义生态文明建设的内涵、外延、意义与价值,明确了生态文明建设的目标、方针、原则、路径,以此回应新时代这个最迫切需要解决的重大课题做什么和怎么做的问题。

贯彻落实科学发展观和新发展理念,推进生态文明建设有助于破解发展瓶颈、实现高质量发展,在协同国际生态环境治理中进一步发挥自身的影响力。

一、中国特色社会主义生态文明建设的思想体系

(一)生态文明建设的丰富内涵

我国社会主义建设初期并无"生态文明"概念,只是强调节约资源、合理利用资源,同时提出植树造林,减少水土流失,造福子孙让荒山披上绿装,以及未雨绸缪加强水利基础设施建设,正是这些

朴素的思想折射出可持续发展理念,使得后来的生态文明建设思想与之一脉相承,并在此基础上发扬光大。

生态文明是伴随着工业化、城市化的发展为克服生态危机而产生的发展理念。环境在容量饱和之后,日益丧失自我净化的代谢功能,由此突显人与自然的矛盾。生态文明是在生态压力、生态危机下催生出来的,只有科学发展,统筹安排资源、环境、生态等要素,实现人与自然和谐相处和长期可持续发展,才能呈现出生态文明的样态。如果说自然是人类无机的身体,那么,人类就是自然有机的大脑。自然生态已经由一个外在的"他者"变成了人类文明进步的内在条件,生态之所以构成文明,在于生态决定和反映了文明的兴衰,体现了人类社会的发展规律。从这个意义上讲,生态代表着文明的现代水平,它并非只针对生态而言,而是更高形态的人类文明。

人类文明有广义和狭义之分。广义的人类文明包括物质文明和精神文明,它们不是截然分开的两种文明形态,而是同一种文明在不同层面所呈现的样态。比如作为明式家具典型代表之一的官帽椅,所呈现的物质样态是坐具,但它同时又内在地有着意识形态的教化功能,而且后者起着主导作用,大大超出了坐具的功能;再比如中国美食,包含的不仅是食物,还内含着文化因素,品味美食通常包括这两者,后者的附加值往往更高。狭义的人类文明分门别类,包括物质文明、政治文明、精神文明、社会文明和生态文明①等不同领域。显然,生态文明理念是针对生态危机提出的,符合狭

---

① 汪希、刘锋、罗大明:《邓小平生态文明建设思想的当代价值研究》,载《毛泽东思想研究》2015 年第 1 期。

义所说的专科治理。然而,生态危机归根到底是资本主义生产方式的危机,资本主义生产方式不可避免地导致两大危机,它们分别是生产过剩的危机和生态危机,前者是马克思的《资本论》特别予以阐明的原理,后者那时虽已暴露但尚未充分暴露出来,因此马克思并没完全揭露它,但恩格斯早已明确提出警告:"不要过分陶醉于对自然界的胜利,对于每一次这样的胜利,自然界都对我们进行报复。"①生态危机不仅是生态的危机,更是全面危机的爆发,而正是对自然的压榨和过度开发导致生态危机。由此不难得出结论,只有改变旧有的生产方式才能从根本上解决生态危机。生态文明是超越了以往的资本主义生产方式的新文明形态,是"对人类过去三个多世纪以来工业化与城市化制度和生产生活方式的批判性超越"。当生态文明跟新的生产方式相联系时,它又回到了原初的广义范畴。

广义狭义之分意味着是否涉及生产方式。西方的生态文明理念是狭义范畴,跟生产方式无关,而我们的生态文明理念是广义范畴,首先涉及的就是生产方式,这是二者最大的差别,也是最根本的差别。

社会主义制度为生产方式变革提供了制度保证,中国特色社会主义具有实现生态文明的制度优势,而西方资本主义国家只能头痛医头、脚痛医脚,局限于狭义的生态文明建设难以施展拳脚。

"五位一体"总体布局的执政理念是逐步成熟的。从党的十二大到十五大,社会主义现代化建设都以物质文明建设和精神文明

---

① 《马克思恩格斯文集》第 9 卷,人民出版社 2009 年版,第 559 页。

建设为抓手,十六大在此基础上提出了社会主义政治文明建设,十七大提出社会主义生态文明建设,十七届四中全会又把生态文明建设提升到新的战略高度,与经济建设、政治建设、文化建设、社会建设并列,构成全新的五大文明共生共建共促进共发展的中国特色社会主义事业总体布局,注入绿色、节约、环保、友好的科学发展理念。

党的十八大以来,生态文明建设更加系统、更加完备、更加深入地贯彻发展理念、推进发展进程、加速发展效率。十八大把建设生态文明增设为全面建设小康社会目标,作为一项重要战略任务来抓,将生态文明的重要性提高到关系全体人民对美好生活的向往的高度,对人民未来福利福祉的分享、对整个中华民族乃至全人类长久发展有重要影响,进一步突出了生态文明建设的地位,并将它融入经济建设、政治建设、文化建设和社会建设各方面和全过程,提出"美丽中国"战略构想,统筹推进"五位一体"总体布局。党的十八届五中全会将"美丽中国"作为重大发展战略纳入"十三五"规划。十九大提出"加快生态文明体制改革,建设美丽中国"[1],指出社会主义现代化必须是具有人与自然和谐互动、共生共进、永续发展特征的现代化。人与自然从分立走向融合,尊重自然、顺应自然、合理开发自然、正确利用自然、自觉保护自然变成人类自身发展进步的条件和动力。加强生态文明建设、构建美丽中国的战略构想寄托了中国人民对未来美好生活的期盼,表达了党和国家花大力气改善生态与人民生活境况的坚强决心,是实现中华民族伟

---

[1]《中国共产党第十九次全国代表大会文件汇编》,人民出版社 2017 年版,第 40 页。

大复兴中国梦的题中应有之义。

中国特色社会主义生态文明建设的思想体系将马克思主义生态文明思想融入到我国现代化建设的实践中,实现了马克思主义生态文明建设与中国实践深度融合,激发了人民群众对生态文明建设的认同感和参与度。新时代中国特色社会主义生态文明建设是在充分把握人类文明发展的历史规律基础之上的重大理论创新和实践创新。中国特色社会主义生态文明建设并非只有自然生态这一个向度,而是"五位一体"的深度融合,形成了科学、和谐、共生共促、符合自然历史发展规律的有机整体。中国特色社会主义生态文明建设立足于国情,切合实际,同时吸收、借鉴一切先进的生态文明思想和经验,融会贯通、发展创新,充分体现了中国共产党人和中国人民为建设美好生活、美丽中国、和谐世界做出的坚持不懈的努力。

(二)生态文明建设具有鲜明的时代特征

"oikos"是"生态"一词的希腊语词根。在人类文明史上,希腊人较早进入城市生活,这个词最初就用来指代人类住所与环境。随着聚居范围扩大,这个词也就相应地拓展为希腊所特有的"城邦"概念,表示共同的家园或者人类生存的环境。中文则独具神韵地译作"生态",以期唤起这个词早已丧失了的历史记忆——不是立足于城市,而是面向大自然。"生态文明"这个词语又进一步将生态和文明连接起来,兼具了物质和精神双重底蕴。在生态文明概念提出之前,人类社会先后经历了采集渔猎的原始文明、农耕文明和大批量生产的工业文明,文明形态的进程逐渐加速,生产力所迸发出来的力量也越来越大。然而,无论文明形态如何变迁,文明的主体和推动者始终是人,都表现为人对自然的征服和改造,而且这种征服和改造的能力快速提高。

生态文明则展现出不同于以往的新型文明特征,它不再表现为人对自然的征服,而是人和自然和谐相处、良性互动、相互促进。就像奴隶社会不再杀害俘虏是历史性进步一样,人和自然关系的改善也是人类社会进步和发展程度的重要指征,是文明程度的重要标识。

生态文明的本质是长期可持续发展,生态文明倡导绿色环保、环境友好的生产方式与健康可持续的生活方式,确保社会生产生活健康清洁、低碳环保、友好亲和、良性持续;提倡物质消费在节约、适度、合理的范围内进行。生态文明建设表明人类与自身、与自然界、与人类所创造出来的社会实现和谐相处、共生共存、互助互促、良性互动、自由而全面、持久发展、永续繁荣的信心与决心,将人类社会发展引导至健康、和谐、绿色、亲和、持续发展的轨道上,生产生活方式、消费方式具有可持续性。生态文明建设为经济社会持续健康、良性、可持续发展提供了有力的保障。

生态文明建设既是实现社会主义现代化的核心内容之一,也是推进改革开放进程与现代化建设的重要途径。生态文明不是自成体系,而是融入到经济、政治、文化、社会各个领域成为一个有机整体,融入到社会主义现代化建设的全过程,成为物质文明、精神文明、社会文明的重要基础和基本前提。失去良好、健康、绿色、安全与可持续发展的生态环境,也就意味着失去了人类赖以存在的根本条件,"生态兴则文明兴,生态衰则文明衰"①。这是在总结古往今来人类文明历史演变轨迹、梳理人类文明兴衰的经验教训的基础上得出的科学结论,揭示了生态文明具有的历史属性和潜藏在人类文明发展脉络之中的指标与基础支撑作用,更体现了新时代的中国共产党人对社会生态文明发展的未来发展趋势和科学规律的准确把握与理性认识。

在人类历史长河中,曾经和中华文明一样耀眼的古巴比伦文明、古埃及文明和古印度文明,都源自生态环境良好的大河与平原,自然恩赐再加上人民的勤劳造就了璀璨的人类文明,而文明的陨落也与自然生态破坏和文明中心转移分不开。文明兴衰既取决于人,也取决于自然。过去是如此,现在和未来仍将如此,这是一条普遍的规律。

二、新时代生态文明建设的挑战、风险与应对

生态文明建设是一个完整的,具有系统性、科学性、实操性的体系,其形成有其独特的历史沿革、发展脉络、制度流变和现实与时代的需求,从理论上深入剖析,从制度上分辨正误,在历史上体察得失,在现实中把握成败,多视角、多层次、个体化地透视新时代中国生态建设、环境保护、健康发展的整体现实,深入探讨其面临的挑战,可能潜藏的风险及正确、有效、科学的应对措施。

---

① 习近平:《生态兴则文明兴——推进生态建设　打造绿色浙江》,载《求是》2003 年第 13 期。

（一）就意识层面而言，生态文明的理念仍需进一步推广才能深入人心

改革开放以来，高速的经济发展无形中使中国人民沉浸在生产力大发展、经济社会大繁荣、自然大奉献的喜悦之中，即使思想中潜藏着生态文明的传统基因，有着对西方生态危机的潜在印象，受过国家常抓不懈的生态文明宣传与教育，但是仍然在思想意识上呈现出淡薄的形态，尤其是在生态问题的合作共治、共商共享上非常缺乏。

众所周知，科学的思想观念，正确的理论指导是正确实践的必要条件、理论前提和思想基础。生态保护意识的淡薄和共同建设思想的缺乏，在很大程度上造成了现阶段生态危机层出不穷的涌现。如何将完善成熟的生态文明理念在实践中予以合理的操作与推广，成为现阶段解决和回应生态危机的可行路径。

生态文明理念属于生态文明建设的上层建筑领域，主要作用于人的意识层面，具有指挥官和智囊团的作用，其基本要素包括对生态环境的立场、对人与生态互动关系的认识、对人与生态未来发展趋势的判断、对人应当如何作为的看法等等，集中体现了人作为自然界最智慧的生物如何正确、科学、合理、有效地看待和处理自身与他者，也就是与自然界之间的关系，人自身与人自己创造的这个社会之间的关系，以及处于这种关系之上的价值取向和信念追求。

按照马克思主义的世界观的基本原则，人类的一切属人的意

识、认识都是对现实的一种能动的反映,其能动性一方面体现在认识本身具有人的主观倾向,另一方面体现在人的意识能够或正面或反面地制约和影响着客观存在。根据这一科学原理,我们可以得出一个结论,即不正确不科学的生态领域的实践行为会造成对生态建设不全面、不客观、不科学、不正确的认识,而与此同时,这种缺乏全面性、客观性、科学性的错误认识观念会对实践进行错误的指导和影响,起到很消极的制约作用。

在充分认识到这两者之间的辩证作用关系之后,我们国家必须要从增强公民的生态环境保护意识的角度入手,通过宣传教育、亲身实践、志愿服务、实地考察等多种方式,积极培育公民对自然、环境、家园与人类未来的热爱和珍视,从而构建出人类共同的生态命运共同体理念。

在这个意义上,我们可以认为生态危机就是人类环保意识的危机。对自然的无视、对环境的冷漠,最终驱使了对自然、对外部环境无休止的掠夺。而们在建设生态文明的进程中,主体依靠力量是最广泛的人民群众,那么,群众对生态环境保护的敏感程度、重要程度、价值内涵的认知显得尤为重要。从思想上对群众进行宣传教育、在信仰上对群众进行启迪提升、在意识上对群众进行灌输升华,成为了当前群众思想教育领域的重要环节。只有在思想上将群众团结在保卫生态环境的核心理念周围,才能不断推进生态文明建设的实践深度、广度与远度。

虽然说群众是环境保护的最广泛的主体与依靠力量,然而群众是需要领导、指引、配合与支持的。我们应当在全社会范围内开展广泛的联合、深度的融汇,发动所有能发动的生态保护的力量,将共商、共建、共治、共享、共融的工作方法融入生态建设的方方面面,启动由政府主导的、各类企业与社会组织积极配合支撑的、有民众广泛参与的系统性的治理和建设工程。这一系统工程的展开将会围绕着生态环境保护的核心任务将各类主体,如各级政府部门、党政机关、各类社会组织、各种企业形式、广泛的民众力量最紧密地团结起来,共同商定政策,共同分享治理经验,群策群力,使环境治理的实效性最大限度地扩大。

(二)有关生态文明制度建设与立法执法机制亟待加强与完善

观念要通过行动作用于现实,而行动只有凭借制度的保证才能持久有效地发挥作用,在社会上形成长效的风尚与稳定的预期,从而更为自觉地指导人民群众的行动,切实有效地提高环保教育,增强民众的环保意识,提升相关管理者和志愿者的专业素质与实操水平。

生态文明的制度建设是一个复杂的系统工程,其中最能直接产生效应的加强对主导主体政府的政绩考核的创新,加入生态环保的分值。在官员评价与升迁机制中适当考虑环保因素,甚至可以实行环保指标不合格的一票否决制。依据环境指标实施相关的奖惩机制将会十分行之有效,有力杜绝对环保问题的视而不见的不作为,以及盲目遮丑的乱作为的混乱现象,将针对环保的行政问责实行终身制,制约官员的短期行为。在任内造成的恶果绝不能一走了之,而要一追到底。只有加强对官员的奖惩,才能真正起到教化群众、激励群众、为群众树立榜样的作用。

　　生态文明的制度建设必须包括相关法律的制定和在实践中的执行。法律是最有效的社会行为预期的晴雨表。国家通过立法的程序，将它所期望的社会风尚、价值导向、制度理念上升为国家的意志，以法律的兜底作用引导、制约人们的行为。人们通过对相关环保法律的学习，在实际生活中受到环保法的指令，奖励正面行为，惩罚负面行为，从而硬性地产生相应的环保意识，以他律的方式达到国家希望的发展方向，同时也规范了自身行为。

　　立法是前提，执法是关键，有法不依、执法不严是法律实施中的大忌，必须严厉制止。有法必依，执法必严，是中国一贯实行的执法原则。相关的环保法律由于对经济发展单一片面的错误认识而人为地导致了生态与经济发展的对立，而往往陷入被束之高阁的境地。法律如果不被使用将永远是停留在书面上的口号，无法让民众感受到法律庄严与权威。有关生态环境的执法也应该持续跟进，在相关执法部门被庄严神圣地实施着，从而有力、有效地管理着我们的生态建设。

（三）切实有效改革现存经济结构的单一性与发展方式的粗放性

　　作为后发市场经济国家，决定了我们国家必须在短期内完成加速度的发展目标，而这一发展目标的设置是由客观的经济条件、国民素质、商业需求和国际环境所决定的。在改革开放初期，社会主要矛盾多集中在人民群众的物质文化需求与相对落后的生产方式与生产力之间的冲突，如何满足最大多数人的温饱，尽快加快生产力发展的速度，成为了那个阶段的最主要目标。廉价而密集的劳动力构成了那个时期最显著的后发优势,在当时的国际分工中获取了广泛的市场占有,然而也带来了产业经济结构层次较低的后果,不可避免地具有经济结构单一性发展与生产方式的粗放性。

随着中国国际地位的提高,国际责任的更多承担、经济高质量发展的客观需求,决定了我们必须在现阶段逐步切实有效地改革以往这种不适应时代发展的经济方式。在党的十八届五中全会上,五大发展理念以党的文件形式被确定下来,逐步发展为更加成熟的新发展理念,用以指导经济高质量发展的实践。生态指标的高低成为经济高质量发展的重要要素。新发展理念所提倡的创新包括了在生态科学技术上的创新;新发展理念所提倡的协同体现了经济发展的多层次性与丰富性,其中很重要的一点就是将生态作为一个重要的衡量指标;新发展理念所提倡的绿色则是直接指向生态文明建设,直接为生态文明建设提供政策和制度支撑;新发展理念所提倡的开放则为生态文明建设打开了全球化背景下国际合作的大门;新发展理念所提倡的共享则是将生态环境放置于人类共同的未来发展的大视野之下,肯定了生态其实是最普惠又最珍贵的民生福祉。

(四)大力开发针对生态文明建设的科学技术

以往科学技术的发展主要直接作用于经济发展,而对于生态文明建设,则缺乏具有独特针对性的科学技术支撑,这也成为生态建设可持续发展中潜藏的风险与现实挑战。这一方面与长期以来对生态文明在意识层面上的忽视有关,一方面也缺乏相关的技术积累——我们在生态建设方面的科学技术发展具有起步晚、基础薄弱、技术储备不足、资金投入不够、相关人才的培养与引进不充分等特点。

自改革开放以来,中国一直十分偏重直接的经济建设、人民基本物质需要的满足和生活水平的提高。主要实行的技术创新与人才培育工程更具有直接的经济效益的针对性。然而,在生态文明建设中,我们很大程度上忽视了对环境保护技术的研发与对生态文明建设相关的技术人才、技术资源的培育。造成这一现象的原因,一方面与国家在特定时期内有意识地采取的政策倾向相关,另一方面也受制于长期以来的文化基因和历史传统。中国思维更加重视对以往经验的总结梳理,具有很强的逻辑总结能力,积累了大量的经验与素材,可以视作牛顿所说的"巨人的肩膀",然而却总是缺乏更进一步的意识与能力。而这种在巨人的肩膀上创新一步的敏锐性、勇气与能力正是现代西方工业文明高速发展所依仗的思维与行动的红利。这种在思维和时代上的局限性,造成了现代化过程中,中国的科学技术发展与创新的程度和速度远逊于西方发达资本主义国家。这是我们在改革开放的蓬勃发展中必须正视的客观现实。正因为我们处于社会主义初级阶段,与生态文明建设相关的科学技术发展处于相对落后的水平,持续的科学技术的低水平导致了中国经济生产能力的落后和对本就稀缺的自然资源利用的不足。在大多数时候,依靠大量的自然资源投入和人力资源的投入只能带来暂时的经济发展,远远不具备可持续性。

三、中国特色社会主义生态文明建设的重大意义

健康的生态、友好的环境是最普惠的民生,是最珍贵的福祉。从微观上看,生态文明直接决定人民群众对民生福祉的分享;从中观角度来看,生态文明关乎中国民族未来的前途;从宏观角度来说,生态文明发展的质量关系人类社会发展方向、前途命运。保护环境与生态不仅是一项艰巨而紧迫的系统工程,更是关系到子孙后代、人类共同命运、世界共同家园的宏大事业。

加强生态文明建设、快速推进生态文明发展进程、深入对生态文明研究的程度,是对经济高质量发展、社会稳定有序进步、人民群众共享民生福利具有重要的支持作用与保障意义。

(一)推进生态文明建设有利于经济建设良性持续发展

社会发展离不开物质资源的可持续供给,而孕育于良好生态环境中的资源会更加健康、持续与绿色,生态健康的环境为人类社会的持续发展提供了强劲的动力,甚至能转化为强大的、高质量的生产力,并且深刻地影响着生产方式。

习近平创造性地提出了"两山论",代表着健康生态的"绿水青山"与代表着生产力发达程度与物质生产的"金山银山"和谐地融合于当代中国的高质量发展之中。这种极富时代特征的科学论述在全社会形成共识,即良性循环、健康运行、绿色而富有活力的生态与环境构成核心竞争力,代表富有新时代特征的生产力。

"两山论"的提出回应了时代的呼唤与现实的需求,体现出党和国家对生态问题的极端重视,表明中国下决心花大力气改革粗放的发展方式、扭转无节制地冷酷压榨自然、挤占资源的错误观念与做法。而这一论述的长远目标是为了重塑再造适合时代需求、中国人民长远福祉、民族与世界的美好未来的全新的良性运行的经济体系。

(二)加强生态文明建设有利于加强党的执政能力建设

习近平在 2016 年青海省考察时对生态环境进行了深刻剖析与论述,他指出,生态与环境问题在现阶段的突出涌现是因为多年来经济快速单一粗放发展所不断积累的结果。恶劣的环境和日益枯竭的资源将会深切地影响经济与社会的健康运行和发展进步,而更突出更直接地是侵害了老百姓的生产生活质量,造成了为数不少的"癌症村",让老百姓苦不堪言,怨声载道。不难看出,生态问题能否得到治理,治理的成效如何直接影响民生福祉。生态文明已经从单纯的经济建设转化为影响国计民生的复杂问题,一个国家生态文明建设的水平和程度成为检验一个党执政能力的重要指标。

党的十九大光荣宣告中国特色社会主义进入新时代,意味着我们党必须正面直视和妥善谨慎处理在"站起来"、"富起来"之后涌现出的生态新问题、新情况。在切实科学解决新情况新问题的过程中,才能一步步"强起来",建设中国特色社会主义强国。民生问题是民众心之所系,生态文明是民生问题的重要部分,也是老百姓无时无刻不能放下的心头大石。

绿色发展是时代潮流与社会发展趋势,正面回应人民群众对生态保护的期待与诉求,是提高我们党执政能力,巩固执政基础的重要着力点。十八大以来,生态文明被列入"五位一体"的总体布局和"四个全面"战略布局之中,以新发展理念指引生态文明建设的发展轨道、核心价值、意义内涵和实现路径,"努力走向社会主义生态文明新时代"①。

(三)推进生态文明建设有利于保障实现广大人民福祉

2013年习近平考察海南时指出,只有良好的自然环境是最公正最公平最无私为人民群众共享的公共产品,国家对生态的保护最能体现出国家对民生福祉的维护与给予。推进和加强生态文明建设是民意之所在,民心之所向,民族之所往。中国共产党提出的努力走向社会主义生态文明新时代的号召,就是从中国最大多数人的最长远利益、人类共同的命运、共同的家园、共同的未来的唯物主义立场出发阐述了生态文明的时代意义。良好的生态环境不仅代表全体中国人民的核心利益与竞争力,也符合全人类的共同利益,是推进人类社会持续进步的动力;良好健康绿色循环的生态环境是功在当代、利在千秋的大计与伟大基业。

我们一方面要正视环境遭到破坏、人类对环境不当利用的现实,意识到治理环境的必要性、紧迫性和艰巨性,清醒认识到加强

---

① 《习近平谈治国理政》第2卷,外文出版社2017年版,第393页。

生态文明建设的重要性；另一方面，又要切实采取措施，以对人民群众、对子孙后代高度负责的态度，加大力度，深化改革，攻坚克难，敢于"啃硬骨头"，全面推进生态文明建设，实现中华民族永续发展。

（四）推进生态文明建设体现了中国负责任大国的形象与担当

环境污染、资源浪费不仅是突出的民生问题，广泛涉及经济发展、政治方向、民生福利与社会治理，也关系到国际关系中的形象及其作用的发挥，具有鲜明的外交性质。中国所需承担的国际责任包括对自然生态、环境资源等责任的承担。

经济全球化带来的是自然资源在全球范围内的调配，那么各国之间争夺有限的资源的斗争将愈演愈烈。对资源的抢占会加剧全球资源短缺的危机。这也是为什么在进入 21 世纪之后，直接由生态问题挑起的地区间争议甚至于局部战争频繁发生。国家贸易不再局限于单纯的关税的加征、进出口产品品质的范围，往往还会附加更多与自然生态、环境资源直接相关的条款。贸易壁垒的形式由关税进入非关税领域，成为 21 世纪国家竞争的重要表现。例如我们时常听到的所谓绿色的附加税与补贴、绿色的检疫技术标准等等。

顺势而为是中国人的传统智慧，也是马克思主义唯物辩证法的精髓。面临日趋严峻的生态形势，身处以生态为壁垒的国际环境之中，中国应当以更加积极自觉的姿态融入世界的发展大势之中，使得中国的生态文明建设被纳入国际生态文明建设轨道，在树立自身根本理念的同时,吸收并蓄他国成功的生态建设、环境保护的经验与心得,将生态文明建设贯穿于其他文明建设的各领域与整个过程。这样做既有利于维护经济高质量发展,同时以一个巨大的经济体量对全球命运、人类未来、共有前途做出符合大国形象与地位的贡献。中国必须在环境治理、生态保护、生态文明建设方面有所作为、大有作为。

四、生态文明建设的价值创新

(一)生态文明思想继承、创新并发展了马克思主义自然观

虽然在马克思恩格斯的时代,经典作家们并没有确切提出生态文明的概念,但确立了历史唯物主义的自然观,其核心观点是:人是自然的造物,并不能独立于自然界存在与发展,而是必须在人类自身的小环境与自然的大环境的互动作用中成长并发展出成熟的人类社会。这种人与自然融合共生的思想,一方面高度评价了自然界在人类社会发展中的地位和作用,另一方面也肯定了人对自然的反作用。中国特色社会主义生态文明思想将这一思想进一步具化与深入阐述,将人自身与自然环境之间的关系视作人类社会中最基本的关系之一,并且将抽象的物质世界具化为人们容易认知和理解的自然界。在中国的生态文明思想看来,人与自然的关系必须要被放置于人类社会的宏大视野之中,以人类社会最基本的关系的形式存在,其实质是从哲学上肯定了自然对人类社会发展的重要作用。

马克思主义自然观从实践层面深入剖析、论证与肯定了外在于人类的生态环境与人类自身和社会的发展之间具有不可否认的双向交互影响关系。自然不仅需要被人类改造，更需要被人类积极建设和美化。人类对待自然应该采取积极的认知、同理的认可、真诚的尊重、合理的顺应以及主动的保护。

第一，中国的生态文明观念与思想继承了马克思恩格斯生态思想"解释世界"的功能，也拓展了马克思恩格斯生态观对世界进行积极主动改造的功能。

第二，按照马克思主义对生产力的定义，生产力具有二重属性，即兼具自然性的自然生产力与社会性的社会生产力。二者具有普遍联系的辩证关系。具体而言，自然生产力为社会生产力的发展奠定基础。新时代中国特色社会主义生态文明思想继承发展了马克思恩格斯的这一思想，肯定生态环境与社会生产力之间的一致性与协同性。

第三，马克思主义主张人与自然和谐一致，休戚与共。自然主义、生态主义显然无法从根本上破解人与自然对立、矛盾的两难困境，单靠启发民智、改变观念、重塑理念是远远不够的，最根本的解决办法在于彻底颠覆资本主义生产方式，进行社会制度变革。新时代中国特色社会主义的生态文明思想站在时代前列，提出生态文明建设是一场广泛涉及思想观念、思维方式、价值取向、社会生产力、生产方式以及生活方式的全面变革，甚至是一场自我革命。

(二)新时代中国特色社会主义生态文明思想继承深化了中华传统文化中的生态观

天人合一是中华传统文化智慧,是传统文化的核心。天所代表的自然从一个异质的他者转化为和谐的自我,体现了中国人对自然赋予了道德情感与生态直觉。儒家提倡天人合一,统一于德,道家提倡无为而治、顺应自然的生态智慧,佛教推崇尊重、珍爱自然,"一枝一叶总关情",寄托了佛家对生命的关怀与慈悲。中华传统文化的自然思想表现出中国古人对自然的移情、对自然的尊重、对自然的顺应,和现在所提倡的"尊重自然、顺应自然、保护自然"一脉相承。

中国的生态文明思想离不开对中华优秀传统文化的继承与发扬,新时代中国特色社会主义生态文明观发展了朴素自然观中人的主体作用,提出尊重自然、顺应自然、保护自然并不是对自然无所作为、无为而治,而是应该在发展中寻求保护自然的合理途径。只有在合理的利用中,将绿水青山转化为金山银山,才能真正推动人类社会发展,保障实现人民福祉。

(三)新时代中国特色社会主义生态文明思想深化对社会发展规律的认识

探寻社会主义生态文明建设的规律,首要问题是认识中国当前国情中的生态状况,也就是生态国情。我国生态环境治理存在先天不足、总体脆弱,社会发展应在维护生态的基础上进行,要非常重视生态环境这一关键生产力要素,为实现中华民族伟大复兴中国梦走出一条崭新、绿色、和谐、可持续的发展道路。

党的十八大以来,中国社会发展的衡量尺度开始向绿色 GDP 倾斜,体现了党和政府努力实现经济社会高质量发展与维护生态环境健康可持续运行的双赢理念。我们所主张的生态文明体系与开展的生态文明行动与建设,并不是截然抛弃工业文明的成熟路径和丰硕成果,更不是要退回无为而治的原始社会,而是要培育符合经济发展规律和自然资源承受能力基础之上的新型的生产力与生产方式。我们提倡的新时代中国特色社会主义生态文明不是要停止发展、慢速发展、偏废发展、不均衡发展、不充分发展,这些都是不符合人民群众利益与向往的错误做法。

(四)新时代中国特色社会主义生态文明思想丰富了治国理政理念

中国共产党在风云变幻、前所未有的复杂国际国内环境内做到始终永立时代潮头,关键在于中国共产党时刻铭记初心与使命,牢牢记住全心全意为人民服务的宗旨,始终不放弃坚定的人民立场,始终把为人民谋最大的幸福、最普惠的福祉、最广泛的民生为使命。党的根深植于人民,党的心与人民连在一起,党的行动为人民所需,党的执政基础才能坚实。

随着改革的不断深入,形势日益的复杂,生态环境更为敏感、深刻的影响着人民群众幸福感、获得感、安全感。人民群众对社会生产需求的历史性变化也体现出生态文明地位提升、意义的充实与价值的高扬。

应对生态问题必然成为新时代党新的治国理政的重点之一，将生态调至优先位置成为党执政兴国的重要导向之一。我们党在执政理念上将生态理念调整到"五位一体"总体布局和"四个全面"战略布局中，突出绿色生态生产力的概念、意义与作用，构建生态型政府奠定坚实的执政基础。

(五)新时代中国特色社会主义生态文明思想体现了维护全球生态安全的责任感

生态保护是一个全球性课题，只有同心协力才能做好。不管是哪里破口都可能成为全球性灾难的源头。各国应该放弃对抗与分立，保持沟通、加强对话与合作。地球是人类生活共同且唯一的家园，这个家园建设得美好不美好，环境清洁不清洁，直接关系到整个人类的生存质量、生产生活方式。无论是为了当代人的生活，还是为了子孙后代的幸福生活，都应该爱惜这个共同的家园。

中国作为最大的发展中国家，秉持的长期可持续发展理念是符合人类利益的。加强社会主义生态文明建设是党和政府对维护全球生态健康发展、资源环境安全开发、保障世界范围内的可持续发展所作出庄严承诺，并将产生巨大的积极效应。

推进生态文明建设、建设美丽中国，体现了中国政府在环保生态问题上负责任大国的立场与形象。中国政府对国际社会作出切实履行绿色发展的庄严承诺和自觉担当，完美诠释了党和国家对人民负责、对世界负责、对人类共有家园负责的精神，必将对推动全球生态文明建设产生深远的影响。

参考文献

1.M. 艾根,P. 舒斯特尔:《超循环论》,曾国屏、沈小峰译,上海译文出版社 1990 年版。

2. Alasdair MacIntyre, *Whose Justice? Which Rationality?* Indiana: Universityof Notre Dame Press, 1988.

3.奥尔曼:《辩证法的舞蹈——马克思方法的步骤》,田世锭、何霜译,高等教育出版社 2006 年版。

4.薄一波:《若干重大决策与事件的回顾》,中共中央党校出版社 1993 年版。

5.列克斯·卡利尼克斯:《反资本主义宣言》,上海世纪出版集团 2005 年版。

6.陈文通:《科学社会主义与中国特色社会主义》,载《改革与理论》1997 年第 6 期。

7.《邓小平年谱(1975—1997)》,中央文献出版社,2004 年版。

8.《邓小平文选》三卷本,人民出版社,1995 年版。

9.刁小行:《多元价值的均衡:沃尔泽政治哲学研究》,中国社会科学出版社 2014 年版。

10.丁冰:《战后科技革命与现代资本主义》,贵州人民出版社 1998 年版。

11.约翰·费斯克:《电视文化》,祁阿红、张鲲译,商务印书馆 2010 年版。

12.Fuchs C., *Digital Labourand Karl Marx*. London:Routledge,2014

13. Goodman N., *Of Mindand Other Matters*. Cambridge, Mass.:Harvard University Press, 1984.

14.国家教委社会科学研究与艺术教育司:《自然辩证法概论》,高等教育出版社,1991 年版。

15.国家统计局:《1993 年中国统计年鉴》,中国统计出版社,1994 年版。

16.哈贝马斯:《在事实与规范之间:关于法律和民主治国的商谈理论》,童世骏译,生活·读书·新知三联书店 2003 年版。

17.侯衍社:《马克思的社会发展理论及其当代价值》,中国社会科学出版社 2004 年版。

18.胡绳:《中国共产党的七十年》,中共党史出版社 1991 年版。

19.黄燕芬、张志开、杨宜勇:《新中国 70 年的民生发展研究》,载《中国人口科学》2019 年第 6 期。

20.埃里克·詹奇:《自组织的宇宙观》,曾国屏等译,中国社会科学出版社 1992 年版。

21.雅克·比岱:《新自由主义及其主体:一个元结构的视角》,吴猛译,载《哲学动态》2016 年第 2 期。

22.蓝江:《21 世纪以来国外马克思主义研究的新趋向》,载《马克思主义理论学科研究》2016 年第 2 期。

23.李成瑞:《十年内乱期间我国经济情况分析——兼论这一期间统计数字的可命性》,载《经济研究》1984 年第 1 期。

24.《列宁选集》第 1 卷,人民出版社 1995 年版。

25.《列宁专题文集(论马克思主义)》,人民出版社 2009 年版。

26.陆地:《信息共产主义化的特征和影响》,载《新闻爱好者》2014 年第 8 期。

27.《马克思恩格斯选集》四卷本,人民出版社 2012 年版。

28.《马克思恩格斯全集》第 3、25、30 卷,人民出版社 1995、2002 年版。

29.《马克思恩格斯文集》第 1、5 卷,人民出版社 2009 年版。

30.马斯洛:《马斯洛人本哲学》,九州出版社 2003 年版。

31.马克思主义理论研究与建设工程编写组:《中国近现代史纲要》,高等教育出版社 2007 年版。

32.《毛泽东选集》第 3 卷,人民出版社 1991 年版。

33.《毛泽东文集》第 3、7、8 卷,人民出版社 1999 年版。

34.梅林:《保卫马克思主义》,吉洪译,人民出版社 1982 年版。

35.孟威佳、李恩波:《邓小平对马克思主义中国化的重要作用》,载《长白学刊》2011 年第 4 期。

36.庞元正:《当代中国科学发展观》,中共中央党校出版社 2004 年版。

37.皮埃尔·布迪厄,《实践与反思:反思社会学导引》,中央编译出版社,2004 年版。

38.John B. Rawls, *A Theory of Justice*. Belknap:Harvard University Press,1971.

39.《三中全会以来重要文献选编》(下册),人民出版社 1982 年版。

40.Sayers S., *Marxism and the Dialectical Method：A Critique of G. A. Cohen. // Sayers S., Osborne P., Socialism Feminism and Philosophy：A Radical Philosophy Reader*. New York：Routledge,1990.

41.塞尔:《社会实在的建构》,李步楼译,上海人民出版社 2008 年版。

42. Searle J. R., *Makingthe Social World：The Structure of Human Civilization*. New York：Oxford University Press,2010.

43.沈传宝:《马克思主义中国化在"文化大革命"中的曲折命运和经验教训》,载《中共党史研究》2008 年第 2 期。

44.孙正聿:《当代中国的哲学观念变革》,载《中国社会科学》2016 年第 1 期。

45.孙正聿:《孙正聿哲学文集》第 5 卷,吉林人民出版社 2007 年版。

46.王昌英:《马克思主义时代观研究综述》,载《安阳师范学院学报》2009 年第 1 期。

47.德拉·沃尔佩:《卢梭和马克思》,赵培杰译,重庆出版社 1993 年版。

48.迈克尔·沃尔泽:《正义诸领域:为多元主义与平等一辩》,褚松燕译,译林出版社 2002 年版。

49.习近平:《之江新语》,浙江人民出版社 2007 年版。

50.《习近平谈治国理政》,外文出版社 2014 年版。

51.《习近平在第二届世界互联网大会开幕式上的讲话》,载《人民日报》2015 年 12 月 17 日。

52.《习近平总书记在十九届中共中央政治局常委同中外记者见面时的讲话》,载《人民日报》2016 年 10 月 26 日。

53.习近平:《决胜全面建成小康社会夺取新时代中国特色社会主义伟大胜利》,人民出版社 2017 年版。

54.《习近平总书记系列重要讲话读本》,学习出版社 2017 年版。

55.杨奎松:《马克思主义中国化的历史进程》,河南人民出版社 1993 年版。

56.姚大志:《社群主义的自由主义批判》,载《厦门大学学报(哲学社会科学版)》2011 年第 3 期。

57.臧秀玲:《社会主义与资本主义两制关系研究》,山东大学出版社 2010 年版。

58.张风波:《中国宏观经济结构与政策》,中国财政经济出版社 1988 年版。

59.张焕金:《马克思主义中国化的历史进程与经验启示》,载《中央社会主义学院学报》2003 年第 6 期。

60.张静如:《关于马克思主义中国化问题的几点想法》,载《党史研究与教学》2008 年第 3 期。

61.赵磊:《新自由主义反思三题》,载《江汉论坛》2005 年第 4 期。

62.赵明义:《马克思主义时代观和当前我们所处何时代问题研究》,载《中共石家庄市委党校学报》2009 年第 2 期。

63.赵文:《诸众与非——艺术,一种生命政治的阐释》,载《新美术》2014 年第 10 期。

64.主客体关系学系列丛书撰写组:《社会是什么:价值联结的生存单位》,商务印书馆 2002 年版。

65.祝猛昌:《马克思主义中国化曾中止于 20 世纪 50 年代吗——与杨奎松教授商榷》,载《江西师范大学学报(哲学社会科学版)》2010 年第 6 期。

后　记

　　《中国特色社会主义发展规律新探》和先前出版的《中国特色社会主义历史进程初探》都旨在深化对中国特色社会主义的认识，推进习近平新时代中国特色社会主义思想研究。本书各章节作者是：

　　导言、第一章：桁林（中国社会科学院大学教授、中国社会科学院马克思主义研究院研究员、博士生导师）；

　　第二章第一节：朱妙宽（中共兴化市委党校高级讲师）；第二节：丛松日（青岛大学马克思主义学院教授）；第三节：张笑龙（天津科技大学马克思主义学院讲师）；第四节：陈广亮（北京科技大学马克思主义学院讲师）；

　　第三章第一节：罗建文（湖南科技大学马克思主义学院教授、博士生导师）、陈文芹、陈怡琳（湖南科技大学马克思主义学院硕士研究生）；第二节：吴英（中国社会科学院世界历史研究所研究员）；第三节：薛新国（西华大学马克思主义学院教授）；第四节：熊自干

（水利部长江水利委员会人才资源开发中心副教授）；

第四章：曾宪奎（中国社会科学院马克思主义研究院副研究员）；

第五章第一至三节：刘志昌（中国社会科学院马克思主义研究院副研究员）；第四节：朱妙宽（中共兴化市委党校高级讲师），统稿时补充了黄燕芬（中国人民大学公共管理学院教授）、张志开（中国人民大学公共管理学院硕士研究生）、杨宜勇（国家发改委宏观经济研究院社会发展研究所研究员）等人的研究成果，文中已标出；

第六章第一节：陈东（中国社会科学院马克思主义研究院助理研究员）；第二节：陈建波（中国社会科学院马克思主义研究院副研究员）；第三节：刘志昌（中国社会科学院马克思主义研究院副研究员）；第四节：任洁（中国社会科学院马克思主义研究院研究员）；第五节：张小平（中国社会科学院马克思主义研究院研究员、博士生导师）；第六节：任丽梅（中国社会科学院马克思主义研究院副研究员）；

第七章第一节：施欣（湖南师范大学新闻传播学院博士研究生）；第二节：李晓阳（国防大学政治学院博士研究生）；第三节：薛新国（西华大学马克思主义学院教授）；第四节：王慰（长安大学马克思主义学院教授）、张乐丹（长安大学马克思主义学院硕士研究生）；第五节：吕焰（西北工业大学马克思主义学院博士研究生）；第六节：吴玉龙（西南大学马克思主义学院硕士研究生）；

第八章第一节：潘荣恩（浙江大学马克思主义学院教授）、吴旭平（浙江大学马克思主义学院讲师）；第二节：夏一璞（中国社会科学院马克思主义研究院副研究员）。

统稿时对大部分内容作了修改,念兹在兹唯此责任重大。至于画眉深浅入时无,还需待晓堂前问读者。

有道是,一曲菱歌敌万金。改革必于是,发展必于是。

桁林　谨记